人心与人性

从唯物之心到演化之性

王球 著

上海人民出版社

本书写作得到以下基金项目的支持，在此一并致谢：

上海市晨光计划"当代科学哲学中的目的论研究"（13CG13）；
上海市浦江人才计划"基于新达尔文主义的自我知识理论研究"（18PJC078）；
国家社科基金青年项目"'心灵-行动'哲学视野下的进化心理学研究"（13CZX026）。

目　录

引　言

本书题为《人心与人性》,听着像是一部"中国哲学"论著,这倒可以理解。人们聊起"人心"和"人性"这些古老宏大的议题时,容易产生"人心不古"或"人性扭曲"之类的联想。在汉语语境里,这种议题通常带有规范性和劝诫性的面向。因此,一本书起了这么一个宏大的题目,似乎不仅要交代清楚人心与人性是怎样的,还得讲讲人心与人性,应该是怎样的。

抱有如此期待的读者可能会失望,本书并不涉及人类社会生活中所能卷入的种种道德话题。我所做的,只是在当代英美哲学研究范式下,考察人心与人性的基本特质,以及这样一种本体论与它所依托的世界观之间所呈现的张力。

本书有两个目标,首要目标便是去追问:人类心灵以及人类的诸多心理能力,在宇宙万物中有着怎样的地位? 它与其他一切事物享有什么样的共性? 这里给出的答案简单朴素。正如本书副标题所示,我们的心灵无非是物理属性(或唯物论)的展现,我们的人性则是唯物之心自然演化的结果。

这个说法看似简单,深究起来却与直觉相悖。一方面,我们相信自然科学原则上可以解释一切,人心与人性这东西本身,没有任何超脱于科学理论之外的玄妙要素;但是另一方面,我们对于人心与人性的理解和领悟,似乎很难与现代科学的话语方式相吻合。本书的第二个目标,便是去揭示和回应这层张力。这绝非什么惊人的发现,而是现当代哲学的基本议题。从笛卡尔开始,几乎所有的西方哲学家都在以不同的方式刻画、解决这层张力。17、18 世纪的实体二元论、唯物论和观念论,提供了三种大相径庭的解决进路。康德的三大批判,也在力图说明,在一个机械的时空世界里,何以捍卫人类的自由、道德和价值。其他一些重要的流派,比如杜威等人的实用主义、怀特海的机体论、罗素的中立一元论,同样都在调和科学的世界图景与人类生活的超越性面向。

相比这些哲学家,当今时代的知识情形有了剧变。约翰·塞尔在他的《新世纪的哲学》(*Philosophy in a New Century*)一书的导论里指出,哲学的现代时期源于笛卡尔、培根以及别的 17 世纪的哲学家,那期间哲学的主要任务是要去解决怀疑论难题,为知识大厦奠定可靠的基础。到了今天,"第一哲学"的种种尝试都已宣告失败。由于确定的、客观的、普遍的知识,实实在在地在增进,知识的可能性不再是哲学的核心问题,怀疑主义的认识论时代已经结束。事实上,现在我们已经掌握了很多重要的知识:我们知道整个宇宙都由力场中的基本粒子所构成;我们也知道,人类连同其他生命系统,按照达尔文主义的自然选择机制在地球上演化了三十到五十亿年;我们还知道,人类的意识、意向性以及其他一切心理活动,都是由神经生物学过程引发实现的。我们所知的这些事实,不是零零碎碎、无关紧要的,它们共同构成了这个世界的基本事实。因为这些知识确凿无疑,我们这个时代关于宇宙万物的本体论承诺,使得唯物论(现在叫物理主义)占据绝对的上风。

如先哲之所见,即使怀疑论不再"阴魂不散",这些唯物论的"基本事实",依然与我们反观自身所体认到的关于人心与人性的真实情况看似难以相容。甚至比起笛卡尔、康德或罗素的时代,随着自然科学对人心和人性领域探索的深入,这种不相容愈发凸显。因此塞尔在那本书的"现象学幻象"一章里直言:当代哲学的首要问题,乃是"假定任何形式的笛卡尔主义或其他模式的形而上学二元论是不可能的,在这个完全由无心灵、无意义、无理性的物理粒子构成的宇宙中,我们自身作为有意识、有意图、有理性、以言行事、合乎道德、拥有自由意志的政治与社会性动物,又应当作何解释"。

本书对此给出的回应方案是这样的。首先,我要论证关于这个宇宙的基本事实,本体论的物理主义(或唯物论)是对的。那些试图从意识的"困难问题"向本体论物理主义发起的种种尝试并不成功。然而,由于我们反思自身意识经验必须依赖于特殊种类的概念类型——现象概念,使得我们在心理直觉上倾向于认同二元论。尽管如此,现象概念以及它在认知架构中的加工过程,也可以通过信息论来加以说明,所谓的"解释空缺"只能停留在认识论的层面上。人类有意识的心灵,究其根本仍然是唯物论所承诺的那样,这个事实不会因为我们思考自身意识的独特方式而动摇。

其次,我将继续展示,物理主义作为本体论不成问题,然而一旦将它拔高到世界观的层面,任由它的解释范围从"基本事实"延伸到"人的实在",塞尔所说的"首要问题"就会不可避免地在各种议题上反复困扰我们。认同本体论物理主义的哲学家,通常默认了我们应当"吾道一以贯之"地以科学的或自然主义态度,统览世间万物,我认为这是错误的根源。认识到现象概念所引发的解释空缺,不仅能够解释意识难题,也适用于回应心理学哲学当中的诸多疑难。如果说人类的意识经验总是概念化的,而"概念二元论"是可辩护的,于是尽管形而上学的二元论不成立,归属于人类认知模式的"态度二元论",却能作为二元论合法的继承。态度二元论揭示了我们大体上拥有的两种看待宇宙万物——包括我们自身的心灵和人性——的态度类型,它们可以同时为真。受到身处其中的日常直觉、朴素的常识以及社群文化的影响,我们以日常态度来领会世间万物,这便是自然态度。除此之外,我们还能超越特定的个人偏好、文化习俗和种群特质这类视角主义,以第三人称的科学立场来看待这个世界,这便是自然主义态度。

最后,在本书下篇将要表明,如果说有科学理论可以对人性这个议题说上一些话,那么经过修正后的演化心理学大体上是没错的,但在一些议题上,我们若希望借助演化心理学,以自然主义态度来看待人性,却不够恰当。演化心理学的自然主义态度,无法反过来纠正我们经由自然态度形成的关于人性的各种日常观念。"人性的科学"需要走向有超越性维度的"人性的学说"。毕竟,正如威廉·詹姆斯在其开创性的著作《心理学原理》中所指出的那样:"从认知的角度看,所有的心理事实都是智能表现。从主观的角度看,一切都是感觉体验。"这也解释了为什么现象概念能在下篇的论述中继续发挥作用。这一部分将会择取讨论几个相关议题,包括理性的本质、人禽之辨、人机之辨、信念与隐念、永生与意识上传,以及人生意义的问题。从上篇的结论出发,本书下篇通过考察心理学哲学,再次表明物理主义作为本体论是对的,作为世界观则是僭越的。

总结起来,本书力图阐明以下三个论题:

第一,物理主义论题:以物理学为代表的自然科学提供的世界图景是正确的,人类有意识的心灵,以及由它产生错综复杂的人性,也是这个图景中的一部分。

第二,现象概念论题:我们用来思考自身意识经验的概念是特殊的,这些概念看似指称非物理的事物,让我们产生种种二元论错觉,但现象概念本身及其运作机制,原则上可以用信息论加以说明。

第三,超越性论题:物理主义作为心灵的本体论,难以解释人性中的规范性和超越性的维度。物理主义旗下的演化心理学，号称是一门刻画人性的科学，然而演化心理学不仅自身的理论基础有待修正，并且由于人类思考自身意识经验的方式可被概括为一种"态度二元论"，人性中那些无法被演化心理学解释的部分——意识、理性、人格、自我、信念和意义——原则上都归咎于我们思考这些事物的特殊方式。

需要提醒的是，关于第三个论题本身，本书并没有专门给出分析哲学传统常见的"论证"或"言说"。"世界的意义必定在世界之外"，维特根斯坦式的"显示"进路，非常适合用在这里。说到底，这本书看似有不少技术性的"大做"之"小题"，但那"小做"之"大题"，才是更重要的。

每个时代都有它的世界观，在今天的哲学里，物理主义学说扮演了这个角色。

——吉勒特与勒韦尔

Weltanschauung（世界观）是个专门的德语概念，我担心把它翻译成其他语言会引发一些困难。若试图给它一个定义，可能显得颇为笨拙。不过依我之见，一个世界观就是一种基于某个超级假说之上的智识构造，它能连贯一致地解决关于我们存在的所有问题，没有哪个疑问是未被回答的，而一切引起我们关注的事物，都在其中有着固定的位置。因此很容易理解，拥有这样一种世界观，一直都是人类的美好期盼。

——弗洛伊德

上　篇
唯物之心

第一章
何谓心灵:物理主义与二元论之争

第一节　物理主义及其辩护

一、物理主义的兴起

　　前页的两段文字,转引了澳大利亚当代哲学家斯图嘉(D. Stoljar)《物理主义》这本书的开篇辞。在阅读手头这本书的过程中,反复回顾这两段开篇辞,将会有助于避免落入细节的泥沼。事实上,这本书并不打算专门讨论作为世界观的物理主义。我们在上篇要讲述的,大体上是关于物理主义的现象概念策略这条进路,是否能够成功解答心身问题(mind-body problem)的故事。换言之,有些问题,特别是由意识经验的现象特征引发的本体论难题,成了物理主义作为扮演这个时代的世界观角色的绊脚石,现象意识似乎在物理主义的框架中找不到位置。当现象概念策略被物理主义者视为打破这层阻挠的利器时,它的有效性却有待于进一步的评估。因此,认真审视我们当下所预期的那种世界观的内核——也就是作为本体论的物理主义——将是整个故事的起点。在这一节里,我们要探究的问题包括,本体论物理主义为何能够如此流行,以至于它几近于成了我们期待中的世界观? 它是怎样做出论证的? 这些论证可能存在着什么样的问题?

　　本体论物理主义论题,简单说就是,一切事物(包括各种事实、状态、属性、事件等)都是物理的,或者一切事物都随附于(supervene on)物理事物之上。由于它是在形而上学意义上讲的,是一个关乎世界本质的论题,因而具有模态上的必然性。当一些哲学家把物理主义作为一种世界观来看待时,他们是在为这个世界中的所有现象和所有问题提供一幅必然如此的标准图景,而这个图景所依赖的内核,就是这个论题了。

事实上,说物理主义是这个时代的世界观,正如我们可以说观念论是 19 世纪的世界观一样,那种世界观同样要承诺"一切都是心灵的"或"一切都随附于心灵之上"这一观念论(idealism)的本体论论题。与 19 世纪不同的是,在这个智识坍塌的后现代纪元里,英美分析哲学界意识到,在某个本体论的基础上,搭建起一幅世界标准图景显得尤为急迫,而且这一工作直接关系到哲学自身的位置。情况仿佛如罗蒂(R. Rorty)所提出的"哲学的难题"那样,我们要建立什么样的世界观,同时也就意味着哲学将会是什么样的。在罗蒂看来,"如果哲学变得太过自然化,那么它会被那些正儿八经的强势学科所架空;如果哲学变得太过历史主义,那么'人文学科'中的思想史、文艺批判和类似的软学科,就会将它吞噬"。①正如斯图嘉所说的那样,面对这个两难困境,哲学家必须在二者之间做出抉择,要么成为爱因斯坦,要么成为尼采。②至于说如何做出这一抉择,很大程度上取决于我们对这个世界所做的最具一般性的本体论判断。一个值得我们引起注意的有趣现象是,在赖尔(G. Ryle)《心的概念》(1949)一书问世之后,一大批研究心身问题的后继者们纷纷成了物理主义者。普莱斯(Place, 1965)、费格尔(Feigl, 1958)、斯马特(Smart, 1956)、阿姆斯特朗(Armstrong, 1968)、刘易斯(Lewis, 1966)、普特南(Putnam, 1960)等人是其中最耀眼的明星。而在很多人看来,物理主义之所以如此盛行,只是因为科学取得了巨大成就从而赢得了公共权威,这使得哲学家们纷纷选择了这种本体论立场,其实质上不过是一种潮流或时尚罢了。

二、物理主义的论证

这种朴素的流行理解,现在看来并不恰当。对现当代哲学史稍有了解的都很清楚,经验科学在物理主义"忽如一夜春风来"的 20 世纪五六十年代之前,已经荣享了 300 多年的权威,而奉经验科学为圭臬的逻辑实证主义者,却在本体论上(尽管他们宣称拒斥形而上学,实际上这种拒斥本身也陷入了特定的本体论

---

① R. Rorty, *Philosophy and the Mirror of Nature*, Princeton University Press, 1979, p. 168.

② D. Stoljar, *Physicalism*, Routledge, 2010, p. 19.

立场)站在了现象主义(phenomenalism)的一边。从历史上看,"物理主义"这一术语正是出自逻辑实证主义之手,最早是由卡尔纳普(R. Carnap)和纽拉特(O. Neurath)引入这个概念的。①虽然关于物理主义的理解,在维也纳学派内部存有分歧,但大致而言,逻辑实证主义口中的"物理主义",是在方法论的意义上讲的。就像卡尔纳普所言,"物理主义的一般论题……物理语言是一种普遍语言,任何语句都可翻译为物理语言"②,逻辑实证主义者关心的并不是某种本体论主张(因为他们拒斥形而上学),他们关心的是"科学的统一",也就是让所有的科学分支使用同一种可操控的观察和系统性普遍化的方法。"物理语言"在他们看来恰好满足了这个要求。不过,这种方法论的物理主义,与逻辑实证主义隐含预设的现象主义本体论立场,却是可相容的。因此,那种认为本体论物理主义的兴起,只因仰仗了科学取得伟大成就的想法,就不能为逻辑实证主义表现出的这一情况给出解释了。自然科学取得了伟大成就,本身并不直接蕴含本体论的物理主义。

另一种可供选择的观点认为,本体论物理主义的兴起恰逢现象主义的衰落,于是顺理成章地取而代之。在我看来,与其说这个观点是一个解释,不如说它仅仅描述了一个形而上学演变史的事实而已。根据帕品纽(D. Papineau)的理解,维特根斯坦的反私人语言论证,以及塞拉斯对"所予神话"的抨击,的确为20世纪后半叶物理主义取代了那种通过将物质对象还原为感觉材料来解释对象本质的现象主义扫清了道路。然而这些都不足以充分解释物理主义为何获得成功。也许这种取而代之碰巧只是一种偶然呢? 事实上,只有当哲学家普遍接受了"物理学的因果完备性"这一经验性的前提,以使物理主义获得逻辑上的辩护而非仅仅作为立场的选择时,物理主义才有可能"忽如一夜春风来"。③

简单说,物理学的因果完备性讲述的是这样一个命题:一切物理结果都有它在物理上的原因。帕品纽为哲学家看待这一命题的态度变迁史,给出了详细的描绘。其要点在于,物理学的因果完备性只在20世纪中期才被普遍接受。从笛

---

① Cf. O. Neurath, "Physicalism: the philosophy of the Vienna Circle", in R. S. Cohen and M. Neurath (eds.), *Philosophical Papers 1913—1946*, D. Reidel, 1983, pp. 48—51.

② R. Carnap, "Psychology in Physical Language", in A. J. Ayer(ed.), *Logical Positivism*, New York: The Free Press, 1959, p. 165.

③ D. Papineau, "The Rise of Physicalism", in G. Gillett and B. Loewer(eds.), *Physicalism and Its Discontents*, Cambridge University Press, 2001, pp. 6—7.

卡尔、莱布尼茨和牛顿之后的很长一段时间里,人们都没有充分的理由相信,一个**物理**结果必定有一个**物理**原因。情况直到 20 世纪 50 年代才有所改变。那是由于生理学经验证据的发现与基本物理力(fundamental forces)的结合,消解了"活力"(vital forces)的概念。外加能量守恒定律的确立,二者相互结合,从而大大压缩了因果完备性可被质疑的空间。①有了因果完备性命题,物理主义论证就很明显了:一切物理结果都有其物理原因,那么所有导致产生物理结果的原因都是物理的。

对物理学的因果完备性有了极大的信心之后,在面对心身问题时,二战后的那些物理主义先驱试图说明,心理事实等同于物理事实。省略其中的细节差别不谈,他们大体上都采纳了基于完备性命题的"因果论证"思路。这一论证表述如下:②

前提一(物理学的因果完备性):一切物理结果,完全被先前的物理事实所决定。

前提二(因果影响):一切心理事实都有物理结果。

前提三(不存在普遍的多重决定):心理原因的物理结果并不总是被多重决定的。

————

结论:心理事实与物理事实必然是同一的。

我们看到,"因果论证"在逻辑形式上是有效的(valid),但论证的形式有效性不能保证该论证是成立的(sound)。事实上,这个论证的三个前提都遭受质疑。就前提一而言,尽管一个人可以接受物理学的因果完备性命题,但不能排除有些事实,它的发生是没有原因的(uncaused)。比方说,也许宇宙的起源就不被先前的事实所决定,因为在宇宙诞生之前压根就没有发生过任何事实。③就前提二而言,有人会认为这个命题太过冒失,从而显得不那么可靠。他们完全可以

———

① D. Papineau, *Thinking about Consciousness*, Appendix, Oxford University Press, 2002, pp. 232—256.

② D. Papineau, "The Rise of Physicalism", in G. Gillett and B. Loewer(eds.), *Physicalism and Its Discontents*, Cambridge University Press, 2001, p. 11.

③ D. Stoljar, *Physicalism*, Routledge, 2010, p. 211.

说，我承认有些心理事实有物理结果，可是难道就没有不导致物理结果或只导致另一个心理结果的心理事实吗？另一些赞同副现象论（epiphenomenalism）的学者甚至可以直接否定论题二，认为心理事实是那些只被先前的物理原因所导致、却不导致产生任何物理结果的"律则悬吊"（nomological danglers）。此外，由莱布尼茨首先提出的"先定和谐"的观点，同样拒绝接受前提二。虽然莱布尼茨的力学原理承诺了物理学的因果完备性，但他认为心物之间所谓的交互因果关联，无非是由于上帝预先为整个宇宙设定好了初始时间和速度，确保了心理状态和物理状态一直保持步调一致。① 对于前提三，人们通常被称为"非多重决定论题"（non-overdetermination thesis）或"排他性论题"，它旨在排除同一个物理结果能够被先前两个不同的事实（在因果论证中，其中之一为心理事实，另一个是物理事实）共同导致的可能性。然而在现实事例中，多重决定不乏其例，关于这个问题的经典案例就是行刑班的故事。两个士兵 A 和 B 向一名囚犯执行枪决，事后发现，士兵 A 和士兵 B 射出的子弹同时导致了这名囚犯的死亡，这意味着两个不同的原因，可以导致同一个结果的产生。就心理原因和物理原因而言，梅勒（D. H. Mellor）论证认为，二者可以反事实地（counterfactually）相互依赖（比方说，你若不觉得口渴，你的神经元便不会如此激活），从而共同导致同一个物理结果（例如你喝水的行为）的产生。②

物理主义者就这些质疑分别做出了各种各样的辩护，这些辩护也不见得能够避免进一步的反驳。这里我只需简单提及其中主要的回应。对于质疑前提一的人来说，在我看来，物理主义者可以坚持声称物理学的因果完备性是一个有效的经验命题，和牛顿的经典物理学不能应用于微观和宇观世界一样，物理学的因果完备性的解释范围同样是有限的。不过，就心理事实而言，没有显见的证据表明它从属于量子理论的解释领域。前提二的反对者所依赖的副现象论和先定和谐论同样有问题。先定和谐论显然与无神论背道而驰，因而不足引起物理主义者的兴趣；而反驳副现象论的一个明显的理由是，虽然我们有一些心理状态（例如"7+5=12"这个信念）貌似不会导致特定行为的产生，但我可以"亲知"这些心理状态，而"亲知"本身就是一种物理效果，并且科学也不认可存在着所谓的在

①　D. Papineau, *Thinking about Consciousness*, Oxford University Press, 2002, pp. 21—22.

②　D. H. Mellor, *The Facts of Causation*, Routledge, 1995, pp. 103—105.

本体论上独立的、但在因果关联上却不产生任何物理的"律则悬吊"。反副现象论的另一策略用的是归谬法。例如,在帕品纽看来,功能主义是一种与副现象论极为接近的理论。和副现象论一样,功能主义在随附性理论的基础上表明,高阶的功能状态是被低阶的物理状态上向实现的或因果导致的,并且功能状态在因果关联的层面上,并没有下向影响低阶的物理状态,但功能主义从属于广义上的物理主义,它直接挑战了副现象论对前提二的驳斥。① 对前提三而言,梅勒认为存在着两个可以导致同一个物理事实的心理原因和物理原因,它们可以反事实地相互依赖。可问题是,这两个在本体论上截然不同的原因,如何可能反事实地相互依赖呢? 我们没有充分的理由和依据去相信这样一种多重决定的判断,所以这个反驳也是不可靠的。②

总而言之,因果论证是本体论物理主义赖以成立的根基。在反对者看来,这个论证的各个环节并非无懈可击的。但物理主义者相信,接受因果论证的成立比拒斥它更加可靠。然而,一旦诉求于"更加可靠"的概念,就已经超出因果论证本身的范围了。这种依赖于"更加可靠"辩护方式,事实上预设了另一个论证的可靠性,而这一预设与我们刚才提到的、许多人所认为的物理主义"发迹"的理由非常接近了。斯图嘉把这种物理主义的辩护方式叫做"方法论自然主义论证"。该论证可以表述如下:

前提一:我们有一些理论依据(rationale)接受自然科学方法作出的本体论承诺的规导。

前提二:事实上,由自然科学方法所引导的关于世界的形而上学图景是物理主义。

———————

结论:我们有理由接受物理主义。

明确使用方法论自然主义论证,来为物理主义辩护的哲学家其实并不多,

———————

① D. Papineau, *Thinking about Consciousness*, Oxford University Press, 2002, pp. 21—36. See also, D. Papineau, "The Rise of Physicalism", in G. Gillett and B. Loewer(eds.), *Physicalism and Its Discontents*, Cambridge University Press, 2001, pp. 10—11.

② D. Papineau, "The Rise of Physicalism", p. 10.

这项工作的达成,主要归功于蒯因(W. V. O. Quine)及其追随者。在他们看来,形而上学的进路不应当与科学相区别,它应该视为是科学的延续,这为前提一提供了成立的理由。前提二是对物理主义这种本体论立场的认可,因而也没排除其他候选项的可能性。例如过去生物学中的"活力论"就是一个候选项,不过相对其他本体论立场而言,物理主义是当下最可靠的本体论观点。①如果情况是这样的话,严格来说,"方法论自然主义论证"同样构不成一个独立的论证,它需要依赖于我们本章开头提到的那种物理主义的世界观图景。

回想一下我们在开篇讲述的情形。现在我们要讨论的是本体论的物理主义,它是一种形而上学立场,另一方面,本体论的物理主义构成了我们当下可及的那种世界观的内核。然而颇具辩证意味的是,本体论物理主义的论证,若能确凿无疑地成立,它似乎不可避免地需要诉诸于因果论证和方法论论证之外的物理主义世界观。因此,作为本体论的物理主义和作为世界观的物理主义,这二者似乎是相互依赖、循环辩护的。若要说我们今天所谈论的物理主义,有什么值得玩味且宏大的"哲学色彩",那么这种微妙的关系在我看来正是其中的奥义所在。在接下来的几章里,我并不打算在这个问题上"玩弄辩证",而是将话题限定在本体论物理主义所面临的二元论挑战上。不过我将会在上篇的结尾处,再次回到这个问题。

三、物理主义的定义

就本体论物理主义而言,在一些哲学家看来,它不仅没有所谓宏大意义的"哲学色彩",甚至也不具备自身的问题(questions)。在亨佩尔(C. Hempel)以及当代的克兰和梅勒(T. Crane & D. H. Mellor)等人看来,物理主义面临的麻烦是,它要么不配享有这个名号,要么它会因为没有自身的问题而失去它存在的价值。②这被称为"亨佩尔两难",它说的是:物理主义无非就在宣称,我们所处的经

---

① Denial Stoljar, "Physicalism", *Stanford Encyclopedia of Philosophy*, http://plato. stanford. edu/entries/physicalism/.

② T. Crane and D. H. Mellor, "There is No Question of Physicalism", *Mind*, Vol. 99, 1990, pp. 185—206.

验世界,包含了为真且完备的物理学告诉我们所包含的那些事物。①而当物理主义者这么做的时候,问题在于,谁也不知道未来为真且是完备的物理学究竟会告诉我们什么,以及它覆盖了哪些事物。如果物理主义者将它的容纳范围理解过于宽泛的话,那么为真的完备物理学将会海纳一切,覆盖微观物理学同时也覆盖心理学,于是物理主义论题便是空洞地(trivially)为真了。另一方面,反之若把为真的完备物理学理解得过于狭窄的话,就像我们今天所熟悉的那样,那么物理主义或多或少就是错的,因为未来的物理学会对今天的物理学多多少少作出一些修改,于是它就不配"物理主义"这个名号了。

这些哲学家的关键质疑在于,物理主义宣称"一切都是物理的",这句话到底是什么意思?②要知道,尽管在绝大多数讨论心灵哲学的文献中,"物理主义"(physicalism)和"唯物主义"(materialism)两个概念是可以交替使用的(本书也是这么做的),这并不意味着二者之间没有严格的区分。唯物主义很简单,它站在笛卡尔实体二元论的对立面,宣称"一切都是物质的":世界除了虚空中的原子之外,就没有什么存在的了。物理主义者却需要对"物理的"(physical)这个概念给出明确的解释,至少物理学中所谓的"物理"当然不同于实心的、惰性的且不可穿透的"物质"。除此之外,与它相关的另一个问题是,我们对物理主义所谓的"物理"同样可以有两种理解,一种是基于物理学理论的"物理",另一种是基于物理对象的"物理"。不同的理解会为物理主义的评判带来不同的结果。③

在大多数的物理主义者看来,"物理主义"的"物理"应当是置于物理学理论的意义上来理解的。另一方面,"亨佩尔两难"显然是一种非此即彼的要求,这

---

① C. Hempel, "The Logical Analysis of Psychology", in H. Feigl and W. Sellars(eds.), *Readings in Philosophical Analysis*, Appleton-Century-Crofts, 1949, pp. 373—384. See also, D. Stoljar, "Hempel's Dilemma", in H. Dyke(ed.), *From Truth to Reality*: *New Essays in Logical and Metaphysics*, Routledge, 2009, pp. 181—197.

② 与克兰和梅勒持类似的观点,斯图嘉在《物理主义》这本书里论证表明,物理主义甚至无法有效地阐述出(formulate)它的论题。

③ 前者被费格尔(H. Feigl)称为狭义的"物理₂",后者是广义的"物理₁"。Cf. H. Feigl, "The 'Mental' and the 'Physical'", in H. Feigl, M. Scriven, and G. Maxewll(eds.), *Concepts*, *Theories*, *and the Mind-Body Problem*, University of Minnesota Press, 1958. See also, D. Stoljar, "Two Conceptions of the Physical", in D. Chalmers(ed.), *Philosophy of Mind*: *Classical and Contemporary Readings*, Oxford University Press, 2002, pp. 311—328.

样的要求既非合理,也不是不可应对的。佩蒂特(P. Pettit)针锋相对地为物理主义提供了一个实质性的定义。至于说这个定义所承诺的物理学,究竟是现实中的物理学还是未来理想的物理学,佩蒂特认为我们可以是中立的,至少物理主义者可以认为当下物理学在一条正确的轨道上向前行进,从而对它的精确性和可靠性抱有乐观态度。具体说来,这个定义声称,物理主义认为,经验世界包含了物理学告诉我们所包含的那些事物,当且仅当物理学告诉我们:①

论断一:存在着微观物理实体

A. 存在着物理学所设定的经验世界。

B. 经验世界中,不同种类的事物都共享着微观物理学所设定的(亚原子的)构成层级:存在着更小更简单的微观物理实体。

论断二:微观物理实体构成了一切事物

A. 经验世界中的任何事物,要么是毫无遗漏地以某种方式所构成——也就是由物理学设定的亚原子实体所构成,要么它自身就是不被任何事物所构成的微观物理实体。

B. 这种构成是守恒的,或者它在下述意义上而言,是非创生的(non-creative):在没有引入新的高阶律则或作用力的前提下,两个由微观物理构成的实体,不可能在微观物理类别有差别的情况下(即它们的微观物理构成的特征有差别)具有本质上的不同。

论断三:存在着微观物理律则

A. 鉴于微观物理实体所具有的属性和关联,它们服从于法则般的律则制约。

B. 在微观物理域中,不会获得具有作用效力的律则,因为只有通过在宏观层次上获得某些律则它们才能获得这些律则:也许是同样的律则,也许是不同特征的律则。我们可以说,微观物理律则是原初性的。

---

① P. Pettit, "A Definition of Physicalism", *Analysis*, Vol. 53, 1993, pp. 213—223.

论断四:微观物理律则控制着一切

A. 微观物理律则不是被宏观层次的律则所获取后遗漏下的、对宏观层次律则的补充

B. 微观物理律则并不独立于宏观层次的律则:也不具有与宏观层次律则相冲突或强化它(这意味着它是由这些律则所确定的事件序列的额外辅助)的可能性。

这里的论断一,表述的是物理学实在论的观点,它可以避免"亨佩尔两难"设定的那种非此即彼的要求,对于如何恰当地阐述微观物理学则保持了中立的态度。我们只需声称物理学是一门研究微观粒子的学科,并且就微观物理实体究竟微小到什么程度,保持开放的立场。在它的子命题 B 中,我们可以看到,微观物理学刻画了一个层级结构,在微观物理领域与其他层次之间、以及其他各个层次的内部之间,排除了涌现论(emergentism)的可能性。①在第二个论断中,子命题 A 对世界的微观物理构成,有意不作具体说明,这种构成模式或许会牵涉到包括同一性、数字与集合、部分与整体、个例与类型、实现基(realizer)与功能等诸如此类的各种各样的关系。子命题 B 则为这种构成模式设定了一个约束条件,如果两个事物有所不同,或者同一个事物在不同的时间有所不同,那么必须是因为它们内在的微观构成有所不同。很明显,论断二满足了物理主义的随附性条件。论断三的子命题 A,实质上并不像看起来的那么强,它对于我们如何准确地理解这种律则,以及这种律则是概率性的还是决定性的,并不做出任何判断。子命题 B 为这种律则做了抽象刻画,无论这些律则是什么样的,这些律则在微观物理领域中的存在有其独立的原因,它们的出现不是自上而下的。论断四的提出,一方面同样是为了保证微观物理领域对宏观层次的统领性,从而防止出现二者之间的断裂,这种断裂将会为副现象论的出现留有空间;另一方面,论断四坚持了律则基础主义(nomological fundamentalism)立场,这就避免了对宏观层次上的现象或属性持以取消主义(eliminativism)的态度。②

值得我们注意的是,佩蒂特在这里只是为物理主义给出了一个定义,虽然这

① 涌现论是这样一种本体论观点,它认为在"高层"组织中出现的最终属性,不能根据在"低层"组织中发现的属性加以预见。Cf. E. Nagel, *The Structure of Science*, Harcourt, Brace & World, 1961, p. 367.
② P. Pettit, "A Definition of Physicalism", *Analysis*, Vol. 53, 1993, pp. 213—223.

个定义并不是所有的物理主义者都认可的，不过，它没有在物理主义者内部完全达成共识并不意味着这个定义本身有任何问题。相反，佩蒂特至少为"亨佩尔两难"对物理主义的挑战给出了可靠的回答，但这个回答不能被理解为他给物理主义提供了辩护。由于这个定义是经验性的、非空洞的，那就意味着它不是先验的（a priori），因此原则上说，它也是可错的。作为本体论层面上的物理主义者，在本书中，我愿意采纳佩蒂特的这个定义。

　　另一个需要澄清的区分是，就像刚才提及的那样，当代有不少哲学家将"物理主义"与"唯物主义"替换使用，然而"唯物主义"的用法比"物理主义"更具囊括性。具体说来，从 20 世纪中叶开始直至世纪末，"物理主义"更多地用以表示同一论（psychophysical identity）或还原论物理主义。同一论认为，某种类型的心理状态，等同于或可被还原为另一种类型的物理状态。例如阿姆斯特朗（D. M. Armstrong）和刘易斯（D. Lewis）等人就认为，一些类型（type）的心理语汇，可以通过与之相关的、典型的因果关联而得到因果性的定义，或者说某种类型的心理语词和另一种类型的物理-功能语词，在概念上有着相互关联，因此在认识论上这种同一性关系可以是先验推知的。当然，类型同一论也不排除后验式的（a posteriori），认为心物的同一性关联，是科学发现而非概念推断的结果。就"唯物主义"来说，它既可以用于同一论物理主义，也包括取消主义和非还原论物理主义。取消主义认为，我们关于心理现象的常识，是一种常识心理学（folk psychology）经验理论，相比未来高度发达的神经生理学，民众心理学理论是错误的从而也是应当取消的，而它所承诺的理论实体——也就是心理现象——则是不存在的。非还原论物理主义包括变异一元论（anomalous monism）、功能主义（functionalism）以及表征主义（representationalism）等，大致而言，它们在本体论上都赞同心理属性随附于物理属性，却不把这种随附关系，视为高阶属性向低阶属性的还原。给定上述区分，我们可以看到，物理主义的因果论证的应用范围包含后验物理主义，以及除了取消论物理主义之外的各种唯物主义。这是因为，因果论证的前提涉及了经验说明，而它并没有将心理事实严格地等同于某个具体的微观物理事实。相比而言，佩蒂特的物理主义定义更具涵盖性，它囊括了除先验物理主义之外的一切解释版本。

　　到此为止，我们至少已经为如何**阐述**本体论的物理主义，给出了一个确切的回答，我们认可佩蒂特的定义，并且刚才也给各种版本的物理主义做了大致的区分。对于本体论物理主义为何在当代如此兴盛的原因,我们已经在"因果论证"和"方法论自然主义论证"的基础上给出了考察。这一考察结果表明,如果物理主义能够被一分为二地理解为本体论的物理主义和作为世界观的标准图景的话,那么若要使得"因果论证"和"方法论自然主义论证"完全能够成立,本体论的物理主义就不可避免地需要诉诸作为世界观的物理主义图景了。然而另一方面,作为世界观的物理主义又不能缺乏本体论上的根据而独立存在,二者之间有着相互依赖、相互建构和相互映证的辩证关联。不过,在当今的讨论文献中,物理主义的这层关系以及对这种关系的刻画是否成立,并没有吸引太多哲学上的注意。大家最为关心的是物理主义如何有效地应对心身二元论对它提出的挑战。面对这些挑战,最具代表性的方案包括解释空缺论证、知识论证、模态论证和可设想性论证,这些将是接下来需要讨论的话题。

第二节 二元论的反驳

一、意识与解释空缺

近几十年来,心身问题成了心灵哲学中最热门、最基础的议题,并且"这是一束错综复杂的难题,这束难题中,有些是关于科学的,有些是关于认识论,有些是关于语义学,还有一些是关于语用学的"。[①]然而它作为一个古老的哲学论题——认为心灵和身体是两个不同种类的事物——从古希腊的柏拉图开始,经过托马斯·阿奎那的中世纪和笛卡尔的近现代时期,一直到赖尔之前,都没有引起过太多的争论。虽然在当下的讨论语境中,我们把心身二元论看作是物理主义的对立立场,不过公正地讲,与其说二元论给物理主义带来了麻烦,倒不如说是物理主义招惹了二元论。至少在相当长的历史时期里,认为心灵(或灵魂)可以独立于身体而存在的观念,对任何文化群落的人们来说都显得天经地义、无比自然。甚至我们可以说,物理主义者所设定的"一切都是物理的"本体论主张,

---

① H. Feigl, "The 'Mental' and the 'Physical'", in H. Feigl, M. Scriven, and G. Maxewll(eds.), *Concepts, Theories, and the Mind-Body Problem*, University of Minnesota Press, 1958, p. 373.

乍一看并不见得是对心身问题的一个解决,反倒是物理主义挑起了关于心身问题的争论。那么它是关于哪个方面的争论呢？或者说,心身问题(作为问题而非论题)到底该作怎样的理解呢？有些哲学家认为,它是一个关于心理现象与身体(或物质实体)之间如何因果互动的问题。而其他人则相信,这是一个解释问题:关于心理现象我们应该给出什么样的解释,以使得这种解释与当代科学给予我们的关于世界的观念相一致？特别是关于意向性和意识经验这些独特的心理特征,许多人宣称它们是当下的自然科学不能充分解释的。大家已经广泛认可了意向性问题至少原则上是可被自然化的,而关于意识经验的问题却尤为严重。①甚至有哲学家认为,科学永远解释不了意识现象。②

正因如此,接下来关于心身问题的讨论过程中,我们的焦点汇聚在这样一个问题上,那就是:如何将意识经验在自然中安置于恰当的位置。对此我们首先会问,为什么意识显得如此特殊？要回答这个问题,我们又必须先去回答什么是意识。而对于什么是意识这个问题的最佳切入点,就是去看一看,我们直观上认为哪些事物拥有意识经验(conscious experience)。一般而言,我们不会认为风、花、雪、月这些非生命实体能够有着像我们这样的意识经验。③我们倒是能够肯定,人类和大多数哺乳动物有着视觉、听觉和嗅觉这些知觉经验,以及诸如疼痛、痒痒之类的身体感知体验。而对于那些处于这个区间临界位置的简单生命,比如蜗牛或阿米巴虫,我们似乎很难判断它们是否拥有意识经验。在内格尔(T. Nagel)看来,我们之所以直观上有区别地做出这样的判断,是建立在我们能够主观性地把对象 X 置于了一种"作为 X 感觉起来是什么样"(what it is like to be X)的想象上。④我认为蝙蝠是有意识的,那是因为我能够站在蝙蝠的立场上,去想象蝙蝠对周围的环境有着"感觉起来是如此这般的"体验,无论这种想象是否真

① C. McGinn, "Can We Solve the Mind-Body Problem?", in *The Problem of Consciousness*, Blackwell, 1991, p. 2.

② T. Crane and S. Patterson, "Introduction", in *History of the Mind-Body Problem*, Routledge, 2000, p. 1.

③ 我多次听到有学者争辩说,一朵白云也会拥有它自身的经验。我认为他们误解了"经验"(experience)这个概念。在这里,experience 是作为体验而非作为"历程"或"历史"而言的。当然,他们可以进一步指责说,我们认为或者不认为一只金鱼具有意识经验(或体验),不过是一种没有根据的假设罢了。

④ 参见托马斯·内格尔:《作为一只蝙蝠是什么样?》,载《人的问题》,万以译,上海译文出版社,2004 年,第 178—193 页。不过,内格尔明确地表示过,我们不能把现象特征的实在性理解为站在那个意识经验所归赋的主体之外的观点来看待它。我将在第一章第二节详细谈到这一点。

实符合蝙蝠自身的体验。而我通常无法站在一朵玫瑰花的立场上去想象玫瑰花对于风吹花动"感觉起来是什么样",从而我倾向于断言玫瑰花没有意识。因此,我们这里所谈论的意识,就是那些具有主观性的(subjective)、"感觉起来是什么样的"体验。而"感觉起来是什么样的",恰恰就是意识中显得最为特殊的东西。当我遇到一朵红玫瑰时,我看到红玫瑰的视觉经验"感觉起来"与我被花枝上的荆刺扎破手时"感觉起来"是完全不同的。我们把意识中这种"感觉起来像什么样的"主观特征叫做"现象特征"(phenomenal character)或"现象性"(phenomenology)①,心灵哲学家也会使用"感受质"(qualia)这个富含歧义的概念来指称意识的现象特征。②而我们也会用"现象经验"(phenomenal experience)或简称"经验"来指称它。不过需要提醒的是,这里我们谈论的"意识"概念,事实上说的是"现象意识"(phenomenal consciousness),它与布洛克(N. Block)区分出的"通达意识"(access consciousness)不同。当我说"我意识到了外面正下雨"时,此处的"意识"概念更接近于"注意",差不多也就是在"通达"的意义上而言的。通达意识的内容是可以被认为是表征性的,它总是关乎某个思想(thought)或信念(belief),可以被用以思考(thinking)或者引导我们的行为和言语;而现象意识却仅仅关乎经验或体验,尤其是经验中那种具有主观性的现象特征。③④

通过对"通达意识"和"现象意识"这两个概念的区分,我们可以更好地理解查默斯(D. Charmers)为意识问题所作的"容易问题"和"困难问题"的划分。查默斯相信,在给定了物理主义的前提下,我们原则上能够用神经生理学或计算主义之类的科学话术,为"通达意识"提供解释。我们能够说明,某些因果作用在认知系统中是如何运行的,从而产生了如此这般的行为。然而当我们这么做时,

---

① 事实上,"现象性"(phenomenology)这一术语在国内哲学界更为熟知的意思是现象学。现象学被用来指称由胡塞尔、海德格尔和梅洛-庞蒂等人所推动的一种哲学运动和方法,它与我们在这里用来刻画意识经验的现象特征当然是不同的。

② 说"感受质"这个概念有歧义,那是由于这个概念与"感觉材料"(sense data)有着密切的关联。感觉材料是内在于我们的经验对象,而感受质则是这种感觉材料的属性。Cf. T. Crane, "The Origins of Qualia", in T. Crane and S. Patterson(eds.), *History of the Mind-Body Problem*, Routledge, 2000, pp. 169—194.

③ Cf. N. Block, "Concepts of Consciousness", in D. Chalmers(ed.), *Philosophy of Mind: Classic and Contemporary Readings*, Oxford University Press, 2002, pp. 206—218.

④ 本书使用"意识"这个概念,若非特别注明,通常指的是"现象意识"。

所解释的不过是一些与通达意识相关的认知与行为的功能，却根本没有触及到现象意识。①假设科学发现了与疼痛经验相关的神经生理机制，是（比方说）C-神经纤维激活，一个尚未回答的问题是，为什么C-神经纤维激活这种神经功能，会伴随我有**疼痛**经验的产生呢？当我的大脑发生了C-神经纤维激活，为什么我就会感到**疼痛**呢？为什么大脑如此这般地运作时，我感到的是**疼痛**，而不是感到**痒痒**，或者根本就不会有任何感受呢？这类问题就是查默斯所说的"困难问题"。给定了物理主义，并且给定了意识的"困难问题"，我们自然会问，意识这种东西，是内在于我们作为具有知觉、思考和感受能力的生物所不可分离的一部分吗？还是说它是加之于我们人类所拥有的知觉、思考和感受能力之上的、额外的构成？

在继续分析这个问题之前，可以断言，如果你赞成前一个观点，那么从某种意义上说你支持了物理主义，因为你认为意识经验能够得到科学上的说明。如果赞成后者，那么你至少**接近**了某种形式的二元论，因为你赞成像疼痛这样的意识经验，不能在物理-功能的层面上获得解释。事实上，当我这么说的时候，我已经把我们的讨论带入到莱文（J. Levine）关于"解释空缺"（the explanatory gap）的理解上了。回想刚才提到的物理主义"因果论证"，其结论告诉我们，心理事实与物理事实必然是等同的，这意味着像意识经验这样的心理事实，必然也能得到物理事实的说明。然而通过刚才对于"困难问题"的讨论我们发现，关于疼痛这一现象经验与它的物理-功能解释之间存在着一个"空缺"。也就是说，假设给出了疼痛的物理-功能机制说明，即C-神经纤维激活，这个说明似乎仍然没有解释C-神经纤维激活所伴随的那个现象特征。在莱文看来，这种"解释空缺"至少在认识论的层面上给物理主义带来了麻烦，虽然莱文自己并不认为它在本体论上击败了物理主义。②

二、论证的通用结构

为了更好地理解"解释空缺"的特征，我们需要尽快进入二元论者为我们设

---

① D. Chalmers, "Facing up to the Problem of Consciousness", *Journal of Consciousness Studies*, Vol. 2 1995, pp. 200—219.

② J. Levine, "Materialism and Qualia: the Explanatory Gap", *Pacific Philosophical Quarterly*, Vol. 64, 1983, pp. 354—361.

定的剧情，尤其是杰克逊(F. Jackson)的知识论证、克里普克(S. Kripke)的模态论证和查默斯的可构想性论证。这些是试图将解释空缺从认识论层面推进到本体论层面的当代经典论证。

首先看知识论证。杰克逊让我们设想，有一个叫玛丽的天才神经科学家，打小开始就一直被囚禁在一间黑白屋子里，这使得她从未经验过颜色（别在乎这是不是能做到，我们姑且这么假设）。然而，通过黑白电视屏幕以及其他方式的学习，玛丽获得了与颜色视觉有关的一切物理（包括神经生理学）知识，她当然能够说出这样的句子："天空是蓝色的。"虽然她可以这么说，但玛丽在黑白屋里，却不知道蓝色的天空看起来是什么样的，因为她从未亲眼见过蓝色的天空。有一天，玛丽走出黑白屋，头一回真真切切地看到了蓝色的天空、红色的玫瑰以及其他五彩缤纷的东西，似乎很显然，她学到了关于视觉经验的新东西。这就无可避免地意味着，玛丽在释放前所拥有的那些知识是不完备的。要知道，她所拥有的一切知识是物理知识，而物理主义又宣称，心理事实随附于物理事实之上，或者说，物理事实先天地蕴涵了心理事实。现在通过玛丽的例子我们发现，就颜色的视觉经验而言，关于它的一些事实，是无法经由这位天才神经科学家的物理知识推得的，这样一来，物理主义便是错的。[1]以红色这种视觉经验为例，我们可以把知识论证表述如下：

P1 在玛丽释放之前，她知道关于红色的一切物理事实。

P2 在玛丽释放之前，她不知道关于看到红色的一切事实，她不知道看到红色的感觉 Q。

P3 如果 Q 不能从物理事实中推得，那么 Q 就不是物理的。

————

C1 因此，物理主义是错的。

杰克逊的知识论证优势在于，它通过描述一个生动的思想实验，有效地诉诸我们的直觉(intuition)判断，从而容易使得我们把这种直觉判断作为接受它的结论的依据。前提 P1 和前提 P2，描述了关于玛丽的情况。若设 P 为物理知识，Q

————

① Cf. F. Jackson, "Epiphenomenal Qualia", *Philosophical Quarterly*, Vol. 32, 1982, pp. 127—136.

为现象知识,P1 和 P2 的合取,就意味着玛丽知道 P 但不知道 Q。若我们把玛丽在认识论上的命题态度,当作一个逻辑算子 ☆,那么释放前的情形就是:☆(P∧~Q),读作"玛丽知道 P 并且非 Q"。由于知识论证预设了玛丽是天才神经科学家,物理知识 P 对她而言是完备的,这里的情况不涉及某个人知道"晨星是金星"却不知道"暮星是金星"这一认识论上的不透明性,因此,☆(P∧~Q)似乎在本体论上得到了映射,于是这就表明,从物理事实中推不出某些心理事实,即~(P→Q),也就是 P∧~Q。这样一来,整个知识论证的关键一步就出现了,即☆(P∧~Q)→(P∧~Q),我们可以称它为认识论-本体论论题。另一方面,根据我们对物理主义的定义,除了取消论唯物主义之外的任何版本都承诺了随附性条件,即 P→Q,而前提 P3 则表明这个随附性条件是不可能得出的,所以物理主义是错的。[①]按照我们现在的描述,知识论证可以形式化地表达如下:

前提一:☆P

前提二:☆~Q

前提三:☆(P∧~Q)

前提四:☆(P∧~Q)→(P∧~Q)

前提五:(P∧~Q)→P≠Q

———————

结论:P≠Q

在进一步对知识论证进行分析之前,先来看看可构想性论证。查默斯让我们试着构想这样一种哲学僵尸或怪人(zombies),怪人在物理、功能和言语行为上,与我们人类这样的有意识的生物完全一样,然而怪人却没有意识经验。虽然我们也许会觉得,这种怪人在现实世界中不可能存在,但问题的关键不在这里。查默斯只是要求构想这样的情形,在逻辑上或概念上是融贯的。对于这一点,他相信通常我们都会持以肯定态度。查默斯进而给出一个"可构想性-可能性"的预设,如果构想怪人在逻辑上是可行的,那么怪人在形而上学的意义上就是可能的(metaphysically possible)。粗略地讲,如果我们将可能性(possibility)理解为在

———————

① 在接下来的形式化表达中,我将物理主义理解为类型同一论,即 P=Q。

观念中存在着一个可能世界,也就是说,断言某个事态是可能的,就意味着观念中的某个可能世界里,该事态可被真实地例示(instantiated),那么查默斯的这个预设就颇具理由了。当我说"张三身高3米,这是可能的",听起来简直荒天下之大谬,但如果我指的是在某个可能世界中,这个事态能够被例示,就说得通了。虽然在现实世界中几乎不可能,但只要我们能够在逻辑上不矛盾地(一个反例是,"方的圆")构想这个场景,就有一个可能世界满足该情形。如此一来,如果怪人是可能的,于是就在形而上学的意义上,存在着一个怪人处于其中的可能世界,这个世界在物理上与我们的现实世界相等同,但又没有意识经验的存在,这就意味着意识经验就是非物理的。①我们可以将可构想性论证表述如下:

前提一:怪人可构想的。

前提二:如果怪人是可构想的,那么怪人就在形而上学上是可能的。

前提三:如果怪人在形而上学上是可能的,那么物理主义就是错的。

———————

结论:因此,物理主义是错的。

我们可以看到,与知识论证不同的是,可构想性论证并不建立在或许会招致某些歧义的思想实验的基础上,它直接诉诸我们先验的概念情形,从而更具简洁性和直接性。同样地,现在我们设 P 为物理事实,Q 为心理事实或现象事实,将"※"作为可构想性的逻辑算子,那么可构想性论证可以形式化地表述为:

前提一:$※(P \land \sim Q)$

前提二:$※(P \land \sim Q) \rightarrow (P \land \sim Q)$

前提三:$(P \land \sim Q) \rightarrow P \neq Q$

———————

结论:$P \neq Q$

———————

① D. Chalmers, *The Conscious Mind*: *In Search of A Fundamental Theory*, Oxford University Press, 1996, pp. 94—99.

很显然,可构想性论证的关键在于前提二,即※(P∧~Q)→(P∧~Q)。与知识论证中的前提四,即☆(P∧~Q)→(P∧~Q)一样,它的前件与我们认知状况有关。无论是知识论证还是可构想性论证,都承诺了共同的一点,也就是我们关于心理事实或现象事实的认知情形,将会在本体论的层面上得到反映。换言之,一旦我们在认识论上有解释空缺,这种解释空缺在本体论上也就是如此这般的。二元论者可以利用解释空缺表现出的这一特性,构造出一个本体论上反物理主义的"解释空缺论证"。①这一论证可以表述为:

(1)物理解释至多只能够解释意识经验的物理构成与功能。

(2)解释了意识经验的物理构成与功能,并没有完全解释意识经验的现象特征。

(3)根据(1)和(2)可得,在意识经验的物理事实和现象事实之间,存在着解释空缺。

(4)若在物理事实和现象事实之间存在着解释空缺,就会有本体论空缺的存在,那么物理主义就是错的了。

———————

(5)因此,物理主义是错的。

鉴于我们现在并不急于对二元论作更深的分析和诊断,上述给出的三个反物理主义二元论论证,仅仅是要说明它们的结构性构造。在三个论证的结构性构造中,它们共同地依赖于相似的关键前提。这些前提旨在表明,我们可以在认识论上、概念构造上或知识解释上,针对同一论或还原论物理主义,给出一些反事实的情形,这些反事实的情形蕴涵了它在本体论上的可能性。在二元论者进一步为这些类似的前提给出论证之前,物理主义者倒是能够以这种方式为同一论做出辩护。他们可以表示,一方面,意识是某种物理-功能事实,这是经验科学告诉我们的,因而类似于"疼痛就是C-神经纤维激活"这种同一性陈述,并非先验为真,它的为真,在认识论上可以是后验证成的。并且,根据克里普克的工作,

———————

① Cf. D. Chalmers, "Consciousness and Its Place in Nature", in Chalmers(ed.), *Philosophy of Mind: Classic and Contemporary Readings*, Oxford University Press, 2002, pp. 249—250.

一个后验为真的陈述同样也是必然为真的。① 另一方面,如果认知上的反事实情形蕴涵了本体论上的可能性,那么我们同样能够逻辑上不出问题地去构想水 ≠ H_2O 这一反事实情形,但由于水作为一个自然类,"水"和"H_2O"都是固定指示词(rigid designator),它在任何可能世界中都共同指称同一个对象。于是这就意味着认知上的反事实情形并不能推出在形而上学的层面上该情形为真,或者说解释空缺推不出本体论空缺,因此这些二元论论证是不成立的。② 如果我们按照可构想性论证来构造这个反二元论论证,它可以表述如下:

P1 水 ≠ H_2O,这是可构想的。

P2 如果水 ≠ H_2O 是可构想的,那么水 ≠ H_2O 就是可能的。

P3 根据后验必然性论题,水 ≠ H_2O 是不可能的。

P4 因此,认识论-本体论论题/可构想性-可能性论题/解释空缺-本体论空缺论题都不能成立。

P5 如果认识论-本体论论题/可构想性-可能性论题/解释空缺-本体论空缺不能成立,那么二元论就是错的。

————

C1 因此,二元论是错的。

不过,二元论者相信,这个为物理主义辩护的平行论证没什么大不了,而且它恰恰落在了克里普克为反对物理主义所设定的模态论证的靶心上。现在让我们简要地看看克里普克模态论证的关键说明。

在克里普克看来,在这个物理主义式的可构想性论证中,前提 P2—P5 都没有问题,倒是 P1 不能成立。为了说明 P1 是错的,克里普克首先让我们设想一

————

① 传统观点认为,一个必然性的陈述一定是先验的,例如"单身汉就是未婚男子"。克里普克在《命名与必然性》中做的一个重要工作就是,将先验性划入到认识论的领域,而将必然性归为本体论领域,从而切断了必然性与先验性之间的一致性。克里普克把专名和自然类作为固定指示词,在任何可能世界都指称同一个对象,因此一个后验发现的科学同一性陈述,例如"热=分子平均动能",其等式两边都是固定指示词,它们的所指在一切可能世界都有着共同的外延,于是这样的后验陈述也可以是必然的。参见 S. Kripke, *Naming and Necessity*, Lecture 1, Blackwell, 1980。

② 斯马特或许就考虑到了类似的反驳。参见 J.J. Smart, "Sensations and Brain Processes", in J O'Connor(ed.), *Modern Materialism: Readings on Mind-Body Identity*, Harcourt, Brace & World, 1969, p. 44。

下这种情形。我们在黄金产地发现了一种金黄色的铁矿或者叫"愚人金"(fool's gold),它的表面性质和真正的黄金几乎无法辨别,这种愚人金区别于真金的唯一特征是,它的原子序数不是 76。现在克里普克就要问,你认为这种物质是黄金吗?克里普克相信,我们会对此给出一个否定的答案。那是因为当我们去鉴别某种物质是否是黄金时,鉴别标准并不是通过它显现的、外在的表面特征,而是以它的物理-功能构造的本质属性来作为标准的,这种立场也被称为科学本质主义。如此一来,当我们构想黄金的原子序数不是 76 时,我们真实构想的,是愚人金而非真正的黄金。同样地,当我们构想水 ≠ H_2O 时,我们真实构想的并非水本身,此时我们所构想是——水一样的东西(watery stuff),像愚人金一样,它可能是愚人水(fool's water)。这种水一样的东西与地球上真正的水唯一区别是,它的化学结构不是 H_2O,而是 XYZ 或别的化学构成。这么一来,我们就不能真实地构想水 ≠ H_2O 了,因此 P1 是无法成立的。[1]

到这里,我们也许止不住地会去问,为什么疼痛 ≠ C-神经纤维激活或怪人却是可构想的呢?为什么关于心理状态的同一性陈述,与其他的科学上的同一性陈述会有差别呢?二元论论证到底基于什么样的深层理由或依据?回答这些问题将是我们下一节要做的工作。

第三节 从模态论证到二维语义学

一、克里普克的模态论证

上一节开头曾经提到,几乎在各个文化里,认为心灵或灵魂可以脱离身体而存在的二元论观念,是非常普遍而自然的。如果有人声称说,二元论观念如此普遍,不过是前科学时期人们的思想观念未经科学理性启蒙的结果,这就有必要读读上一节的内容了。即使在科学主义日益兴盛的今天,面对同一论物理主义时,二元论观念亦能与它抗衡。这至少提醒我们,应当认真考察二元论观念,哪怕它即使有可能像康德说的那样,是一种"理性的误用",我们也应当去探寻它的理

---

[1] Cf. S. Kripke, *Naming and Necessity*, Lecture 3, Blackwell, 1980.

性依据,而不是把它与智识缺陷联系起来看待。

承接我们在上一节末尾的话题,现在我们需要考察,为什么"疼痛＝C-神经纤维激活"与"水＝H₂O"这两个同一性陈述之间,会有不对称的差别呢? 这种差别又是从何而来的? 为了更好地理解这个问题,需要重新整理克里普克的模态论证。

若想更好地进入到克里普克的讨论语境,回顾一下有关同一性论题的哲学史或许是必要。我们知道,传统的哲学观念(例如沃尔夫)认为,一个同一性陈述"A 是 B"若为真,当且仅当它是先验(a priori)为真的。这意味着在等式的两边"A"和"B"那里,其中一个语词的意义蕴涵于另一个语词的意义当中,B 若作为 A 的谓词,不会对 A 添加进经验性的、新的东西。①如此一来,同一性陈述在语义学上是分析的,在认识论上是先验的,在形而上学上就是必然为真的。例如"单身汉是未婚男子"就是一个典型例子。不过,这种观念到了康德那里起了变化。在康德的前批判时期里,他就多次批判了沃尔夫把所有的判断都归为建立在矛盾律的逻辑基础上。到了《纯粹理性批判》那里,康德通过综合了经验主义和理性主义关于知识论的讨论,提出了"先验综合判断"(synthetic a priori)和"后验综合判断"(synthetic a posterior)。②他发现有一些判断或陈述,不是通过对这些判断中语词的意义进行语义分析而先验为真的,但这些判断又表达了某种不能由经验所否定的东西,这样的判断就是先验综合判断。在康德看来,数学、科学和哲学的某些基本真理都是这样的先验综合判断。

另一方面,康德做出了三个区分:先验(a priori)与后验(a posteriori)、分析与综合、偶然与必然,它们分别对应了关于一个判断的认知方面(或理性方面)、语义方面和模态方面。康德维系了理性与模态之间的关联,一个认识论上是先验的判断,它在本体论上就是必然的,两者结合起来,于是数学、科学和哲学中的一些判断,即使在语义上是综合的判断,在模态上也可以是必然的,因为这些判断是先验的。③到了 20 世纪,尽管康德的这些思想在蒯因那里部分地遭到抛弃,

---

① 康德:《未来形而上学导论》,庞景仁译,商务印书馆,1997 年,第 26—27 页。

② 由于克里普克的"先验必然性"在汉语分析哲学界几乎成了耳熟能详的公认译名,本书倾向于将 a priori 译为"先验",相应地 a posteriori 译为"后验"。为了区别于康德哲学中的 transcendental 概念,本书多数时候将后者译为"超越论的"。

③ H. Caygill(ed.), *A Kant Dictionary*, Blackwell, 1995, pp. 382—384.

理由是我们无法做出分析与综合的区分而不至于陷于循环论证，但克里普克却继承了康德的这个思想遗产。不过，这里出现了一个关键的环节，那就是克里普克对康德遗产进行了重大的改造，即"后验必然性"的引入。

对于康德而言，一个后验判断在模态上只具有偶然性（contingency）。例如"晨星是金星"是一个真命题，但它是偶然为真，而非必然为真的。在现实世界中，通过科学家的经验发现，我们确证了早晨出现在天边最亮的那颗星星是金星。然而晨星不一定必然地就是金星，也许世界会变成另一种样子，在那种情况下，早晨出现在天边最亮的那颗星星可能会是火星。听起来这个说法非常有道理，然而克里普克却说，不对，如果我们把那颗星星叫做晨星，它在任何情况下都是金星，"晨星是金星"是一个后验判断，一个后验命题若为真，它在模态上是必然为真的。现在就看看克里普克为他这种说法给出的理由。

首先，在《命名与必然性》中的前两篇讲演中，克里普克对由弗雷格、罗素和维特根斯坦等人的专名指称理论发起了重大挑战，他抛弃了专名（proper names）的意义决定其指称对象的描述理论，取而代之以专名指称的因果历史说明。大致而言，传统的专名指称理论认为，"歌德"这个专名指称哥德这个对象，是因为"歌德"这个专名的意义决定了它的外延。专名的意义是一组摹状词的合取，例如"《浮士德》的作者且德国诗人、学者和政治家且生于公元 1749 年且……"，它构成了"歌德"这个词的意义。据此罗素甚至可以说，专名本是一个伪装的摹状词。克里普克却认为，"歌德"这个专名之所以指称了那个人，是由于这个专名有一个制造者（比方说，歌德的爹妈），这个制造者命名那个人，将他唤作"歌德"，继而人们口耳相传地用"歌德"这个叫法，固定地指称那个人。因此，"歌德"这个专名在使用上具有因果历史的传递链，这个传递链一直延续到现在。当今大多数的哲学家（除了新弗雷格主义者）相信，克里普克的这种说法比起罗素一派的摹状词理论有许多优势。举例而言，假如歌德本人实际上根本没写过《浮士德》这部戏剧，他通过窃取了别人的稿本据为己有发表成名，从而让世人误将歌德看作是《浮士德》的作者。若事实是这样的话，这种情况在摹状词理论那里就出了问题，"歌德"指称的就不再是原来大家以为的那个人了。但克里普克的因果历史指称理论（克里普克本人更愿意将他的说法视为一个图式，而非理论）却能避免这一尴尬，即使歌德不是《浮士德》的作者，"歌德"仍然指称大家原来心里认为的这个人。这是因为当我们顺着"歌德"这个名字的使用方式的因果链条,接受了"歌德"这个名字时,我们就接受了用这个名字固定地指称歌德这个人的使用意图。如此看来,与摹状词理论不同,克里普克的理论认为,专名本身其实不具有内涵或意义,但它能够固定、永恒地指称某个对象,从而专名是固定指示词(rigid designator)。①

其次,克里普克进一步地将自然类名词与专名等同看待。所谓自然类(natural kinds)就是自然世界出现的事物,从而有别于人造物。自然类名词包括像"蝙蝠""梧桐""苹果"这样的物种名词,以及"黄金"和"水"这样的元素或物质名词。同一个自然类下的个体共同享有相同或近似的因果律则特征。克里普克之所以把自然类名词置于专名的地位,从而视之为固定指示词,是由于我们对自然类名词的使用,具有像专名一样的因果历史的传递性特征。也许有些人从未见过真正的黄金,但他们仍然能够恰当地用"黄金"这个词去指称黄金这种物质。至此为止,我们可以发现,既然自然类名词是固定指示词,那么凡是涉及两个固定指示词的同一性陈述,例如"晨星是金星"或"水是 H_2O",即使是后验为真的,它们依然固定地指称同一个东西,或者说享有同一个外延。因此,这些陈述在模态上就是必然为真的,晨星不可能不是金星,水也不可能不是 H_2O。也就是说:

> 若"x"和"y"是固定指示词,如果 x=y,那么必然地 x=y。②

关于自然类,有一个重要的提醒是,在认识论上,我们是以什么样的方式去确定某种物质是水或另一种物质是黄金呢? 这个问题的答案,我们在上一节的末尾已经给出了,克里普克对此提供了一个本质主义(essentialism)的回答。简而言之,克里普克认为,我们把某个东西确认为水,不是通过我们对水这种物质显现(appear)出来的表面的、现象性的、可感的特征来把握的,我们之所以把某种东西叫做水,仅仅是依据氢氧化合物这种水的本质属性确定下来的。正如普特南(H. Putnam)所描述的那样,我们可以设想存在着一个孪生地球,那里也有江河湖海,里面流动着透明、无色、无味、可饮用的液体,这种物质显现出的表明

---

① Cf. S. Kripke, *Naming and Necessity*, Lecture 2, Blackwell, 1980.

② L. F. Mucciolo, "On Kripke's Argument Against the Identity Thesis", *Philosophia*, Vol. 5, 1975, pp. 499—506.

特征与地球上的水完全一样，然而它的化学构成却不是 H_2O 而是 XYZ。在克里普克和普特南这些本质主义者看来，严格地讲，即使孪生地球上的居民把这种物质唤做"水"，它也不是水，我们只能通过认定某种物质的分子式是 H_2O 才能称其为水。[1]水显现出来的任何表面特征，都不具有作为确认这种物质是水的标准的资格，正因如此，我们可以把这种无法确定指称对象的表面现象叫做"显现的偶然性"（appearence of contingency）。这就相当于一个专名（例如"歌德"）的指称对象所具有的那些属性（例如《浮士德》的作者），可以不是这个对象在模态上必然拥有的。正因如此，在克里普克看来，作为固定指示词的自然类名词和专名一样，它们也是没有内在涵义（connotation）的。

最后，有了以上两个理论铺垫，克里普克就要对诸如"疼痛＝C-神经纤维激活"这样的含有心理语词的同一性陈述进行诊断了。后验物理主义者可以声称，有关意识经验的同一性陈述，不是经由概念分析而先验推得的，它们是后验科学发现，因此可以是偶然为真的。然而根据克里普克固定指示词的因果指称理论，一个同一性陈述若为真，它就必然地为真。如果它不能必然为真，那么该陈述一定是一个错误的陈述。到此为止，我们是时候对上一节最后留下的问题给出回答了。那个问题问的是，为什么我们可以构想"疼痛≠C-神经纤维激活"这种反事实情形？克里普克为之给出的回答是，因为"疼痛＝C-神经纤维激活"不可能是一个后验必然的陈述，而一个不具有模态必然的陈述，我们当然也就能够真实地构想关于它的反事实情形了。

不过，此时肯定有人会问，为什么说"疼痛"这个概念不能像"水"或"黄金"那样，指称它的物理-功能本质属性呢？克里普克的回答是，"如果某种东西是疼痛，那么它从本质上说就是如此的，要说疼痛可能是某种不同于它本身的现象，这是荒谬的"。[2]换言之，我们只能通过疼痛的感受（pain feeling，作为疼痛 pain 的呈现方式）来确认它。若设 x 为诸如疼痛、痒痒、看到红色这样的意识经验，设 M 为这些意识经验的显现特征或呈现方式，那么我们可以将克里普克的这句话解读为这样一个原则：

---

① H. Putnam, "The Meaning of 'Meaning'", in K. Gunderson (ed.), *Language, Mind, and Knowledge*, University of Minnesota Press, 1975, pp. 131—193.

② 克里普克：《命名与必然性》，梅文译，上海译文出版社，2001 年，第 126 页。

如果 x 似乎显得是（seems like, or appears like, or feels）M，那么 x 就是 M。[1]

相较其他作为自然类的固定指示词，假如我们用"黄金"代入 x，把黄金的呈现方式带入 M，这个原则就显得不那么恰当了：

如果黄金似乎显得是黄色的、可锻造、可延展的金属，那么黄金就是这种黄色的、可锻造、可延展的金属。

很显然，我们已经说明过了，黄色的、可锻造、可延展的金属等等这些显现的表面可感属性，不足以充分确定这种物质就是黄金，它有可能是愚人金。所以上述原则只适用于像疼痛这样的意识经验。现在让我们来总结一下克里普克的反物理主义的模态论证，整个论证由以下四步完成：

（S1）根据专名的因果指称理论，一个专名没有意义或内涵，于是意义也就不具有决定外延的功能。一个专名固定地指称某个对象，是根据它外在的因果历史的使用方式而得的。

（S2）将自然类当作像专名一样的固定指示词。确定一个自然类的标准，不是通过由它显现出来的表面属性，而是该自然类在科学上的本质属性。

（S3）与其他自然类不同，意识经验不具有显现的表面可感属性与本质属性的区分，我们得以确定意识经验的表面可感属性，就是它的本质属性。因此关于意识经验的后验物理主义同一论陈述不能必然为真。

（S4）由固定指示词理论可得，一个涉及固定指示词的同一性陈述若为真，则必然为真。由于涉及意识经验的同一性陈述不能必然为真，那么这些同一性陈述就是错的。因此后验物理主义（后验同一论）就是错的。

---

[1] L. F. Mucciolo, "On Kripke's Argument Against the Identity Thesis", *Philosophia*, Vol. 5, 1975, p. 502.

至此我们已详细考察了克里普克给出的二元论理由。捎带说一句，与本节一开始提到的那种对二元论的反思截然相反，从克里普克的模态论证中我们发现，心身二元论在今天得到支持，不但不是因为人们缺乏科学观念，相反在模态论证的第二步里，**二元论若能成立，恰恰需要建立在科学本质主义基础之上**。我们在认识论上确定一个对象 x 为 x（本体论上的），不是通过 x 向我们显现了什么样的表面可感特征或"呈现方式"，而是通过 x 所具有的、由科学揭示的特定微观属性。这倒是非常出乎人们直观想法的。正如克里普克所说的，对意识而言，"上帝除了单纯地制造出中枢神经刺激之外，还得做些额外的工作才行"。①

二、二维语义学的修补

当然，对于模态论证带来反直观的思考不可延伸过头。现在倒是值得我们去思考一下，克里普克模态论证所依赖的因果指称理论带来的反直观效果了。

试想在一个反事实的孪生地球上，有一种被孪生地球人叫做"牛肉"的物质，并且它的化学分子式也是 H_2O。然而孪生地球上的这种物质，具有与地球上的水极其不同的显现可感特征，它是固态的、有颜色有气味的、不可饮用却能食用的，总之它倒是更像地球上的牛肉。②现在让我们来设想，这种反事实情形突然发生在真实世界里。正如玉可以分为硬玉（Jadeite）和软玉（Nephrite）一样，现在的情况与玉的例子恰恰相反。③我们忽然发现，这两个世界上存在着两种类型的 H_2O，其中一种是人们通常称其为"水"的 H_2O，另一种则是像牛肉一样的 H_2O，它们显现出的可感特征大相径庭。如果遵循克里普克的理解，那种像牛肉一样的 H_2O 也是水，并且我们应当"恰如其分"地把这种像牛肉一样的东西称作为"水"！这多少是让人诧异的。

问题不止这些。我们已经说过，在克里普克看来，对于除了意识之外的任何自然类，我们无法构想这些自然类不等同于它们的微观物理-功能属性，例如水≠H_2O 就是不可构想的。然而根据传统的理解，一个情形是可构想的，仅当它

---

　　①　克里普克：《命名与必然性》，梅文译，上海译文出版社，2001 年，第 130 页。

　　②　怀特考虑到了类似的可能情形。Cf. S. White, "Partial Character and the Language of Thought", *Pacific Philosophical Quarterly*, Vol. 63, 1982, pp. 374—365.

　　③　当然，尽管同作为玉这种自然类，硬玉和软玉的物质成分是不同的。我们这里考虑的情形却享有共同的成分构成。关于硬玉和软玉的讨论，可参见 J. Kim, "Multiple Realization and the Metaphysics of Reduction", *Philosophy and Phenomenal Research*, Vol. 52, 1992, pp. 1—26。

逻辑上或概念上不违反排中律。因此,当克里普克说水≠H_2O是不可构想的时候,立即面临一个与传统意义上的可构想性在解释上的相容性要求。[①]面对这些问题,物理主义者当然可以从这些方面对模态论证下手,不过这里我无需急于描绘物理主义者的反驳策略,倒是应该进一步看看二元论者如何修复克里普克的漏洞,进而为二元论给出更为坚实的理由。到了这里,就不得不考察一下查默斯的二维语义学(two-dimensional semantics)了。

上一节我们已经提到了查默斯的"可构想性论证",它与克里普克有一个相同的关键之处。查默斯同样认为,与其他的自然类不同,意识经验只能通过它显现出的现象特征来得以确认。在此基础上,我们可以构想具有与人类具有同样的物理属性P却没有意识经验感受Q的怪人(P∧~Q)。一旦P∧~Q是可构想的,它也就是可能的。然而当被问到水≠H_2O是否可构想时,查默斯会说,若把"水"这个概念的内涵理解为第一内涵(primary intension),它是可构想的,从而在这个意义上它也是可能的。[②]然而当其内涵被理解为第二内涵(secondary intension)时,情况就会和克里普克模态论证里的一样,水≠H_2O是不可构想的,在形而上学的意义上也是不可能的。不过,对于像疼痛这样的意识经验来说,它在这两种意义上都是可构想的,从而也都是可能的。

要弄清楚查默斯的这两层意思,有必要看看他为可能世界作出的区分。这个区分旨在辨别出,一个表达式的外延,是基于两种不同的可能世界状态的。这一点构成了整个二维语义学的核心观点。首先,一个表达式的真实外延,基于说出这个表达式的人所处的真实世界的特征。第二,一个反事实的表达式的外延,基于这个表达式被赋值的那个反事实世界的特征。[③]这就是说,在第一种情形下,我们把可能性当作表征我们处于其中的真实世界有可能成为的那种样子,或者干脆说,我们把这种可能性当成真实的情形。在第二种情形下,我们首先承认真实世界的情形是确定下来的,再把可能性当作是真实世界有可能成为、却无法

---

① 也许克里普克可以辩解说,他在这里将可构想性理解为"肯定的"(positive)可构想性,一如查默斯所作的区分。但这种"肯定的"可构想性已经超越了克里普克语义学框架的承载限度。关于可构想性的区分,参见 D. Chalmers, "Does Conceivability Entail Possibility?", in T. S. Gendler and J. Hawthorne (eds.), *Conceivability and Possibility*, Oxford University Press, 2002, pp. 145—200。

② Ibid., p. 162.

③ D. Chalmers, "The Foundations of Two-Dimensional Semantics", in M. Garcia-Carpintero and J. Macia (eds.), *Two-Dimensional Semantics: Foundations and Applications*, Oxford University Press, 2006, p. 59.

成为的那种样子，或者干脆说，我们把这种可能性当成反事实的情形。①用查默斯自己的术语来说，第一种可能性就是"认知的可能性"，第二种叫做"形而上学的可能性"。既然这两种可能性是决定一个表达式外延的两种不同方式，那么对应地，一个概念因此具有两种意义上的内涵，它们分别叫做"第一内涵"或"认知内涵"（cognitive intension）和"第二内涵"或"反事实内涵"（counterfactual intension）。②

在查默斯那里，内涵可以理解为从可能世界到外延的一个函项。③一个概念的第一内涵就是在一个给定的可能世界中，它挑取了（pick out）当那个可能世界成为（现实）世界的情形时，该概念指称的对象。在第一内涵的情形下，如果江河湖海中流淌的是 H_2O，我们把这种情形当作现实世界的情形来考虑，那么"水"这个概念指称的就是 H_2O；如果江河湖海中流淌的是 XYZ，我们把这种情形当作现实世界的情形来考虑，"水"指称的就是 XYZ。④如此一来，"水 $\neq H_2O$"这个陈述当然（在认知上可能的意义上）是可能的，水完全可以和任何一种化学分子式等价，而非必须是碳氢化合物。这是因为"水"的第一内涵，为水是 XYZ 绘制了一幅水在其中是 XYZ 的世界，为水是 H_2O 绘制了一幅水在其中是 H_2O 的世界。⑤另一方面，一个概念的第二内涵则是说，在给定了现实世界的前提下，它跨世界地在每一个反事实世界中挑取该概念所指称的那个对象。那么，在所有的世界中，"水"的第二内涵都指称已经定下来的现实世界中的对象，也就是 H_2O。换言之，假设张三到了一个现实世界之外的任意可能世界，即使在那个可能世界中，江河湖海中流淌的是 XYZ，当张三说"我想喝水"时，他所说的"水"仍然带着现实世界中的信息，"水"指称的仍然是他所处的现实世界中的那种东

---

① D. Chalmers, "The Foundations of Two-Dimensional Semantics", in M. Garcia-Carpintero and J. Macia (eds.), *Two-Dimensional Semantics：Foundations and Applications*, Oxford University Press, 2006, p. 59.

② 查默斯二维语义学的提出，具有修复被克里普克破坏了的意义、理性和模态这一"金三角"关联的野心。参见 D. Chalmers, "The Foundations of Two-Dimensional Semantics", in M. Garcia-Carpintero and J. Macia (eds.), *Two-Dimensional Semantics：Foundations and Applications*, Oxford University Press, 2006, pp. 55—140。亦可参见任会明：《二维语义学如何重建金三角?》，载《自我知识与窄内容——关于心智外在主义及其影响的反思》，浙江大学出版社，2009 年，第 107—121 页。

③ D. Chalmers, *The Conscious Mind：In Search of A Fundamental Theory*, Oxford University Press, 1996, p. 60.

④⑤ Ibid., p. 57.

西,即 H_2O。在"水"这个概念的第二内涵情形下,对于我们这个世界的人来说,水永远都是 H_2O,它不能是别的情形。由此我们可以看到,"水"以及其他一般自然类语词在第一内涵和第二内涵上的指称是不同的。"水"的指称是什么,需要依赖于(第二维度的)现实世界的情形,我们把一般自然类名词的这种特征叫做"语义的不稳定性"。然而像"疼痛"这样的关于意识经验的语词,在两个语义维度上指称的是同一个东西("疼痛"都指称疼痛的意识经验),它无需依赖于现实世界的情境,因此在语义上是稳定的。

通过二维语义学框架,我们看到,查默斯修复了克里普克在可设想性问题上犯下的直观错误。查默斯会说,"水不是 H_2O"是可构想的,这是在第一内涵上来谈论"水"这个概念的;而在第二内涵上,"水不是 H_2O"就不可构想了,因为这种情形在形而上学上是不可能的。而且,克里普克将专名和自然类名词作为固定指示词的理论,破坏了意义决定指称的传统观点。在克里普克那里,只要在一个可能世界中,概念的意义不决定指称,那么在现实世界中,该概念的意义同样也不决定指称。进一步地,更为严重的是,克里普克抛弃了意义的摹状词理论,在他那里,固定指示词甚至没有内涵或意义。而查默斯的二维语义学为概念的意义建立了双重维度。因此一方面,如果把概念的意义理解为第一内涵或认知内涵,便能够维系意义决定指称的摹状词理论传统;另一方面,就第二内涵或反事实内涵而言,概念的指称特征就如同克里普克认定的那样了。

总结一下,刚才我们已经详细考察了克里普克反物理主义的模态论证及其背后的理由,同时也指出了这一理由是建立在固定指示词理论基础上的,它的不足之处在查默斯二维语义学那里得到了修补。克里普克批评同一论的要点是,同一论认为,某个类型的意识经验等同于某个类型的物理状态,它可以是偶然的。克里普克论证了同一性陈述若为真,则必然为真,因此偶然的同一性是不成立的。查默斯在二维语义学框架中,既纳入了克里普克的固定指示词理论,又恢复了意义的摹状词理论,以此区分了两种"可构想性"和"可能性"。然而查默斯认为,关于意识经验的语词与其他自然类语词不一样,它在第一内涵和第二内涵上碰巧是等同的,这些关于意识经验的语词在语义上是稳定的,而其他自然类的语词却是语义不稳定的。克里普克的"后验必然性"的说法,只对基于语义不稳定的概念有效。①在下一节里,我们将要继续当下的话题,来看看在另一条进路上查默斯和杰克逊为二元论给出辩护的理由。

第四节　概念分析与解释空缺

一、诉求概念分析

上一节我们看到,基于固定指示词理论,克里普克认为,水不是 H_2O 是不可构想的。此外刚才还讨论了,由于克里普克抛弃了概念指称的摹状词理论,它将会碰到额外的一些困难,例如固定指示词理论承诺了意义外在论,于是一个概念竟然可以是没有内涵的。对于我们关心的问题来说,另一个困难就是,可构想性的要求在克里普克那里显得太高了。好在克里普克的尴尬处境,在查默斯的二维语义学框架下得到了化解。二维语义学为概念的意义,划分了"第一内涵"和"第二内涵"这两个维度,同时也相应地区分了"认知可能性"和"形而上学可能性"。传统的意义摹状词理论处于前一个维度,克里普克的理论则处于第二个维度。如此一来,水不是 H_2O 在前一个维度上是可构想的,同时也是(认知上)可能的,而在第二个维度上却都是否定的。

现在的问题是,这样一来,即使在二维语义学框架中,一个情形的可构想性在第二个维度上,也将建立在它是否在形而上学上是可能的。比如说,H_2O 在特定的条件下(例如在标准大气压下受热到 100 摄氏度等等)而不沸腾,这是不可构想的,因为它是形而上学地(metaphysically)不可能的。若是这样的话,它就面临两个问题。一方面,可构想性和可能性就互相界定了,这就让二者陷入了循环辩护。另一方面,在克里普克那里,设 x 为疼痛这样的意识经验,他诉诸的一个原则是:如果 x 似乎显得是 M,那么 x 是 M,然而这个原则并不那么可靠。②所以,

---

① Cf. D. Chalmers, "The Two-Dimensional Argument Against Materialism", in B. P. McLaughlin, A. Beckemann and S. Walter(eds.), *The Oxford Handbook of Philosophy of Mind*, Oxford University Press, 2009, pp. 313—336.

② Cf. L. F. Mucciolo, "On Kripke's Argument Against the Identity Thesis", *Philosophia*, Vol. 5, 1975, pp. 499—506.

如果神经生理学事实上的确认定了疼痛就是 C-神经纤维激活,那么有 C-神经纤维激活而不是疼痛,或者有疼痛而不是 C-神经纤维激活,同样就是不可设想的了。

可构想性如果只能通过可能性来界定,显然不是有力的辩护方式。所以对二元论者来说,必须对什么是可构想性寻找新的理论资源。一种可行的方式就是,用概念的可相容性来理解可构想性。疼痛不是 C-神经纤维激活——或者更一般地,怪人(P∧~Q)——是可构想的,仅当 Q 不能从 P 中推导出来。这样的话,二元论者就可以避免可构想性和可能性的循环解释,仅仅依赖于逻辑或概念上的真理(truth)就可以了。①另一方面,如果上述的反物理主义模态论证和二维语义学论证有效,那么这一选择现在也是物理主义者应该考虑的。因为如果"疼痛=C-神经纤维激活"是后验必然的,这就要求"疼痛"这个概念在两个维度的语义内涵上是不稳定的,然而"疼痛"这一概念却是语义稳定的。因此要使得这个陈述必然为真,那么物理主义者似乎只有通过诉求先验性来达到他们的目的了。

那么,两个概念 A 和 B 如何才是可相容的呢?我们刚才看到,如果 B 可以从 A 中先验地推导出来,或者说 B 是从 A 中分析得出的,那么它们就是可相容的。查默斯和杰克逊正是用概念的分析性,来为二元论做出进一步辩护的。在他们看来,如果 Q 不能从 P 中先验地推导出来,或者说 Q 无法通过对 P 分析而得出,那么解释空缺在本体论的层面上就不可弥合。这是因为,我们关于高阶现象的日常概念(例如"水"或"生命")能够从相应的低阶微观物理学概念先验地推导出来,或者说通过概念分析而得出,这是弥合(涉及不同语汇的两个层面现象之间的)解释空缺的必要条件。布洛克和斯塔尔内克(R. Stalnaker)称之为"概念分析论题"(conceptual analysis thesis)。②在查默斯和杰克逊看来,形而上学工作主要就是为理论的还原解释提供一个整合框架,而这个框架恰恰是经由我们理性先验反思的概念分析工作。

这听起来很疯狂,至少这种说法表面上挑战了我们对认识论和语义学的朴素理解。首先,在认识论方面,我们认为像"水是 H_2O"这样的命题是后验的,即

---

① N. Block and R. Stalnaker, "Conceptual Analysis, Dualism, and the Explanatory Gap", *The Philosophical Review*, Vol. 108, 1999, p. 7.

② Ibid., p. 2.

人们无法凭借对"水"这个概念进行先验的理性反思，来推得它是 H_2O。其次，它与我们对于什么是分析的传统理解大相径庭。一个判断若是分析的，我们通常认为，在这个判断中，谓词的意义包含在主词里面。例如"单身汉是未婚男子"或"三角形是一个由三个角三条边组成的几何图形"，这些才是我们观念中经典的分析命题。

涉及这里讨论的主题，我们自然会有疑问，为什么查默斯和杰克逊等人会做出这样的论断？在更广博的层面上我们会想，在逻辑实证主义那里，分析哲学就是做概念分析的，可是今天的分析哲学难道不是正行进在基于经验科学的"自然主义转向"道路上了吗？为什么查默斯和杰克逊还在为先验性（a priority）招魂？至于说到命题的可分析性（analyzability），蒯因不是已经有过著名的"两个教条"批判了吗？

二、概念分析与先验性

接下来我将串联起这些疑问，为"概念分析论题"做出澄清。首先，我将说明查默斯和杰克逊所谓的"概念分析"与传统上的理解有何区别。其次，我将解释有关概念分析的这套新的理解，对于哲学家做形而上学起着什么样的作用。最后，我们会看到，在查默斯和杰克逊看来，物理主义者——即便是后验的物理主义——也同样在他们的工作中践行了概念分析的工作。因此，如果 P 不能先验地推出 Q，或者 Q 不能由 P 分析而得，那么物理主义就无法将现象经验 Q 纳入到他们的形而上学框架中去，解释空缺在本体论层面上就无法得以弥合。

让我们首先从先验性的概念开始谈起。传统观点认为，先验性是一个认识论上的概念。对于一个陈述"A→B"来说，一个理性成熟的人能够在无需涉及经验信息的情况下，通过对语词 A 的反思就能推出 B，那么该陈述就是先验的。同时这就意味着语词 B 一定能够用 A 来得到定义。如此一来，"先验性"这个认识论概念就与"分析性"这个语义概念联系起来了。尽管康德提出了"先验综合判断"，克里普克也声称有"后验必然命题"，但他们只是在为认识论和形而上学的模态性之间搭建桥梁。因为在康德之前，一个判断的模态必然性只与先验性和分析性相关联，而康德和克里普克并没有否认先验性与分析性之间的等同联系。查默斯和杰克逊在这一问题上同样遵从这套传统看法。这样的话，我们就可以通过分析性来谈论先验性了。但他们所谓的分析性，不是通常所说的要对一个陈述给出确切的**语义学**分析(例如"单身汉就是未婚男子")。另外,就一个陈述来说,抛开模态性不谈,用分析性去刻画先验性同样也是蒯因愿意接受的。不过,蒯因对分析性并不抱以乐观的态度。在他看来,"只有语言形式的同义性和陈述的分析性,才是意义理论加以探讨的首要问题"。①这就意味着,A→B 这个先验蕴涵(a priori entailment),就需要用一个词项来为另一个词项进行定义或确切的概念分析。我们知道,这种定义在蒯因看来不过是同义性的,而词项的分析性又是同义性的前提,于是它就无异于循环论证。蒯因对分析性所持的态度一直以来是有争议的,我们暂且撇开这一点。不过至少蒯因也认同,当我们说相关语言中的限定表达式,在认识论上是先验的,相当于说,我们能够对表达式中的原初词项给出无法产生反例的(counterexample-free)分析。②

然而这种关于先验性的说明方式,在查默斯和杰克逊那里是不被接受的。因为恰恰有许多例子表明,一个表达式可以既是先验的,又能从表达式中的原初词项推得反例。如果这些例子能够立足,那就意味对 A→B 这一先验蕴涵,用前件词项 A 来为后件词项 B 给出明确的(explicit)概念分析不是必要的。我们来看看查默斯和杰克逊给出知识论上的经典例子。

设 G 为以下句子的合取:"史密斯相信琼斯有一辆福特汽车,并且这个信念获得了辩护。史密斯一开始对于布朗现在在哪里没有任何信念。史密斯仅仅根据琼斯拥有一辆福特汽车的信念,有效地推出了这样一个信念,琼斯有一辆福特汽车或者布朗现在在巴塞罗纳。琼斯并没有福特汽车,但当他拥有福特车时,布朗恰好正在巴塞罗纳。"设 K 为这样一个陈述:"约翰不知道琼斯有一辆福特汽车或者布朗正在巴塞罗纳。"③

在前件 G 中,因为 x→(x∨y)逻辑上为真,加上命题态度算子"相信",A 相信 x,可以推出 A 相信 x 或 y。在后件 K 中,在当前语境下基于我们对"知识"这一概念的先验把握。④因此,在 G 到 K 的这一蕴涵中,经验信息在对该蕴涵的辩护过程中,没有实质性地参与进来,是 G→K 这个先验条件句**本身**,对得到 G→K

---

① 蒯因:《从逻辑的观点看》,江天骥等译,上海译文出版社,1987 年,第 21 页。
② 这一点可以根据同义性推出,即 A 与 B 是同义的,仅当 B 不是 A 的反例。Cf. D. Chalmers and F. Jackson, "Conceptual Analysis and Reductive Explanation", *The Philosophical Review*, Vol. 110, 2001, p. 320.
③ Ibid., p. 320.
④ 盖梯尔问题挑战"三分式"的传统知识论,所诉诸的正是人们对知识概念的先验直觉。参见 E. Gettier, "Is Justified True Belief Knowledge?", *Analysis*, Vol. 23, 1963。

这个结论产生了实质性的功效。并且 K 是 G 的一个反例，或者至少 K 与 G 不是同义的。所以说，G→K 是先验的。并且虽然 G→K 这一蕴涵本身是分析的，但**它不涉及传统意义上具体的概念之间语义分析**。或许有人会对这个例子提出进一步地怀疑，不过查默斯和杰克逊相信这些怀疑是站不住脚的。[①]进一步地，他们还相信这种对先验性的定义，与克里普克反对指称确定的描述理论的论证并不冲突，只需把克里普克的论证，限定在二维语义学框架中的认知可能性维度即可成立。[②]

根据这个判断，在二维语义学框架中，查默斯和杰克逊等人做了一个概括性的论题，我们将之总结如下：

若我们设 E 为包含了某个认知可能性的充分信息，譬如水是无色无味透明可饮用的液体等这类经验性信息，设 F 为证成这种认知可能性，是否是形而上学可能性的进一步的经验信息，设 E^* 为 E 和 F 的合取，设 C 为在给定任意一个认知可能性的前提下，使用由 E 所描述的那个概念，去刻画该概念外延的一个陈述。那么，由于关于 C 的一切相关经验信息都在 E 中给定了，因此经验信息并没有在确证信念 C 时发挥本质作用，所以 E→C 就是一个先验的条件句，我们称之为"应用条件句"（application conditional），并且 E^*→C 同样也是先验的。[③]

三、物理主义作为形而上学

在进一步讨论应用条件句之前，我先说明一下，这种关于先验性和概念分析的新的理解方式，对于哲学家的工作，尤其是哲学家在做形而上学时有什么样的作用。这一讨论主要是由杰克逊在牛津大学"洛克讲座"中所展开的。[④]

杰克逊首先刻画了他所谓的"严肃的形而上学"。这种严肃的形而上学要告诉我们世界中到底存在着什么，以及这些存在物是什么样的。这是因为世界上有许多高阶的现象，但不是每个现象都在形而上学中得到承认，杰克逊称之为

---

　　①　D. Chalmers and F. Jackson, "Conceptual Analysis and Reductive Explanation", *The Philosophical Review*, Vol. 110, 2001, pp. 321—322.

　　②　Ibid., pp. 236—237.

　　③　Ibid., p. 325.

　　④　恢复概念分析在形而上学中的地位，这一工作又被称为"扶手椅哲学"（Armchair Philosophy），因为它声称无需经验信息的参与；或者也叫做"堪培拉计划"（Canberra Plan），因为很大程度上它由来自坐落在堪培拉的澳大利亚国立大学的刘易斯和杰克逊等人所推动。

"**定位问题**"。定位问题就是要表明,给定任意一个现象,它如何能够与某种基础的本体论相一致。如果不能相容,那么就必须在本体论中取消它。举例而言,世界中存在着关于某个人的身高性(tallness)或者个体的身高分布这样的东西,但这些东西在严肃的形而上学中没有相应的位置,因此在形而上学中应当将其取消。不过,另有一些事物,例如语言中的语义属性或化学中的固态性(solidity)这些东西,它们在我们对世界进行科学说明中得到解释,并且被这些科学说明所蕴涵,因而在严肃的形而上学中应当占据相应的位置。①所以说,虽然形而上学对世界的说明是完备的,但它要做的并不是为这些存在物及其性质列出一份清单,而是要通过数量有限的"原料"来寻求抽象的理解。②

抛开那些不具有本体论位置、被取消了的现象或事物不谈,杰克逊的"定位问题"意味着,高阶现象必须被严肃的形而上学中的基本现象所蕴涵。或者从语义学上讲,如果关于世界的某个特定的陈述能被接受,那么我们就得表明,该陈述是被低阶的描述所蕴涵的。杰克逊注意到,形而上学的这一面貌意味着我们应该在更一般的层面上来理解它,那就是说,形而上学实质上要做的,就是把由相互独立的语汇构成的两个陈述联结起来。为了做到这一点,我们就必须抓住这两个陈述的主题(subject matter)。一旦我们知道了这些主题,我们就能够看到这两个陈述是如何相互联系的。③在杰克逊看来,这一过程实际上就是在做概念分析(尽管它不是语义分析),正是通过这种概念分析,才揭示了我们对词项的隐含着的观念,从而决定了这些词项是关于什么的。所以说,**严肃的形而上学就是一个先验的概念分析工作**。反过来讲,概念分析是做形而上学的充分必要条件。

那么现在的疑问是,这种概念分析进路是否违背了当代英美哲学"自然主义转向"的大潮流? 为避免招致更多的细节争论,我对这个疑问给出的简单回答是:自然主义可以分为"本体论的自然主义"和"方法论的自然主义"。④从本

---

① F. Jackson, *From Metaphysics to Ethics*, Oxford University Press, 1998, pp. 2—5.

② Ibid., pp. 4—5.

③ S. Laurence and E. Margolis, "Concepts and Conceptual Analysis", *Philosophy and Phenomenological Research*, Vol. 67, p. 256.

④ 本体论自然主义认为,世界上不存在着诸如天使这样的超自然实体,一切都是自然的,或者说(完备的)自然科学在本体论上穷究一切事情;方法论的自然主义认为,做哲学和做科学没有本质上的差别,一切科学方法都可以并且应当用在哲学工作当中。

体论的自然主义层面上讲,他们并没有明显违背自然主义,二者是可以相容的;在方法论的自然主义层面上,尽管他们否认哲学可以用经验科学的方式来做,但仍然可以声称"方法论的自然主义"不可避免地是在运用概念分析。①

到了这里,是时候来看看概念分析与物理主义的关联了。我们可以把它看作是应用条件句在物理主义框架中的实际操作。查默斯和杰克逊认为,物理主义作为严肃的形而上学,它同样是一种概念分析工作。为简单起见,我们设 P 为关于这个世界的一切微观物理事实(回想一下第一节中,佩蒂特为定义物理主义设定的四个论断);设 M 为任意一个有关自然现象(例如水、生命等)的典型宏观事实;设 T(可以读作"就这些"——that's all)为我们的世界是满足 P 的最小化(minimal)世界的约束条件,它旨在说明我们的世界是由且仅由 P 所能蕴含的事物构成的;②设 I 为索引性事实(indexical truth)的约束条件,通过 I 可以确定我们的世界是哪种认知上的可能世界。③给定了这一切,能够得到这样一个蕴涵论题:

$$P \wedge T \wedge I \to M$$

对这个蕴涵论题的解读是,首先,$P \wedge T \wedge I$(简称为 PTI)包含了关于宏观系统的结构、动力学、构造和分布的(微观物理学语言的)所有信息,以及那些宏观系统带给我们的现实的或潜在的知觉呈现信息。其次,这些宏观系统的结构、动力学、构造、分布和知觉信息蕴含了日常宏观事实 M。④根据刚才已经给出的对先验性和分析性的刻画,在杰克逊和查默斯看来,这个蕴涵论题是符合 $E^* \to C$ 的,它在认识论上是先验的,同时也是分析得出的。我们知道,尽管佩蒂特为物

① 这一问题更多的细节讨论,可参见 D. Papineau, "Naturalism", *Stanford Encyclopedia of Philosophy*, http://plato.stanford.edu/entries/naturalism/, sec. 2.3。

② 因为 P 本身并不排除世界中存在着像天使这样非物理实体,但给定了约束条件 T,这种可能性就被排除了。T 陈述可以形式化地表达为,对于两个世界 W1 和 W2 来说,如果 W1 包含了 W2 中的一个质的副本(qualitative duplicate)作为 W1 中恰当的部分,并且反之不成立,那么我们说 W1 超出了 W2。对于任何一个存在着天使的 P 世界来说,都有一个超出它的、不存在天使的 P 世界,因此 P 世界就不能作为一个最小的世界。Cf. D. Chalmers and F. Jackson, "Conceptual Analysis and Reductive Explanation", *The Philosophical Review*, Vol. 110, 2001, p. 317.

③ 索引词(例如"我""现在""这里")能够确定一个语境或情境,而仅仅由 P&T 并不能确定我们的世界是 H_2O 世界抑或 XYZ 世界,因此我们需要 I 作为附加的约束条件。

④ D. Chalmers and F. Jackson, "Conceptual Analysis and Reductive Explanation", *The Philosophical Review*, Vol. 110, 2001, p. 329.

理主义给出的定义（相当于这里的 PTI）是后验的，但查默斯和杰克逊认为，从物理主义的形而上学框架中推出世界的宏观事实必须是先验的，同时这个工作也是分析而得的。

也许现在给出一个实际例子会有助于我们的理解。杰克逊让我们考虑一下这个事实：地球表面 60% 被水覆盖。杰克逊认定，这个事实是由微观物理事实先验蕴涵的。这意味着我们能够从微观物理学语汇，外加经由先验反思而得知的事实，推导出"地球表面的 60% 被水覆盖"这一陈述。这一过程可分解为以下几步：

　　a）根据微观物理学的经验信息，我们能够从微观物理事实中推得"地球表面的 60% 被 H_2O 覆盖"这一陈述（这主要地由 PTI 中的 PT 得到的）。这一陈述是偶然为真的。

　　b）根据偶然的经验发现，得到"水 = H_2O"这一陈述（在前提 a 的基础上，这主要是由 PTI 中的 I 进一步得出的）。

　　c）根据以上两个前提，我们得到"地球表面的 60% 被水覆盖"（这里作为 M）这个陈述。

我相信会有人站出来说，这个推论完全是后验的，也没有任何（杰克逊意义上的）概念分析在其中，为什么说这个推导是先验的呢？在这里，除了需要强调我们所说的先验性并非"独立于经验"，而是"无需借助经验的参与"之外，杰克逊还认为，这里的关键在于前提 b。事实上，前提 b"水 = H_2O"单独靠逻辑真就能分解为以下两个陈述：

　　d）"水 = 水一样的东西"
　　e）"H_2O = 水一样的东西"

杰克逊承认，从 a 到 c 并非是先验的。但要使得这个推导成立，我们必须在关于 H_2O 的陈述与关于水的陈述之间进行概念分析。为刻画这个概念分析，杰克逊建议我们这么做。若关于"水"这个概念的正确的语义描述指的是，它大致意味着下述内容的、确定的限定描述——一种事实上从天而降的、充盈在海洋中的、无色无味的、对生命至关重要的、被专家称作为"水"等满足诸如此类条件的东西——无论这些细节多么繁琐,我们可以用"水一样的东西"(the watery stuff)来标注它。使用这个标注和对固定描述的"实际"操作,水的定义就是 d"水=这些水一样的东西"。这个前提是根据概念分析得出的,从而它是先验偶然为真的。而现在,"H_2O=水一样的东西"是后验偶然为真的,我们的现实世界中水一样的东西恰好就是 H_2O。如此一来,完整的推导应该是这样的。[①]

> a*)"地球表面的 60% 被 H_2O 覆盖"
>
> b*)"水=水一样的东西"
>
> c*)"H_2O=水一样的东西"
>
> ──────
>
> d*)"地球表面的 60% 被水覆盖"

在整个推导过程中,因为前提 b* 是先验为真的,因此,给定足够的经验信息,这里的先验性就能够传递到被推导项 d* 中。因为我们必须把"水=H_2O"分解为这里的 b* 和 c*,所以整个推导过程是分析的。

至此为止,我们已经总览了查默斯和杰克逊关于概念分析和先验蕴含的说明架构,并且澄清了它们与传统理解的区别。在查默斯和杰克逊看来,既然意识经验 Q 同样作为宏观现象 M,Q 就应当由 PTI(或简称为 P)先验地蕴涵或分析推导出。回想一下我们在第二节里讨论过的关于天才科学家玛丽的思想实验,我们承认玛丽无法从 P 中先验地推导出 Q,那么物理主义在关于意识经验事实的问题上就是错的。同样地,我们也可以说,既然 P 和 Q 在概念上是不相容的,那么怪人($P \wedge \sim Q$)就是可构想的,从而怪人也是可能的。值得注意的是,这里的可构想性并不需要涉及形而上学的模态性,因此从可构想性到可能性的推导也就不再有循环论证了。综合起来讲,二元论者相信,由于我们无法用 P 去分析 Q,于是解释空缺就无法弥合。既然在本体论上物理事实和心理事实就是两个不同的东西,那么本体论物理主义就不能成立了。

──────────

[①]　N. Block and R. Stalnaker, "Conceptual Analysis, Dualism, and the Explanatory Gap", *The Philosophical Review*, Vol. 108, 1999, pp. 11—12.

四、二元论的理由

为明晰起见,现在让我们简要地总结本章三、四两节,为二元论的辩护理由给出一个综合说明。以物理主义的同一性陈述"疼痛＝C-神经纤维激活"为例,我们把它简称为 F。

第一步:物理主义认为,F 偶然为真。克里普克的模态论证说明了,如果一个同一性陈述为真,则必然为真。既然 F 在模态上是偶然的,那么 F 就是错的。

第二步:若假定 F 是一个后验必然的陈述,在查默斯的二维语义学框架中,F 的主词"疼痛"在语义上应当是不稳定的。因此,物理主义者若想躲开模态论证的攻击,仍然认定 F 是必然为真的话,那么必须承认 F 是一个先验的陈述。这就意味着,给定了物理主义框架,那么"疼痛"这个概念就是从"C-神经纤维激活"中分析而得的。

第三步:查默斯和杰克逊论证认为,包括物理主义在内的严肃的形而上学都是概念分析,并且概念之间的推导是先验的,然而知识论证却表明了 F 不是先验的。因此 F 是错的。物理主义因此无法成立。

第二章
破解谜团:现象概念策略

第一节　二元论的可能原因

一、二元论的理据与原因

上一章的后两节里,我们讨论了反对物理主义二元论论证背后的理论依据。所谓"理论依据"(rationale),指的是从一些前提或假设出发,依据我们的推理能力或逻辑依据得出某个结论的辩护路径。因此二元论若成立,不能把它归结为人们缺乏科学信念的结果。进一步地,在讨论克里普克的模态论证时我们看到,二元论若要成立,不仅不是因为我们缺乏科学信念,相反,固定指示词理论需要依赖于科学本质主义。同样地,在二维语义学框架中,关于意识经验语词的语义内涵,在两个不同维度上都是一致的,而其他自然类语词则具有语义的不稳定性,导致这种区别的部分原因,恰恰在于科学本质主义把自然类的实质所指,与这些自然类的表面特征区别开来。正是在这个意义上,人们可以说,就像笛卡尔所做的那样,通过对科学本质主义的接受与信奉,才为二元论奠定了理论依据。[①]

然而另一方面,许多从事心灵哲学研究的当代哲学家也相信,随着神经科学的进步,一旦科学家发现了意识经验的生成原理和运行机制,二元论的谜咒便会因此打破。物理主义在今天还面临着二元论的困扰,只是因为目前的神经科学仍然不够成熟。如果情况是这样的话,二元论得以成立的基础,就不是上述所说

---

① 孟强:《从表象到介入:科学实践的哲学研究》,中国社会科学出版社,2008 年,第 5 页。

的那种理论依据了,而是另有原因(cause)的。这个可能的原因或许根植于我们的人类天性(nature)或文化当中,算得上是某种根深蒂固且普遍存在的二元论直觉(dualist intuition)。在这一节里,我们就这一诊断展开讨论,为接下来反驳二元论论证打开局面。

二、模态论证的贝恩悖论

对于二元论论证,到目前为止,我们只是在澄清它们的结构,分析成立的理由,尚未给出批评性的反击。一方面这是行文叙事的需要,另一方面,批评二元论论证的进路很多,详细列举并非眼下之急务。但是接下来,我们有必要提出其中一种反对二元论的回应策略,这就是贝恩(S. R. Bayne)对克里普克模态论证的反驳。这个反驳暗示了模态论证对物理主义的批评若有效,这种有效性也不源自某种理论依据,只是由我们的二元论直觉这个事实原因所引发的。

在贝恩看来,模态论证试图通过后验必然性来摧毁同一论,但这么做同样反过来会摧毁二元论本身,因为物理主义者可以利用模态论证本身来反对克里普克的结论,这便导致悖论出现了。根据莱布尼茨法则,克里普克断定一个同一性的陈述若为真,那么它是必然为真的,也就是说:

$$\text{a)}\ (x)(y)(x=y \rightarrow \Box(x=y))$$

根据固定指示词理论,贝恩认为,我们可以从 a 推出论题 b:一个陈述若不等同,那么必然地,该陈述是不等同的:

$$\text{b)}\ (x)(y)(x \neq y \rightarrow \Box(x \neq y))$$

为简化起见,设 A 和 B 为两个固定指示词,那么 a 和 b 说的是:

$$\text{a}^{*})\ ((A=B) \rightarrow \Box(A=B))$$
$$\text{b}^{*})\ ((A \neq B) \rightarrow \Box(A \neq B))[1]$$

---

[1] S. R. Bayne, "Kripke's Cartesian Argument", *Philosophia*, Vol. 18, 1988, pp. 266—267.

回想一下在说到《命名与必然性》中"水"和"热"的例子时,克里普克为必然同一性所作的辩护。他说明了为什么水必然是 H_2O,尽管它们可能显得(seems)不等同(例如,孪生地球上的"水"是 XYZ,这不过是一种认知错觉);他也说明了为什么热必然是平均分子动能,尽管热显得等同于热的感觉。这意味着若模态论证能够成立,克里普克就必须要去**解释**(explain)水是 H_2O 或者热是分子平均动能的**表面偶然性**(apparent contingency)或偶然性的表象(appearance of contingency)。"如果不能把偶然性的表象当作错觉来解释,它就意味着一个为真的可能性的迹象与必然同一性是不相容的。"[1]

现在,克里普克说,意识经验不等同于某个物理事实,那么根据 b*,意识经验不仅不等同于相关的物理事实,并且必然地,它们是两个截然不同的事物,因为没有一个可能世界能够满足 A 和 B 拥有共同的所指。

既然如此,那么就 b* 来说,物理主义者同样可以要求克里普克去解释 A≠B 的表面偶然性。然而在这个时候,克里普克又不能说,我们可以构想一个意识经验 A,它等同于某个物理事实 B。因为克里普克已经说过了,不能把意识经验与它在认知上的对等项(epistemic counterpart)区分开来(也就是说,某个意识经验就是它被经验起来的样子),于是克里普克就无法解释,在什么意义上我们可以说,疼痛≠C-神经纤维激活的表面偶然性是一种认知错觉了。既然这是**无法解释的**,那么同一论者便可以说,疼痛≠C-神经纤维激活就不是**必然的**了。一旦疼痛≠C-神经纤维激活**不是必然的**,那么疼痛**就是** C-神经纤维激活。[2]如此一来,整个论证就从 A≠B 推得了 A=B,于是模态论证的悖论就出现了。

在我看来,模态论证的贝恩悖论给我们的提醒在于,那些反物理主义的二元论论证所诉求的理论依据,同样可以被物理主义者所用,因此这些理论依据并不能作为证成二元论的独立理由。这样的反二元论的论证策略并不限于模态论证,针对查默斯关于怪人的可构想性论证,巴洛克(K. Balog)就构造出了"瑜伽师思想试验"[3]和"反可构想性论证",这些论证大体上都是以二元论者的论证逻

---

[1] S. R. Bayne, "On the Appearance of Contingency: A Rejoinder to Blum", *Philosophia*, Vol. 19, 1989, p. 457.

[2] S. R. Bayne, "Kripke's Cartesian Argument", *Philosophia*, Vol. 18, 1988, pp. 267—268.

[3] Cf. K. Balog, "Conceivability, Possibility and the Mind-Body Problem", *The Philosophical Review*, Vol. 108, 1999, pp. 497—528.

辑,站在二元论的情形中——例如怪人世界的立场——来反驳二元论的。①这就表明,既然物理主义者能够"以其人之道还治其人之身",那么这里的"其人之道"(二元论的理论依据)就并不是"其人之身"(二元论)所独有的了。不过,这一诊断并不意味着二元论是毫无根据的(ungrounded),也许在它背后另有原因。

三、克里普克"对人不对事"

上一章说到,按照标准理解,克里普克的模态论证在二维语义学框架里,可以得到更好的安置。如果是这样,那么在帕品纽看来,要反驳克里普克其实并不困难。②真正困难的是,物理主义者没法把例如疼痛是C-神经纤维激活的偶然性表象"解释掉"(explaining away),这就暗示了克里普克的论证,实质上是"对人不对事"(ad hominem)的。③展开来讲,帕品纽认为,克里普克真正厉害的地方在于他试图说明,物理主义相信疼痛是C-神经纤维激活,但当他们这么宣称时,即使是这些物理主义者仍然也认为这种等同是偶然为真的,那就意味着他们没法真诚地相信疼痛是C-神经纤维激活。而**如果连物理主义者都不相信物理主义,那么物理主义就是错的**。

帕品纽是这样来解读克里普克的。

第一步,他阐释了当代心灵哲学文献中的"教科书式的克里普克主义"④。根据这种所谓的正统解读,克里普克承诺了一个至关重要的原则I:

> 原则I:如果一个必然为真的陈述是后验的,那么其中至少有一个语词必须与描述内容相关。

在许多哲学家看来,正是原则I使得克里普克隐秘地承诺了二维语义学——

---

① Cf. K. Balog, "Illuminati, Zombies and Metaphysical Gridlock", unpublished.

② D. Papineau, "Kripke's Proof is Ad Hominem not Two-Dimensional", *Philosophical Perspective*, Vol. 21, 2007, pp. 475—494.

③ "Ad Hominem"译为"针对人的"。Argument Ad Hominem通常被称为"人身攻击论证",该论证策略是把前提的有效性与一个人所具有的信念或秉性联系起来。它通常被视为是一种典型的逻辑谬误,不过这种论证策略并非在任何情况下一定是错的,在一些情况下,把前提的有效性与个人信念或秉性联系起来,也会合法地与论证内容相关联。帕品纽认为,克里普克的"对人不对事论证"就是合法的。

④ 这个说法参见 S. Yablo, "Textbook Kripkeanism and the Open Texture of Concepts", *Pacific Philosophical Quarterly*, Vol. 81, 2000, p. 100。

尤其是二维语义学框架中所认可的，每一个后验必然等式中必有一个语词，它具有在第一内涵上的语义不稳定性，会随着现实世界的变换而指称不同的对象。另一些哲学家虽然不这么认为，却也相信克里普克无可避免地需要承诺原则I。①

第二步，帕品纽认为"教科书式的克里普克主义"并不是克里普克的原意。首先，克里普克在《命名与必然性》中主要是在试图说服大家，大部分的普通专名都没有描述内容，专名的指称是因果确定的，而原则I恰恰是关于这一点的一个反例。其次，就像我们在上一章最后一节里看到的那样，原则I在认识论上具有这样一个蕴涵：若同一性陈述中的某个语词是通过它的描述内容来指称的（即间接的），那么那个必然同一的陈述就只能是后验的。这就意味着，如果这个语词的指称是直接的，那么所有的必然性陈述都是先验的——我们可以直接把握所指的对象，它们的本质对我们来说就是透明的。然而，在《命名与必然性》中克里普克却从未示意过这一点。②

第三步，当克里普克谈到同一论者在意识经验的问题上宣称"疼痛=C-神经纤维激活"时，帕品纽认为，他并没有把这个问题讨论重心放在上述的两个地方。③克里普克实际上是在指出，对于那些事实上相信疼痛=C-神经纤维激活的人来说，这里有一个问题。这些人需要解释的是，为什么这个等同在他们看来可能会是错的。既然你认为疼痛和C-神经纤维激活是同一个东西，你怎么能够允许"它们"在某个可能世界中会是分开的呢？相比较一下，如果你认为鲁迅和周树人是同一个人，你怎么可能相信这是两个不同的人呢？因此，克里普克真正要说的是，同一论者必须解释，为什么在相信了心脑同一论之后，它仍然还会显得可错。④根据帕品纽的理解，在克里普克看来，同一论者无法对此给出合理的解释，这说明了同一论者并不完全相信疼痛=C-神经纤维激活。据此，克里普克的"对人不对事论证"表述如下：⑤

---

① D. Papineau, "Kripke's Proof is Ad Hominem not Two-Dimensional", *Philosophical Perspective*, Vol. 21, 2007, pp. 476—477.

② Ibid., p. 478.

③ See S. Kripke, *Naming and Necessity*, Blackwell, 1980, pp. 149—150.

④ D. Papineau, "Kripke's Proof is Ad Hominem not Two-Dimensional", *Philosophical Perspective*, Vol. 21, 2007, pp. 479—484.

⑤ Ibid., p. 484.

（1）如果你完全相信"疼痛＝C-神经纤维激活"，在你看来它就不会显得是可错的。

（2）"疼痛＝C-神经纤维激活"的确显得是可错的，即使在物理主义者那里也一样。

―――――

（3）因此，即使是物理主义者，也不完全相信"疼痛＝C-神经纤维激活"。

我们现在关心的，不是帕品纽对克里普克的解读是否正确。重要的是，哪怕上面给出的这个论证不是克里普克的原意，它同样是有价值的。有两个问题值得思考：第一，这个论证是否对物理主义构成了挑战；第二，如果物理主义者可以解除这一挑战，它是否仍然点明了某些重要的信息。在我看来，和帕品纽一样，对第一个问题的回答是否定的；对第二个问题的回答则可以持肯定态度。

首先，这个论证的结论是比较审慎的，因为（3）并没有明确判断物理主义是错的，虽然在直观上我们会认为，从（3）当中可以推得"物理主义是错的"这个断言。例如我们会这么想，如果连哥德尔自己都不相信"哥德尔不完备理"，那么这个定理十有八九会是错的。这里的关键问题是如何解释"相信"。根据帕品纽的说明，"相信"有两层意思，一种是理论上的相信，另一种是直觉上的相信。举个熟悉的例子，我们知道，一旦给定了足够的经验信息，人们就会在理论上相信穆勒-莱尔线段（Muller-Lyer lines）的两条中心线长度是相等的，然而即使如此，我们仍然会在直觉上相信它们是一长一短的。（本书第八章第三节会再次探讨这个问题）这是因为我们的知觉构造使得我们在直观上感觉如此。如此看来，结论（3）的审慎是恰当的，它没有对物理主义构成太大的麻烦。不过，联系刚才说明过的贝恩悖论，我们应该从这个论证中得出一个重要的教诲，那就是二元论的理论依据不足以使其自身成立，我们不排除存在着这样的可能性：是我们的认知方式或者其他无关理论依据的原因，使得我们倾向于接受二元论。在下一节里，我们就要考察这种可能性。

第二节　发现现象概念

一、新的考察空间

在深化眼下的讨论之前,现在有必要回顾一下,我们一开始是如何引入二元论这个话题的。在上一章的第二节里,我们首先指出了意识经验具有一种主观的现象特征,正是现象特征才把意识的"困难问题"摆在了物理主义者面前。因为物理主义声称一切现象都可以得到物理-功能的解释,但在意识的"困难问题"面前,似乎任何科学解释都无法触及或者干脆"遗漏了"现象特征,于是在意识的现象特征与关于它的物理解释之间,就留下了一个"解释空缺"。一些哲学家相信,解释空缺并不只是停留在认识论上的,通过一系列的二元论论证,给定了这些论证背后的理论依据,他们认为意识的现象特征或现象属性本质上不同于物理属性,解释空缺在本体论上是不可弥合的,二元论因而是一种比物理主义更合理的本体论立场。

需要注意的是,在整个论述过程中,一方面,我们承认了现象特征的主观性,我们确实认为,一只蝙蝠有着它作为蝙蝠——而非我们人类对蝙蝠的想象——感觉起来是什么样的体验。这样的主观性体验,是超出我们想象能力的。[1]但是另一方面,我们一直都承认意识经验的现象特征,有着基于经验主体的实在性或客观性,因此我们承认了在认识论的层面上存在着解释空缺。布洛克把这种物理主义立场叫做"膨胀论的"(inflationist)物理主义,把另一种对现象特征持有非实在论的物理主义立场叫做"紧缩论的"(deflationist)物理主义。[2]作为膨胀论者,我们与二元论者的区别是,认为客观的现象特征仍然是由微观物理事实所必然实现的,解释空缺在本体论层面上是可以弥合的。那么现在摆在我们面前的问题,就是如何融合以下两个关于解释空缺的论题:

论题一:解释空缺在认识论的层面上是存在的。

---

[1]　内格尔:《作为一只蝙蝠是什么样?》,载《人的问题》,万以译,上海译文出版社,2004年,第183页。

[2]　N. Block, "Harder Problem of Consciousness", *The Journal of Philosophy*, Vol. 99, 2002, pp. 391—426.

论题二:解释空缺在本体论的层面上并不存在。

对此我们需要为膨胀论的物理主义立场稍作澄清。首先,据我所知,托马斯·内格尔对这样的主张就抱有怀疑态度。他认为,物理主义若宣称这两个论题可以同时为真,那么他们相当于处于这样一个处境中:

设想一条毛毛虫被某个不熟悉昆虫蜕变的人,锁在一个无菌的柜子里,数周后这个柜子重新打开,出现了一只蝴蝶。如果此人知道柜子在这段时间里一直关着,他有理由相信这只蝴蝶就是或曾经是毛毛虫,虽然他完全不明白怎么会是这样。①

不过,当内格尔这么理解物理主义的时候,他心中的标靶是戴维森(D. Davidson)的"无律则的一元论"(anomalous monism)。这种观点的大致意思是,任何一个具有因果互动效力的心理事件都等同于一个物理事件,但是我们无法对二者之间的因果律则给出确切的刻画,因而心理事件无法还原为物理事件。②与戴维森不同,我们承认在形而上学上具有同一性关联的是事实(facts)或状态(states)而非事件(events),我们也不认为这种心身之间的因果关联律则在原则上是不可说明的,所以膨胀论的物理主义立场有别于戴维森意义上的非还原论。

其次,我们认为一种类型的心理状态(特别是心理状态的现象特征),等同于另一种类型的物理状态,这是后验的,它不是一个先验分析的结果。尽管在第一章第四节里我们看到,在二维语义学的框架中,查默斯和杰克逊试图论证,给定了足够的经验信息,即使"水是 H_2O"这一典型的科学陈述也是先验的、可经概念分析而得的,概念分析是解释空缺得以弥合的必要条件。不过,关于这一点我们并不需要承认。一方面,就像布洛克和斯塔尔内克给出反驳的那样,以"生

---

① 内格尔:《作为一只蝙蝠是什么样?》,载《人的问题》,万以译,上海译文出版社,2004 年,第191 页。

② D. Davidson, "Mental Events", in L. Foster and J. Swanson(eds.), *Experience and Theory*, Duckworth, 1970.

命"作为范例,历史上曾经以为无法弥合的解释空缺后来得以弥合了,而在这个弥合过程中,并没有涉及对"生命"这个词的概念分析。①对这个问题的批判并不是我们关注的重点。重要的是,我们相信,对于像"疼痛=C-神经纤维激活"这样的同一论陈述,正是由于一些与物理概念"C-神经纤维激活"和意识经验概念"疼痛"相关的**经验事实**,使得这个同一论陈述是后验为真的。②根据上一节我们打开的解释空间,可以发现,正是由于人们在把握和思考关于现象特征的那些概念时,总是处在一种独特的认知状况中,而这种认知状况使得人们在直觉上成了二元论者。一旦认识到这点,我们就有可能处理好上述的两个论题。

二、"想象"的两种观念

同样是在内格尔 1974 年发表的《作为一只蝙蝠是什么样?》论文里,希尔和麦克拉林(C. S. Hill and B. P. McLaughlin)发现了一个极富价值的脚注。它被视为最早说明了为什么心物同一性陈述即使必然为真,却还是**显得**可错的。这个说明,为随后我们将要着重讨论的"现象概念策略"奠定了思想依据。

内格尔对同一论这样的还原论物理主义,当然是持批判态度的。关于上述两个论题融合的可能性,他同样抱以消极的看法:

> 如果我们承认一种物理的心灵理论必须说明经验的主观性,我们就必须承认,没有一种现有的观念能够提示我们如何能做到这一点……如果心理过程的确是物理过程,那么它就有经受某些物理过程的某种内在的相应特征。这种情况如何可能,仍然是一个谜。③

当内格尔这么说的时候,他考虑的情况正如我们这里所期待的那样,有一种同一论物理主义,既承认现象特征的实在性或客观性,从而保留了认识论上的解释空缺,又能够在本体论上弥合这个解释空缺,为现象特征找到对应的物理说

---

① N. Block and R. Stalnaker, "Conceptual Analysis, Dualism, and the Explanatory Gap", *The Philosophical Review*, Vol. 108, 1999, pp. 13—16.

② C. S. Hill and B. P. McLaughlin, "There are Fewer Things in Reality Than are Dreamt of in Chalmers's Philosophy", *Philosophy and Phenomenological Research*, Vol. 59, 1999, p. 448.

③ 内格尔:《作为一只蝙蝠是什么样?》,载《人的问题》,万以译,上海译文出版社,2004 年,第 188—189 页。

明,于是这种心物同一论将是**必然**为真的。讲到这里,内格尔又给出了一个长脚注,为我们提供了一种破解克里普克论证的选择。这个脚注是重要的,我们不得不摘抄全文:

> 解释心-脑之间为什么是必然关系的某种理论,仍会留下克里普克提出的为什么它看上去是偶然的问题。在我看来那个困难可以用下述的方式加以克服。当我们想象某个东西时,它可以通过感知(perceptually)或移情(sympathetically)或符号向我们呈现。我不准备谈符号的想象是如何发生的,但另两种想象发生的部分情况如下:通过感知想象某事,我们让自己置身于一种有意识的状态,它与我们感知这件事可能有的状态相似;通过移情想象某事,我们让自己置身于一种与这件事本身相似的有意识的状态。(这种方法只能用于想象我们自己或另一个人的心理事件或状态。)当我们试图想象一个心理状态与大脑状态无关的发生时,我们首先移情地想象这个心理状态的发生:我们让自己置身于与它在心理上相似的状态。同时,我们试图让自己置身于与第一种状态无关的另一种状态——与我们如果感到物理状态没有发生时所处的状态相似的状态,从感知上想象相关的物理状态没有发生。凡是在对物理特征的想象是感知的、对心理特征的想象是移情的地方,在我们看来就可以想象任何与大脑状态无关的经验的发生,反之亦然。由于想象的类别不同,它们之间的关系即使是必然的,看上去也会是偶然的。①

在这段文字里,内格尔区分了"想象"的两种观念:**感知想象**和**移情想象**。仍以蝙蝠的意识经验为例,如果我单纯地**感知想象**作为一只蝙蝠是什么样的,我能做到的就是把自己想象成一只蝙蝠可能具有的那种外在的物理状态。例如,设想我的外表或行为可以变成像一只蝙蝠一样,设想我应当具有蝙蝠的内部神经生理构造等等。②而我如果要单纯地**移情想象**蝙蝠的意识经验,就蝙蝠这个事例而言,内格尔认为这是难以做到的,因为"这种方法只能用于想象我们自己或

---

① 内格尔:《作为一只蝙蝠是什么样?》,载《人的问题》,万以译,上海译文出版社,2004 年,第 189 页。

② 同上书,第 182 页。

另一个人的心理事件或状态"。我只能移情地想象我自己昨天吃到的那只榴莲的味道,或者移情地想象关公刮骨疗伤时的那种痛感。当克里普克认为,我们可以想象有疼痛而没有 C-神经纤维激活的状态,或者按照查默斯所认为的那样,我们可以构想有着 C-神经纤维激活但没有疼痛的怪人时,在内格尔看来,这两种情况是对**感知想象**和**移情想象**这么两种不同类别的想象能力的联合运用。即使我们在思考某个事物时,单纯地运用感知想象或移情想象是可靠的,但克里普克和查默斯为我们设置的,把两种类型的想象联合运用的情形,却是不可靠的。因为但凡"在对物理特征的想象是感知的、对心理特征的想象是移情的地方"(我们想象疼痛是 C-神经纤维激活就是这种情形),就可以想象任何与大脑状态无关的经验的发生(克里普克的情形),反过来也是如此(查默斯的怪人情形)。如此一来,我们便会认为同一论是偶然为真的。或者,像帕品纽对克里普克解读的那样,即使物理主义者也不相信物理主义,我们在直观上都是天生的二元论者。

在希尔和麦克拉林那里,正是采取了内格尔对这两种想象类型的区分。特别是当我们同时运用这两种想象能力去构想怪人时,他们指出,从怪人的可构想性推导出可能性是无效的。[1]因为这不过是两种想象能力的联合运用,而这样的联合运用本身就会导致二元论直觉的出现。反过来我们可以说,"这并不意味着笛卡尔式的直觉(Cartesian intuitions)[2]是错的,相反,它意味着笛卡尔式的直觉的想象资源,不能为这种直觉的成真创造前提"[3]。

若我们设 P 为物理状态,设 Q 为意识经验状态,设 x 为任意的关于意识经验的情形,并且用 PI 表示感知想象,用 SI 表示移情想象,用 C 表示认知算子"可想象",用 & 表示"并且同时",根据内格尔的脚注,可以得到下述这个原则,我们称它为"内格尔原则":

$$PI(x) \& SI(x) \rightarrow C(P) \lor C(Q)$$

---

[1]　C. S. Hill and B. P. McLaughlin, "There are Fewer Things in Reality Than are Dreamt of in Chalmers's Philosophy", *Philosophy and Phenomenological Research*, Vol. 59, 1999, p. 448.

[2]　"笛卡尔式的直觉"在希尔和麦克拉林那里,指的是模态上的直觉似乎意味着属性二元论的成立,它与我们所说的二元论直觉是一样的。Ibid., p. 447.

[3]　Ibid., p. 448.

这就意味着,对于任何一个关于意识经验的情形,当我们联合运用两种想象类型时,我们想象得到的,必然是其中的一种状态而遗漏了另一种状态。我们不能同时想象这样一种情形,它既是心理状态同时又是物理状态。现在的问题在于,是什么使得我们产生这样两种类型的想象能力呢? 我们当然可以在近似于同语反复的意义上说,是因为我们的认知构造使得我们具有如此这般的能力。但回答这个问题的要点在于,当人们在思考水是 H_2O 这个情形时,移情想象并没有牵涉进来。因此,我们可以认为,仅当我们思考意识经验时,内格尔原则才会奏效。于是现在我们可以得出这样一个关键结论:**我们有两种想象意识经验的方式,一种是"感知的",一种是"移情的"**。根据内格尔原则,人们无法同时联合运用这两种想象方式去思考同一个(个例或者类型的)意识经验。

三、洛尔论现象概念

内格尔的脚注为后来的物理主义者开辟了一条路径,但是正式依据内格尔原则,系统地为物理主义作辩护的,要等到洛尔(B. Loar)1990 年发表的《现象状态》一文了。[1]作为膨胀论的物理主义者,洛尔同样承认了解释空缺在认知层面和本体论层面的不对称性。那么他要做的,就是去解释膨胀论的物理主义何以可能的问题了。这就首先要求他应当对认知层面上的解释空缺做出解释。关于这一点,洛尔的思路大体上正是内格尔原则的具体运用。在他看来,人们之所以有"感知的"和"移情的"两种想象能力,原因在于我们拥有两种截然不同的概念类型,一类就是普通的、第三人称的物理-功能概念,另一类被他称作为现象概念。

展开讨论洛尔的论述之前,要澄清的一点是,现象概念(phenomenal concepts)并不等于现象语词(phenomenal terms)。当我们说"疼痛是 C-神经纤维激活"或"红色是我最喜欢的颜色"时,其中的"疼痛"和"红色"是现象语词,现象语词或感知语词(sensation terms)能够部分地表达(express)现象概念。[2]这是因为,根据通常理解,概念是一个关于意义的认知单元,它与心理表征联系在一起,一个概念就是一个心理殊相(mental individual)。而语词是概念的外在化表达,它更多

---

① B. Loar, "Phenomenal States", *Philosophical Perspectives*, Vol. 4, 1990, pp. 81—108.

② Ibid., p. 102.

地被视为是一个最小的语言学单元。有关二者更详细的区别,在下一章将展开专门的讨论。在后续的行文中,为使这个区别更加明显,我们将专门使用符号[　]来引用(quote)一个现象概念,至于普通的非现象概念或现象语词,则使用双引号""。现在,让我们来看看洛尔对膨胀论物理主义的具体阐述:

> 要说明在什么样的抽象条件下,现象观念(phenomenal conception)会在认知上独立于物理-功能观念,同时由前者引入的属性却完全是物理-功能属性,这一点并不难。下述这一图式能够对此给出说明:(a)关于大脑状态的物理功能观念所指称的,恰好也是物理学理论语词所指称的事物;并且(b)现象概念具有独立于"理论"语词的、不同的概念角色(conceptual role),这种概念角色使得现象概念**直接**指称,从而无需高阶的指称确定方式;这样的结果就是(c)由这两种观念的语词所引入的所指可以是相同的属性,虽然它们的概念角色是相互独立的。也就是说,即使通过物理功能语词所形成的知识,不能使一个人处于那种运用特定的现象概念为他带来的认知处境,或者反之亦然。现象概念直接指称的那种属性,恰恰会是那些通过物理-功能理论语词来把握的属性。①

从这段文字中,我们可以看到,洛尔在三个方面发展了内格尔原则。第一,洛尔用"物理观念"和"现象概念"明晰了内格尔所谓的"感知的想象能力"和"移情的想象能力"。当我们在想象某个关于意识经验的情形时,我们使用了两套不同的观念系统或概念类型,这些概念类型有着相互独立的概念功能。第二,洛尔认为,当我们思考意识经验时,内格尔原则会产生效应,是因为现象概念的概念角色非常特殊,它能够**直接地**指称某个意识经验,无需其他间接手段。这就初步解释了为什么一个必然为真的心物同一性陈述可以是后验的。之前说过,查默斯和杰克逊承诺了蕴涵论题或"应用条件句",这个条件句说的是,一个为真的同一性陈述,给定充分的经验信息,其中的一个概念能够从另一个概念系统中先验地推导出来。之所以能做到这一点,是因为在第一内涵上,我们恰恰是通过那个(被当作中心世界的)世界所具有的相关的典范描述(canonical specifica-

---

① B. Loar, "Phenomenal States", *Philosophical Perspectives*, Vol. 4, 1990, p. 84.

tion)来把握一个概念的,并且概念的外延就是这种具有描述内容的第一内涵的形成条件。然而在洛尔的说明中,现象概念的指称方式是直接的,而不是通过描述内容(例如"疼痛的感觉")来把握的,因此它的指称若同样是一个物理-功能属性,那么其同一性就不是先验的。第三,内格尔原则并没有明确坚持物理主义,它只是说明了解释空缺为什么会在认知层面上发生,但对于本体论上的空缺是否能够弥合并没有说什么。而洛尔则相信,"现象概念直接指称的那种属性,恰恰会是那些通过物理-功能理论语词来把握的属性"。

既然如此,接下来洛尔就得交代这么三个问题了:首先,什么是现象概念?其次,为什么现象概念的概念功能有别于物理-功能观念从而能够直接指称?最后,为什么现象概念指称的属性可以是物理-功能属性?

对于第一个问题,洛尔认为,大致说来,现象概念就是认出/想象概念。洛尔说道:

> 给定了关于认知能力的正常背景下,有了特定的认出或辨识倾向(recognitional or discriminative disposition)就有了某个认出概念,也就是说,它便有了基于那些特定的认出倾向来做出判断的能力。这类简单的判断具有这样的形式:该对象(事件、情形)a 是**那种类型的其中一个**。对其中谓词 a 的认知依托(cognitive backing)正是一个认出倾向,例如,它是统一地区分(classify)对象(事件或情形)的倾向,它常常(但并非一定)与特定的想象能力联系在一起。认出倾向足以产生出有着特定概念角色的心理谓词,并以这样的方式产生出认知内容,这是一个有关我们认知构造的基本事实。[1]

在这里,尽管洛尔没有对现象概念做出明确的定义,并且考虑到现象概念的特殊性,这种正面定义在他看来也很难做到,但他从认出并区分某个对象这一认知倾向或能力的角度,为现象概念给出了一个大致的刻画。[2]例如,当我第一次看到一只老虎时,就算我不知道这玩意儿叫做"老虎",我也拥有了为下一次辨识出这类动物的认出能力——当我再次看到老虎时,我心里会想:"又是**那个动**

---

[1] B. Loar, "Phenomenal States", *Philosophical Perspectives*, Vol. 4, 1990, p. 87.
[2] 在他看来,关于现象概念的概念本身就是一种现象概念,因此我们无法对此给出一个中立的解释,参见 Loar, ibid., p. 98.

物"——因而我便拥有了关于老虎的认出概念或(关于老虎看起来是如此这般的)现象概念。①需要明确指出的是,若撇开认知能力的背景,单从语义学来说,洛尔很大程度上把现象概念作为一种像"这个""那个"这样的明示性(demonstrative)概念,因而它可以独立于具体的情境而直接挑取一个对象。举例而言,就像美国电影《谍中谍Ⅲ》中演示的那样,剧中的汤姆·克鲁斯不幸被人绑架到了上海附近的西塘,即使他对于自己身处何地一无所知,也能够通过"我在**这里**"来直接指称西塘这个地方。

在初步说明了什么是现象概念后,接着上面那段话,对于第二个问题,洛尔继续指出:

> 而且我也想说,我们的认知构造,使得认出概念在认知上独立于那些具有同样所指的概念,那些概念(例如物理-功能概念)的概念角色由其背景理论所决定。因此,通过后一类的概念语词而形成的关于 x 的信息,它本身无法让我们能够像运用认出/想象概念那样做出一个判断,比方说,一个关于 x 感觉起来是如此这般的判断。②

从中可以看到,由于现象概念是认出/想象概念,一旦我们拥有了关于某个对象的意识经验(例如某人看到了一只老虎),我们的认知构造就赋予了我们得以辨别或认出它的倾向,因此它的指称方式是直接的。③另一方面,其他类型的概念,例如物理-功能概念语词(比如"大型猫科动物"),其指称方式必须依赖于那套概念系统的背景理论,因此它的指称方式是间接的。所以我们可以说,现象概念的概念角色,独立于物理功能概念。

最后,接着刚才的说明,洛尔解释了现象概念与物理-功能概念何以有着共同的属性:

> 一对两个不同类型的概念,就像我刚才说的那样,可以汇聚在同一个属

---

① B. Loar, "Phenomenal States", *Philosophical Perspectives*, Vol. 4, 1990, p. 88.

② Ibid., p. 87.

③ 事实上,当洛尔把现象概念理解为认出概念时,他强调这种认出能力是历时的。下一节我们会再度回到这个问题上。

性上,它们可以拥有共同的指称。一个涉及区分类型、辨识事物能力的认出概念可以有一个客观的属性。如果一个认出概念因此与某个属性联系到一块儿,那个属性就**触发了**(trigger)认出概念的运用。于是那个触发了认出概念的属性,就是该概念的语义值或概念的指称;于是这个认出概念就无需高阶的指称确定机制,从而直接指称了某个属性。现在假定我们对于一个给定的理论概念所指的属性有着独立的解释,但这并不能避免那个属性不等同于触发一个给定的认出概念的属性,因此尽管它们在认知上是独立的,但这两个概念可以在指称上相汇合。①

事实上,从这段话里我们并没有读出"为什么"现象概念所指称的属性是物理-功能属性。洛尔仅仅说,并没有什么独立的理由可以否定这一点。因此,洛尔的辩护策略,并不是从对现象概念的说明中,推导出物理主义的证成,而是在坚持本体论物理主义立场的前提下,通过引入现象概念来解释,为什么我们在认知层面上会存在着解释空缺。这样的辩护方式当然显得比较弱,但在本章第四节里我们将会看到,洛尔实质上是为物理主义开辟了一条新的辩护进路,它被称作为"现象概念策略"。需要提醒的是,在洛尔看来,现象概念与其他物理-功能概念间的关键区别在于,它具有直接指称的概念角色。然而他也表示,我们可以将这种区别视为现象状态有两种不同的**呈现模式**(modes of presentation),②这也为后来采纳现象概念策略的哲学家,对现象概念的机制说明提供了新的思路。

交代了这三个关键问题后,洛尔着手澄清了一些与现象概念相关的可能误解和潜在反驳。简单地说,在洛尔看来,对以下问题的思考并不会削弱或驳倒现象概念理论:第一,尽管现象概念是自指的——现象概念[Q]指称经验 Q,但我们仍然可以从自身的经验出发,把现象状态归赋给他人,现象概念是可投射的(例如我可以说,"张三处于 Q 这样的状态");第二,对现象概念可投射性的分析可以解决他心问题;第三,现象概念理论与心灵的功能主义说明并不冲突;第四,我们不能把现象概念简单地理解为感知语词;第五,某人的现象经验对他自身而言是透明的(可以通过内省直接把握),对他人却是不透明的,这一点并不表明

---

① B. Loar, "Phenomenal States", *Philosophical Perspectives*, Vol. 4, 1990, pp. 87—88.
② Ibid., p. 89.

现象概念理论有任何缺陷;第六,现象概念理论可以在坚持物理主义的同时,承认主体对自身的现象经验具有不可纠正性(incorrigibility)。[①]这里我们仅仅只是例举出来,关于现象概念理论,还有这样一些方面需要考虑。在下一节里,我们将要就其中一些方面进行详细分析。不过在结束本节内容之前,我们需要简单了解一下,洛尔引入的现象概念理论,是如何回应反物理主义二元论论证的。

首先,对于知识论证,洛尔告诉我们 P→Q 不是一个先验推导,因此采纳现象概念理论的物理主义者,通常将自己刻画为"后验物理主义"。后验物理主义承认,即使黑白屋中的玛丽获得了完备的物理信息 P,她也不能知道现象经验 Q,但这并不意味着 Q 与 P 有着不同的属性。问题在于,由于玛丽不曾有过关于颜色的视觉经验 Q,那就意味着释放前的玛丽没有获得现象概念[Q],而在走出黑白屋之后,玛丽学到的只是现象概念[Q]。Q 所指称的对象的属性和 P 的指称对象属性是相同的。

其次,对于可构想性论证,洛尔可以回应说,因为概念 P 和概念 Q 在指称方式是相互独立的,概念 Q 并不源于概念 P,因此怪人世界是可构想的。但在本体论的层面上,P 和 Q 所指称的对象却可以是同一个东西,因此怪人世界在形而上学上是不可能的。

总之,洛尔引入了现象概念的说法之后,物理主义获得了这样一种新的辩护资源:一方面,他们通过概念二元论接受了笛卡尔式的二元论直觉,并且以现象概念的特殊性解释了为什么人们会在认识论的层面上受制于二元论的困扰;另一方面,物理主义者继续坚持本体论物理主义的框架,声称在意识经验的问题上,物理-功能概念和现象概念有着共同的指称,并且这一点并不是从物理主义的概念系统内部先验推导或分析而得的,因此物理主义是后验为真的。

第三节　现象概念有多特殊

这一节里,我们将要在一般化的层面上(而不是按照洛尔或其他哲学家特定的理解),就下述四个方面考察现象概念的特殊性:首先,我希望将从洛尔对

---

① 　B. Loar, "Phenomenal States", *Philosophical Perspectives*, Vol. 4, 1990, pp. 90—103.

现象概念的说明,引入更为一般性的理解,这是因为现象概念可以不必是历时的认出概念;其次,在理解了什么是概念的基础上,我将讨论现象概念与其他概念、特别是物理概念的区别何在,也就是说,如果说现象概念是独立于物理概念的,那么它具有多强的独立性;第三,我将要澄清现象概念应该具备两种应用类型,它们是基于第一人称的基本应用(basic application)和基于第三人称的非基本应用(non-basic application);最后,我将例举出现象概念与意识经验之间具有什么样的语义/认知关联。

一、从认出概念到现象概念

在洛尔看来,作为现象概念的认出概念,当某个人真实地遇到(例如视觉感知到)一个对象,从而拥有了该对象的经验后,他就有了基于那些特定的认出倾向而做出判断的能力。这种能力或能力倾向,使得他在下一次遇到同类型的对象时,能够辨认出它与曾经遇到过的对象是同一个类型。换言之,某人能够例示(token)一个认出概念[红色],仅当他此前遇到过一个红色的对象,并且在下一回再次遇到同样的对象时,他能够再次认出(reidentify),并把前后两个红色的对象归为同一个概念(他会说:"又是这种颜色。")。在洛尔那里,现象概念就是这一类认出概念。

但在我们看来,这样的认出概念太强了,以至于会有许多现象概念,因为不符合这样的要求而被排除在外。举例来说,张三在昨天第一次品尝到了榴莲的滋味,他今天再一次吃到榴莲时,会对自己说,"嗯,就是这种浓郁的香臭味"。他因为能够确切地再度辨识出榴莲的滋味,从而例示了一个认出概念。但是设想在另一种情况下,过了一段较长的时间之后,张三误将另一种热带水果(例如菠萝蜜)的滋味,认作是此前吃过的榴莲,难道这个时候,他就没有例示出一个关于榴莲的味觉经验的现象概念了吗?①根据洛尔对现象概念的条件要求,这似乎是不行的,因为张三没能对某个感知对象历时地再次认出。然而另一方面,张三吃到榴莲时,他的确可以(错误地)认为,"这就是榴莲味"。事实上,我们应当允许张三在他这个现象信念中的[这],是一个较弱意义上的认出概念,因而他

---

① Cf. B. Veillet, *Consciousness*, *Concepts and Content*, Dissertation, University of Maryland, College Park, 2008, pp. 45—46.

例示了一个现象概念。

关于经验主体能否认出一个对象的问题,也许可以作出一个历时与共时的区分。尽管张三无法在两个不同的时间点 t_1 和 t_2 历时地将此前遇到过的某个对象再次辨识出来,但只要他能够在同一个时间点 t 上,具备现象性地(phenomenally)区别、划分或辨识出两个对象的能力,就可以说张三获得或例示了相关的现象概念。如此一来,这就弱化了洛尔意义上的认出能力对于现象概念在一个思想者那里得以例示的要求。毕竟,根据内格尔对消解克里普克问题的原初建议,我们只需承认当现象经验发生时,经验主体能够以内省的方式直接亲知到该现象经验,从而获得了一个在概念角色或指称方式上独立于物理-功能概念的新的概念,就经验主体对自身心理状态的认知通达(epistemic access)角度上说,这类概念是直接的、不可纠正的,那么我们就可以认为,该经验主体例示了一个现象概念。这样一来,我们既可以保留洛尔对现象概念的基本条件预设,即(共时地)认出过去经验过的那些对象的能力或能力倾向,又可以不局限于洛尔为认出概念设置那种较强的特定要求来谈论现象概念了。

二、现象概念的孤立性

洛尔要求我们区分出感知语词和现象概念。例如"红色"这个词,当它作为一个公共语言中的日常语词时,无非就是一个感知语词,当它被当作一个指称主体的现象经验的概念时,可被视为一个现象概念。尽管在大家的日常讲法中,语词几乎等同于概念,不过严格来讲,我们总是在语言学的层面上去理解语词的,那么对于"概念"这个范畴,哲学家到底又是怎么理解的呢?

大致来说,概念更像休谟所说的"简单观念",一个概念就是一类心理表征。我持有"马"这个概念,那么在我的大脑里,它表征或指向了外部世界中马这个对象。心理表征不仅只有概念,信念、欲求、意图等都属于不同的心理表征类别(这些相当于洛克意义上的"复杂观念")。但我们可以说,概念是最小的心理表征单位,它是信念、欲求、意图等其他复杂的心理表征的构成成分。由于心理表征是指向世界中的对象的,因此它具有真值条件。在今天,不少哲学家对心理表征采纳"思想语言"(language of thought)假设(尽管未必是福多的解释),这种假设认为,我们拥有一种内在的心理语言,它通过思考者大脑中的符号系统得以实现。概念就是思想语言中的"语词",其表现特征就像自然语言中的语词一样

（例如可以作为单称词项，也可以作为谓词）。决定一个概念的因素，有它的承载方式（vehicle）、指称、呈现模式和概念角色。所谓承载方式，就是一个概念在大脑中实现方式的特征。呈现模式与指称相关，它是一个概念呈现出（或旨在呈现出）对应的那个指称对象的方式。一个概念的概念角色，则关涉在包含概念的思想（或其他心理语言的表达式）中，概念之间所具有的因果性或推断性的（inferential）关联类型。①现象概念和其他非现象概念一样，都具有以上这些一般性特征。

简单交代了这些背景，现在来看看现象概念与其他概念，特别是（广义的）物理概念之间的区别。既然洛尔说，现象概念具有独立于"理论"语词的、不同的概念角色，或者说现象概念在与其他概念的推断关联上是孤立的（isolated），那么我们就应该弄清楚，这样的孤立性程度有多大。说一个现象概念是孤立的，意味着一个思考者在持有一个现象概念［这个$_{疼痛}$］时，在概念推断的意义上，不会因此产生认知科学理论之类的其他概念，例如"C-神经纤维激活"。这意味着当他思考前者时，就不会由此先验地导向对后者的思考。尽管对于这一点的认识，大多数现象概念理论都持赞同态度，但根据威列特（B. Veillet）的理解，情况没这么简单。②

在他看来，说现象概念与其他概念在概念层面上缺乏先验关联，有两种理解方式。其一，从严格意义上看，现象概念的确会与物理概念缺乏先验关联，当且仅当一个人持有现象概念却没能持有相应的物理概念是可能的。其二，从宽泛的意义上来说，现象概念与其他概念有着前理论的（pre-theoretic）关联。例如，对于现象概念［这个$_{疼痛}$］来说，也许它会与"非物理的"这个概念有着前理论的关联，而"非物理的"显然不是一个现象概念。③现象概念会在这种前理论的意义上，与许多其他的概念有先验联系，特别是诸如"内省""思考""非物理"以及"私密的"（private）、"不可纠正"等这类关于思想特征的概念。不过，即使按照第二种理解，我们也无法从中推得现象概念与物理概念有着先验关联。④而这一

---

① K. Balog, "Phenomenal Concepts", in B. R. McLaughlin, A. Beckermann and S. Walter(eds.), *The Oxford Handbook of Philosophy of Mind*, Oxford University Press, 2009, pp. 296—297.

② Benedicte Veillet, *Consciousness, Concepts and Content*, Doctoral Dissertation, University of Maryland, College Park, 2008, pp. 33—43.

③ Ibid., p. 41.

④ Ibid., pp. 42—43.

事实对于现象概念理论者而言就足够了。关于现象概念与其他概念类型的详细区别,我们还会按照信息论解释,在第四章中给出更为系统性的说明。

三、基本应用与非基本应用

从洛尔那里我们知道,经验主体要例示一个现象概念,仅当他拥有一个相关的现象经验。但是另一方面,洛尔也认为,我们可以把一个现象概念归赋给他人,或者运用到指称自身过去有过的那个相关经验。这意味着思考者对于一个现象概念有两类不同的应用方式:基本应用和非基本应用。

所谓现象概念的基本应用,指的是当且仅当在我们身上出现一个现象经验时,我们可以通过内省或思考这个经验,直接就在当下用现象概念指称自身的这个经验,因此基本应用是"第一人称"的。这里的关键要点在于,对基本应用而言,现象概念的指称对象(即某个现象经验)是当下例示在思考者自身那里的。例如,当我意识到手指被针刺破时,我就获得了一个现象概念[这个_{疼痛}],它指称此时此刻我手指被刺破的疼痛经验。然而,现象概念还有另一种非基本应用的方式,它指的是在思考者当下缺乏相关的那个现象经验时,我们可以用同样的一个现象概念去指称那个经验。例如,上周我的手指被针刺破,现在已经完全愈合没有任何异样的感觉了,但我仍然可以用[这个_{疼痛}],来指称当下我并不具有的被针刺破的现象经验。或者说,当我看到张三的手指被刺破时,我同样能用[这个_{疼痛}]去指称他的(而非我当下的)现象经验。如此一来,现象概念与"第一人称"条件就显得是可分离的,于是当我们说现象概念与现象经验之间有着直接、即时、独特的关联,就显得不那么可靠了。①

对于我们这些像洛尔一样的物理主义者来说,要避免这一质疑,必须先区分出这两种不同的应用类别,再去解释这两种应用类别的关联。现象概念的非基本应用,是从它的基本应用那里派生而来的,只有当思考者曾经对同一个现象概念有过基本应用,或者至少她曾经例示过那个现象概念所指称的经验,才能对此作出非基本应用。

① K. Balog, "Phenomenal Concepts", in B. R. McLaughlin, A. Beckermann and S. Walter(eds.), *The Oxford Handbook of Philosophy of Mind*, Oxford University Press, 2009, pp. 294—295.

四、语义特殊性

既然现象概念与现象经验有着直接而密切的联系，我们就应该了解一下现象概念与现象经验有着什么样的语义/认知特性。巴洛克为我们总结了下述这么九个特征：①

  a）**亲知。**我们能够直接亲知自己的意识状态，无需通过推论得知。亲知使我们能够直接、无中介且实质性地洞察意识状态的现象性本质。

  b）**非对称的认识。**我们能够直接觉知到（aware of）自己的意识状态，他人则无法做到这一点。我们觉知自己的意识状态，只需注意它们即可，若想觉知他人的意识状态，则需观察他人的言语行为。

  c）**不可出错性/不可纠正性的直觉。**我们对一些涉及现象概念的判断（例如我断定，"此刻我有个红色的现象经验"）似乎是不可出错的。这是因为任何相关的客观事实的信念，似乎都无法融贯地推翻或纠正我们对于同一个事实由自身感受经验而得到的判断。

  d）**透明性。**当某人注意到自身有意识的知觉经验时，他就觉知到知觉对象的那些特征。当然，表征主义者会持有更强版本的透明性论题。

  e）**经验论题。**仅当经验主体经历过或至少当下正在经历相关的现象状态时，他才能获得相应的现象概念。

  f）**精细性**（fineness of grain）。通过现象概念，经验主体无法区分出经验中的精细性特征。对于这种精细性的特征，现象概念当然也就不能在思想中对之进行应用和再应用了。我们可以区分出上百万种不同色度的颜色经验，却仅能形成几十个用以表达颜色经验的语词。

  g）**语义稳定性。**现象概念可以独立于现实情境指称同样的属性。也就是说，现象概念的外延能够独立于任何经验发现而得以确定。相比之下，语义不稳定的概念的指称（例如，"水"这个概念，它指称无色无味、透明的液体等诸如此类的思考者所接触的对象），却是基于现实情境的。

---

① K. Balog, "Phenomenal Concepts", in B. R. McLaughlin, A. Beckermann and S. Walter(eds.), *The Oxford Handbook of Philosophy of Mind*, Oxford University Press, 2009, pp. 299—300.

h) **怪人的可构想性**。 有怪人存在的认知场景(scenario),不能在先验的基础上被排除掉。怪人是可构想的,这是因为以物理或因果语词形成的信息,无论如何也不能在逻辑上充分地从中先验地推出现象概念的基本应用。一个人无论学到了多少有关他(或其他人的)大脑中的神经生理特性,他也不能因此先验地充分判断出他经验到了什么样的现象特征。相比之下,一些哲学家(例如查默斯和杰克逊)则宣称,除此之外的一切其他事实都能从物理事实中先验推导出来。

i) **解释空缺**。 上一论题与莱文所说的在物理描述与现象描述之前存在着"解释空缺"密切关联。当今对现象经验的解释似乎无法弥合这个空缺,它似乎在原则上(而非技术上)是不可弥合的。问题不在于我们对神经元及其网络联结的功能缺乏足够多的了解,未来我们当然可以对此知道得更多。关键就在于,说现象意识是非物理的,这个假设似乎永远显得合乎常理,而另一些假设,譬如说水不是 H_2O 而是其他非物理的属性,这却显得没道理。

事实上,二元论者也非常乐意承诺现象概念的存在,就其语义/认知特征(a)—(i)而言,在他们看来,正是非物理的现象特征或亲知,使得现象概念具有这些特征。尤其对于(h)和(i),他们试图用怪人的可能性去解释可构想性,用本体论的空缺去解释认知上的解释空缺。[①]作为物理主义者,我们需要对其中的一些特征进行解释,对于另一些特征,则需**解释掉**——也就是说,要去说明为什么其中一些特征看似是对的,事实上却不存在真实的对应。其中(a)—(f)是物理主义者可以接受的,并在原则上能够给出解释的。对于(g)(h)(i),物理主义者应当指出,它们与本体论事实之间是不对称的,或者换言之,它们应该被恰当地纳入物理主义的框架中去——现象经验以及现象概念自身,本质上都是物理的。

在这一节里,我们把对现象概念的理解,从洛尔那里抽取出来,从而在一般的层面上考察了现象概念的一些关键特征,以及物理主义者应当如何处理这些

---

① K. Balog, "Phenomenal Concepts", in B. R. McLaughlin, A. Beckermann and S. Walter(eds.), *The Oxford Handbook of Philosophy of Mind*, Oxford University Press, 2009, p. 303.

特征。接下来就让我们来具体考察当下都有哪些主要的现象概念理论版本,这些版本有哪些异同。

第四节　现象概念的流行理论

自从洛尔1990年发表《现象状态》,构造了"现象概念"这个术语以来,可以说,传统的心身问题大体上演变成了关于现象概念理论能否成功地为物理主义辩护的论争,当代许多颇具影响力的心灵哲学家都参与其中。近几年来,该论争基本上算是尘埃落定,心身问题在哲学界的热度也就冷却了许多。

大致说来,这个领域的主要问题有两个层面:一是物理主义者用现象概念作为辩护策略(即"现象概念策略"),能否有效地击败二元论;二是对现象概念应该给出什么样的解释[即如何具体地说明(a)—(i)],特别是现象概念究竟能以什么样的方式指称现象经验的问题。前一个问题是物理主义与二元论的斗争,后一个问题可被视为是现象概念理论者(包括物理主义者和二元论者)内部的角力。

这一节里,我们重点考察后者,分类例举当下最流行的几个理论版本。考虑到这些版本纷繁复杂,它们之间既有较高的一致性,也有许多细微的差别,我们将以物理主义为基准,从现象概念的指称方式入手,把诸多版本划分为两个类别——"直接指称解释"和"特殊呈现模式解释"。巴洛克认为,特殊呈现模式解释版本,比直接指称解释版本更具有说服力,因为它可以更好地说明(a)—(i)中的那些特征。本节最后,我们就两个解释版本进行简单探讨,在我看来,巴洛克的说法并不见得是正确的。先让我们看看她对这两种版本类型的说明。

一、直接指称解释

在洛尔看来,作为直接认出概念,现象概念可以直接指称意识经验。当张三拥有一个现象经验时,他就拥有一个认出概念,这个认出概念无需任何中介就直接指称了他当下的经验。尽管后来的现象概念理论者无需坚持认出概念一说,但持有直接指称解释看法的哲学家还有许多,例如怀特(White, 2007)、列文(Levine, 2007)、莱文(Levin, 2007)、泰尔(Tye, 2000, 2003)、佩里(Perry,

2001)、伊斯梅尔(Ismael, 1999)和欧迪(O'Dea, 1999),以及在巴洛克看来,还包括艾迪迪和古扎德雷(Aydede & Güzeldere, 2005)的信息论解释。①

直接指称解释版本的共同特点是,不承认现象概念具有心理呈现模式。例如,在怀特(S. White)看来,与诸如"晨星"和"暮星"这样的概念不同,现象概念并非通过与思考者所持有的概念相关的心理描述(一种**特定地**决定指称的描述)来挑取其指称对象的。"暮星"这个概念能够指称金星,是因为思考者会将"暮星"这个概念与"那个在夜晚升起的星星"这一描述相联系,而(在现实世界中)这个描述**特定地**指称金星这个对象。然而另一方面,以[这个$_{疼痛}$]这一现象概念为例,若它所挑取的是疼痛这个对象,不需要任何关于这个现象概念的心理描述。②也就是说,现象概念与所指对象之间无需呈现模式作为中介。③明确了这一点,我们可以根据巴洛克的理解,把这类解释版本可以分为三个子类,分别是"因果-认出解释"、"明示-索引解释"和"信息论解释"。④

(1) 因果-认出解释。除了我们已经讨论过的洛尔的认出概念之外,与洛尔较为接近,泰尔(M. Tye)同样认为,现象概念能够"通过内省,而无需与任何确定指称的中介相关联",使得我们直接认出现象体验。⑤这样一来,现象概念的呈现模式就是空的。在另一处,泰尔说得较为详细,对于一个现象概念 C 而言,"通过在某个人 P 的内省觉知中所形成的概念 C,它可以指称现象特征 Q,当且仅当在正常的内省情况下,Q 在 P 的当下经验中得以例示,并且因为 Q 如此例示。"⑥

(2) 明示性/索引性解释。刚才我们提到过的怀特、佩里(J. Perry)和莱文等哲学家表示,现象概念是明示性或索引性的(demonstrative/indexical)。因为

①　关于艾迪迪和古扎德雷的信息论解释版本,第四章将会重点讨论。

②　当然,怀特本人是二元论者,他认为现象概念指称的不是一个物理对象,但这不影响我们这里的说明。参见 S. White, "Property Dualism, Phenomenal Concepts, and the Semantic Premise", in T. Alter and S. Walter(eds.), *Phenomenal Concepts and Phenomenal Knowledge: New Essays on Consciousness and Physicalism*, Oxford University Press, 2007, p. 211。

③　Cf. Benedicte Veillet, *Consciousness, Concepts and Content*, Dissertation, University of Maryland, College Park, 2008, p. 49.

④　K. Balog, "Phenomenal Concepts", in B. R. McLaughlin, A. Beckermann and S. Walter(eds.), *The Oxford Handbook of Philosophy of Mind*, Oxford University Press, 2009, p. 304.

⑤　M. Tye, *Consciousness, Color and Content*, MIT Press, 2000, p. 28.

⑥　M. Tye, "A Theory of Phenomenal Concepts", *Royal Institute of Philosophy Supplements*, Vol. 53, p. 77.

既然现象概念没有呈现模式,它必须以其他方式来确定指称。这种指称方式是一种思考者的指向行为(act of pointing),或者"一种关于他所注意到的那个知觉个体的指向意图"。①

例如佩里就认为,现象概念相当于"**这个**现象特征"这类表达式,其中的明示词或索引词"这个",指称的对象被它所指的知觉状态所引导。②莱文则认为,现象概念是类型索引词,它完全无需任何呈现模式,他声称物理主义者"应该拒绝承认现象概念之予它所指的现象特征之间,需要任何种类的'呈现'或'亲知'之类的东西,因为这样的承诺,恰恰需要它们已经予以**解释掉**的直觉来支撑。"③伊斯梅尔(J. Ismael)同样认为,现象概念没有任何描述内容,现象概念**显现**(ostend)了现象经验,这里的"显现"意味着"无需运用相关的表征来确定其对象"。④他接着表示,"去显现世界的某些方面,某人无需知道与它相关的任何事物;作为事实,他只须以恰当的方式与之发生关联。某人与他所指的对象有着一种真实的、外在的关联——无论他是否知道或认为他自己知道'他头脑里的事实'——这就使得它(明示词)本身,而非其他事物,成了由之显现的对象"。⑤

(3)**信息论解释**(information-theoretic account)。艾迪迪和古扎德雷(M. Aydede and G. Güzeldere)通过对现象概念与感知概念(sensory concepts)的分析,提出了信息论的解释。大致而言,这一解释认为,我们固有地(be wired)从自身的经验中获得感知概念(通过经验而激发出特定的诸如颜色、声音、形状等这样的概念)。当我们以同样的认知构造来内省自身的经验时,感知概念就兼而扮演了现象概念的角色。⑥通过接下来第三、四两章的分析,我们将会看到,信息论解

① D. Kaplan, "Afterthoughts", in J. Almog, J. Perry and H. Wettstein(eds.), *Themes from Kaplan*, Oxford University Press, 1986, p. 582.

② Cf. J. Perry, *Knowledge, Possibility and Consciousness*, MIT Press, 2001.

③ J. Levine, "What is a Phenomenal Concept?" in T. Alter and S. Walter(eds.), *Phenomenal Concepts and Phenomenal Knowledge: New Essays on Consciousness and Physicalism*, Oxford University Press, 2007, p. 105. See also K. Balog, "Phenomenal Concepts", in B. R. McLaughlin, A. Beckermann and S. Walter (eds.), *The Oxford Handbook of Philosophy of Mind*, Oxford University Press, 2009, p. 304.

④ J. Ismeal, "Science and the Phenomenal", *Philosophy of Science*, Vol. 66, p. 356.

⑤ Ibid., p. 359.

⑥ M. Aydede and G. Güzeldere, "Cognitive Architecture, Concepts, and Introspection: An Information-theoretic Solution to the Problem of Phenomenal Consciousness", *Noûs*, Vol. 39, 2005, pp. 197—255. See also K. Balog, "Phenomenal Concepts", in B. R. McLaughlin, A. Beckermann and S. Walter(eds.), *The Oxford Handbook of Philosophy of Mind*, Oxford University Press, 2009, p. 304.

释是当下现象概念理论所有版本当中最好的一个。

二、特殊呈现模式解释

洛尔在发表于1990年的《现象状态》一文最后,认为我们可以用特殊的呈现模式去解释现象概念与非现象概念之间的差异。到了1997年,《现象状态》一文出了第二版,他对原先版本做了重大修改。[①]其中对我们眼下的话题至关重要的是,洛尔认为,现象概念理论若能满足物理主义的期许,那么它应当被赋予特殊呈现模式的解释。洛尔之所以把对现象概念的解释标准,从直接指称或自指(self-direct)的认出能力转向了呈现模式,是因为他考虑到了反物理主义者,可能会从盲视(blindsight)现象的角度反驳现象概念理论。[②]洛尔认为,反物理主义者可以声称,脑损伤的盲视患者同样具有认出对象的能力,因而也就个体化了相关的认出概念,然而他们却无法个体化一个相关的意识经验。这就表明,若把现象概念解释为区分某个物理属性的能力是不够的,这就要求一个现象概念,例如[这个$_{疼痛}$]就不能"裸指"(pick out nakedly)一个物理状态,它需要以"那个物理状态导致了如此这般的**现象状态**"的方式,包含(connote)一个非偶然的呈现模式,然而这就违背了现象概念的直接指称解释,因为直接指称是无需呈现模式的介入来充当概念与所指的中介的。所以,最好的解决办法就是承诺一个现象概念的个体化,必然伴随着相关的现象特征的个体化,从而对现象概念的解释,应当使得现象概念与意识经验的现象特征有着更为紧密的(intimate)关联。[③]接下来为此展示两种不同的解释方案。

(1)高阶经验解释。和洛尔一样,卡鲁瑟斯(P. Carruthers)也把现象概念作为认出概念,并且是纯粹的认出概念。也就是说,认出概念无需任何描述性的呈

---

① B. Loar, "Phenomenal States", in N. Block, O. Flanagan and G. Güzeldere(eds.), *The Nature of Consciousness*, MIT Press, 1997. Reprinted in D. Chalmers, *Philosophy of Mind:Classic and Contemporary Readings*, Oxford University Press, 2002, pp. 295—311.

② 所谓"盲视"现象,根据这里的说明需要,大体而言指的一些脑损伤患者具有认出对象的能力,然而他们却无法拥有关于他们所认出的对象的有意识的现象经验。这一现象20世纪70年代由牛津大学的神经科学家威斯克伦茨(Lawrence Weiskrantz)等人所发现。参见 S. Blackmore, *Consciousness:A Very Short Introduction*, Oxford University Press, 2005, pp. 28—32。

③ B. Loar, "Phenomenal States", in N. Block, O. Flanagan and G. Güzeldere(eds.), *The Nature of Consciousness*, MIT Press, 1997. Reprinted in D. Chalmers, *Philosophy of Mind:Classic and Contemporary Readings*, Oxford University Press, 2002, pp. 301—302.

现模式。"一个概念是纯粹认出性的,当把握那个概念时无需涉及任何别的东西,概念的使用者无需运用或诉诸任何其他的概念或信念。"①然而另一方面,根据巴洛克的理解,卡鲁瑟斯也承认有一种类似于呈现模式的东西,将现象概念导向其指称。卡鲁瑟斯发现,通过内省我们亲知了自身的经验,据此他认为,要解释这个亲知关联,就需要设定存在着关于某个经验的高阶经验,正是这种关于经验的经验,才使得(关于高阶经验的)现象概念指向了意识经验。如此一来,现象概念才得以与非现象概念之间建立起先验的关联。譬如说,每一个有着红色ₐ这一内容的表征,它同时也是关于红色ₐ这个经验的表征。正如关于红色的感知表征,使得表征导向了我们对"红色"这个概念的把握,关于一阶经验的高阶经验,以一种独特、直接且具本质性的方式,使得我们把握了现象概念[红]。②之所以现象概念具有这种高阶特征的呈现模式,是由两个原因综合构成的:一部分是由于现象经验自身的特殊本质,另一方面也是因为现象概念本身就是自我表征的直接认出概念。不过,那些主张特殊呈现模式解释的哲学家,在对现象概念的指称方式进行说明时,通常并不像卡鲁瑟斯那样(部分地)诉诸现象状态自身的特性。他们更多地认为,现象概念是由现象经验本身所构成的。

(2)**构成性解释**。之前提到的希尔和麦克拉林,以及包括帕品纽、巴洛克、布洛克还有二元论者查默斯在内的哲学家,对现象概念的指称方式,都采纳了构成性解释(constitutional account)。大致说来,该版本声称,任何一个有关当下经验的现象概念个例(token),均由当下的现象经验个例所构成,而这一事实恰恰是决定这个概念所指的关键。在这种情况下,概念与概念的指称之间的关联,比起那些因果解释或能力解释更为密切,因为它能够将概念的指称必然地作为概念的呈现模式。③"一旦某人运用了一个现象概念,他便例示了这个概念所指称的相关的现象特征。"④这就使得现象概念极大地区别于其他概念了。例如,当我头脑里例示了"马"这个普通概念时,不可能有一只真实的马出现在我的头脑里,但当我例示了[疼痛]这个现象概念时,我就因此确实拥有了疼痛的经验。

---

① P. Carruthers, "Reductive Explanation and the 'Explanatory Gap'", *Canadian Journal of Philosophy*, Vol. 34, 2004, p. 157.

② K. Balog, "Phenomenal Concepts", in B. R. McLaughlin, A. Beckermann and S. Walter(eds.), *The Oxford Handbook of Philosophy of Mind*, Oxford University Press, 2009, pp. 305—306.

③ Ibid., p. 306.

④ D. Papineau, *Thinking about Consciousness*, Oxford University Press, 2002, p. 105.

用比喻的方式讲,一个现象概念的指称个例——即现象经验——为现象概念提供了墨水,从而使得现象概念个例得以被书写。①

在构成性解释版本中,最受欢迎的理论,当属"引用解释"(quotational account)。帕品纽是引用解释最积极的推动者。在他看来,现象概念是具有"经验:__"这一形式的"复合词项",其中的"__"代表了经验及其现象特征本身,故而现象概念包含了它所挑取的经验。②这一解释中涉及的"引用",应当被理解为语言学中的引用的一个类比。比方说,"我喝了酒"这句话所指称的对象(状态或事件)包含在引号之中。当然,"引用"不仅仅只与语言中的句子相关,一幅图画、一个音符或一个符号,这些东西都可以被引用。根据巴洛克的理解,对这些事物的引用没什么稀奇的。例如在一本书里,我们很自然地会去引用一幅图画,就像我们引用别人说的话一样。类似于帕品纽的解释,巴洛克也认为,我们可以用"*"去指代心理状态的引用,从而就能够引用一个思想或信念了。比如,当我思考"我喜欢这个(品尝榴莲的感觉)"时,我信念中的现象概念[这个],事实上就引用了我当下的品尝榴莲的经验,它可以被改写为"我喜欢* ※ *",其中的"※"就代表了这个经验。③

除此之外,在帕品纽那里,采纳了引用解释可以较好地说明现象概念的非基本应用。例如当我思考"我期待这个(品尝榴莲的感觉)"时,在当下我并不拥有品尝榴莲的那个经验,但是其中的现象概念[这个$_{品尝榴莲的感觉}$],仍然可以指称它所引用的对象经验,即便这个经验是我曾经拥有过的"想象的经验",一个"模糊的拷贝"(faint copy)。④这是因为,现象概念在这里指称现象经验,是一种"提及"(mention)而非"使用"(using),而在语言学的引用中,引用同样可以是提及一个概念但不涉及使用那个概念。例如,我可以拥有一个信念:"我不知道单身汉具有什么样的概念结构。"在其中,我的信念中引用到了"单身汉"这个概念,但我只是用一个方式提及了这个概念,而不是在使用"单身汉"这个概念本身。总之,现象概念指称方式的构成性解释认为,**意识经验自身是作为相关现象概念**

---

① K. Balog, "Phenomenal Concepts", in B. R. McLaughlin, A. Beckermann and S. Walter(eds.), *The Oxford Handbook of Philosophy of Mind*, Oxford University Press, 2009, p. 306.

② Cf. D. Papineau, *Thinking about Consciousness*, Oxford University Press, 2002, pp. 116—124.

③ Cf. B. Veillet, *Consciousness, Concepts and Content*, Dissertation, University of Maryland, College Park, 2008, pp. 55—56.

④ D. Papineau, *Thinking about Consciousness*, Oxford University Press, 2002, p. 118.

的呈现模式,这种呈现模式并不意味着现象概念具有任何的描述内容,因而它是特殊的。

三、特殊呈现模式解释的胜出?

巴洛克相信,特殊呈现模式解释版本、尤其是其中的构成性解释,能够将现象概念与现象经验之间关联的密切性最大化,这就意味着这种解释可以更好地说明上一节所列出的现象概念的语义/认知特殊性(a)—(i)。①因此,巴洛克认为,构成性解释版本,比直接指称解释版本(主要是明示性解释和因果-认出解释版本)更具合理性。不过,在这里我试图简要指出,巴洛克的判断不具有充分的说服力。

在巴洛克看来,明示性解释与因果-认出解释版本的一个重大缺陷是,它们将**现象概念**与现象概念所指称的**现象经验**,当作了两个不同的存在物(existences),二者之间由因果性相互联系在一起。这样一来,它们的间隔距离就太大了。②这就容易出现洛尔在《现象状态》第二版中所考虑到的可能性,那就是反物理主义会用盲视现象反驳现象概念。因此她自然更愿意选择构成性解释。事实上,巴洛克之所以选择构成性解释版本,让现象概念与现象经验"合二为一",另一个理由是出于对现象概念策略进一步辩护的需要。下一章里我们将会详细了解到,查默斯试图通过再次调用怪人的可构想性论证来攻击现象概念策略。简单来说,这一论证被查默斯称为"万能论证"(master argument),它的其中一个前提在于,让现象概念策略论者回答,一个构想中的、与普通的人类有相同的物理-功能构造,却又缺乏现象经验的怪人是否拥有现象概念。如果怪人能够拥有现象概念,那么现象概念就无法解释"解释空缺";如果怪人不具有现象概念,那么现象概念就无法获得物理-功能的解释。③巴洛克回应"万能论证"所采纳的第二条进路,也就是认为,构想中的怪人是不具有现象概念的,但她又在本体论上坚

---

① K. Balog, "Acquaintance and the Mind-Body Problem", in C. Hill and S. Gozzano(eds.), *New Perspectives on Type Identity: The Mental and the Physical*, Cambridge University Press, 2013, pp. 15—19.

② K. Balog, "Phenomenal Concepts", in B. R. McLaughlin, A. Beckermann and S. Walter(eds.), *The Oxford Handbook of Philosophy of Mind*, Oxford University Press, 2009, p. 305.

③ Cf. D. Chalmers, "Phenomenal Concepts and the Explanatory Gap", in T. Alter and S. Walter(eds.), *Phenomenal Concepts and Phenomenal Knowledge: New Essays on Consciousness and Physicalism*, Oxford University Press, 2007, pp. 167—194.

持认为,即使如此,现象概念仍然可以获得物理-功能说明。①于是这就要求巴洛克必须把现象概念与现象经验"合二为一"。但问题是,这只是一种辩护方式的要求,并没有独立的理由要求我们必须像巴洛克那样,采纳第二条进路去回应"万能论证"。②因此巴洛克偏好构成性解释版本的唯一理由就仅仅在于,构成性解释可以更好地解释(a)—(i)。

首先,我们倒是想要追问,直接指称解释版本,难道在解释现象概念语义/认知特征(a)—(i)时就不成功吗?在我看来,只要我们能够寻找到一种能够使得现象概念与现象经验之间有着足够密切关联的解释机制,使之胜任能对(a)—(i)这些待解释项做出合理说明就可以了——如果(a)—(i)是真的话,它不一定非得是一种构成性的解释。我们会在第四章中展示,作为直接指称版本的信息论解释,可以满足这个要求。

其次,巴洛克认为,直接指称解释版本有一个共同特点,它们都需要寻找某些中间机制,正是因为这些机制,使得一个现象概念可以不通过任何具有描述内容的呈现模式来直接指称相应的那个经验。这样的机制是因果性的(例如因果-认出解释),或追踪性的(tracking)(例如明示性/索引性解释)。然而可疑的是,难道巴洛克所认同的构成性解释,究其本质,意味着现象概念之于现象经验就不具有任何因果关联机制吗?答案是否定的。就索引性解释来说,帕品纽明确地指出,对于一个现象概念算子"经验:__"而言,现象概念能够指称它的填充项"__",正是因为现象概念的应用是被其填充项(即经验)所因果导致的,我们可以用因果的或目的论的指称理论去解释,为什么现象概念可以指称它所拟似(resemble)的经验。③同样地,巴洛克也承诺她的现象概念理论需要诉诸概念角色,而概念角色说到底终究还是因果性的。④

第三,在我看来,构成性解释为了让概念与经验之间的联系紧密度最大化,竟然声称一个概念是由经验参与其中并构成这个概念的,这种解释所付的代价

---

① K. Balog, "Illuminati, Zombies and Metaphysical Gridlock", unpublished.

② 例如,P. Carruthers 和 B. Veillet 就认为,怪人是否拥有现象概念,这取决于我们是用第一人称还是第三人称去考虑怪人的情形。See P. Carruthers and B. Veillet, "The Phenomenal Concept Strategy", *Journal of Consciousness Studies*, Vol. 14, 2007, pp. 212—236.

③ D. Papineau, *Thinking about Consciousness*, Oxford University Press, 2002, p. 121.

④ K. Balog, "Acquaintance and the Mind-Body Problem", in C. Hill and S. Gozzano(eds.), *New Perspectives on Type Identity:The Mental, the Physical*, Cambridge University Press, 2013, p. 11.

太大。要知道,现象概念策略的关键在于,这是一种诉诸概念二元论来说明解释空缺的进路,然而一旦概念之中结构性地包含了一个经验在内,一方面显得有些奇怪,一个概念怎么会包含一个经验在内呢? 更重要的是,这样做就为二元论者留下了反驳的空间。**物理主义者原本希望把二元论从本体论层面弱化为语义或认知的层面**,而构成性解释又在这一过程中做得不彻底。通常而言,当代意向性理论大都试图将概念作为心理表征,并为这种心理表征提供自然主义解释。在这个解释过程中,哲学家们需要极力避免心理语汇的卷入,以防陷入循环或解释的不彻底。若使得现象概念可以得到物理-功能说明,从而能被物理主义框架所接纳,那么构成性解释显然就不是一个可靠的选择了。事实上一些曾经提倡构成性解释的哲学家也看到了这一点,近年来他们对构成性解释给出了批评,帕品组就是这样的例子。①

尽管如此,这并不意味着我们可以支持任意版本的直接认出解释。事实上,明示性/索引性解释同样很成问题。例如莱文就论证指出,思想中的明示性要素所涉及的是对相关表征的指示者(pointer),它通过注意(attention)而涉及表征,因此现象概念作为纯粹的指示词,其自身单独无法呈现出意识经验的现象特征。如此看来,尽管明示性概念与其所指(即经验)是直接的,但它之所以能够明示性地指称经验的机制,恰恰需要诉诸知觉表征这个所指对象来充当概念与所指之间的中介了。②若情况是这样的话,给定巴洛克为我们提供的这两种选择,那么明示性/索引性解释似乎又将演变为构成性解释了。然而根据我们刚才对构成性解释的简要批评,这一选择显得很不可取。因此我们必须另辟蹊径,为现象概念的指称方式找到一套合理的解释机制。这就为我们将在第四章里着重说明的信息论解释开辟了选择空间。

不过,在此之前,关于现象概念策略,另有一些重要的工作尚未"尘埃落定"。下一章里,我们就如下几个方面进行讨论。

首先,我们以构成性解释,特别是引用解释为例,详细考察帕品组在此基础上是如何为物理主义辩护的,他的辩护策略又遇到了什么样的困难。

---

① D. Papineau, "Phenomenal and Perceptual Concepts", in T. Alter and S. Walter(eds.), *Phenomenal Concepts and Phenomenal Knowledge: New Essays on Consciousness and Physicalism*, Oxford University Press, 2007, pp. 111—144.

② Cf. J. Levine, "Demonstrative Thought", *Mind & Language*, Vol. 25. 2010, pp. 169—195.

其次,一些哲学家——例如泰尔和鲍尔(D. Ball)——认为,现象概念策略作为物理主义反二元论的辩护进路,整体上是失败的。这并不是由于现有的现象概念理论版本不行,而是因为根本就没有现象概念这种东西——现象概念不存在。作为现象概念论者,类似的论断需要在认真考察之后对之反驳。

第三,刚才已经提到过,查默斯针对现象概念策略提出了"万能论证",认为持现象概念策略的物理主义者面临着这么两个非此即彼的选择:如果现象概念能够如期所愿地解释我们关于意识经验的认知状况,那么现象概念本身就不是物理的,因而物理主义者将面临新的解释空缺或者说重新回到二元论上来;如果现象概念是物理的,那么它就不能如其所愿地解释我们关于意识经验的认知状况,那么现象概念策略就是徒劳的,因为它不能解释"解释空缺"。既然我们本书上篇的主要目标之一就是对现象概念策略给出连贯完整的说明并为之辩护,那么我们就必须诊断并驳斥万能论证。

最后,我们将会根据以上内容,结合本节对现有的现象概念流行版本的梳理,确定一个理想中的现象概念理论应当是什么样的。

第三章
化解之道：解除现象概念策略危机

第一节　帕品纽方案的困难

　　第一章里我们说过，物理主义者遵循如下两个信条：第一，一切事实都能被物理科学所穷究，不存在"超自然"的事物，心灵也不例外，这是本体论的物理主义；第二，以微观物理学为基础的自然科学方法，应当用来研究世界上的一切现象，包括心理现象，这是方法论的物理主义。如此一来，将心理状态还原为物理状态的心脑（类型）同一论主张，因其与经典科学命题（例如水=H_2O）有着同构性和高度简洁性，故而从 20 世纪五六十年代诞生以来，便一直是心灵哲学的主流理论。尽管如此，心脑同一论普遍被认为存在着两大缺陷：第一，它违背了"多重可实现性原则"，也就是说，我们无法先验地排除同一类型的心理状态能在不同的物理状态下得到实现的可能；第二，它面临着"意识的困难问题"的麻烦，也就是在面对意识的现象特征时，心理状态无法还原为大脑的物理-生理状态，二个命题之间存在着解释鸿沟。在前两章的论述中，我们聚焦的只是二元论对物理主义的挑战，即这里的第二个困难。而在这一节里，我希望将这两个问题联系起来看待。

　　作为现象概念策略的旗手式人物，帕品纽对心脑同一论面临的这两大缺陷给出了一剂药方。大致说来，他所做的，就是用"现象概念策略"和"现象概念模糊性论题"分别处理"意识的困难问题"和"多重可实现性原则"的挑战这两个缺陷。然而这一方案提出不久，勃姆兹（J. L. Bermúdez）就论证指出，帕品纽主张的四个主要论题的合取，将会导致不一致谬误。①这就意味着帕品纽

---

① J. L. Bermúdez, "Vagueness, Phenomenal Concepts and Mind-Brain Identity", *Analysis*, Vol. 64, 2004, p. 136.

的"现象概念方案"存在着结构性的难题,该难题将会威胁心脑同一论自身。在这一节里,我将考察勃姆兹的批评,在此基础上论证指出,即使勃姆兹的批评不是致命的,帕品纽也很难继续坚持心脑同一论。这是因为,既然他对现象概念的指称说明采纳了构成性解释,那么要想在勃姆兹的批评面前重新修复他所坚持的那些论题,又将陷入新的矛盾。在我看来,现象概念理论若要成功地纳入物理主义,我们最好应当选择心灵的功能主义这一路径,而非心脑同一论。

一、四个论题

为了下文分析清晰起见,我们跟随勃姆兹的解读,将帕品纽主张的四个论题展开如下:

论题一:现象属性存在。在勃姆兹看来,帕品纽对待论题一的态度,只是表面上的或工具主义的,因为任何对于现象属性的实质性承诺,都将导致背离心脑同一论的核心原则。[1]相比之下,我们用"现象实在论"来理解论题一更好,这就能使之区别于查默斯刻画的那种否认现象意识的 A 型物理主义。[2]另一方面,帕品纽承诺论题一是由于,若要应对二元论论证,对心脑同一论的最佳解读就是,某事物(现象属性)等同于另一样事物(物理属性),所以我们承诺论题一是为了完整地构造同一性等式的两边。

论题二:任何现象属性都等同于某个物理属性。论题二在本体论上承诺了心脑同一论。这种物理主义一元论立场的奠定,在帕品纽那里源于他的"因果论证"。对于这一点,我们已在第一章中详细阐释过。简单说,该结论大体由以下三个前提推出:

前提一:心理原因具有物理上的效果。

前提二:一切物理效果都由先前纯粹的物理原因所导致。

前提三:心理原因的物理效果,并不总是被截然不同的两个原因所多

---

① J. L. Bermúdez, "Vagueness, Phenomenal Concepts and Mind-Brain Identity", *Analysis*, Vol. 64, 2004, p. 135.

② Cf. D. Chalmers, "Consciousness and its Place in Nature", in S. Stich & F. Warfield (eds.), *Blackwell Guide to Philosophy of Mind*, Blackwell, 2003, sect. 4.

重决定。

————————

结论:心理原因至少必然是由产生物理效果的那个物理原因所实现的高阶状态。

论题三:现象概念指称了等同于现象属性的物理属性。这个论题可被视为是现象概念策略的最简表述。它由以下两个子命题构成:命题一,现象概念指称现象属性;命题二,现象属性等同于物理属性。很显然,命题二已经在上述的论题二中有了交代。命题一事实上就是我们在上一章里说明过的现象概念的指称理论。需要注意的是,帕品组对命题一的理解是,现象概念指称意识经验的现象属性,是因为现象属性作为引用项构成了现象概念。

论题四:现象概念是模糊的。该命题在这里是至关重要的,因为使得帕品组有别于当今流行的其他现象概念论者的,除了他的现象概念引用解释之外,最显著的当属现象概念的模糊性论题。该论题的最简表述为:现象概念的指称是模糊的,给定一个现象概念,对于这个现象概念指称的物理属性究竟是什么,是物质上的(material)还是功能上的(functional),窄内容的或是宽内容的,等等,并不存在一个相关的事实(there is no fact of the matter)。[①]

举例来说,我们可以构想一个与我们人类有着相同的功能结构,却在物质组分上是硅基构造的火星人,假定它与人类享有相当的疼痛经验,如此一来,"疼痛"这一现象概念,所指称的物理属性究竟是底层的物理实现基(realizer)还是高阶的功能角色呢? 在得到答案前,让我们先来思考一个类似的例子。在历史上的某个时候,爱斯基摩人开始使用一种天然鲸鱼油的替代品,这种替代品的化学成分是石油提炼物,但它的功用和外观与天然鲸鱼油别无二致,在爱斯基摩人那里,他们渐渐地把这种替代品也叫做"鲸鱼油"。如此一来,若"鲸鱼油"这个专名在爱斯基摩人那里,指称的是严格的生物化学成分,那么"鲸鱼油"就不指称替代品;如果它的指称只要满足功用和外观条件即可,那么"鲸鱼油"同样也能指称替代品。所以在爱斯基摩人的语言社群中,"鲸鱼油"这一专名的指称就

————————

① J. L. Bermúdez, "Vagueness, Phenomenal Concepts and Mind-Brain Identity", *Analysis*, Vol. 64, 2004, p. 136.

是模糊的。对于这种情况,即使有个无所不知的上帝,也无法断定到底哪个东西才算是鲸鱼油,这在事实上是模糊的。①

同样地,在火星人的例子中,一旦我们试图将基础的物质实现裁定为[疼痛]这个现象概念的物理指称,那么高阶的功能角色也有理由纳入该裁定范围,反之亦然。在帕品组看来,一个给定的现象概念可能会指称无限多的物理属性候选项。尽管我们的意识科学研究能够做到收敛该现象概念的物理指称范围,但这种研究仍然无法对其确切的指称给出定夺。②这是由于意识科学的研究必须依赖第一人称的口头报告,而第一人称的口头报告又无法作为判断受试是否拥有期待中的意识经验的可靠证据——回忆一下"倒置光谱"思想实验便可得知,③因此这便碰到了原则性的方法论局限。虽然现象概念指称模糊性的出现,并非由于遇到了异质生物体,相反正是因为它在语义上是模糊的,所以在处理异质生物体时无法确定它们的物理指称。我们可以看到,在帕品组那里,论题四的出现,正是由于他将早期心脑同一论所面临的第一个缺陷——也就是"多重可实现性原则"的挑战——纳入了"现象概念方案"的修补框架。我们知道,"多重可实现性原则"说的是,我们无法先验地排除同一类型的心理状态能够在不同的物理状态中得以实现的可能,但论题四却正面抵御了(尽管不是反驳)"多重可实现性原则"。也就是说,由于我们的现象概念的指称是模糊的,并且这是先验得知的,所以我们无法先验地排除,同一类型的心理状态不能在不同的物理状态中得以实现的可能。

二、勃姆兹的批评

在勃姆兹看来,帕品组为心脑同一论阐释的四个论题里,最大的一个困难在于,即使四个论题全部为真,它们的合取却会导致逻辑不一致谬误。④所以,根据

---

① D. Papineau, "Could There Be A Science of Consciousness?", *Philosophical Issues*, Vol. 13, 2003, p. 216.

② Ibid., pp. 209—211.

③ 倒置光谱思想实验说的是,两个共享同一套关于颜色的公共语汇的人,他们对颜色的内在经验却系统性地截然相反。当一个正常人 A 经验到公共语汇"红色"用以表达的那些物体的颜色时(例如消防车、中国的国旗或伦敦街头的邮筒等),另一个人 B 尽管也使用"红色"用来指称他的视觉经验,然而实际上 B 所体验到的,却是 A 用"绿色"这个公共的颜色词所指称的经验。

④ J. L. Bermúdez, "Vagueness, Phenomenal Concepts and Mind-Brain Identity", *Analysis*, Vol. 64, 2004, p. 136.

勃姆兹的理解,帕品纽对心脑同一论所面临的两个缺陷"两手都抓"的结合做法
将会摧毁心脑同一论本身。

勃姆兹的结论是这样得出的:一方面,通过论题一、二、三我们知道,任何现
象属性都等同于物理属性,因而每个现象概念都指称某个物理属性;另一方面,
根据论题四,对于任何一个给定的现象概念,其物理指称到底是什么,却没有一
个确切的事实。①换言之,根据现象概念策略,给定任何一个现象概念 C,事实上
必然有一个为真的同一论等式 P=M,其中 P 为现象属性,M 是物理属性;然而根
据现象概念的模糊性论题我们得到,并不存在着一个事实能够判定普遍性的同
一论陈述 P=M 为真或为假。也就是说:

    (1)对任何现象属性 P 而言,它是否是一个给定的现象概念 C 的指
称,存在着一个事实。(根据论题一、二、三)

    (2)对任何物理属性 M 而言,它是否是一个给定的现象概念 C 的指
称,不存在着一个事实。(根据论题四)

很显然,如果命题(1)、(2)同时为真,就会推出现象属性不等同于物理属
性的结论,那么心脑同一论便无法成立。于是按照帕品纽的方案来修复心脑同
一论的两大缺陷,其本身是自毁的。

勃姆兹的这个论证事实上是非常有力的。所以,若站在帕品纽的立场上
来拯救心脑同一论,需要给命题(1)和(2)中的至少一个加以条件限定或者进
行修正,而这样的限定或修正又应当保证他的同一论的两个核心要素——即
"现象概念策略"和"现象概念的模糊性论题"——继续同时有效。更详细地
说,既然我们承认勃姆兹的论证在逻辑上是有效的,那么最精简的方式就是拒
绝接受其中的一个命题,以此迫使它不成立。然而这两个命题都是从帕品纽
的四个论题中推导出来的,所以任何这样的拒绝不能是粗暴的,更应该是对自
己的四个论题加以限定或温和的修正。不过,在我们按照这一原则来应对勃
姆兹的挑战之前,先来看看莫尔(C. Mole)为我们提供的超赋值主义(superval-

---

① J. L. Bermúdez, "Vagueness, Phenomenal Concepts and Mind-Brain Identity", *Analysis*, Vol. 64, 2004, pp. 136—137.

uationism)回应。①

在莫尔眼里,命题(1)与(2)构成了现象概念的指称悖论,但是在涉及模糊性的问题上出现悖论并不稀奇。我们可以思考一下经典的沙堆悖论。假设在你面前摆放着一堆沙子,现在你拿掉一粒,它仍然还是一堆沙子,于是它就有如下两个为真的前提:

（Ⅰ）1000000 粒沙子构成一个沙堆。

（Ⅱ）从中拿掉一粒沙子,它仍然构成一个沙堆。

可是假设现在你不断地去重复前提(Ⅱ),最终将使你不得不去承认这么一个结论:只有一粒沙子也是一个沙堆。于是悖论就出现了。莫尔认为,命题(1)与(2)的不相容性,与沙堆悖论并无本质区别。我们可以把处理沙堆悖论的超赋值主义作为对勃姆兹的回应。简单地讲,超赋值主义是一种用来应对无指称的单称词项和模糊性问题的语义学方案。根据这种理论,拿走一粒沙子无法决定,摆在你面前的,究竟是一个沙堆抑或不是一个沙堆,即 $\neg \exists n (H_{n-1} \lor \neg H_n)$。然而超赋值主义又无需承诺给出一个确切的边际条件$(H_{n-1} \lor \neg H_n)$。这就是说,无需找到这么一个实际的例子,在其中只要你拿掉一粒沙子,它便不再是一个沙堆了。回到勃姆兹的批评上,莫尔指出,与超赋值主义解决沙堆悖论类似,命题(1)与命题(2)之间也可以超赋值地相结合。

很显然,既然超赋值主义不承诺具体的边际条件,那么它作为一个算子置于一个命题中就是涉言(de dicto)而非涉物(de re)的。现在我们将莫尔的回应,实际应用到勃姆兹的两个论断中,可以得到以下两个命题:

（3）我们无需承诺如下论断,即对任何现象属性 P 而言,它是否是一个给定的现象概念 C 的指称,存在着一个事实。

（4）对任何物理属性 M 而言,它是否作为一个给定的现象概念 C 的指称,不存在着一个事实。

---

① C. Mole, "Supervaluation for Papineau's Phenomenal Concepts", 2009, p. 5, http://philpapers.org/archive/MOLSFP.1.pdf.

这样的处理方式虽然表面上可以化解命题(1)和(2)之间的不一致性,但由于它蕴涵了一些前提(例如非经典逻辑,以及数量上的模糊性与现象概念所涉及的指称对象种类上的模糊性的区别),所以并不见得可以让人放心地接受。但让人困惑的是,我们看到,莫尔的回应其实就是拒斥命题(1),即声称"无需承诺命题(1)"。①这个断言在我们当下的问题语境中显得没有意义(nonsense),或者说,至少它还亏欠我们一个合理的解释。不过既然如此,我们现在倒是可以试着去将莫尔的超赋值主义回应实质化,然后再去评估它的恰当性。假如这样的回应方式不成立,我们将继续根据上面提到的方式,去寻找和评估其他可能的解决途径,直到探出一条较为可靠的出路。

三、可能的解决途径

现在我们就该为"无需承诺命题(1)"这个断言列出可能的实质性解释了。要涉言地悬搁命题(1),唯一有效的解释就是去假定命题(1)的陈述方式是不恰当的。这就是说,既然勃姆兹认为命题(1)是由论题一、论题二和论题三合取推导出来的,那么我们此时的目标就是去假定,或者这三个论题的合取推不出命题(1),或者勃姆兹没有恰当地理解这三个论题中的某一个或多个。初步看来,我们有三个备选理由可以为这一假定提供辩护。

理由一:勃姆兹没有恰当地理解论题一。这是因为帕品组并没有充分地认可论题一,即"现象属性存在"。要知道,论题一的提出,只是出于工具性需要(就像做几何学的题目时需要画辅助线),故而在命题(1)中,将"现象属性"实质性地加以量词化是不恰当的。

理由二:勃姆兹没有恰当地理解论题三。根据论题三,帕品组认为"现象概念指称现象属性",但是我们不能以物理概念(或一般的非现象概念)的"指称方式"来理解该语境中的"指称"一词。根据帕品组的现象概念的引用理论,一个现象概念并不在主体之外的时空世界"挑取"一个现象属性,它倒是以构成性的方式来例示(instantiate)地指称相应的现象属性。

理由三:勃姆兹认为三个论题的合取推出命题(1),但这是不成立的。因为如果命题(1)的陈述方式是恰当的,那么玛丽在走出黑白屋之后,所掌握的是一

---

① C. Mole, "Supervaluation for Papineau's Phenomenal Concepts", 2009, pp. 3—4.

个新的现象属性而非一个现象概念。于是这就与帕品纽的物理主义本体论立场相悖了。

然而,以上给出的三个理由未经考察,我们可以设想,面对这三个论证,勃姆兹可以对其中的每一个分别做出如下的反驳。

就理由一而言,勃姆兹可以反驳说,帕品纽在提出"现象属性存在"这个论题时,他自己也没有给出清晰的说明。甚至在这个方面的含糊其辞,是所有同一论者的通病。①不过,我们知道,至少帕品纽将自己对待现象属性的立场,标示为膨胀论,从而与紧缩论作出区别。所以勃姆兹在命题(1)中把"现象属性"做量词化的处理并不存在显见的不妥。

对于理由二,勃姆兹可以认为,即便他退一步承认现象概念与物理概念的指称方式不同,但帕品纽仍然可以承认,如果某人有一个"看到红色的现象概念C",就看到红色的经验而言,这个经验是否是 C 的指称,的确存在着一个事实。所以第二个理由也不成立。

再看理由三,站在勃姆兹的立场上,他完全可以指责这个论证明显地犯了窃取论题谬误。因为勃姆兹的批评,恰恰旨在说明按照帕品纽的"现象概念方案",心脑同一论会因为内在的结构性问题而导向自毁。可是理由三却把勃姆兹论证结果的相反立场(也就是同一论)作为自己的辩护前提,那么这第三个论证当然也是不成立的。所以论断一、二、三的合取一定能够推出他的命题(1)。

根据上述考察,我们没能看到用超赋值主义的方式来反驳勃姆兹的命题(1)有什么成功的前景,所以,勃姆兹可以自我辩护说,莫尔的回应策略是无效的。

既然莫尔的超赋值主义回应策略,也就是涉言地否定命题(1)看上去无法得到辩护,接下来为新版心脑同一论留下的另一条辩护路径,自然就是将着眼点放在勃姆兹的命题(2)上了。不过,由于命题(2)直接源自帕品纽的论题四,即"现象概念的模糊性论题",因此假如粗暴地否定命题(2)的话,新版的心脑同一论也就无法修补来自"多重可实现性原则"的诘难了。所以要满足当下的目标要求,就是为既能使得心脑同一论与"多重可实现性原则"相容的,又在不完全撤回现象概念模糊性论题的前提下恰当地为命题(2)作出一种条件限定。在我

---

① Cf. D. Stoljar, *Physicalism*, Oxford University Press, 2010, chapter 1.

们看来,如果将金在权(Jaegwon Kim)应对"多重可实现性原则"的物理主义析取论主张植入命题(2),从而能够真值不变地替代现象概念模糊性论题,它将会是一条颇有魅力的出路。根据这个建议,于是我们得到了命题(2*):①

(2*) 对任何物理属性$(M_1 \vee M_2 \vee \cdots M_n)$而言,它是否是一个给定的现象概念 C 的指称,存在着一个事实。

尽管如此,勃姆兹仍然有一些理由认为,这一修补后的命题(2*)还有不少问题。首先,这里植入的金在权的析取论主张要求物理属性$(M_1 \vee M_2 \vee \cdots M_n)$是一个有限集合,但根据现象概念模糊性论题的表述,却要求一个给定的现象概念能指称无限多的物理属性候选项。也就是说,这个物理属性的形式表述是$(M_1 \vee M_2 \vee \cdots M_n \vee M_{n+1} \cdots)$,所以命题(2*)与命题(2)的真值条件并不相同。第二,勃姆兹可以质疑,命题(2*)所作的让步在于表明,由于人类认知状况的局限性,对于任何一个给定的现象概念 C,我们不知道它所指称的物理属性是什么,但 C 所指称的物理属性在本体论的层次上却是确定的(fixed),这就与帕品组的现象概念模糊性论题试图达成的对"多重可实现性原则"的反驳策略南辕北辙了。毕竟命题(2*)所做的是去接纳(accommodate)"多重可实现性原则",而帕品组的本意(或论题四)则是去否定它,二者之间有着天壤之别。进一步地,勃姆兹还可以指出,命题(2*)所犯的致命错误在于,它本质上仍然在玩窃取论题的花招。因为勃姆兹的批评,意在指出帕品组的心脑同一论存在着结构上的困难,也就是说,帕品组所主张的四个主要论题的合取将会自毁同一论,然而命题(2*)却是强行将心脑同一论的本体论主张内嵌其中。于是基于上述的三个理由,命题(2*)作为一条可能的候选出路大概也是无法成功的。

那么难道说帕品组的心脑同一论就此夭折了吗?至少到现在为止,还留有这么一种修补方式。请注意,本节开头所述的超赋值主义回应,只是涉言地处理勃姆兹的命题(1),但命题(1)仍然为我们留下了涉物的修正空间。我们可以对帕品组的前三个论题中的某一个做出良性修正,并使得这样的修正以温和的方

---

① J. Kim, "Multiple Realization and the Metaphysics of Reduction", *Philosophy and Phenomenological Research*, Vol. 52, 1992, pp. 14—17.

式否定命题(1)。在我们看来,对论题三的否定满足了这样的要求。对照上文为超赋值主义辩护的理由二,我们暂且断言命题 F:就某个人的现象概念 C 是否指称某个特定的现象属性 P 而言,在某种程度上它并非总是确定的。根据这一修改,相应地,我们可以得到命题(1*):

> (1*) 对任何现象属性 P 而言,它是否是一个给定的现象概念 C 的指
> 称,不存在着一个事实。

这意味着一个现象概念 C 所对应的现象属性 P,就算不考虑异质生物体,即使在标准事例中(即人类),它的指称运作也不是永恒确定的。继续考察命题(1*)之前,首先应该看到,该命题并没有明显地破坏“现象概念策略”和“现象概念模糊性论题”的有效性。因为这个修正后的表述仍然可以维系我们在上文中看到的对“解释鸿沟”的说明,所以它不触动论题二;并且一个现象概念 C 在指称现象属性 P 上的不确定性,也没有破坏同一个现象概念 C 在指称相关的物理属性上的不确定性,因此命题 F 就没有触动论题四。所以我们可以说,命题(1*)对论题三的修正是温和的。这样的话,根据命题(1*)与命题(2)的合取,勃姆兹所担忧的那种结构上的不一致谬误,就得以消解了。

四、现象概念与功能主义

到此为止,我们试着站在帕品纽的立场上捍卫他的理论,一切看似还不错,然而接受命题(1*),又将触发一个更深的问题,那就是帕品纽主张的现象概念引用解释。我们在上一章中简单说明了何谓引用解释,那就是说,为了解释一个现象概念是如何指称相应的经验时,帕品纽认为,现象概念是具有“经验:＿”这一形式的“复合词项”。在其中,“＿”代表了经验及其现象特征本身,故而现象概念结构性地包含了它所挑取的那个经验。如此一来,现象概念[疼痛],就只能必然地指称当下的疼痛经验个例或曾经有过的想象性的疼痛经验个例。于是如修正后所得到的论述,即命题(1*)所宣称的现象概念的指称不是永恒确定的,就与帕品纽自己的现象概念引用解释相悖了。这是因为,如果接受了命题(1*),那么对于作为标准事例的人类,[红色]这个现象概念所指的现象属性,在某些情况下可以是红色的现象特征,另一些情况下又可以是绿色的现象特征了。

或许帕品纽可以为命题(1*)进一步辩护说,这种现象概念指称不确定的情况是可能的,同时它也不违背引用解释。例如,查默斯就区分了关联性的现象概念(associated phenomenal concepts)和纯粹现象概念(pure phenomenal concepts)。以现象概念[红色]为例,其中关联性的现象概念又可分为公共的关联性现象概念[红色$_c$]和个体的关联性现象概念[红色$_I$]。前者通常指的是,在某人(例如张三)所处的语言社群中,正常人受典型的红色物体所导致产生的那种现象特征。后者指的是个体(比如张三自己)因典型的红色物体导致产生的那种现象特征。在正常人那里,[红色$_c$]与[红色$_I$]有着共同的所指,但对一些特殊的人而言——例如一个在视觉体验上有红/绿光谱倒置的人——二者的所指则是不同的。①

通过这种方式为命题(1*)相融于现象概念的构成性解释进行辩护,在我看来行不通。第一,构成性解释用以说明的,并不是查默斯所区分出的关联性的现象概念,而只能是典型的、纯粹的现象概念。因为关联性的现象概念,例如[红色]的指称,是通过它与外在世界,尤其是一些典型的红色物体产生关联的方式得以确定的,于是它与纯粹的现象概念所具有的直接指称的特征不相干了,而各种现象概念理论——包括引用解释在内——所考察的恰恰是纯粹现象概念。第二,即使我们假设,查默斯对关联现象概念的指称不确定性的说明同样可以在纯粹现象概念上生效,这也无法限制从命题(1*)推出其他一些极端情况,即一个现象概念[红色],有可能指称的是关于绿色的现象经验或绿色的现象属性。而这就与引用解释大相径庭了。第三,即使帕品纽放弃现象概念的引用解释,转而采取其他解释版本,现有的任何版本也无法满足命题(1*)。这是因为一切现象概念理论,都需要在现象概念与现象经验之间建立起恰当而紧密的联系,这种联系未必非得是构成性的,但一定要尽可能地保持二者之间的密切性,从而使之能够解释巴洛克例举的现象概念的语义/认知特征(a)—(i)。可是明显地,命题(1*)与(a)—(i)是无法相容的。给定上述这三个理由,我们发现,帕品纽若想在他所坚持的四个论题的基础上,用命题(1*)来修补勃姆兹的批评是做不到。

---

① D. Chalmers, "The Content and Epistemology of Phenomenal Belief", in Q. Smith and A. Jokic (eds.), *Consciousness: New Philosophical Perspectives*, Oxford University Press, 2003, sec. 2.1.

让我们总结一下帕品纽的问题出在哪里。首先,在他的四个论题中,正是论题三。即"现象概念的模糊性论题"招致了结构不一致的困难。而他要坚持这一论题,是为了解决"多重可实现性"对心脑同一论的挑战。那么问题接着来了,在物理主义框架下,有可供选择的理论可以应付多重可实现性挑战,例如功能主义就是这一备选,可帕品纽为什么会选择那种将心理状态等同于某个底层的大脑状态的同一论呢? 为了认清这一点,让我们先简单地说明心脑(类型)同一论与功能主义的区别。

本节开头部分我们提到,心脑同一论的主张是,某个类型的心理属性(例如,疼痛)等同于通常被神经科学所描述的某个特定的物理属性。但在普特南等人看来,一种心理属性的神经基础,可以随着有机体的不同而不同。例如人类的疼痛与章鱼的疼痛或设想中的火星人的疼痛的物理基础,大有可能是不一样的。这就意味着,处于疼痛当中(being in pain)的属性,不应当严格地等同于某类特定的物理属性。因此,根据多重可实现性对同一论的批评,心理状态与物理状态之间是一种实现关系(realization)而非类型上的等同性。功能主义论题于是宣称,心灵或心理类型应当以这样的方式去理解,即它们是由特定的状态或过程在恰当构造的系统中所产生出的作用或功能。从功能主义的视角看,心灵之所以有别于非心灵的东西,并不因为它由独特的实体或底层基质(fundamental substrate)所构成,而是由构成心灵的系统构造以及这些构造之中的部分与子部分所发挥的作用所决定的。[1]如此一来,我们可以说,等同于心理状态 P 的是高阶的、抽象的功能状态 F,无论这个功能状态 F 具体是由底层的物理状态 M_1、M_2… M_n 中的哪一个所实现的。由于我们对这其中的"功能"可以做出不同的解释,因此功能主义可以有不同的版本。它可以把心理属性等同为计算主义心理学理论所指称的功能属性,也可以主张人类的心理属性能够还原地等同于心理状态所扮演的特定因果角色等等。在这里,由于我们的目的并不是要提供特定的功能主义版本,因此可以不必纠缠于选择这其中的哪个版本,更何况这些版本是能够以某种方式结合在一起的。[2]

不过,在这里对我们来说重要的一点是,关于心灵的功能主义解释遇到的最

---

[1] R. V. Gulick, "Functionalism", in B. R. McLaughlin, A. Beckermann and S. Walter(eds.), *The Oxford Handbook of Philosophy of Mind*, Oxford University Press, 2009, p. 128.

[2] Ibid., pp. 137—138.

大困难,恰恰就是当面对意识经验的现象特征时,要么它不容易承诺现象特征的实在性,要么它就无法解释现象特征何以是高阶的、抽象的功能状态。对于后者来说,例如布洛克论证指出,功能实现有可能会产生一些奇怪的事例,例如"倒置的感受质"或"缺失的感受质"。这些主张表明,由不同的系统所实现的一组功能条件,会在感受质或现象特征方面有所不同甚至缺失。如果情况是这样的话,那么现象特征就不在功能主义的解释范围之内了。[①]另外一些挑战来自把意识经验的现象特征,视为内在心理状态的固有属性(intrinsic properties),而功能主义则是将心理类别(mental kinds)通过内在于交互关联的状态或过程的系统网络中的作用来给出定义的,但这样的功能类别(functional kinds)却是典型的关联性的而非内在固有的。金在权就持这一看法,所以,在他看来,这种关联类别(relational kinds)怎么又能等同于内在的现象特征呢? 因此,任何功能主义理论都无法承诺现象特征的实在性。[②]

眼下我们的重点不是去考察功能主义者如何应对这个挑战,我把这个任务留到了下一章。不过,我们揣测,正是因为功能主义在这个方面遭到了困难,所以帕品纽希望通过重新回到同一论来为物理主义进行辩护。在帕品纽那里,根据论题二,尽管从因果性论证同样可向功能主义敞开,但它最直接的结论还是心脑同一论。值得注意的是,帕品纽的同一论是很强的,因为在他看来,同一性是不用解释的无情事实(brute fact)。当被问到如何解释物理属性 P 与现象属性 Q 的同一性时,帕品纽的回答是:这个问题无需解释,因为一个东西和他自身同一,是一个不用解释的逻辑事实。[③]尽管我们在认知上认为,P 和 Q 是两个不同的东西,但这不过是因为我们的现象概念和非现象概念指称方式不同,然而一旦它们在本体论上是同一的,二者就是必然如此的。

回到主线上来,简单总结一下从帕品纽方案的失败得出的教诲。帕品纽试图做的,是通过现象概念策略恢复心脑同一论的同时,希望用现象概念的模糊性论题,一并解决多重可实现性问题。但是他的方案却遭到了勒姆兹的批评。这个批评正确地指出,若以这样的方式"两手都抓",将会在结构上出现不一致的

---

① N. Block, "Troubles with Functionalism", in N. Block(ed.), *Readings in the Philosophy of Psychology*, Harvard University Press, 1980, pp. 268—305.

② Cf. J. Kim, *Physicalism, or Something Near Enough*, MIT Press, 2005.

③ D. Papineau, *Thinking about Consciousness*, Oxford University Press, 2002, pp. 148—149.

困难。通过我们的考察，如果帕品纽想要在坚持原有的四个论题的基础上，避免结构不一致困难，唯一的办法就是再加进一个论题，那就是现象概念的指称是不确定的。然而如果这样做的话，一方面违背了他的现象概念构成性解释或引用解释，另一方面这个论题与现象概念策略的主旨也是格格不入的。因此，在我们看来，对于一个主张现象概念理论的物理主义者而言，在选择将哪个版本作为具体的物理主义基座理论的问题上，心脑同一论至少不是最佳方案。如此一来，剩下的就是某种形式的功能主义了。

第二节　现象概念不存在吗？

如果有父母因为自己的孩子在一盆脏水里玩耍，于是连盆带脏水带孩子一块儿掀翻的话，人家都会觉得这简直疯了。不过假如这父母发现，在盆里搅脏水的只是一条野狗，为防止自己的孩子沾上脏水，他大可以连盆连脏水连狗一脚踢开。鲍尔和泰尔在对待意识的态度上，就好比这样的父母。正当现象概念成为几乎所有哲学家——包括物理主义者和反物理主义者——用以理解意识的共同承诺时，鲍尔和泰尔却声称现象概念并不存在。他们据此清算了由知识论证所支撑的反物理主义主张，同时也一并抛弃了物理主义者热衷的"现象概念策略"，转而以知觉内容的直接实在论，为物理主义的证成另辟蹊径。

本节试图为现象概念的存在提供辩护，予物理主义能够以何种方式得到证成，以及意识的本体论之争暂搁一旁。考虑到泰尔受了鲍尔的影响，[1]且鲍尔在《心灵》(Mind)刊发了专文讨论，这里只针对鲍尔的观点及论证展开阐述。本节第二部分通过引入直观概念(intuitive concepts)和反思概念(reflective concepts)的区分，我将表明鲍尔的第一个辩护基石，也就是由外在论蕴含的、关于概念持有的顺从原则(principle of deference)以及相应的概念持有标准(criterion of concept possession)，事实上是有条件的。在本节最后部分，我将反驳鲍尔的第二个辩护基石，即所有的现象概念都能在公共语言中得以表达。并且我将结合第二

---

① 泰勒的讨论版本参见 M. Tye, *Consciousness Revisited: Materialism without Phenomenal Concepts*, MIT Press, 2009。

节的说明,为释放前的玛丽所拥有的关于颜色视觉的信念情况给出解释。

一、鲍尔的否定

我们一般会把知觉经验、身体感知等心理状态,叫做现象意识或现象经验。当你遇到一朵带刺的红玫瑰时,你看到它的视觉经验"感觉起来"与被它扎破手指时引发的触觉感知"感觉起来"是不一样的。这种"感觉起来是什么样的",便是经验的现象特征。如果此时你注意自己的视觉经验,想着"这就是看到红色的样子",于是你便拥有一个现象信念(phenomenal belief),它指称了你当下体验到的红色的现象经验。正如信念或其他命题态度作为心理表征,而概念则是信念的构成成分一样,现象概念是现象信念的构成成分。现象信念中的[红色]这一现象概念,指称你体验到的现象上的红色(phenomenal redness)。

生活中的实际情况远比这些术语阐释来的简明。通常我们会同意,如果某人从未经验过红色,那么他很可能无法真正弄明白红色"感觉起来是什么样的",因而就无法拥有关于红色的现象信念。相应地,我们会认为他不大可能持有[红色]这个现象概念。换言之,一个人仅当拥有了某个意识经验,才会持有对应的那个现象概念。相比之下,对于一个非现象概念"老虎",我们直觉上会承认,"老虎"这个非现象概念跟[红色]这个现象概念很不一样。一个人可以从未遇到过或在知觉上经验过老虎(包括描绘老虎细节特征的各种再现形式,诸如照片、影视和图画等),仍然可以持有"老虎"这个概念,拥有关于老虎的各种信念。

正当心灵哲学家愈发认为,现象概念也许是破解意识之谜的关键钥匙时,鲍尔却声称并不存在着这种特殊的概念类型。一旦现象概念不存在,那么诉诸现象概念的知识论证就随之失败,反物理主义的主张便会不攻自破。正所谓"皮之不存,毛将焉附",这种将"盆子"带反物理主义"脏水"一块儿掀翻的极端做法,势必招致现象概念策略论者的反对。在我们捍卫现象概念之前,首先来看看鲍尔是怎样得出他的结论的。整体而言,鲍尔无非论证了这么两个论题:

> T1:在知识论证里,对其中某个前提唯一恰当的理解,就是认为它承诺了现象概念。

T2:现象概念不存在。①

先看 T1。事实上,T1 可被现象概念论者接受,就像帕品纽所说的:"现象概念是一枚几乎当今所有研究意识的哲学家之间的通行货币。持本体二元论观点的人将其视为指称了独特的非物理(现象)属性,而当下大多数物理主义者却认为,现象概念的这种独特性仅限于概念的层面。"②知识论证是反物理主义者用来挑战对手的杀手锏之一,它通过描述了一个诉诸直觉力量的思想实验,以此试图迫使物理主义者放弃本体一元论。杰克逊的黑白玛丽的思想实验辩解认为,玛丽在屋子里不知道红色看起来是什么样的,当她离开黑白屋之后,她学到了新的东西。按照努梅林(Nida-Rümelin)给出的构造,鲍尔可将知识论证表述如下:③

P1 在释放前,玛丽拥有关于人类颜色视觉的完备的物理知识。

C1 所以在释放前,玛丽知道关于人类颜色视觉的一切物理事实。

P2 在释放前,某些(种类的)关于人类颜色视觉的知识玛丽是没有的。

C2 因此(得自 P2)在释放前,玛丽不知道某些(种类的)关于人类颜色视觉的事实。

————

C3 因此(得自 C1 和 C2),存在着一些关于人类颜色视觉的非物理事实。

鲍尔想揭示,知识论证的关键在于 P2。对 P2 的最佳理解就是认为,释放前的玛丽缺乏某种用以思考人类颜色视觉的概念,也就是(关于颜色视觉的)现象概念。鲍尔认为,要使得整个论证可行,仅当 P1 为真并且 P2 推出 C2。④所以在

———————

① D. Ball, "There Are No Phenomenal Concepts", *Mind*, Vol. 118(472), 2009, p. 962.

② D. Papineau, "Phenomenal Concepts and Perceptual Concepts", in T. Alter and S. Walter(eds.), *Phenomenal Concepts and Phenomenal Knowledge: New Essays on Consciousness and Physicalism*, 2006, Oxford University Press, p. 111.

③ M. Nida-Rümelin, "Qualia: The Knowledge Argument", *The Stanford Encyclopedia of Philosophy*, 2002, http://plato.stanford.edu/archives/fall2002/entries/qualia-knowledge/.

④ 很少有哲学家否认 P1 可以推出 C1,那种否认 P1 可以推出 C1 的主张,查默斯将其称作 A 型物理主义。

知识论证这个思想实验中,它所给予我们的直觉影响的重心就在 P2。P2 的意思是说,玛丽不知道某些信念内容 B。对此又有两种理解方式:要么玛丽可以思考 B,但 B 不是知识;要么玛丽在释放之前无法思考(entertain)B。鲍尔通过引入努梅林构想的玛丽安娜(Marianna)的思想实验来论证,如果情形如前者所述,那么 P1 就不能为真。①因此我们只能认为,玛丽压根就无法思考 B。B 是一个信念内容,且我们知道,信念的内容是由概念构成的。然而至此我们不能直接得出结论说,玛丽无法思考 B,是由于玛丽缺乏用以思考 B 所必须的那些概念。两种例外情形可供考虑:(1)玛丽或许持有用来思考 B 所需的全部概念,但她可能无法有效整合这些概念去形成 B;或者(2)虽然玛丽可能持有思考 B 所需的全部概念,不过这些概念中的其中一部分是索引性的(indexical),而玛丽在黑白屋中缺乏这些索引概念所需的情境。第一种情况可以直接排除,要知道玛丽是一个功能健全的思考者,给定了用以思考 B 的全部概念,没什么能够阻止她不能拥有 B。第二种情况同样不对,因为没有显见的理由表明,这里的索引概念不该指称物理上的事物。给定 P1 和 C1,玛丽拥有完备的物理知识,知道一切关于颜色视觉的物理事实,所以玛丽并不缺乏索引概念所要求的各种情境。通过筛选上述各种可能,那么玛丽所缺乏的,只可能是一些关于人类颜色视觉经验的概念,这类概念可以归类为所谓的现象概念。鲍尔由此证得 T1。

在开始考察 T2 之前,现在的疑问是,什么叫做持有一个现象概念呢? 这个问题可由两个子问题构成:第一,现象概念的标准(phenomenal concepts criterion,以下简称 PCC)是什么? 第二,持有一个概念的标准(criterion of concept posses-sion,以下简称 CCP)又是什么?

关于现象概念"是"什么的正面定义,至今未有一致的答案。上一章已经讲过,现象概念论者认为,人类有两种用以思考意识的途径或视角,一种是因果性的非现象概念(例如物理-功能概念),另一种就是直接的、内省式的现象概念。反物理主义者相信,前者指称的是物理-功能属性,后者的指称对象是区别于前者的、非物理的现象属性;物理主义者认为,两者的区别只停留在概念层面上,不会深入到本体论的层面从而分别指称不同的属性,世界上只可能存在着物理实

---

① Cf. M. Nida-Rümelin, "What Mary Couldn't Know", in T. Metzinger (ed.), *Conscious Experience*, Ferdinand Schoning, 1995, pp. 219—241.

体及其相应的物理-功能属性。无论如何,鲍尔通过参考这两派现象概念论者相关的论述文本,并考虑到一些可能的例外情形,将 PCC 阐述如下。概念 C 是一个现象概念,仅当:

(1) 存在着某个现象经验类型 e 以及某个属性 p,一个经验个例因其与 p 相关联,从而归入 e。

(2) C 指称 p。

(3) 通常情形下,一个人仅当拥有一个经验类型 e 时,他才能持有概念 C。

结合条件(2)看,引入条件(1)只是为了表明,关于现象概念所指称的,究竟是内在的现象经验的属性还是外在的客观对象的属性问题上,鲍尔对此保持中立的态度。仅有条件(1)和(2)还不能满足现象概念的要求。一个非现象概念,例如"C-神经纤维激活",同样可以指称 p。因此条件(3)才是现象概念区别于其他概念类型的实质。[①]就像刚才提到的,一个人可以从未拥有关于老虎的知觉经验,他仍然可以持有"老虎"这个概念。但持有一个现象概念 C,就必须要求概念持有者拥有相关的那个经验 e。所谓持有一个概念,鲍尔给出的定义是:

若 s 在其思想中用到了(exercise)C,s 就持有概念 C。

以下我们将这个定义称为概念持有标准 CCP。在这里,"用到了"一个概念 C 与"持有了"C 之间的区别,就是概念(concepts)和观念(conceptions)的区别。概念作为心理表征,是思想或信念的构成成分;观念是与概念相关联的一组信念的集合。"老虎"是一个概念,而"老虎是猫科动物"则是一个关于老虎的观念。鲍尔借用了普特南和伯奇(T. Burge)对心理内容外在论的阐述,得出了一个他为 T2 找到辩护资源的重要结论:一个思考者可以持有一个概念 C,即使它关于 c(指外在对象)的观念是贫乏的或不准确的。[②]例如普特南论证的外在论表明,某

---

① D. Ball, "There Are No Phenomenal Concepts", *Mind*, Vol. 118(472), 2009, p. 939.

② Ibid., pp.944—948.

人可以持有"山毛榉"和"榆树"的概念,尽管他对山毛榉和榆树的观念相当贫乏。类似地,在伯奇的例子里,某人可以持有"关节炎"这个概念,尽管他对于关节炎的观念是错误的。我们将会在下一节里详细讨论这个语言现象,现在我们只需要理解,语义内容和心理内容的外在论给予我们的教诲在于:某人持有一个概念 C,是因为他与自身所在的语言社群有着交互作用,一个概念的意义及相应的指称,是由他所处的语言社群整体的使用情况来决定的。举例来讲,即使一个人没能正确地相信关节炎是发生在关节上的病症(相反,他认为关节炎可以发生在大腿上),但他可以顺从(defer to)其他人(特别是专家)的判断,经由后者的证词来校正他原有的信念,从而最终完全持有了或正确使用了"关节炎"这个概念。这就表明,s 可以持有概念 C,即使 s 关于 c 的观念是贫乏的或不准确的。我们把这种有关概念持有的语言现象,称作为顺从原则(principle of deference,以下简称 PD)。[1]

到了这里,也许你能够想到接下来鲍尔论证 T2 的思路。的确,鲍尔试图说明,PD 及 CCP 同样可以介入知识论证。黑白屋里的玛丽虽然无法拥有关于颜色的视觉经验,但是她拥有关于人类颜色视觉的全部物理知识,并且给定她拥有与外界语言群体互动的条件,我们不难发现,即便释放前的玛丽所拥有的,那种有关颜色的视觉经验极其贫乏且不准确,然而 PD 及 CCP 却告诉我们,她仍然能够持有一些关于人类颜色视觉经验的(现象)概念。

虽然玛丽在释放之前就能获得这类概念,而知识论证就其构造上表明,玛丽只有在离开黑白屋子后才能**持有**这类概念——这一点符合 PCC 中的条件(3)。鲍尔认为,考虑到外在论以及它所蕴含的 PD 与 CCP 没有问题并且广为接受,那么出问题的只可能是知识论证了。这是由于,PD 与 CCP 告诉我们,玛丽在释放前就已持有知识论证所倚重的这类概念,然而释放前的玛丽并不拥有任何关于颜色的视觉经验,因此这就违背了 PCC 中的条件(3)。如果 PD 与 CCP 坚不可摧,那么 PCC 就出了问题。由于 PCC 是现象概念的必要条件,PCC 失败了,那么现象概念就是子虚乌有的了。要知道,PD 与 CCP 是从外在论那里一脉相承而得的,鲍尔的论证就其本质而言,就是在坚持外在论的前提下,拿 PD 与 CCP 来挑战 PCC。在他看来,因为 PD 与 CCP 成立,就不允许有 PCC 许诺的那种

---

[1] D. Ball, "There Are No Phenomenal Concepts", *Mind*, Vol. 118(472), 2009, p. 948.

例外。

鲍尔对 T2 的辩护并没有就此结束,他还进一步考虑了升级版的现象概念标准 PCC*,以及现象概念能否被公共语言所表达的问题。在探讨这些问题之前,让我们先来看看被鲍尔奉为圭臬的 PD 与 CCP 能否成立,若能成立,它的应用会不会是有条件的呢?

二、直观概念与反思概念

在一篇批评泰尔的书评中,福多以他惯有的调侃风格,指责外在论与柏拉图的"理念"、贝克莱的"存在即被感知"等过往的经典哲学主张一样,都是一些用来治疗疾病、却比疾病本身杀伤力更大的药方。他认为普特南孪生地球的思想实验所彰显的语义学直觉普遍被误解了。这种直觉带给我们的,并不是说我们需要一个外在的意义理论,而是说我们根本不需要任何意义理论。[1]当然,福多拒斥语义外在论以及概念的意义设定,出于他捍卫概念原子论的考量。在这一节里,我将给出一个独立的理由表明,即使外在论为真,它所蕴含的 PD 与 CCP 也是有条件的,并非所有类型的概念都是顺从性的(deferential)。让我们先来看鲍尔是如何说明 PD 与 CCP 的。

在鲍尔看来,PD 与 CCP 的得出,可通过伯奇著名的"关节炎论证"来阐明。[2]一般情况下,关节炎是关节炎症,不可能发生在大腿上。这是一个事实,也是大多数人的常识。设想一下,张三并不知道这个常识,他错误地认为自己的大腿患有关节炎,并对自己说,"我大腿患有关节炎"。有一天他把这个想法告诉了医生,医生指出说,关节炎是关节炎症,不可能发生在大腿上。考虑到医生是真诚的,并且是这个领域的专家,于是张三顺从了医生的证词。伯奇表示,虽然张三此前拥有的"我的大腿上患有关节炎"这一信念是错误的,但张三在那时就已经持有了"关节炎"这个概念。

伯奇用了反证法来捍卫他的观点。大致而言,他从反对意见出发考虑,若想反驳这个结论,即否认张三持有"关节炎"这个概念,其最佳策略就是认为张三

---

① Cf. J. Fodor, "It Ain't In the Head", *The Times Literary Supplement*, October 16, 2009, http://enter-tainment.timesonline.co.uk/tol/arts_and_entertainment/the_tls/article6878087.ece.

② Cf. T. Burge, "Individualism and the Mental", *Midwest Studies in Philosophy*, Vol. 4(1), 1979, pp. 73—122.

拥有一个在对象层面上为真的信念,但这个信念并不涉及"关节炎"这一概念。相应地,张三持有的概念可被认为是"大腿关节炎",大腿关节炎可以发生在关节上也可以发生在大腿上。因此,张三真实的信念应该是"我的大腿上患有大腿关节炎"。伯奇指出,在同一语言社群中(例如汉语或者英语),如果张三持有的是其他概念(例如"大腿关节炎")而非"关节炎",那么张三就无法与人分享他的信念。所谓分享信念,也就是说,医生相信张三所患的不是关节炎,张三也同意医生的判断;反之如果张三不持有"关节炎"这个概念,他就不可能顺从医生的证词。更重要的是,假如反对建议是正确的话,即张三持有的概念是"大腿关节炎"而不是"关节炎",那么可以设想,当医生告诉张三关节炎不会发生在大腿上的时候,张三会否认医生的证词,并且他会认为医生就"关节炎"这个语词的意义在跟自己抬杠。这当然是荒谬的,因为张三的信念就其本身便是错误的。

"关节炎论证"是一个关于相关信念不准确,却能持有目标概念的例子。这个论证的要义对那些相关信念极度贫乏的例子(例如普特南"榆树"与"山毛榉"的例子)同样有效。无论哪种情形,概念能够通过语言社群的充分互动而获得。给定了外在论,PD 与 CCP 就能成立。现在的问题是,就算我们承认外在论是成立的,PD 与 CCP 就一定正确吗?要获得一个概念 C,无论它是哪种类型的概念,真的仅仅只需与所在的语言社群交互作用(于是拥有一些相应的用以思考 c 的观念,并且可以通过顺从他人的证词来校正自己的观念)就可以了吗?

法国人类学家、认知科学家和哲学家斯珀伯(D. Sperber)为我们思考这个问题提供了很好的进路。斯佩博认为,就像玉可以分为硬玉和软玉这两种表面特征相似、化学成分不同的物质一样,人类的信念也分为两种:直观信念和反思信念。直观信念是最根本的认知范畴,只能在心智架构(architecture of mind)的层面上得以解释。直观信念的心理语汇只包括直观概念。除此之外,人们还能拥有无限多的各种高阶的或"反思的"命题态度,它们中有许多都是信经式的(credal),这就是反思信念。之所以认为存在着反思信念,是因为有一些别的信念,把由它们所支持的那个反思信念的来源描述为可靠的,或者它们为其支持的那个反思信念提供了明确的证据。反思信念的心理语汇不仅包括直观概念,也包括了反思概念。①

---

① D. Sperber, "Intuitive and Reflective Beliefs", *Mind and Language*, Vol. 12(1), 1997, p. 67.

　　基于斯珀伯的工作,霍希(R. Horsey)指出,外在论,以及由它蕴含的 PD 与 CCP,作为一种吸引人的流行理论,在心理学上其实并不靠谱。PD 在概念获得与应用方面的作用,远非通常认可的那么意义重大。①最重要的是,霍希认为,PD 无助于我们获得或维持一个直观概念,该原则作为一种常规的认知方式,只能应用于反思概念。如果霍希的结论可靠,那就意味着,在鲍尔的论证中,其中一块重要的基石——PD 与 CCP——至少是有限的或有条件的。

　　霍希的思路大致是这样的。首先,根据大量的经验证据表明(包括斯珀伯的工作),概念可被划分为两类,把其中的一类称作直观概念,其余的叫做反思概念。直观概念必须来源于一些知觉模板(template),以致它们能被特定的认知模块(module)处理,这些模块支持了某种可以让人获得概念的推断(inference)类型,并且这些模板的初始化只能基于知觉而非任何其他理性的加工。换言之,当我们以知觉经验的方式获得一个关于对象 X 的直观概念时,这意味着我们初始化了一个关于 X 的知觉模板,把 X 的表现特征,作为真实的事态自动地刻录进我们的知觉模板并得以保存,因此也就形成了一个关于 X 的直观信念。其次,原则上说,任何直观概念都可以被一个反思信念表征所用,但反思概念则不能被直观信念表征所用。直观信念仅涉及直观概念;反思信念既可涉及直观概念,也可涉及反思概念。第三,在一个关于对象 X 的反思信念中,如果缺乏直观概念"X",那么该信念中的反思概念"X"只是"占位符"式反思概念("placeholder" reflective concept),它只是一个与"X"这个词相联、却与关于 X 的事实信息没有(或者很少有)联系的反思性概念。也就是说,在某些情形中,我们缺乏关于 X 的直观概念"X",却仍然拥有关于 X 的反思信念,但这并不意味着我们真正持有了直观概念"X"。

　　且让我们设 Φ 是一个直观信念,Ψ 是一个反思信念,x 是一个直观概念,y 是一个反思概念。那么我们拥有的全部信念条目将会是:Φx, Ψx, Ψy 和 $\Psi[y]$("占位符式"反思概念)。结合伯奇的"关节炎论证"考虑,在这个例子中,如果张三自己从未患有关节炎,并且从未见过到别人患上关节炎时的症状表现(比如张三看到他的朋友李四因患上了关节炎而捶打关节不止),那么张三在咨询

――――――――――

① 　R. Horsey, "Meaning Postulates and Deference", 2000, http://cogprints.org/3257/.

了医生、进而顺从了医生证词的前后,他所拥有的全部信念只会是 $\Psi[y]$ 和 Ψy。[①]因为张三无法持有直观概念 x,他就无法拥有直观信念 Φx,从而只能拥有反思信念 Ψ。在张三顺从医生的判断之前,由于他可能仅仅听说过"关节炎"这个词,对关节炎的事实信息几乎一无所知,他拥有的只能是[y]和 $\Psi[y]$。然而,当医生对张三说,"关节炎是关节炎症,不可能发生在大腿上",并告知他关节炎这种疾病的知识时,张三接受了医生的判断,从而拥有了 y 和 Ψy。无论如何,在这个例子中我们可以发现,张三对对专家判断的顺从,只可能作用在 y 上,对能否获得或维系 x 并无影响。因此我们可以认为,PD 与 CCP 是有条件的,它们与直观概念无关。

三、纯粹现象概念与黑白玛丽

让我们重新回到鲍尔那里。我们知道,鲍尔之所以坚定地维护 PD 与 CCP,基于他相信语义外在论给予我们的直觉力量。根据上一节的分析,现在我们知道 PD 与 CCP 至少是有条件的,在某种意义上和福多一样,我们愿意承认,或许对外在论恰当的理解,并不像一些哲学家所声称的那样极端。尽管很难说鲍尔会与我们分享类似看法,但他似乎也慷慨地为我们考虑到了这一可能。

考虑到潜在的反驳,鲍尔站在现象概念论者的立场修改了现象概念标准,将之由 PCC 升级为 PCC*。概念 C 是一个现象概念,仅当:

(1*)存在着某个现象经验类型 e 以及某个属性 p,一个经验个例因其与 p 相关联,从而归入 e。

(2*)C 指称 p。

(3*)通常情形下,一个人仅当拥有一个经验类型 e 时,才能非顺从地或完全地持有概念 C。

PCC* 作为 PCC 的升级版,在原有的条件(3)上做出了改进,排除了现象概

---

① 就关节炎的事例而言是模糊的。因为直观概念"关节炎"的知觉模板所刻录的信息,究竟是对应于"关节炎"的疼痛感受还是关节炎在视觉上所呈现给我们的临床表现,或者两者的析取,这是不确定的。如果我们同意克里普克对于疼痛概念的理解,那么直观概念"关节炎"只能对应于前者。这里我保持中立态度,它所对应的是二者的析取。

念 C 是经由顺从而获得的可能。略过具体细节不谈,接下来鲍尔大致沿用了反驳 PCC 的策略,试图说明 PCC* 仍然是 PD 和 CCP 的一个例外。[1]根据我们上一节得到的结论,一旦 PD 和 CCP 是有条件的,即它们无法应用到直观概念的获得或维系上,并且如果 PCC* 符合直观概念的条件,那么只要鲍尔在反驳 PCC* 时继续把宝押在了 PD 和 CCP 上,他的反驳无论如何都将是无效的。现在的疑问是,PCC* 是否符合直观概念的条件?

就直观概念与现象概念之间的关系,斯珀伯和霍希倒是没有给出说明。不过我们可以认为,当某人内省他的直观概念的现象特征时,这个直观概念就能被当作一个现象概念。这是因为,现象概念的必要条件——无论是 PCC 还是 PCC*[2]——与直观概念的必要条件是相容的。二者都要求仅当主体在拥有某个知觉经验的前提下,才能持有相应的概念,并且它们能够指称知觉经验或该经验所归属的外部对象。换言之,所谓拥有一个直观信念,就是说,我们是以即时的知觉经验,或者事后的知觉想象这两种方式中的其中一种,来激活该信念中的直观概念的知觉模板。当某个经验主体"现象性地"注意了存储在该模板中的知觉经验时,就意味着他将这个直观概念"用作为"相应的现象概念。举例来说,如果张三此时确实患有关节炎,他自然就持有"关节炎"这个直观概念(无论他是否知道该病症就是关节炎);当他注意到关节炎发作时隐隐作痛的感受时,所思考的就是这个直观概念所对应的知觉模板中那些信息的内在现象特征。一旦如此,我们就认为张三持有了对应于"关节炎"这个直观概念的现象概念。[3]当然,这样的现象概念是纯粹现象概念,不能用"关节炎"这个语词来表达。相反,根据查默斯的理解,我们可以说,这时的张三可能会持有以下四个相互关联的现

① D. Ball, "There Are No Phenomenal Concepts", *Mind*, Vol. 118(472), 2009, sec. 3.3.

② 事实上在这里只需讨论 PCC 即可。因为根据接下来给出的理由,仅 PCC 就符合了直观概念的条件,而直观概念当然不可能是顺从性的(不过,"非顺从地"持有一个概念 C,也许并不等同于"完全地"持有概念 C,鲍尔在这个细节上是模糊的)。若站在我们当下的立场上,把现象概念作为直观概念看待的话,那么鲍尔给出 PCC 的升级版 PCC*,倒像是画蛇添足了。

③ 帕品纽以及艾迪迪大概也会同意这个看法。至少,他们都认为,我们思考现象概念时,不过是对同一个知觉模板或知觉概念的再应用;当我们思考现象概念时,我们所思考的是知觉经验而非知觉对象。Cf. D. Papineau, "Phenomenal Concepts and Perceptual Concepts", in *Phenomenal Concepts and Phenomenal Knowledge: New Essays on Consciousness and Physicalism*, T. Alter and S. Walter (eds.), 2006, Oxford University Press, sec. 3.2., 3.3.; M. Aydede and G. Güzeldere, "Cognitive Architecture, Concepts, and Introspection: An Information-Theoretic Solution to the Problem of Phenomenal Consciousness", *Noûs*, Vol. 39(2), 2005, pp.197—255.

象概念,它们分别是:公共的关联性现象概念"(当下由关节炎症状所导致的)疼痛"、个人的关联性现象概念"(当下由我的关节炎所导致的)我的疼痛"、索引性现象概念"那个感觉",以及纯粹现象概念"如此这般的"(such-and-such)。前三个都属于关联性的现象概念,可以在公共语言中用语词或短语表达。纯粹现象概念不一样,原则上它是不可表达的。

让我们看看这个结论是如何得出的。查默斯指出,当我内省我的视觉经验时,我会想到自己有着如此这般的现象特征。这个信念指称现象上红色的特质,这其中涉及几个不同的概念,它们使得这个为真的信念得以形成。举例来说,当玛丽拥有一个信念"那就是看到红色的样子"时,我们暂且(像鲍尔一样)认为,如果玛丽持有了一个现象概念[红色],那么这个现象概念是由"红色"这个词来表达的。"红色"这个词,常常出现在诸如"红色的经验"或"现象意义上的红色"之类的表达式中。这些表达式的指称,是通过与外在世界,尤其是一些典型的红色物体发生关联的方式来得以确定的。因而在这些表达式中,"红色"这个词对应的现象概念[红色],是一个关联性的现象概念。关联性现象概念[红色]又可分为两种,一种是公共的关联性现象概念[红色$_C$],另一种是个人的关联性现象概念[红色$_I$]。前者通常指的是,在我所处的语言群体中,正常人被典型的红色物体(例如熟透的西红柿、中国的国旗或伦敦街头的电话亭等)所导致产生的那个现象特征。后者指的是个人(比如我自己)被典型的红色物体导致产生的那个现象特征。在正常人那里,[红色$_C$]与[红色$_I$]有着共同的所指。但对一些特殊的人而言——例如一个在视觉经验上红/绿光谱倒置的人——二者的所指是不同的。除此之外,现象特征的所指也可用索引的方式得以确定。当我们看到一只西红柿时,我可以用"那个特质"或"这种经验"等类似的表达,索引地指称与这些表达式相关的视觉经验特质。且让我们把这些表达式中所包含的指示性概念("这个""那个"等)标记为 E。如同其他指示性概念一样,E 在一个情境中,通过挑取了出现在这个情境里的现象特征来确定它的所指。在这个意义上讲,现象概念 E 也是关联性的。

[红色$_C$]、[红色$_I$]和 E 都可指称相同的特征,即现象上的红色。在其中每种情况下,它们的所指都是关联性地得到确定的。不过还有另外一类关键的现象概念没有考虑到,这个现象概念的指称方式不是关联性的,它根据内在固有的现象本质,直接挑取它的所指。这就是纯粹现象概念,我们把它标记为 R。在查

默斯看来,R 很难用公共语言表达。我们充其量也只能讲,R 大概可以被说成是"如此这般的",而"如此这般的"却又很难说得清道得明。例如张三品尝了一口榴莲,由于我从未品尝过这类热带水果,当我问张三榴莲吃起来是什么感觉,张三告诉我说,"榴莲尝起来是'如此这般的'",我听着相当于什么也没说。或者虽然张三可以详细地把"如此这般的"用比喻性的摹状词来替换,但这仍然不等于他就此表达了 R 本身。要知道,无论张三怎样努力向我描述榴莲的味道,他最终还是无法把榴莲的味道,以语言的方式精确地传达给我。①

假如纯粹现象概念是不可表达的,而 PCC(当然也包括 PCC*)所承诺的便是纯粹现象概念,那么 PCC 及 PCC* 就与 PD 和 CCP 不相干了。这是因为,考虑到伯奇和普特南的例子,他们在论述概念持有的条件时,都要求概念在公共语言中是可表达的或可交流的。一旦纯粹现象概念是无法表达或不可交流的,那么对鲍尔来说,连 T2 的论证前提都无法站住脚了。

事实上鲍尔在拿外在论反驳 PCC 的过程中就考虑到了这个前提。他声称现象概念是可表达的,为此给出了以下两个理由。第一,根据知识论证的描绘,当玛丽获得一个现象概念时,她可以把自己的信念表达为"那就是看到红色时的样子"这句话。在这个句子里,"那"、"红色"和"看到红色时的样子"这三个语词或短语,必有一个是对现象概念的表达。第二,也许现象概念论者会认为,现象概念仅能用索引词(比如"这"或"那"等)来表达,而普特南和伯奇的论证并不能用于类似索引性概念。然而并没有显见的理由表明,索引性概念一定不可被其他语词或短语(例如 red-p)来替代。②

基于查默斯的区分,我们发现,即使这两个理由都能成立,玛丽在其信念中所能表达的现象概念,也只不过是关联性现象概念。正如鲍尔想要竭力证明的那样,玛丽在释放前的确能够持有一些有关红色视觉经验的信念(例如玛丽相信"成熟的西红柿通常导致红色的经验"、"看到红色是一个现象状态",或者"如果 p 是一个数字,那么 p 就不可能是看到红色时的感觉"等等)。不过在我们看来,结合上一节对直观概念 x 与反思概念 y 的讨论,玛丽的这些信念只可能是反

① 以上三个自然段内容,可参见 D. Chalmers, "The Content and Epistemology of Phenomenal Belief", in Q. Smith and A. Jokic(eds.), *Consciousness: New Philosophical Perspectives*, Oxford University Press. sec. 2.1。

② D. Ball, "There Are No Phenomenal Concepts", *Mind*, Vol. 118(472), 2009, sec. 3.2.2.

思信念 $\Psi[y]$ 或 Ψy。由于玛丽没有经验过红色,她当然无法获得关于红色的直观概念 x,因此她的这些信念就不可能是 Φx 或 Ψx 了。正如 y 作为对 x 的知觉模板(以及作为尚未被初始化的"占位符"模板)的认知加工的结果一样,关联性现象概念也可被看作是纯粹现象概念的推理功能。关联性现象概念表达式的语义内容,只能由这些表达式与纯粹现象概念之间的外在(因果的或是索引的)关联来得以界定。用帕品纽的话来说,我们可以认为,关联性现象概念仅仅是"提及了"(mention)现象经验,只有纯粹现象概念是通过"使用了"(use)知觉经验本身来"提及"它所指称的现象经验的。①

总结起来,我们很乐意赞同鲍尔对 T1 的辩护,即知识论证若在构造上是可行的,它就必须承诺现象概念标准 PCC。但在现象概念是否存在的问题上,鲍尔至多只是证明了释放前的玛丽可以持有关联性现象概念,这与 PCC 或 PCC* 并不冲突,因而 T2 是不成立的。这是由于,首先,根据斯珀伯和霍希对顺从原则 PD 以及概念持有标准 CCP 的条件约束,我们发现,PD 和 CCP 无助于直观概念的持有和应用。其次,基于查默斯对关联性现象概念和纯粹现象概念的区分,我们认为,只有纯粹现象概念才能够被视为是直观概念的一个子集,并且正如反思概念区别于直观概念一样,释放前的玛丽持有关联性现象概念并不等于她持有了纯粹现象概念。第三,我们证明了,真正满足 PCC 或 PCC* 的只能是纯粹现象概念,并且纯粹现象概念是不可表达的。综上所述,释放前的玛丽能够持有的全部概念,都无法满足 PCC 或 PCC*,所以知识论证就其本身而言是融贯的、符合直觉的,并且玛丽所拥有的信念以及相应的概念持有的情况,都能在直观概念与反思概念的区分框架中,得到自然主义的解释。现象概念因而是存在的。②

---

① Cf. D. Papineau, "Phenomenal Concepts and Perceptual Concepts", in T. Alter and S. Walter(eds.), *Phenomenal Concepts and Phenomenal Knowledge: New Essays on Consciousness and Physicalism*, 2006, Oxford University Press, p. 124.

② 除了鲍尔和泰尔,也有少部分哲学家认为现象概念是不存在的。与鲍尔和泰尔的思路完全不同,他们的质疑理由,仅仅只是说这种符合 PCC 的心理事物(mental entities)不能归入"概念"这个认知范畴。Cf. J. Prinz, "Mental Pointing: Phenomenal Knowledge Without Concepts", *Journal of Consciousness Studies*, Vol. 14, 2007; B. D. Young, "I Fear the Phenomenal Concept of Fear Itself", http://www.benjamindanielyoung.com/Ben_Young/Research_files/B. Young%20-%20I%20Fear%20the%20Phenomenal-Concept%20of%20Fear%20Itself.pdf.

第三节 万能论证

上两节里,我们考察了现象概念理论面临的两个危机。第一个危机纯粹来自物理主义内部。它说的是,一个哲学家若想为物理主义辩护,仅仅通过现象概念策略来处理意识的困难问题是不够的,他还要解决对意识经验的多重可实现性问题。对于后一个问题,最好的办法是,一个现象概念策略论者应当支持某种形式的功能主义而非心脑同一论,否则将会面临帕品纽方案所遇到的结构不一致问题。而任何针对类似的结构不一致问题进行修补的可能性,要么是难以成立的,要么它将与现象概念理论自身不相容。

第二个危机可以是来自物理主义的(例如鲍尔和泰尔的选择),也可以来自二元论(若二元论者可以否认鲍尔主张的 T1 但支持 T2 的话),他们主张,所谓现象概念这样的心理事物根本不存在。在这一节里,我将阐述并破解现象概念策略的第三个危机,这个危机是直接针对现象概念策略本身的,一些哲学家从不同的角度发出同一个声音:任何版本的现象概念策略都将是失败的。

上一章的最后一节里,我们提到过莱文对现象概念指称理论的明示性解释的批评。与此同时,莱文也认为,像巴洛克和帕品纽的构成性解释同样是不成立的。在他看来,我们对自身经验的认知关联(即我们亲知到自身的意识经验)似乎是实质性的(substantive),因而它区别于我们对任何其他事物的认知关联。所以无论是现象概念的明示性解释还是构成性解释,都无法说明亲知的实质性。[1] 明示性解释仅凭自身无法解释亲知的本质。构成性解释则需要通过现象属性在现象概念中的认知呈现来解释亲知的实质性,在他看来,这种呈现必须用物理呈现来获得说明,因此构成性解释注定是失败的。[2] 这样看来,即使莱文没有明确指出一切版本的现象概念理论都不成立,但他的意思至少暗示了,用现象概念理论来为物理主义作辩护的策略是有问题的。

---

[1] J. Levine, "Phenomenal Concepts and the Materialist Constraint", in T. Alter and S. Walter(eds.), *Phenomenal Concepts and Phenomenal Knowledge: New Essays on Consciousness and Physicalism*, Oxford University Press, 2007, pp. 145—166.

[2] K. Balog, "Phenomenal Concepts", in B. R. McLaughlin, A. Beckermann and S. Walter(eds.), *The Oxford Handbook of Philosophy of Mind*, Oxford University Press, 2009, p. 309.

同样在第二章的最后部分,我表示赞同莱文的判断,也许明示性解释和构成性解释作为现象概念的指称理论都有问题,但这在逻辑上无法推出现象概念策略本身有什么问题。我也提示过,期待读者在这一章之后,看到一个可行的现象概念理论版本。在我看来,对现象概念策略构成真正挑战的不是莱文,而是来自查默斯和斯图嘉的反驳。虽然二者反驳现象概念策略的理由不同,但他们都强调,现象概念策略本身——无论各个版本之间有何差异——都无法有效地为物理主义作出辩护。在这一节里,我将以查默斯的万能论证为考察重点,兼顾提及斯图嘉的"逻辑空缺论证"。关于现象概念论者如何回应这些反驳,我只限定于例举、比较和分析现有的方案,无意在这里提出自己的辩护。除此之外,我们将会在考察巴洛克对万能论证的批评中发现,(B 型)物理主义与二元论这两套对立的形而上学系统,为了各自立场的证成,双方都承诺了解释空缺的存在。为说明解释空缺,双方进而又都承诺了现象概念存在。一旦到了这一步,物理主义和二元论之间的争论,就陷入了势均力敌的僵局,没有任何一方能够不"窃取论题"而将对方驳倒。本节最后,我将对现象概念策略论者对万能论证的两种不同的诊断给出简要的点评。

一、查默斯的万能论证

面对意识经验的现象属性,是否能够原则上还原为物理-功能属性(或得到物理-功能语汇的解释)的问题,物理主义遭到了二元论的反驳。在第一章里,我们给出了这些二元论反驳的一般形式。简单说来,二元论者认为,现象状态与物理状态之间存在着一个解释空缺,基于语义外在论、科学本质主义以及我们关于现象经验的直觉等理由,他们相信这个解释空缺蕴含了本体论上的空缺。通过第二章的阐释和梳理,我们知道,物理主义者从概念二元论出发,用现象概念的概念孤立性和指称特殊性等特征,说明了为什么我们在关于意识经验的认知上存在着解释空缺。继而他们在坚持本体论物理主义的基础上,说明了现象概念本身也是可以得到物理-功能说明的,它所指称的现象属性,终究也是物理-功能属性,从而阻断了二元论者所宣称的从解释空缺到本体论空缺的推断,这就是我们所说的现象概念策略。

撇开具体版本的现象概念理论不谈,大体上说,对于查默斯的可构想性论证,现象概念策略表明,正是因为我们概念上的空缺使得怪人是可构想的,但这毫不意味着怪人或怪人世界是可能的。然而,在查默斯看来,这样的辩护思路根本上是无法成功的,通过引入概念二元论,现象概念策略将面临一个两难困境:如果现象概念真能为解释空缺提供说明,那么现象概念本身就不是物理的;如果现象概念是物理的,那么它就不能为解释空缺提供说明。①

我们看看查默斯的论证思路。首先,查默斯总结了各种版本的现象概念理论,他认为,这些哲学家在用现象概念为物理主义辩护时,共享了以下这个基本论证结构:

(1)现象概念策略的支持者构造了论题 C, C 将一些心理特征(即现象概念认知上独立于物理-功能概念)归属给了人类,并声称 C 为真:人类真实地拥有 C 所主张的关键特征。

(2) C 解释了我们对于意识的认知状况:C 解释了为何我们会有相关的认知空缺。

(3) C 本身可以获得物理的解释:我们至少在原则上能够对人类为何拥有这些关键特征给出物理主义的说明。

在查默斯看来,现象概念策略非常有力,它若能成功,尽管我们且不能对意识给出直接的物理解释,但也将得到次优的结果,那就是用物理解释去说明解释空缺。一旦如此,二元论便不足成立了。②在他看来,这一论证结构的三个构成部分都是实质性的:如果(1)和(2)失败了,那么解释空缺就无法得以说明了;另一方面,如果(3)失败了,那么即使论题 C 可以说明解释空缺,但整体上又将招致新的解释空缺。③的确,查默斯反驳现象概念策略的关键之处在于,他并不特别指出(1)、(2)和(3)中某一点是失败的,而是在假定(1)是为真的基础上——像勃姆兹批评帕品组方案一样——认为(2)和(3)存在着结构上的不相容:若(2)成立,那么(3)就无法成立;若(3)成立,那么(2)就不成立。

①　D. Chalmers, "Phenomenal Concepts and the Explanatory Gap", in T. Alter and S. Walter(eds.), *Phenomenal Concepts and Phenomenal Knowledge*: *New Essays on Consciousness and Physicalism*, Oxford University Press, 2007, pp. 167—194.

②　Ibid., p. 172.

③　Ibid., p. 173.

现在我们要走到第二步,看看查默斯是如何构建他的反驳论证。建立在原版的怪人可构想性论证的基础上,他让现象概念策略论者试着回答这样一个问题:我们能否构想怪人缺乏由现象概念所刻画的那些关键特征 C 吗?回答这一问题,无非有"可构想"与"不可构想"两种选择。若现象概念论者认为这样的怪人是可构想的,那么 C 就无法获得物理解释,(3)就不成立;若他们选择回答不可构想,那么 C 就不能用以说明解释空缺,于是(2)就无法成立。因此,无论如何,C 要么无法获得物理解释,要么就无法说明我们的认知状况,从而物理主义者诉诸现象概念策略注定是要失败的。我们设 P 为物理-功能属性,Q 为现象属性,既然满足怪人的条件是 P&~Q,那么单独用 P 就可以刻画怪人的本体论状况,于是这个论证可以表达如下:

1. 若 P&~C 是可构想的,那么 C 就不能得到物理解释。

2. 若 P&~C 是不可构想的,那么 C 就不能解释我们的认知状况。

———————

3. 要么 C 不能得到物理解释,要么 C 不能解释我们的认识状况。

这个论证被查默斯叫做"万能论证"(master argument)。若用 Con 表示可构想性算子,那么万能论证完整的形式化表达显示如下:

1^* $\text{Con}(P \wedge \sim C) \vee \sim\text{Con}(P \wedge \sim C)$

2^* $\text{Con}(P \wedge \sim C) \rightarrow (P \wedge \sim C)$

3^* $\sim\text{Con}(P \wedge \sim C) \rightarrow \sim (P \wedge \sim C) \rightarrow (C \vee \sim P)$

———————

4^* $(P \wedge \sim C) \vee (C \vee \sim P)$

在其中,根据排中律,1^* 显然没有问题。2^* 和 3^* 构成了论证的关键部分。从逻辑形式上说,这两个前提似乎都要承诺原版的可构想性论证所诉求的从可构想性到可能性的蕴涵论题。不过查默斯解释说,在万能论证里,蕴涵论题并不介入其中。这里只是涉及可构想性与某种还原解释之间的关联。所谓的还原解释,旨在使得这一问题变得透明(transparent),即为什么在给定低阶事实的情况下,高阶事实可以就此获得。若给定一个低阶事实而无法获得高阶事实是可构想的,那么这种透明性的解释就是失败的。查默斯认为,现象概念策略论者(或 B 型物理主义者)即使不接受可构想性到可能性的蕴涵,他们也会接受解释的透明性。[①]如果情况是这样的话,那么单从万能论证的形式表达来看,整个论证都是没有问题的。

现在我们到了关键的第三步,那就是要去看看,查默斯给出了什么样的实质性说明,从而解释了为什么前提 2^* 中的 $P \wedge \sim C$ 意味着 C 不能得到物理解释,以及为什么前提 3^* 中的 $C \vee \sim P$ 意味着 C 不能解释我们的认知状况。

首先来看 2^* 或者 1,也就是他所谓的"第一个困境"(first horn)。与原版的可构想性论证一样,若怪人的情形 $P \wedge \sim Q$ 是可构想的,那么,P 与 Q 之间存在着解释空缺,它表明 Q 无法用 P 来说明。同样地,如果 $P \wedge \sim C$ 是可构想的,即我们可以构想怪人无法拥有归属于论题 C 的那些关键特征,那么在 P 和 C 之间就存在着解释空缺了,这就表明一种关于论题 C 何以为真的完全的、透明的物理解释是不存在的。[②]换言之,在现实事例中,当物理主义者用物理-功能属性来解释意识经验的现象属性时遇到了解释空缺,就需要用关于现象概念的论题 C 来说明这个解释空缺,然而一旦物理主义者这么做的时候,在现象概念 C 与物理-功能属性之间又引入了新的解释空缺——回忆一下第二章第四节里,莱文对现象概念明示性解释版本的批评,以及我对构成性解释版本的批评——于是物理主义者就需要再度引入新的解释资源来说明为何尽管 C 是可以获得物理说明的,但 P 与 C 之间还存在着进一步的解释空缺。如此一来,这就导致现象概念策略论者陷入了无穷后退或循环辩护的窘境,所以任何这样的努力都将是徒劳的。

接着,查默斯就进行到对由前提 2 或 3^* 刻画的"第二个困境"的实质性说明上了。相比前提 1,前提 2 并不直截了当,为明晰起见,查默斯详细展开了前提 2 的论证:

4. 如果 $P \& \sim C$ 是不可构想的,那么怪人就满足了 C。

5. 怪人并不享有我们的认知状况。

6. 如果怪人满足 C 却不具有我们的认知状况,那么 C 就无法解释我们

---

①② D. Chalmers, "Phenomenal Concepts and the Explanatory Gap", in T. Alter and S. Walter(eds.), *Phenomenal Concepts and Phenomenal Knowledge*: *New Essays on Consciousness and Physicalism*, Oxford University Press, 2007, p. 174.

的认知状况。

————

7. 如果 P&~C 是不可构想的,那么 C 就无法解释我们的认知状况。

像前提 1* 一样,前提 4 遵循了排中律的可构想性的完备性原则(若 R 是可构想的,对任意的 S 而言,要么 R&S 是可构想的,要么 R&~S 是不可构想的),因此它没有问题。而前提 6 同样只表明了可构想性与解释之间的关联,于是"第二个警报"得以成立的关键就落在前提 5 上了。若设 E 为我们的认知状况,前提 5 说的就是 P&~E 是可构想的。问题是,如何去解释 E 呢? 在查默斯看来,个体的认知状况 E,包含了信念的真值以及信念的认知地位(epistemic status)。在这里有三点需要做出澄清。第一,我们应当以论题中立的方式理解 E,要表明 E,并不需要现象状态或现象概念的在场。①第二,根据第一点,我们应该允许怪人拥有(关于怪人自身类意识经验的)信念,否则只能固守于前提 1 而无法使得前提 2 的论证展开。②第三,"如果怪人与人类有着对等的信念,也就是他们的信念有着对等的真值和认知地位,那么它们就享有共同的认知状况"。③在这里,怪人与有意识的人类之间信念的"对等性"无需涉及信念的内容。用普特南的例子来说,地球居民奥斯卡关于"水"的信念与孪生地球上的奥斯卡关于"水"的信念具有不同的内容(因为他们各自所处的世界中的水的化学构成不同),但这毫不意味着二者关于"水"的信念是不对等的。给定了这一切,前提 5 说的是:怪人的 E 与我们人类的 E 是不对等的,这是因为我们的 E,刻画了人类作为有意识的

————

① D. Chalmers, "Phenomenal Concepts and the Explanatory Gap", in T. Alter and S. Walter(eds.), *Phenomenal Concepts and Phenomenal Knowledge*: *New Essays on Consciousness and Physicalism*, Oxford University Press, 2007, p. 176. 在刻画"第一个警报"时,查默斯指出,为使得关于 C 的论断不必引入现象经验 Q, C 可以是论题中立的。我们无需明确地把现象状态或现象概念的指称归为 C,关于 C 的刻画,它可以是除了包含心理语汇或认知语汇之外,外加物理的或功能的语汇。这样的话,关于 C 的论题中立的理解可以把 C 视为是一个关于类现象概念(quasi-phenomenal concepts)的论题,类现象概念可以被看作是在某些情境中所用到的、与某种知觉或内省过程相关的概念类型。如此一来,论题 C 可以表明,类现象概念具有如下这般的属性,它可以是一种无需偶然的呈现模式的认出概念。关于我们的认知状况 E 的刻画,同样运用到了对 C 的这种论题中立的处理。查默斯认为,这样的处理方式同样也现象概念论者应当接受的,否则就无法使得物理主义者考虑选择前提 2。在下一小节我们会看到,回应万能论证的物理主义者可以用有别于查默斯的方式来区分 C,尽管他们都在某种程度上认可了对 C 的论题中立的理解。Cf. D. Chalmers, "Phenomenal Concepts and the Explanatory Gap", p. 175.

②③ Ibid., p. 177.

存在者(conscious being)的真实的认知状况,而怪人却不享有这样的 E。

　　查默斯进而为两种 E 的不对等给出了理由。这是因为,在直觉上我们有理由相信,怪人的自我观念(self-conception)比起有意识的人类来得不那么精确。例如,当一个怪人说出"我是有现象意识的"这句话时,他所断言的这句话究竟是什么意思并不清楚,但可以肯定的是,怪人说的这句话并不为真,因为怪人不可能拥有现象意识,而 E 却是有关信念的真值的。①

　　巴洛克表示过,当怪人说出这句话时,这句话也是为真的。因为"现象意识"指称了大脑状态,而在外部世界对等的条件下,人类的大脑状态与怪人的大脑状态是相同的,所以怪人的 E 与人类的 E 是对等的。为反驳巴洛克的这个观点,查默斯进一步引入了玛丽和怪人玛丽的例子来比较我们人类知识的本质与怪人知识的本质之间是不同的。我们知道,当玛丽走出黑白屋以后,她获得了从物理知识中无法推出的现象知识。现在设想怪人世界中对应着一个怪人玛丽,当怪人玛丽走出黑白屋子之后,尽管怪人玛丽面对红色的物体时,也可以说"我正处于这个状态",其中的"这个"作为索引词却是空洞的(trivial),它无法像在玛丽的事例中那样挑取一个真实的现象状态。从而与玛丽相比,怪人玛丽的信念并不表明她获得了任何在认知上重要的内省知识。因此,玛丽的 E 与怪人玛丽的 E 是不同的。②查默斯由此论证了前提 5 是成立的,从而完成了对前提 2 的论证。结合他对前提 1"第一个困境"的论证,整个万能论证就此结束。查默斯在此基础上后面又考虑了现象概念策略论者可能给出的四种辩护方案,指出任何一种都无法成功,继而又将论题 C 用具体的现象概念理论进行替换,针对这些不同的版本进行了相应的反驳。③

二、辩护的阵营

　　针对查默斯的万能论证,帕品组以及卡鲁瑟斯和威列特(Carruthers and Veillet)给出了较为相近的反驳。这一小节简单阐述他们的回应。

　　万能论证为现象概念策略提出了"两难选择"或"两个困境",在查默斯看

① D. Chalmers, "Phenomenal Concepts and the Explanatory Gap", in T. Alter and S. Walter(eds.), *Phenomenal Concepts and Phenomenal Knowledge: New Essays on Consciousness and Physicalism*, Oxford University Press, 2007, pp. 177—178.

② Ibid., p. 178.

③ Ibid., pp. 180—192.

来,接受前提 1 或前提 2 的其中的任意一个,都将导致现象概念理论构造中的(2)和(3)不相容。而在前提 1 与前提 2 中的前件部分,查默斯要求现象概念构想怪人是否享有论题 C,对论题 C 的具体内容,虽然查默斯没有给出明确说明,但它大致说的是现象概念策略论者赋予现象概念的那些独特的语义/认知特征,也就是我们在上一章第三节里看到的、由巴洛克总结出的(a)—(i)。为了使得万能论证的前提 1 和前提 2 的前件保持一致性,以及使得"第二个困境"的选择得以展开,查默斯认为论题 C——或者说有关现象概念的语义/认知特征——应当以论题中立的方式去理解。

无论是帕品纽还是卡鲁瑟斯和威列特,他们都更为精细地区分了在前提 1 和前提 2 里关于论题 C 的情形。帕品纽认为,当物理主义者在承接(embrace)前提 1 时,认为不具有 C 的怪人是可构想的,我们是在以现象性的方式构想现象概念。另一方面,当物理主义者在承接前提 2 时,认为不具有 C 的怪人是不可构想的,此时则是非现象性地(non-phenomenally)构想现象概念。之所以可以对围绕现象概念的论题 C 做出这个区分,是因为现象概念具有使用-提及(use-mention)的特征。当我们现象地思考现象概念时,就是在使用二阶的现象概念去思考涉及现象状态的现象概念,从而使得现象概念与物理概念之间具有先验的区分,因而我们可以构想怪人不具有 C。当我们非现象地思考现象概念时,则是用物理-功能语汇去构想现象概念,从而我们无法构想怪人不具有 C。[①]卡鲁瑟斯和威列特对于 C 的区分和帕品纽大致相近,他们认为,构想怪人不具有 C 时,我们作为现象概念的使用者从第一人称的视角来构想现象概念;若我们无法构想怪人不具有 C 时,我们则是从第三人称的视角来考虑现象概念,此时的现象概念是在概念上孤立的认出概念,当有着某种意向内容(而非现象经验)的知觉状态呈现时,怪人就使用了这一类的概念。[②]

帕品纽反驳万能论证的策略是,他愿意承接"两个困境",承认前提 1 和前提 2 的前件,但拒绝接受它们各自的后件。就"第一个困境"或前提 1 而言,查默斯说,若 P&~C 是可构想的,那么 C 就不能得到物理解释。这是因为一旦接受

[①] D. Papineau, "Phenomenal Concepts and Perceptual Concepts", in T. Alter and S. Walter(eds.), *Phenomenal Concepts and Phenomenal Knowledge*: *New Essays on Consciousness and Physicalism*, Oxford University Press, 2007, p. 137.

[②] P. Carruthers and B. Veillet, "The Phenomenal Concept Strategy", *Journal of Consciousness Studies*, Vol. 14, 2007, pp. 217—219.

前件"P&~C 是可构想的",那么 P 与 C 之间有着新的解释空缺。物理主义需要再度引入新的说明资源去解释这样 P 与 C 之间的解释空缺,而这一步骤要么是循环的要么是无穷后退的。因此他们只能承认,C 无法用物理-功能的语汇所能解释的。帕品纽对"第一个困境"的处理是,他声称查默斯的这一步的现象概念策略论者带来麻烦,但这个麻烦不在于若现象概念策略论者对 P 与 C 的解释空缺提供进一步的解释就会招致无穷后退或循环,而是因为,对于物理主义者而言,从一开始就设定一个具有不同于物理-功能语汇的、有直接指称语义能力的(现象)概念,似乎是不可接受的。①就像我们在第二章第一节里看到的帕品纽对克里普克二元论论证的新解读那样,在帕品纽看来,克里普克真正的论证是"对人不对事的",由于物理主义者也不相信(或难以接受)心脑同一论,克里普克由此断言物理主义是错。然而,正如原初的 P 与 Q 之间的解释空缺一样,我们之所以在认知上相信 P 无法解释 Q,是由"分离性的直觉"或"二元论的直觉"导致的,而非来自现象概念的语义特征。一旦认识到这一点,我们发现,当我们在这里构想 C 时,由于是在使用二阶的现象概念去思考一阶的现象概念,并且通过这种思考方式——作为物理主义者——把一阶的现象概念与物理状态后验地等同起来,那么 C 与 P 之间就不存在任何解释空缺了。因此,C 是可以获得物理解释的。②

关于"第二个困境",帕品纽同样是接受前提 2 的前件却不承认可以由此推出后件,即现象概念解释不了我们的认知状况。根据查默斯的解析,前提 2 若要成立,其论证的重心应当落在前提 5 上,帕品纽也是在这里与查默斯展开了辩论。为明晰起见,我们可以将查默斯的前提 5 分析如下:

8. 怪人对于他们的 C* 具有认知状况 E*。

9. 人类对于人类的 C 具有认知状况 E。

10. E 与 E* 是不对等的。

———————

11. 因此,怪人并不享有我们的认知状况。

———————

① D. Papineau, "Phenomenal Concepts and Perceptual Concepts", in T. Alter and S. Walter(eds.), *Phenomenal Concepts and Phenomenal Knowledge*:*New Essays on Consciousness and Physicalism*, Oxford University Press, 2007, p. 138.

② Ibid., pp. 128—129.

　　根据前面看到的查默斯的分析,E 与 E* 不对等,是因为怪人与人类的信念真值及认知状况不同。释放后的玛丽获得了现象知识,由之对应的释放后的怪人玛丽则不具有现象知识。帕品纽相信,在这个地方查默斯错误地理解了认知状况:E 是同我们与自身意识状态的认知相关联的,而 E* 则是同怪人与他们的(伪)"意识状态"的认知相关联的。这两者的认知关联相同,并不存在着不对等。①而在查默斯看来,E 是用以说明(无论怪人还是人类的)心理状况的解释项,E 和 E* 若是对等的,必须要求对怪人心理状态的解释,同样可以应用在我们人类与自身的现象意识的认知关联上。帕品纽的意思是,这样的对等性条件太强了。怪人的 E* 所缺乏的,是"我们的"认知地位中所具有的现象特征,这并不妨碍怪人对它们的"类意识状态"之间所具有的认知关联与我们自己的是镜像式的或相同的。而查默斯对于认知状况"对等性"条件的混淆,源于他似乎忽视了,当我们考虑怪人的认知状况 E* 时,恰恰是建立在"我们"构想怪人的认知情形上的。我们构想怪人的认知情形是,先构想了怪人与人类有相同的物理-功能属性,继而以现象性的方式想象怪人缺乏现象属性。给定了我们是如此这般构想怪人的,因而查默斯没有理由要求这么强的对等性条件,所以前提 5 是错的。②既然前提 5 为假,那么整个前提 2 就无法成立。这就意味着 C 可以既是物理的,并且也能用以说明我们的认知状况。

　　和帕品纽一样,卡鲁瑟斯和威列特反驳万能论证的关键点也是否认前提 5 为真。③由于查默斯是用信念的真值和认知地位来界定认知状况的,并且他澄清了这里所说的信念真值——相比较奥斯卡和孪生奥斯卡关于"水"的信念——与内容无关。如此一来,对于两种认知状况 E 和 E* 而言,无论它们是不是对等的,很重要的一点是它们与由其所"关于的"对象无关。正如奥斯卡的"水"是关于 H_2O 而孪生奥斯卡的"水"是关于 XYZ 一样。这样一来对于物理主义者就颇为有利了。因为人类的 E 是"关于"**真实**的现象状态的,因为人类的现象概念

①　D. Papineau, "Phenomenal Concepts and Perceptual Concepts", in T. Alter and S. Walter(eds.), *Phenomenal Concepts and Phenomenal Knowledge: New Essays on Consciousness and Physicalism*, Oxford University Press, 2007, pp. 140—142.

②　Ibid., pp. 141—142.

③　P. Carruthers and B. Veillet, "The Phenomenal Concept Strategy", *Journal of Consciousness Studies*, Vol. 14, 2007, p. 222.

或涉及现象概念的论题 C 指称了**我们的现象状态**;而怪人的 E* 则是"关于"**空现象状态**(schmenomenal states)的,这种状态与人类真实的现象状态有着同样的物理、功能和意向属性,却不具有现象属性(因为我们对怪人的现象概念或涉及现象概念的论题 C 的构想,是从第三人称角度考虑的)。卡鲁瑟斯和威列特相信,认识到这一点对物理主义者来说至关重要。因为事实上,这样一来问题就不像查默斯所诊断的那样,认为释放后的怪人玛丽并不比玛丽获得更少的知识,她们所获得的知识是等量的(same amount of knowledge),区别仅仅在于二者所获得的同等量的知识是"关于"不同的事物的。①所以前提 5 不能成立。

我们看到,查默斯之所以相信现象概念策略无法成功,是因为他认为现象状态本身是他所谓的认知状况的一部分,进而指出涉及现象概念的 C 无法解释这样的认知状况。但在卡鲁瑟斯和威列特看来,现象概念策略并不是用来解释现象意识本身的,而是用来说明巴洛克所例举的现象概念所具有的语义/认知特征(a)—(i),特别是怪人的可构想性和解释空缺。如此一来,"我们的认知状况"不应该被理解为仅仅覆盖我们所独有的现象感知。②正如迪亚兹-莱昂(E. Díaz-León)对认知状况所作的诊断,在前提 2 的前件情形中,怪人可以享有 C 及相关的认知状况 E,而这里的 E,指的是"他们(怪人)无法从 P 中先验地推出 Q"来,这与怪人是否拥有**我们的**意识经验无关。③

三、物理主义与二元论的僵局

帕品组以及卡鲁瑟斯和威列特,主要从人类的认知状况 E 与怪人的认知状况 E* 的"对应性"入手来反驳万能论证。尽管巴洛克同样区分出关于 C 的两种概念化(conceptualization)方式——也就是说,对物理主义者而言,C 不仅可以用现象语言来概念化(C_{phen}),也可用物理语言对之进行概念化(C_{phys}),因此 C 可以是由它所指称的知觉或感知状态所构成的概念,也可以

---

① P. Carruthers and B. Veillet, "The Phenomenal Concept Strategy", *Journal of Consciousness Studies*, Vol. 14, 2007, pp. 224—225.

② Ibid., p. 228.

③ Cf. E. Díaz-León, "Can Phenomenal Concepts Explain the Explanatory Gap?", *Mind*, Vol. 119(476), 2010, pp. 933—951.

是作为非基本的、指称特定物理状态的概念。①有别于上述两个论证所聚焦的反驳重心,巴洛克并不打算在认知状况的"对应性"问题上与查默斯展开争辩。在她看来,万能论证的问题是,从 C 的两种概念化方式入手,即使万能论证的前提 1 和 2 为真,它也能与物理主义相容。进一步地,巴洛克从这里得出一个重要而有趣的教诲,从关于现象概念策略能否为物理主义提供辩护的角度看物理主义和二元论争论的问题,会发现事实上双方已经行进到了一个持平的僵局(stalemate)之中。任何一方如果坚持自己的本体论前提,就能挫败对方所认定的本体论核心前提。②现在我们来看看巴洛克是如何得出这两个结论的。

首先,当 C 意味着我们所把握的与现象概念相关的关键特征时,巴洛克区分了关于 C 的两种概念化方式:C_{phen} 和 C_{phys}。在此设定下,查默斯的万能论证的前提 1 和前提 2 可以细分为以下四个前提:

1_{phen})如果 $P\&\sim C_{phen}$ 是可构想的,那么 C_{phen} 无法获得物理解释。

1_{phys})如果 $P\&\sim C_{phys}$ 是可构想的,那么 C_{phys} 无法获得物理解释。

2_{phen})如果 $P\&\sim C_{phen}$ 是不可构想的,那么 C_{phen} 无法解释我们的认知情形。

2_{phys})如果 $P\&\sim C_{phys}$ 是不可构想的,那么 C_{phys} 无法解释我们的认知情形。

其次,巴洛克认为,1_{phys})和 2_{phen})是虚真(vacuously true)的,因为这两个蕴涵的前件为假,而任何一个假命题的前件都能推出一个虚真后件。对于 1_{phys})而言,若我们用物理语言来概念化 C,怪人没有 C_{phys} 是不可构想的;对于 2_{phen})而言,若我们用现象语言来概念化 C,那么缺乏 C_{phen} 的怪人当然是可构想的。如此一来,剩下的 1_{phen})和 2_{phys})才值得物理主义者严肃对待。③

---

① K. Balog, "In Defense of the Phenomenal Concept Strategy", *Philosophy and Phenomenological Research*, Vol. 84(1), 2012, p. 11.

② Ibid., p. 19.

③ Ibid., pp. 12—13.

　　1_{phen}) 如果 $P\&\sim C_{phen}$ 是可构想的,那么 C_{phen} 无法获得物理解释。

　　2_{phys}) 如果 $P\&\sim C_{phys}$ 是不可构想的,那么 C_{phys} 无法解释我们的认知情形。

　　正如查默斯希望看到的那样,巴洛克承认 1_{phen}) 和 2_{phys}) 为真。根据这两个前提可以得出:

　　A) 或者 C_{phen} 无法获得物理解释,或者 C_{phys} 无法解释我们的认知情形。

　　第三,巴洛克认为,由于结论 A 并不是排他性的析取命题,因此它可以与论题 B 相容:

　　B) C_{phen} 解释了我们的认知情形,并且 C_{phys} 可以获得物理解释。

　　很显然,论题 B 是物理主义者可以接受的。因为该合取命题既能表明 C 是可以获得物理解释的,又能表明 C 解释了我们的认知情形。当然,为了说明 A 与 B 是可相容的,还需依赖一个前提,那就是 C_{phen} 与 C_{phys} 表达了同一个事实 C。巴洛克据此认为,即使万能论证赖以成立的论题 A 为真,也不能对物理主义构成威胁。

　　一个有意思的情况是,现象概念策略实际上是在对 C 明确地(perspicuously)概念化为 C_{phen} 的条件下来解释我们的认知情形,并且对 C 明确地概念化为 C_{phys} 来表明它是可以获得物理解释的。万能论证则恰恰相反,我们可以解释为查默斯实际上是在把 C 明确地概念化为 C_{phys} 的条件下表明它无法解释我们的认知情形,或者对 C 明确地概念化为 C_{phen} 来表明它无法得到物理解释。如此一来,物理主义和二元论之间的论战到此为止就陷入了僵局。

　　根据巴洛克的诊断,这一僵持局面的出现,是因为二元论者坚持从自身的本体论立场出发,忽视了论题 B 的要义——它是对 P 与 Q 以及 P 与 C_{phen} 之间的概念(认知)空缺做出的**物理主义的解释**。同样地,物理主义也从自身立场出发,否认论题 A 与 B 之间有着任何不相容的地方。因此,物理主义与二元论若想通过关于现象概念的理论来击败对方,都无法不在窃取论题的前提下达成各自的目的。在另一篇文章里,巴洛克抛开现象概念策略不谈,仅从怪人的可构想性以及物理主义所偏好的 Illuminati 的可构想性出发,阐释了物理主义与二元论怎样陷入了这一相互对峙的僵局。

首先,根据查默斯的可构想性论证,怪人是先验、积极地可构想的(a priori positively conceivable)。这就表明现象属性随附于物理属性是不可构想的,由此得到结论 F:若现象属性 Q 是事实且物理主义为真,这是不可构想。其次,巴洛克认为,从物理主义的立场出发,我们至少可以消极地(negatively)构想出有着意识经验但却是纯粹物理构造的生物 Illuminati。①在这里,凡是无法先验地被排除的情形,都是消极可构想的。也就是说,Illuminati 是可构想的,意味着物理主义者可以构想结论 F 的对立情形,从而表明结论 F 并不先验地具有排他性。由此可以发现,一方面,反物理主义者从解释空缺出发,声称 CP 原则(即从可构想性推出可能性的原则,它反映在结论 F 中)以及怪人的存在是先验为真的,从而表明物理主义反驳二元论的努力(包括现象概念策略)是无法成功的;另一方面,物理主义者可以从 Illuminati 的可构想性出发,以此来挫败二元论的 CP 原则并否定怪人的存在。双方都从各自的关键教义出发来攻击对方的观点。无论是哪一阵营,这些哲学家能得到什么结论,以及这些的结论的强度有多大,取决于他们的起始立场是什么。而在巴洛克看来,没有任何一派拥有优先性的起始点。②若想打破这种势均力敌的情形,给出任何进一步的经验证据都于事无补,因为这是两套将各自的立场嵌入其中的形而上学解释系统。至于说如何筛选其中的一方,以求为我们的世界提供真实的解释,唯一的办法就是去考虑各自立场的简洁性以及整体上的解释强度了。③

四、逻辑空缺论证

在我们对万能论证及其反驳的问题上进行总结之前,先来看看斯图嘉给出的另一类对现象概念策略的一揽子式批评,我称其为"逻辑空缺论证"。斯图嘉从现象概念策略所倚重的"后验必然性"切入,指出这种物理主义辩护策略的关

---

① K. Balog, "Illuminati, Zombies and Metaphysical Gridlock", pp. 19—20.

② Ibid., p. 29.

③ K. Balog, "In Defense of the Phenomenal Concept Strategy", *Philosophy and Phenomenological Research*, Vol. 84(1), p. 20.

键在于,一方面,他们承认物理事实 P 与包括现象事实 Q 在内的所有事实 P* 之间存在着解释空缺,因此心物条件句 P→P* 不是先验可知的。要知道后件 P*,仅从知道 P 是无法推出的(现象概念与物理概念的二元论)。然而另一方面,物理主义者相信,心物条件句是必然为真的,只不过它是后验为真而已。斯图嘉质疑说,物理主义者无法证明心物条件句若为真,则不可能是后验的。通过区分出先验与先验综合,他声称现象概念策略至多表明心物条件句不是先验综合的,但仅此一点并不能排除它不是先验的,这是因为先验综合蕴涵了先验,反之则不成立。①

首先,正如我们在第一章第四节看到的那样,斯图嘉认为,本体论的物理主义教义,就是心物条件句 P→P*,也就是说,我们可以从物理事实先验地推出包括现象事实在内的一切事实。而二元论者则对心物条件句给出了一系列反驳。例如,从怪人的可构想性能够表明,人们可以构想 P→P* 是错的,因此这是可能的,于是物理主义心物条件句要么是错的,要么是偶然;由于为真的陈述必然为真,所以它不能是偶然的,因此是错的。物理主义者通过诉诸现象概念来解释怪人的可构想性,他们在坚持物理主义的前提下坚持认为,CP 原则不成立,心物条件句是为真的,并且它是后验的。这一点在物理主义者回应克里普克对可构想性问题的说明上得到了集中体现。我们在第二章第二节中看到,克里普克认为,一个同一性陈述的偶然性表象是可被解释掉的,我们实际上是错误地把一个偶然陈述当作一个必然陈述,但是这一点对于心物条件句却不管用。现在物理主义者表示,心物条件句是后验必然为真的,它之所以表现得偶然,是因为我们用不同于物理概念的现象概念来思考自身的意识经验。而要把握一个现象概念,必须真实地拥有相关的那个意识经验,这就是"经验论题"。②所以,针对可构想性论证,现象概念策略表明:

(a)心物条件句是必然为真的,因此从可构想性推出可能性就不符合心物条件句(根据预设的物理主义立场)。

(b)经验论题可以把心物条件句的偶然性的表象解释掉,并且它可以

---

① Cf. D. Stoljar, "Physicalism and Phenomenal Concepts", *Mind and Language*, Vol. 20, 2005, pp. 469—494.

② Ibid., p. 471.

避免招致克里普克所陷入的麻烦。①

斯图嘉认为(b)不成立,因为(b)的成立依赖于经验论题,而根据现象概念策略,若经验论题为真,则心物条件句是后验的,但斯图嘉论证这是错的。现象概念策略只是排除了心物条件句不是"先验综合的",并不能逻辑地推出它是后验的。

那么斯图嘉是如何论证(b)是错的呢?对此他将我们通常理解的"先验"(a priori)细分出了"先验"和"先验综合"(a priori synthesizable)。对于一个条件句"如果 A,那么 B"而言:

(1)"如果 A,那么 B",对于一个逻辑正常的人来说,只需把握用以理解这个条件句的概念,就知道它是为真的。

(2)"如果 A,那么 B",对于一个逻辑正常的人来说,只需把握用以理解这个条件句前件的概念,就知道它是为真的。

在斯图嘉看来,若(1)为真,那么相关的条件句就是先验的;若(2)为真,那么相关的条件句就是先验综合的。它们之间的关联是,一个命题是先验综合的,蕴涵了该命题是先验的,但一个命题是先验的,不蕴涵它是先验综合的。为证明这点,斯图嘉给出这样一个例子:②

(3)如果 x 是一个矩形,那么 x 具有这样或那样的属性。

很明显,若(3)为真,则是先验为真的,某个人只需理解其中的概念即可知道(3)为真。然而(3)不是先验综合的。某个人要理解(3)的后件,还需拥有关于"属性"的(本体论)概念,以及那些对属性量词化的相关概念。另一方面,为了理解前件,只需理解"矩形"这个概念即可,但理解"矩形"完全不足以使得他理解"属性"。总之,要理解(3)是否为真,仅知道前件是不充分的。③所以,命题

---

① Cf. D. Stoljar, "Physicalism and Phenomenal Concepts", *Mind and Language*, Vol. 20, 2005, p. 477.

②③ Ibid., p. 478.

(3)是先验的,但不是先验综合的。

最后,斯图嘉将这一区分应用到心物条件句上,用以考察现象概念策略。由于现象概念策略诉诸了经验论题,于是物理主义者说的是,对于心物条件句 P→P* 而言,某个人(例如玛丽)仅仅通过把握前件 P,则对于理解后件 P* 是不充分的,她还需要获得依赖于现象经验 E 的现象概念 C 才能从 P 推出 P* 来。这就意味着说,在现象概念策略那里,我们对于心物条件句的认知情形和(3)是一样的。如此一来,现象概念策略至多只能否认心物条件句若为真,那么它不是**先验综合**的,但到了这一步丝毫没有排除心物条件句不是**先验**的,因而**也**就没能有效地证明它是**后验**的。①

如果我们把认知上的先验性用语义上的分析性(analyticity)来理解的话,巴洛克认为,斯图嘉的整个论证旨在说明,涉及现象概念的心物条件句是分析性的,这就驳斥了现象概念是直接指称的、不可分析的。但是斯图嘉给出的例子仅仅表明,对于意识状态而言,存在着分析性的必然条件而不是分析性的充分条件,而后者才是现象概念策略所承诺的条件。②为反驳斯图嘉的批评,迪亚兹-莱昂试图用概念间的心理关联来做出先验性与后验性的区分。在她看来,条件句中的前件和后件中的两个概念若存在着心理关联便是先验的,否则就是后验的。③任会明则指出,迪亚兹-莱昂的论证有循环之嫌,因而并没有为先验性与后验性的区分给出一个一般性的理由。④

到此为止,我们已经详尽地考察了两种类型的反现象概念策略的论证,我们关注的焦点主要是查默斯的万能论证,以及物理主义者在这一论证面前给出的两种不同方式的反驳。在我看来,帕品纽以及卡鲁萨斯和威列特对万能论证"第二个困境"的反驳是成功的。他们相信,由 C 所解释的人类的认知状况 E,与用怪人的 C* 来解释怪人的认知状况 E*,二者之间是镜像式地对等的。这是

---

① Cf. D. Stoljar, "Physicalism and Phenomenal Concepts", *Mind and Language*, Vol. 20, 2005, p. 489.

② K. Balog, "Phenomenal Concepts", in B. R. McLaughlin, A. Beckermann and S. Walter(eds.), *The Oxford Handbook of Philosophy of Mind*, Oxford University Press, 2009, footnote 38, p. 306.

③ E. Díaz-León, "Defending the Phenomenal Concept Strategy", *Australasian Journal of Philosophy*, 2008, Vol. 86(4), pp. 597—610.

④ H. Ren, "On 'Defending the Phenomenal Concept Strategy'", *Australasian Journal of Philosophy*, 2010, Vol. 88(2), pp. 1—5. 反驳任会明批评迪亚兹-莱昂的论文,可参见我的《后验物理主义何以可能?》,《自然辩证法通讯》2015 年第 1 期,第 40—46 页。

因为怪人的可构想性这一前提,设定了人类的 E 包含了"人类的"意识经验的现象特征 Q,而怪人则缺乏这样的 Q,所以并没有理由承诺怪人的 E* 应当具有"人类的"现象特征。反之,若二元论者继续在这一点上与物理主义者展开争论,他们也许会争辩说,既然构想中的怪人缺乏"人类的"现象特征 Q,而这里所说的认知状况 E 是对应于现象特征的,于是那些物理主义者对认知状况采取稀薄的(thin)解释是没有理由的。二元论者可以坚持主张,在 E 与 E* 之间实际上存在着不对等性。我不确定这样的争辩是否也可以为巴洛克构造出的物理主义与二元论之间辩证式的形而上学僵局所刻画,但在这里至少有两个问题值得我们进一步思考:第一,物理主义者对万能论证采取什么样的反驳方式才会足够有力,从而不至于陷入任何可能的"僵局"? 第二,巴洛克的"僵局说"是否成立,如果成立,又是在何种意义上成立的?

我希望读者能在下一章结束时了解到关于第一个问题的解决之道,而第二个问题我将在第五章给出回答。这里我想先简单地交代对这两个问题的说明思路。就万能论证而言,上述的两类物理主义的回应已经是建立在怪人的可构想性之上来讨论的,这就容易使得物理主义者陷入各种可能的"僵局"处境。在我看来,尽管我们通常相信,现象概念能够用以说明——并且它是专门用以说明——怪人的可构想性,但是,即使怪人是积极地(positively)或理想地(ideally)可构想的,这也并不意味着我们能够真正地(genuinely)构想怪人。恰好相反,一旦我们对人类的认知构造和外部世界的信息给出恰当、详尽和高阶层面的(区别于微观物理层面)自然主义说明,怪人便是不可构想的。因此,在我看来,根据这种理解(即现象概念的信息论解释),查默斯提出的怪人的可构想性实质上仅仅是一种"可构想性的表象"(appearance of conceivability),我们引入现象概念实际上也只是用来解释关于怪人的"可构想性的表象"的。而绝大多数物理主义者,忽视了可构想性与可构想性的表象之间的区分。不过,我们真正地构想怪人的失败,并不意味着认知上的解释空缺的不存在,毕竟,我们有着怪人的可构想的表象,就意味着我们在认知上存在着解释空缺。无论是解释空缺也好,怪人的可构想性表象也好,都源自于我们根深蒂固的二元论直觉,而这一二元论直觉在现象概念的信息论解释中能够得到充分的说明。

对于第二个问题,我们将会看到,一方面,的确存在着巴洛克所谓的物理主义与二元论之间的形而上学僵局;另一方面,我将论证,如果我们能够认识到怪人的可构想性只是关于怪人的可构想性的表象，而后者则来自我们固有的二元论的直觉的话，那么物理主义与二元论之间的僵局就不是在同一个层面上而言的。就像第二章第一节里已经说明的那样，即使我们接受了物理主义，或者说即使物理主义是为真的，我们仍然会对物理主义持有怀疑的态度，如此一来，这样的二元论倾向就可以不是形而上学的。

第四章
修复之路：信息论解释

第一节　理想的现象概念理论

一、从危机中学到什么？

　　第一章里，我们交代了物理主义与二元论的本体论之争的背景。第二章引出了物理主义者回应二元论论证的辩护进路，也就是现象概念策略，重点分析了当下现象概念指称理论的两种流行版本及其优劣。从中得到的结论是，明示性/索引性解释若能自洽，将会无可避免地走向构成性解释，可是构成性解释不仅奇怪（一个现象概念竟是由一个当下的经验个例所构成的），而且也不那么自然主义（构成性解释容易为二元论者所用），因此这两个版本都不能作为现象概念理论的最佳候选。在第三章中，我们考察了现象概念策略普遍面临的三个危机，也刻画了化解危机的可能条件，从中得到三个教诲：第一，只有功能主义而不是心脑（类型）同一论，才能成为现象概念理论的物理主义本体论基座。第二，要论证现象概念是存在的，其出路（尽管未必是唯一的出路）在于说明，现象概念（或现象信念）与其他概念（或信念）不同，由心理内容的外在论推导出的概念的从他性原则，无法应用在现象概念上。因此，一种恰当的现象概念理论，应当解释现象概念的不可从他性是何以可能的。第三，面对反现象概念策略的万能论证，一种干净利落的回应方案是，指出万能论证的前提是非法的。也就是要去论证，给定关于世界和人类认知构造的充分的物理信息（尽管它不是微观物理的），我们事实上无法真正（genuinely）构想怪人的情形。这种不可构想性并不意味着否认解释空缺，我们还是要在 B 型物理主义之中施展拳脚。

在这一节里,既然我们旨在探寻一种理想中的现象概念理论,于是上述这些避免危机的出路,都是我们的目标理论应当满足的条件或要求(desiderata)。让我们先把在化解现象概念理论危机中所得出的教诲作为要求列出来,随后在考虑来自其他方面的条件时,再进行逐一增补。**理想的现象概念理论(简称为 IT)之要求总结如下:**

    (1)IT 既不同于明示性/索引性解释,也不同于构成性解释。

    (2)IT 应当是功能主义的,或至少相容于功能主义。

    (3)IT 可以为现象概念的不可从他性提供解释。

    (4)IT 应当说明,即使怪人情形是积极地可构想的,然而一旦给出了 IT,怪人就不能真正地被我们构想。

二、来自经验研究的解释要求

我们已经阐述了当下流行的现象概念理论及其面临的危机,但关于现象意识,尽管第一章第二节里初步提到过,对此却没有给出详尽的自然主义说明。在我看来,鉴于现象概念与现象意识有着特殊的关联(即现象概念直接指称现象的意识经验,以及现象概念的经验论题),说明现象意识的内在机制,特别是与之相关的神经功能解释,对于我们深入研究现象概念来说或许是必要的。因此,一种能够接纳 IT 的物理主义基座理论(在这里,它是功能主义)应当与现象意识的科学说明相容,或者至少不能与之冲突。

普林兹(J. Prinz)的工作为我们当下的考察打开了局面。他认为,当哲学家在意识的"困难问题"上裹足不前时,科学家已在意识经验的神经机制研究上,取得了许多实质性的进展。根据他的总结,大致可以从以下几类问题来回顾这些研究成效,它们分别是:"什么问题"(What Problem)、"哪里问题"(Where Problem)、"如何问题"(How Problem)、"何时问题"(When Problem)、"为何问题"(Why Problem),以及"是谁问题"(Who Problem)。① 下面将依次简单介绍对这些问题的回答。需要澄清的是,当我们认定普林兹所阐释的理论是正确的时

---

    ①   J. Prinz, "A Neurofunctional Theory of Consciousness", in A. Brook and K. Akins(eds.), *Cognition and the Brain: The Philosophy and Neuroscience Movement*, Cambridge University Press, 2005, pp. 381—396.

候,或许另有其他关于现象意识的科学解释,但在我看来,这些候选理论与普林兹的总结并不是竞争性的关系。①

第一,"什么问题"与"哪里问题"。"什么问题"并不是试图给意识下定义,而是要去追问,在神经生理学家看来,当我们意识到了某个事物时,该意识经验在神经生理学上的内容是什么。这就与"哪里问题"相互关联。普林兹通过相互对比,表明杰肯道夫(R. Jackendoff)在《意识与计算的心灵》给出了一种可靠的阐述。杰肯道夫发现,感知系统是具有层级结构的,这些层级机构由不同的子系统构成,各子系统的表征特征具有不同的可变抽象程度。这些子系统从有着最小全局交融(minimal global intergration)的、非常精细的局部特征开始,一直上升到非常抽象的范畴性表征(categorical representation),它对于把握跨知觉视点的不变特征非常有用。在这高低两极之间,认知科学家认为存在着一些中间层次的子系统。中间层次子系统的表征是基于视点的、可变的,当然它们也拥有全局构成——各部分融贯地组成了一个整体。而这个中间层次就是意识发生的层次,即意识所在的地方。②

第二,"如何问题"与"何时问题"。说意识是例示在中间层次的表征,这一点没错,但也要考虑到阈下知觉的案例,有的人可以提取经验信息的意义或形式(form),或者能够辨识一个对象,却无法对此拥有意识觉知。因此仅仅去回答"什么问题"和"哪里问题"是不充分的,我们还需回答意识是如何产生的,或者在什么样的条件下才会觉知到自身的意识经验。根据普林兹的总结,我们要觉知到自身的意识,还需要"注意"(attention)和"工作记忆"(working memory)这两个条件。在其中,作为一种心理模式,"注意"是一个筛选信息的过程,它使得信息能够被用作进一步处理。"工作记忆"指的是我们所具有的对信息做短期储存,便于以不同的方式对储存的信息进行处理的那种能力。如此一来,对"如何问题"及"何时问题"(即条件问题)的回答可以是:当中间层次的知觉表征,通过注意得以进入工作记忆中,便会产生出意识来。它被简称为意识的 ATI

① 一些相关的讨论,可参见 N. Block, "Comparing the Major Theories of Consciousness", in M. Gazzaniga(ed.), *The Cognitive Neurosciences IV*, 2009, pp. 1111—1123。

② J. Prinz, "A Neurofunctional Theory of Consciousness", in A. Brook and K. Akins(eds.), *Cognition and the Brain: The Philosophy and Neuroscience Movement*, Cambridge University Press, 2005, pp. 382—383.

(attended intermediate-level representation)理论。①

第三,"为何问题"与"是谁问题"。 既然 ATI 理论是关于意识的功能主义理论,而功能主义往往与目的相关联,那么我们就应当说明为什么某些生物体会具有意识,以及什么样的生物体会有意识经验。普林兹认为,意识对于把基于视点(viewpoint specific)的信息传送到工作记忆中具有重要的作用,这样就会使得生物体可以更好地生存和繁衍下去。首先,基于视点的表征对于做出决定是至关重要的,因为作为生物体,当我们遇到猎食者时,基于视点的表征就可以告诉我们,猎食者是面朝我们还是面朝其他方向。其次,意识将这个表征传送到了工作记忆,工作记忆不仅仅是一个短期的存储空间,它对于做出那些我们未曾有过的决定非常关键,并且它也是信息通向场景记忆(episodic memory)的门户。②至于"是谁问题",也就是说什么样的生物才具有意识,这在普林兹看来,其中的那个"谁"所具有的神经功能当然应当符合 ATI 理论所描述的要求。虽然这样的回答过于简单,但我们可以说,越是与我们人类接近的高等哺乳动物会越有可能拥有意识。当然,这样的回答永远是不充分的,因此"是谁问题"实质上是无解的。③

总结起来,根据普林兹的论述,我们从意识的 ATI 理论得到如下三个关键特征:第一,感知系统是由具有表征特征的子系统构成的,各子系统具有不同的可变抽象程度的;第二,要觉知到自身的意识状态,心理注意和工作记忆需要介入其中;第三,ATI 理论可以从生物目的论那里得到解释,尽管它是围绕着人类的意识-感知系统为描述模本的,然而 ATI 理论并不排除其他具有认知能力的生物具有现象意识的可能性,这就与功能主义的多重可实现性原则相符。因此现象概念的理想理论(IT)的第五项要求是:

(5) IT 的基座理论应当遵循 ATI 理论的三个关键特征。④

---

① J. Prinz, "A Neurofunctional Theory of Consciousness", in A. Brook and K. Akins(eds.), *Cognition and the Brain: The Philosophy and Neuroscience Movement*, Cambridge University Press, 2005, pp. 384—387.

② Ibid., pp. 388—390.

③ Ibid., pp. 390—392. 布洛克也持有相似的观点,他称之为"意识的更难问题"。参见 N. Block, "The Harder Problem of Consciousness", *The Journal of Philosophy*, 2002, Vol. 99(8), pp. 391—425。

④ IT 的基座理论,就是一种能够接纳 IT 的关于心智架构的理论。我们将在本节最后说明为什么需要基座理论。

三、意向性与现象性的统一

有个重要的问题,在我看来,似乎被所有研究现象概念理论的哲学家忽视了,那就是意向性(intentionality)与现象性(phenomenology)的统一性问题。我们知道,任何一个概念都是一个具有意向性的心理表征,一个概念指向了或关于了自身之外的其他事物,因而它们必然具有表征内容。①现象概念即使与一般的非现象概念有区别,但根据我们前面章节中的阐述,这些区别不会在意向性方面上有所体现,因而它们也必须具有表征内容,只不过这些表征内容是具体的现象性或感受性的。例如,现象概念[疼痛]的表征内容就是疼痛的感受性,[红色]的表征内容则是红色的感受性。若事实是这样的话,心灵的意向性和现象性这两个相区别的特征,应当在现象概念上得到统一。于是我们要求有一种能够安置现象概念的心智架构的理论,应当承诺心灵的意向性和现象性的统一。

也许在这里需要简单厘清这一问题的来龙去脉。一方面,早在一百多年前,当布伦塔诺(F. Brentano)试图区分"物理现象"和"心理现象"这两个语词的意义时,他为心理现象设定的标准就是意向性。②另一方面,拥有现象意识,有着"感觉起来像什么样的"又是另一个显见的作为心理现象的标准。因而哲学家们通常认为,心灵或心理现象具有两类界定性的属性或特征:意向性和现象性。正如金在权指出的那样,"一直以来我们习惯于把心理现象区分为两大范畴:意向的与现象的"。③那么,某种事物或现象作为整体而言是心理的,其标记(mark)到底是其中的哪一个呢? 意向性还是现象性? 还是两者应当统一而兼有呢?

我们把那种相信心灵或心理现象是统一的,意向性与现象性有着密切关联的立场,叫做非分离主义(inseparatism);把另一种相信意向性与现象性可以相互

① 一些学者相信,存在着一些不具有表征内容的信念、思想或概念,他们拿禅宗里的冥想观念来证明这一看法。我对这个说法的可靠性存有疑问。

② Cf. F. Brentano, "The Distinction between Mental and Physical Phenomena", excerpted from D. Terrell, A. Rancurello, and L. McAlister(trans.), L. McAlister(ed.), *Psychology from an Empirical Standpoint*, Routledge, 1995, see also in D. Chlamers(ed.), *Philosophy of Mind: Classical and Contemporary Readings*, Oxford University Press, 2002, pp. 479—483.

③ J. Kim, *Mind in a Physical World: An Essay on the Mind-Body Problem and Mental Causation*, MIT Press, 1998, p. 101.

独立地作为心灵标记的立场,叫做分离主义(separatism)。①金在权等人对分离主义持同情态度,他说:"如果有人要我们制造出一个拥有意识的装置……我认为我们甚至都不知道从何开始……但若要求我们设计一个具有意向性的构造,对我们而言似乎是可以的。"②的确,纵观当代心灵哲学史,哲学家们认为只有意向性在原则上可以被自然主义化。不过,现象意识的自然主义化之难,并不足以充分表明现象意识的现象性与心灵的意向性是毫无关联、相互独立的两个范畴。同样有一批支持非分离主义立场的哲学家相信,这两者之间有着密切的关联。

对于意向性和现象性何者居于主导地位,有两种不同观点或论题,它们分别是现象性的意向性(the intentionality of phenomenology,简称 IP 论题)和意向性的现象性(the phenomenology of intentionality,简称 PI 论题)。前者表示,具有现象性的心理状态都具有意向内容,这些意向内容与其现象特征是不可分离的;后者表示,具有意向性的心理状态具有现象特征,这些现象特征与其意向内容是不可分离的。③换言之,IP 论题认为心灵的意向性蕴涵了现象性,而 PI 论题则反过来认为心灵的现象性蕴涵了意向性。IP 论题的主要理论形式是现象意识的表征主义(representationalism),德雷斯基(Dretske,1995)、泰尔(Tye,1995,2009)、克兰(Crane,2009)和后期的杰克逊(Jackson,1998)等人是这一理论的主要支持者。表征主义认为,任何作为有意识的心理状态的范畴,都包含在意向性或指向某个事物的状态这一范畴之中。我们的意识经验为我们提供了局部环境(local environment)信息,所以现象状态是由这些状态的发生与其认知主体周围环境之间的客观关联所构成而得以决定的。④由此看来,表征主义显然支持现象性的外在论,即现象特征是由"头脑之外"的关联因素所决定的。相反,PI 论题则认为,现象性并不构成性地依赖于经验主体"头脑之外"的任何因素,存在着一种"现象的意向性",它完全由现象性的、内在的且是本质相关的事实所构成。

---

① G. Graham, T. Horgan, and J. Tienson, "Phenomenology, Intentionality, and the Unity of the Mind", in B. R. McLaughlin, A. Beckermann and S. Walter(eds.), *The Oxford Handbook of Philosophy of Mind*, Oxford University Press, 2009, p. 522.

② J. Kim, *Mind in a Physical World: An Essay on the Mind-Body Problem and Mental Causation*, MIT Press, 1998, pp. 102—103.

③ G. Graham, T. Horgan, and J. Tienson, "Phenomenology, Intentionality, and the Unity of the Mind", in B. R. McLaughlin, A. Beckermann and S. Walter(eds.), *The Oxford Handbook of Philosophy of Mind*, Oxford University Press, 2009, p. 523.

④ Ibid., p. 524.

霍根和田森(Horgan and Tienson, 2002)是这一观点的主要支持者。[1]

限于当前的考察目标,这里无需深究 IP 论题与 PI 论题孰对孰错,对此只需保持中立的态度即可。然而由于现象概念具有意向性和现象性的统一性要求,一种能够刻画 IT 的心智架构理论应当是非分离主义的,由此我们得到了 IT 的第六项要求:

(6) IT 的基座理论应当承诺意向性与现象性的非分离主义立场,它在 IP 论题和 PI 论题之间保持中立。

四、来自心理表征理论的考量

根据要求(6),于是选择哪种可以接纳 IT 的自然主义心理表征理论,便是我们接下来应当予以考虑的了。[2]

所谓自然主义心理表征理论,简言之就是用符合自然科学的物理语言(或非心理的语言)来解释心理状态何以关于或指向了外部世界的状态,并且这种关于性或指向性具有出错的(即误表征)可能。几种广受讨论的心理表征理论主要有,图像论(picture theory)、因果论(causal theory)、协变论(covariation theory)、因果作用论(causal-role theory)、目的论(teleological theory)和信息论(information theory)等。这些竞争性的理论之间或多或少有相似性,在这里我无需为这些理论给出详尽的说明和比较。也许我们可以任意选择其中一种或几种形式的结合来构造一种可以接纳现象概念理论的心智架构理论,然而考虑到一种理想中的现象概念理论需要遵循(1)—(6)的要求,因而我将支持信息论与目的论相结合的立场。这一选择的理由目前暂不讨论,我将在下一节里给出解释。

---

[1] G. Graham, T. Horgan, and J. Tienson, "Phenomenology, Intentionality, and the Unity of the Mind", in B. R. McLaughlin, A. Beckermann and S. Walter(eds.), *The Oxford Handbook of Philosophy of Mind*, Oxford University Press, 2009, p. 524.

[2] 也许有人质疑,为什么选择某个能够接纳 IT 理论的心智架构说明,一定要从某种心智表征理论入手,而不是考察意识经验的现象特征理论呢? 难道这样的偏好不是预设了意向性的优先性了吗? 就这一问题,我只能坦白说,从当下的心灵哲学发展状况来看,就分析哲学内部而言(而非胡塞尔一脉的现象学),目前我们尚且找不出一套独立于心理表征的、关于意识经验的现象性的自然主义理论,或许人们难以将意识经验的现象性特征,与特定的生物功能建立起某种强关联。

不过,此时让我们考虑一个具体的例子也许会有所启发。设想我们给关在黑白屋中的天才科学家玛丽展示一只苹果,当然,在这间神奇的黑白屋里,这只苹果原有的颜色——我们假定它是红色的——同样是被屏蔽掉的。现在我们要问,大致地说,玛丽可以"看"到什么? 或者再把问题往契合当下的讨论要点去靠:关于这只苹果,若情况正常(也就是不出现误表征的前提下),玛丽此时的视觉表征内容可能有(不是共时性的)哪些?

聪明的玛丽自然会说,"我看到眼前摆着一只苹果"——尽管她无法觉知到这只苹果是红色的还是绿色的。如果是这样的话,我们可以推知,玛丽或许还会说,"这是一种水果"或"这是一种食物",因而她也可能具有"水果"或"食物"这类高阶属性的表征内容。除此之外,玛丽也还能看到苹果的外部轮廓、平滑的线条以及被咬去一口之后留下的切角等等。所有她此时面对这一对象时,能够表征到的内容都在我们的意料之中,但仅从她的视觉知觉里,玛丽无法拥有关于这只苹果的红色的表征内容。给定了这些,我们就要试着去问为什么情况会是这样的。

一个快捷并且保险的回答是,根据知识论证所描述的情况,在黑白屋里,任何颜色都对玛丽屏蔽。很好,现在我们知道,既然玛丽的认知功能或表征能力没有任何缺损,那么关键问题一定是出在外部对象那儿了。由此我们可以得到一个结论:受制于某些特殊的原因(在黑白屋中),展示给玛丽的那只苹果的**颜色**信息向玛丽的感知与认知系统屏蔽了,因此玛丽才无法获得红色的视觉表征;而其他一些信息却是向玛丽的感知与认知系统开放的,因此玛丽可以获得诸如"苹果""水果""食物""苹果的轮廓线条""被咬掉的苹果的切角"等与视觉相关的表征内容。事实上,我们所选择的信息论的表征理论或信息语义学,正是将心理状态的意义或内容建立在一种客观的、独立于心灵和语言的信息概念上的理论。它由德雷斯基提出和发展。[1]关于信息语义学更详尽的解释我们将在稍后说明,现在继续玛丽的例子。

也许有人会问,既然玛丽知道关于颜色的所有物理事实,因此怎么能说关于颜色的信息竟会是向玛丽屏蔽的呢? 在深入考察信息论语义学之前,对这个问题的回答可以是这样的:这个例子里所说的表征是玛丽的知觉表征,尽管玛丽能

---

[1]　Cf. F. Dretske, *Knowledge and the Flow of Information*, Blackwell, 1981.

够以其他方式(物理语言的方式)表征到关于苹果颜色的信息,然而玛丽却无法**使用**(consume)这些以物理语言方式向她呈现的信息,因此她无法在视觉上感知到苹果的颜色。按照米利肯(R. Millikan)的生物语义学(biosemantics)或目的论语义学(teleosemantics)解释,生物体之所以具有表征功能,是因为自然选择或演化设计,使得生物体在正确地表征外部世界的情况下能够得到更好的生存和繁衍,据此,生物体应当**表征**其他事物,这样的表征功能叫做专有功能(proper function)。一个生物体或认知系统的表征关联由三部分构成:表征(或表征内容)、表征制造者(producer),以及表征使用者(consumer)。①正是这第三个构成使得目的论语义学区别于其他类型的心理表征理论。在米利肯看来,是表征使用者对表征的使用,而非表征制造者对表征的制造,决定了生物体表征到的内容是什么。表征使用者可以是(在同一生物物种中)跨个体的,也可以是个体内部认知系统的构成部分。当表征使用者能够正确地使用制造者所提供的信息,二者步调趋于一致时,生物体才能正确地表征某个事物。②如此一来,我们可以说,玛丽之所以无法从关于颜色的物理学信息中获得相关的视觉表征,是因为视觉感知系统无法使用这些物理学信息。由此我们得到 IT 的第七项要求:

(7) IT 的基座理论,应当按照信息语义学与目的论语义学相结合的方式来说明。

为了使我们的讨论紧扣主题,现在有必要对本节做一个总结说明。虽然我们的目的是建构一个可以避开各种危机的、理想中的现象概念理论,然而任何一种恰当的现象概念理论无可避免地需要一套完备的关于心智架构的理论作为坐落其中的基座。否则就很难解释,为什么一个现象概念是如此这般出现的,为什么它具有如此这般的语义/认知特征等等。我们将这种心智架构理论称为 IT 的基座理论。通过上述来自各方面的考察,在我看来,一套完整的包括其基座理论在内的 IT 应当满足以下七项解释要求:

---

① Cf. R. Millikan, "Biosemantics", in B. R. McLaughlin, A. Beckermann and S. Walter(eds.), *The Oxford Handbook of Philosophy of Mind*, Oxford University Press, 2009, pp. 394—406.

② Cf. R. Millikan, "Biosemantics", *Journal of Philosophy*, Vol. 86, 1989, pp. 281—297.

（1）IT 既不同于明示性/索引性解释，也不同于构成性解释。

（2）IT 应当是功能主义的，或至少相容于功能主义。

（3）IT 可以为现象概念的不可从他性提供解释。

（4）IT 应当说明，即使怪人情形是积极地可构想的，然而一旦给出了 IT，怪人就不能真正地被我们构想。

（5）IT 的基座理论应当遵循 ATI 理论的三个关键特征。

（6）IT 的基座理论应当承诺意向性与现象性的非分离主义立场，它在 IP 论题和 PI 论题之间保持中立。

（7）IT 的基座理论，应当按照信息语义学与目的论语义学相结合的方式来说明。

第二节　为什么是信息语义学？

一、信息语义学纲要

人们会在常识意义上相信，如今大家生活在一个信息爆炸的世界，每天都有大量的信息，通过自媒体、短视频、电视、报刊、书籍等传播媒介灌入我们的生活。这样讲当然没错，不过在信息语义学的创始人德雷斯基看来，根据这种观点，某个事物成为信息，仅当它被认知能动者（agent）赋予了具有意义的、可被解释的信号。这种关于信息的常识观点，不过是建立在将**信息**与**意义**相混淆的基础之上。德雷斯基认为，相对准确的理解应当是，信息是一种自然的、客观的事物，它的生成和传播独立于解释过程。①这一点在他的《知识与信息流》一书的开篇就阐释得很生动："起初只有信息存在，语词随后到来。这一变迁被生物体的发展过程所实现，生物体具有选择性地开发信息的能力，以求自身的生存及后代的昌盛。"②从这段话里我们可以总结出三个关键词，它们分别是：信息、语词（意义）和生物演化（目的论）。

从这段话里，我们可以窥得德雷斯基的信息语义学的基本要义。他试图以

---

①②　F. Dretske, *Knowledge and the Flow of Information*, Blackwell, 1981, vii.

演化论或目的论为导向,将信息置于**近似于本体的地位**①,用信息论去解决包括知识、信念、知觉、概念化和意义在内的各种与意向性相关的观念。②在其中,信息论发挥这样一个作用,我们从中能够理解意义是如何得以演化出来的。也就是说,那些有着解释信号、持有信念以及获取知识能力的真正的(genuine)认知系统,是如何能够从那些只具备低层次的、纯粹物理的信息处理机制的资源中发展出来的。③换言之,信息语义学试图说明,关于认知(也包括知识、信念、知觉等等)的意向性是从关于信息的意向性那里派生出来的,而关于信息的意向性则是从关于自然律则的规则性(regularities)那里派生而来的。④因此信息语义学作为一种心理表征理论,它是自然主义的或广义上的物理主义的。

鉴于当下的讨论要求,在这里我们并不打算完整地阐释德雷斯基在《知识与信息流》中的全部工作,而是将重点放在他所刻画的信息概念以及信息语义学的基本理论构架,以备下一节即将给出的现象概念的信息论解释之所需。

二、什么是信息

熟悉通讯理论(communication theory)的读者对信息论也许有所耳闻,它是由香农(C. E. Shannon)发展出的一套关于信号处理控制的基本限量的理论。在通讯数学理论(MTC)那里,信息论是一种与"信息源"(sources)和"信息通道"(channels)相关联的量化统计理论。MTC旨在测算从一个点传输到另一个点的信息统计量,因此这就不可避免地需要谈及信息量(amount of information)。信息量是由一个事件的发生所产生的,它等同于那个事件或事态所具有的可能性的排除或不确定性的消解。⑤换言之,若当一个事件发生时,排除了一系列可能发生的其他事件,于是信息就出现了。总而言之,MTC只是关于"携带了多少信

---

① 严格地讲,说德雷斯基将信息作为世界的本体看待是不准确的,虽然信息具有独立于我们心灵的客观性,然而如果没有心灵的存在,它不会"就在那儿"。借用海德格尔的话来说,信息是被"此在"所揭示的"存在"。

② J. C. Maloney, "Review: Fred I. Dretske, *Knowledge and the Flow of Information*", *Nous*, Vol. 19, p. 300.

③ F. Dretske, *Knowledge and the Flow of Information*, Blackwell, 1981, vii.

④ W. P. Alston, "Review: Fred I. Dretske, *Knowledge and the Flow of Information*", *The Philosophical Review*, Vol. 92, p. 453.

⑤ F. Dretske, *Knowledge and the Flow of Information*, Blackwell, 1981, p. 4.

息"的统计学数值,它与信息的内容无关。不过,在德雷斯基那里,MTC 的确为他的**语义学**的信息论提供了一个有关信息传输的客观关联的基础。

要将 MTC 的信息论发展为一套有关信息内容的理论,我们可以说,一个信号所携带的内容之成为信息,必须满足以下三个事项:(1)需要有一个事件(或结构、事态、信号);(2)需要有另一个事件或状态;(3)前一个事件是关于另一个事件的,或前者对后者具有依赖性。这种依赖性是一种因果或律则关联。[1]为更好地说明客观关联,德雷斯基举了一个例子。如果你拨通了我的电话,而且我的电话铃声响起了,电话铃响就携带了这样一个信息:有人拨通了我的电话。这一信息并不能告诉我,有人拨通了你的电话,即使这两件事碰巧同时发生。为什么是这样的呢? 因为我的电话铃响和你的电话铃响,二者不存在自然律则的关联。根据这些特征,德雷斯基对信号的信息内容作了如下的条件性刻画:

> (1) 如果一个信号携带了 s 是 F 这一信息,那么,(a)该信号所携带的关于 s 的所有信息,必须全都是由 s 是 F 引起的;(b)(事实上)s 是 F;并且(c)该信号携带的关于 s 的信息量是 s 是 F 这一信息所产生的量(而不是 s 是 G 所产生的量)。[2]

在其中,德雷斯基论证表明,(a)和(b)需单独作为**必要条件**,但二者的合取却不是充分的,因此需要加上条件(c)。给定这三个条件,德雷斯基对信号的信息内容给出了如下**定义**:

> (2) 一个信号 r,携带了 s 是 F 的信息=给定了 r(以及 k),s 是 F 的条件概率为 1(反之,若只给定 k,条件概率低于 1)。[3]

需要及时提醒的是,这个理论定义需要加上一个前提条件。因为要使得信息可以流动或能够传输,一个必要条件是德雷斯基所说的"复写原则"(Xerox

---

① F. Dretske, *Knowledge and the Flow of Information*, Blackwell, 1981, p. 56.

② Ibid., pp. 63—64.

③ Ibid., p. 65.

Principle）:"对于信息载体也就是信号 A、B、C 而言,若 A 携带了信息 B, B 携带了信息 C,那么 A 就携带了信息 C",并且信号 A、B、C 的条件概率不设定在 1 上。①

让我们来解释一下（2）。其中 r 是指信号,它是信息的指示者,s 是信息源, F 是关于信息源的确切信息。若信号 r 携带了 s 是 F 的信息,那么 r 是基于 s 是 F 而发生的事件、事态或情形。当然,如果 r 所携带的信息并不确定,那么信号 r 携带的信息可以有许多。事实上,一个信号通常会具有多个内容。k 指的是信号的接收者所知道的关于信息源 s 的所有可能性。比方说,如果某人已经知道 s 是红色的或蓝色的,而一个信号 r 携带了 s 是红色的信息（从而使 s 是红色的概率提升到 1）,那么它就排除了 s 是蓝色的可能性（将 s 是蓝色的概率削减为 0）。②条件概率为 1 的意思是,这些事件之间存在着律则般的依赖关联,仅当 r 必然地由 s 引起的,才能说 r 的条件概率为 1。

为信息内容的定义举出一个相关例子有助于大家的理解。（2）意味着,我的油表 r 携带了一个信息,即我的油箱（s）还剩有汽油（F）,当且仅当给定了油表的读数（r）,以及我知道这个读数的含义（k）,我的油箱（s）还剩有汽油（F）的条件概率为 1。

根据这一定义,我们可以总结出,信息具有以下几个特征。第一,一个信号若携带（确定的）信息,对于信息接收者而言,其条件概率必须为 1。第二,信息是客观存在的,无论人们是否知道如何把它从信号中提取出来。③第三,信息是一种重要的认知工具,错误信息（misinformation）、歪曲信息（disinformation）都不是真正的信息。信息与意义不同,但它与真（truth）有紧密的关联。第四,在一个信号或结构中,并不存在着单个的信息。第五,信号与人们已经具有的知识背景 k 密切相关。第六,我们可以把一个信号的信息内容,看作是一个与其他条件有着律则关联的函项。

三、信息论的知识理论

在《知识与信息流》的第二部分,德雷斯基把信息论应用在知识论上。考虑

---

① F. Dretske, *Knowledge and the Flow of Information*, Blackwell, 1981, p. 57.
② Ibid., p. 65.
③ 例如对于战争的双方,A 方即使无法破解 B 方的密码,这些密码对于 A 而言也是信息。

到知识论并不是我们这里的研究任务,这一小节我们只需简单介绍一下即可。首先需要澄清的是,德雷斯基对知识的分析严格限定在知觉知识(perceptual knowledge)上。他给出的定义是,知识是由信息因果生成的(或因果保持的)信念。给定了信息的定义(2),德雷斯基表示:

> (3) K 知道 s 是 F = K 的信念 s 是 F,是由 s 是 F 这一信息所因果导致的(或因果性地维系着)。①

(2)和(3)共同表明,涉物(de re)的知觉知识要求某人所相信的那个信息的概率为 1,这一点并没有对我们知觉上能够知道什么作出过多的限定。大体而言,我们的感知和度量系统,能够为知识提供足够可靠的信息。这是由于决定信号传输的通道条件,无法凭自身产生相关的确切信息,它们需要排除那些导致传输的信息的概率低于 1 的其他相关可能。②这就意味着,尽管信息本身是一个受制于概率条件的具有度量区分的概念,关于 s 的信息有着概率度量上的差异,然而一个指示了 s 是 F 的信息却没有度量性,它是一个或有或无的事。对于某人获得了信息 s 是 F 而言,不会出现他比另一个人得到关于该信息的更多或更好的情况。简言之,在德雷斯基那里,知识是一个绝对的概念。③

也许有人会问,既然知识是由信息因果导致的信念,那么信息怎么会导致信念的出现呢?德雷斯基举了这样一个例子。事实上,一个平平常常的敲门声并不能告诉你门口站着的是你的朋友。能够告诉你这一点的,是那种你所熟悉的敲门声(比方说快速敲三下,停住,紧接着再慢慢敲三下)。这样独特的信号具有携带信息的属性。因此当你听到这种独特的敲门声时,你便得到了你朋友登门拜访的信息。当然,也许这种敲门声还惊动了你的邻居,但在这种情况下,是信号的物理属性导致这个事情的发生,信息在其中并不产生作用。④德雷斯基对信息因果导致信念的产生给出了如下说明:

---

① F. Dretske, *Knowledge and the Flow of Information*, Blackwell, 1981, p. 86.

② Ibid., p. 115.

③ Ibid., p. 108.

④ Ibid., pp. 87—89.

（4）当一个信号由于属性 F^* 而携带 s 是 F 的信息，那么仅在如此情形下，信息 s 是 F 导致了信号具有属性 F^* 而导致产生的一切。①

德雷斯基相信这种知识理论能够解决传统知识论面临的难题。哲学家通常认为，从柏拉图开始，知识的定义就是"获得辩护的真信念"（JTB）。受到盖梯尔难题的挑战，或许这个三组分式的定义并不充分，因而可能需要再加上别的约束条件。信息论作为外在主义的知识理论，盖梯尔问题的挑战似乎变得并不那么严重了。②一个人知道什么，并不需要他知道自己所知道的（knowing what he knows）。或者说，如果一个信念足够可靠（受信息的因果导致），我们便无需通过内在的辩护就能获得（知觉）知识。

四、信息论的信念理论

以上简述的是基于信息论的知识论，而信念是形成知识的必要条件。那么，德雷斯基是如何从信息论谈到信念的呢？或者换一个问法，信念作为具有命题态度的表征，德雷斯基是如何用信息来解释心理表征的呢？信息内容是如何演化出意义来的呢？

简单地说，根据（2），即德雷斯基对信息内容的定义，一个信息就是一个表征。因为信号 r 携带信息 s 是 F，意味着 r 关于了 s 是 F 这一事实。然而一个可疑的地方是，根据我们刚才总结出的信息的特点，信息总是为真的，因为信息关系的建立，需要严格的律则规律。因其条件概率为 1，这就排除了信息源还指示了其他事态的可能性。倘若如此，怎样才能解决在意向性问题中的误表征问题呢？与此相关的另一个重要的问题是，心理表征具有内涵性（intensional）或不透明性（opaque）的特点，信息论又该怎样解释呢？比如说，张三相信李白是唐朝的伟大诗人，但张三不相信青莲居士是唐朝的伟大诗人。可是"李白"和"青莲居士"具有共同的外延，为什么张三相信前一个命题而不相信后一个命题呢？换言之，某人可以相信 s 是 F，却不相信 s 是 G，即使 s 是 F 与 s 是 G 在外延上有着律则关联（例如：同一性）。这两个问题是任何一种自然主义心理表征理论或意

---

① F. Dretske, *Knowledge and the Flow of Information*, Blackwell, 1981, p. 87.

② Ibid., pp. 85—111.

向性理论必须要解决的关键问题。

我们先来简单回答一个问题。德雷斯基认为,如果信息 t 是 G 嵌寓于(nested) s 是 F 这一信息中,并且仅当 s 是 F 这一信息携带了 t 是 G 的信息,就有不同层次的信息内容寓居于同一个信号之中了。①由于条件概率是由律则关系来决定的,信息流的内容自然受制于基于自然法则的意向性程度(degree of intentionality)的制约。如此一来,碰巧具有共同外延的谓词就不能替换到信息内容的属性之中了,否则它将会影响真值。②这就解释了心理表征的内涵性或不透明性问题了。

对于第一个问题,德雷斯基认为信息语义学能够说明错误表征。不过在此之前,一个需要澄清的前提是,错误表征不同于不能表征或不具有表征能力。举例而言,一台黑白数码相机不可能拥有对色彩的表征,而彩色相机则可以做到这一点。前者只是因为没有表征色彩的能力,而没有这个能力只需归咎于缺乏相应的设计或选择的历史,不能说黑白相机误表征了色彩。反过来,若彩色相机把红色表征成蓝色,则可视作是错误表征。错误表征是表征系统未能按照被设计的或它所具备的功能来发挥其作用。③因此,要问为什么会有错误表征,这一问题可以转化为去问:为什么某个结构的信息内容不能被当作一个表征或信念?

德雷斯基讲了一个关于地图的例子。在地图上,一处蓝色的墨块何以能够示意这是某个地方的一片水域呢? 蓝色墨块具有这种意义,是因为在地图的绘制和使用过程中,蓝色墨块这个符号产生了携带(表征某处的水域)这一信息的作用。该符号之所以意味着(或表征了)某个事态,是因为它被设计成携带该事态的信息。④如果地图的绘制者不慎将某个不存在湖泊的地方标上了蓝色墨块,就有可能出现错误表征。如果某个被认定为具有携带信息功能的结构无法按照相应的功能发挥作用,那么错误表征就会出现。⑤同样地,人类的神经结构通过学习能够发挥携带信息的作用。比方说,我们要教导小孩什么是鸟儿,正是通过

---

① F. Dretske, *Knowledge and the Flow of Information*, Blackwell, 1981, p. 71.

② Ibid., p. 75. See also, J. C. Maloney, "Review: Fred I. Dretske, *Knowledge and the Flow of Information*", *Nous*, Vol. 19, pp. 300—301.

③ 参见高新民、严景阳:《自然主义的意向性难题与信息语义学》,《自然辩证法研究》2007 年第 12 期,第 35 页。

④ F. Dretske, *Knowledge and the Flow of Information*, Blackwell, 1981, pp. 191—192.

⑤ Ibid., pp. 195—197.

给出关于"鸟儿"这个概念的正确例子和错误例子,直到小孩具有正确辨识鸟儿的能力。然而某些情况下,小孩的神经结构或许不会按照设定的或习得的方式来运作,当他看到一架天上的飞机时,有可能会嚷嚷着说——"鸟儿",这种情形就是错误表征。①

联系到上一节末尾我们提及玛丽的例子。由于知识论证规定的情境预设了在黑白屋里,出于某种基于玛丽神经结构之外的原因,苹果的颜色向玛丽屏蔽掉了,因此我们说,玛丽无法获得关于苹果颜色的信念。但是这一点并不意味着在此情况下玛丽出现了错误表征。另一方面,我们自然会问,既然玛丽在黑白屋里能够掌握一切关于颜色视觉的物理-神经生理知识,这似乎也就意味着她可以获得关于苹果颜色的信息了,那么,为什么她仍然无法拥有关于苹果颜色的信念呢? 那前面的论述中,我们用米利肯的生物语义学来解释了这个问题。简言之,由于玛丽作为人类生物体的个例,其自然选择和演化设计使得她不能使用这些关于颜色视觉的物理-神经生理信息,从而也就没法获得关于苹果颜色的视觉信念。这同样不属于德雷斯基信息论里的错误表征类型。

这里有必要回顾一下,我们试图构造一个理想的现象概念理论(IT)。关于它的要求(7),我们已经指出,一种能够接纳IT的心智架构理论(即IT的基座理论),应当是按照信息语义学与目的论语义学相结合的方式来说明的。事实上,在我看来,仅凭德雷斯基的信息语义学就已经满足了要求(7)。因为在德雷斯基用信息论对信念进行解释时,其中已经蕴涵了目的论语义学的基本要义。也许有人质疑说,目的论语义学或生物语义学是一种不同于信息语义学的心理表征理论,二者何以会在信息语义学中相融合呢? 我认为这样的担忧是多余的。米利肯自己就指出:"目的论理论是这种或那种(心理表征)理论的特殊形式……目的论可以非常赞同你的理论……你只需要对一个表征何以可能出错给出一个说法。"②而信息论在说明错误表征时,同样是从结构的设计或选择历史出发来谈论的。此外,考虑到人类的表征系统归于生物学范畴,而在当今的生物学领域里,信息恰恰也是一个核心概念。生物学里的信息概念蕴涵了通过自然

① F. Dretske, *Knowledge and the Flow of Information*, Blackwell, 1981, pp. 195—196.
② Ruth Millikan, "Biosemantics", in B. R. McLaughlin, A. Beckermann and S. Walter(eds.), *The Oxford Handbook of Philosophy of Mind*, Oxford University Press, 2009, pp. 394—395.

选择演化而来的意向性。①所以,德雷斯基构造的信息论的心理表征理论能够满足 IT 的要求(7)。

到此为止,留下的一个疑问是,为什么玛丽无法将关于颜色的物理-神经生理信息转化成相应的视觉表征呢? 在回答这一问题之前,考虑一下刚才说的小孩学习"鸟儿"这个概念的例子是有启发的。德雷斯基认为,小孩学会鸟儿是什么,就意味着她能够把模拟信息(analog information)——即一个个有关鸟儿的正面例子和反面例子的感知信息——编码成同一种形式,该形式是一种数字信息(digital information),它能够对各种关于鸟儿的感知刺激做出统一的反应。换言之,正如刚才提及的那样,我们在教小孩什么是鸟儿的过程中,首先需要不断向她展示各种鸟儿的图像或实例个例 a、b、c、…,直到他在看到 d 这只鸟儿的个例时,能够说出:"那是一只鸟儿。"这是一个认知系统对信息进行编码或数字化的过程,在这一过程里,涉及与感知(sensation)和知觉(perception)相关的两类信息范畴:模拟信息和数字信息。所以,我们可以说,玛丽不能从关于颜色的物理-神经心理信息中获得视觉表征,是由于物理知识作为数字信息本身就无法被感知到。

五、感知、知觉、认知与概念

话说回来,我们也常常会有这样的经历。当你走进一间坐了 158 个人的大教室,你很快地朝在座的诸位扫了一眼,此时你相信教室里坐着 158 个人吗? 如果你和我一样,没有像美国电影《谍影重重》主人公伯恩所具备的那种超乎想象的认知能力,答案便是否定的。尽管教室里有 158 个人是你的感知表征所携带的信息,然而这个信息却无法以认知的方式(cognitively)转化成一个信念。在这个显而易见的事实面前,我们的问题是,为什么是这样的?

要谈到这种区别,就不得不涉及心理活动所具有的两类信息处理模式。一类是感知和知觉,另一类则是认知和概念化。德雷斯基指出,感知和知觉与信息的获取与传输有关,信息经由感知和知觉传递给认知系统,以备认知系统和行为系统对此做出进一步的使用。通常人们会认为这二者是信息处理过程中的不同步骤,它们具有连续性。而德雷斯基则认为这是错误的。事实上,视觉、听觉、嗅

---

① J. M. Smith, "The Concept of Information in Biology", *Philosophy of Science*, Vol. 67, pp. 177—194.

觉、触觉等感知活动并不能被当作一种较低程度的认知活动,这一观点尤其掩盖了感知经验在认知过程中的独特作用。为澄清这一点,德雷斯基认为有必要去考察一下,信息是如何以可及的方式(avaliable to)传输给认知系统的,若没有这一个过程,具有认知属性的信念和知识是不可能形成的。①

为澄清这一点,德雷斯基首先从两种类型的信息编码模式说起。信息论通常认为,对信息源的可变属性有着两种表征模式,它们分别是,具有连续性的模拟编码和具有区分性的数字编码。例如老式汽车上的计速表,它的指针的位置会随着速度的变化而连续可变,它表征了当前变化着的速度值,这就是一个模拟编码的例子。而表盘上记录着油压的指示灯则是一种数字化的装置,因为它只有两种信息状态:开或者关。当然,设计师可以将油压表设计成一个的可变显示屏,那样的话,它又是一个模拟编码的装置了。②德雷斯基从这两种信息的编码模式出发,认为信息本身也可划分为模拟信息和数字信息。这一划分标准的理论表述是:

> 一个信号以数字方式携带了信息 s 是 F,当且仅当该信号并不携带关于 s 的额外(additional)信息,所有的信息都嵌寓于(nested)s 是 F 中。如果一个信号的确携带了关于 s 的额外信息,那些额外的信息不嵌寓在 s 是 F 之中,那么,该信号是以模拟的方式携带了这类信息的。③

举例来说,如果杯子里有咖啡,我们要交流这个信息,如果我仅仅口头告诉你“杯子里有咖啡”,这个信息就是数字信息,因为关于杯子或咖啡的状态,这句话不包含比它本身更多的具体信息:你不知道有多少咖啡在杯子里,不知道杯子的形状是什么样的,也不知道咖啡的色泽如何。另一方面,如果我把杯子里有咖啡这个场景用相机拍下来给你看,那么,这张照片便通过呈现出有多少咖啡量、杯子的形状、咖啡的颜色等现象特点来告诉你杯子里有咖啡这一事实。你经由看到照片而获得的信息,就是模拟信息。④这个定义意味着那些携带模拟信息的信号,总是伴随着携带数字信息。不过,我们无法将图像、声音或其他模拟表征

---

① F. Dretske, *Knowledge and the Flow of Information*, Blackwell, 1981, p. 135.

② Ibid., p. 136.

③④ Ibid., p. 137.

转化为与之近似的言语描述(命题)。模拟信息极其丰富复杂,通常我们在描述一幅图片时,我们能描述的,只能是从图片中抽取出来的、剔除了更丰富更具体内容的模拟信息。①

区分了模拟信息和数字信息,对于区分感知与认知就很有用了。德雷斯基指出,所谓的知觉是这样一个过程,它从一个更丰富的信息矩阵(a richer matrix of information)中——即模拟信息——将信息传输给中央认知系统,以备该系统有选择地使用这些信息。看、听、闻都是我们将信息源 s 以不同的方式给予数字转化单元(digital-conversion unit)的过程,其作用就是从感知表征中抽取出恰当的信息,以便认知系统进行修正性的输出。因此,认知活动的实质,就在于成功地将模拟信息转化成数字信息。如果信息 s 是 F 无法从感知形式(或模拟形式)转化成认知形式(或数字形式),那么认知系统也许会看到、听到、或闻到 s 是 F,但不可能将所感知到的看作为(see that)s 是 F——换言之,我们就不能知道 s 是 F。②这就解释了这一小节开头提到的那种现象了。

紧接着,德雷斯基继续表示,传统观点认为,知识、信念和思想都需涉及概念(concepts),而感知则不会反映出这一点。认知活动事实上就是对收到的信息进行概念调用,概念处理基本上就是对差异性的忽略,它把具体转化为抽象,从特殊性上升到一般性。总而言之,概念化就是一种从模拟到数字的转换处理。③如果把我们的感知经验中所嵌入的各种有着细微差别的信息全部传输给认知中心,这就需要极大的记忆存储和信息还原恢复能力。感知存储的信息量比认知所能提取出的信息量要大得多的多,这样的话,我们的认知机制会因为不堪重负而崩溃。④

确认了模拟信息与数字信息的区分,以及从中引出的感知/知觉与认知/概念化的区分,我们可以总结出,在德雷斯基的信息语义学框架中,感知表征若是有意识的(be conscious),或者说,现象意识的出现,其必要条件为,感知表征中所包含的信息之于中央概念系统是可通达的(available),即便是这些信息并不全部为其所用。⑤

---

① 　F. Dretske, *Knowledge and the Flow of Information*, Blackwell, 1981, p. 138.

②③④ 　Ibid., p. 142.

⑤ 　M. Aydede and G. Güzeldere, "Cognitive Architecture, Concepts, and Introspection: An Information-Theoretic Solution to the Problem of Phenomenal Consciousness", *Nous*, Vol. 39, 2005, p. 201.

六、七个要求

总结一下本节内容。这一节介绍了德雷斯基在《知识与信息流》这本书里的主要工作，也就是在信息论的基础上，发展出一整套连贯的关于知识、信念（或具有命题态度的心理表征）以及感知/知觉的学说。从心智架构的层面上讲，感知/知觉是基础性的，在感知/知觉的基础上，出现了具有认知意义或概念化意义的信念，最后产生了被信念因果导致的知识。我们并没有深入考虑这套信息语义学可能存在的缺陷以及相应的辩护，作为现在被广为接受的一种意向性理论，在这里我们假定上述的基本说法是正确的。但问题是，为什么我们会在这里引入德雷斯基的信息语义学？它对于我们当前所关心的问题，即寻找一种能够含纳理想中的现象概念理论（IT）的心智架构理论，有什么样的帮助或启发呢？

要回答这个问题，就需要再一次回顾上一节总结的 IT 七项解释要求。它们是：

（1）IT 既不同于明示性/索引性解释，也不同于构成性解释。

（2）IT 应当是功能主义的，或至少相容于功能主义。

（3）IT 可以为现象概念的不可从他性提供解释。

（4）IT 应当说明，即使怪人情形是积极地可构想的，然而一旦给出了 IT，怪人就不能真正地被我们构想。

（5）IT 的基座理论应当遵循 ATI 理论的三个关键特征。

（6）IT 的基座理论应当承诺意向性与现象性的非分离主义立场，它在 IP 论题和 PI 论题之间保持中立。

（7）IT 的基座理论，应当是按照信息语义学与目的论语义学相结合的方式来说明的。

我们发现，（1）—（4）是关于理想的现象概念理论（IT）本身的，要求（5）—（7）这三项则是 IT 的基座理论需要满足的。并且，要构造一个理想的现象概念理论，首先需要给出一个能够为现象概念在其中找到位置的心智架构理论。这就是说，从逻辑上讲，寻找一个满足要求（5）—（7）的基座理论是满足要求（1）—

(4)的前提条件。要求(7)已经提示了我们,德雷斯基的信息语义学具有作为 IT 的基座理论的潜质。需要强调的是,也许其他心智架构理论同样能够胜任这一角色,然而我们的目标,并不是去找出所有能够满足(5)—(7)的 IT 基座理论,进而比较它们之间的异同优劣。我们的期待是,寻找一种恰当的 IT 基座理论,同时从中可以拓展出满足(1)—(4)的要求。

对于要求(6)而言,信息语义学是否能够满足它呢? 上述内容虽然没有直接谈到这一点,不过我们从感知/知觉、认知/概念化之间的关联可以看到,意识的发生就意味着现象特征的出现,而要实现这一点,其充分条件就是感知表征把模拟信息传输给认知中央系统(具有命题态度的意向性发生在这一层次上),因而这就将意向性和现象性互相绑定了。在这个解释框架里,它们之间有着不可分离的关联,并且仅凭这一点并不会在 IP 论题和 PI 论题之间偏向任何一方。由此看来,我们认为要求(6)是可以被信息语义学所满足的。

剩下的就看要求(5)了,也就是信息语义学需要遵循关于意识的 ATI 理论的三个关键特征,它们分别是:第一,感知系统是由具有表征特征的子系统构成的,各子系统具有不同的可变抽象程度;第二,要觉知到自身的意识状态,心理注意和工作记忆需要介入其中;第三,ATI 理论可以从生物目的论那里得到解释。尽管德雷斯基没有在这里专门讨论意识,但他至少指出了产生意识的条件。就第一点来说,信息语义学在刻画心智架构时,很关键的一点就是区分了感知/知觉系统和认知/概念化系统,它们具有不同的可变抽象程度——认知系统将经由感知系统传输过来的、丰富复杂的模拟信息,转化为抽象程度更高的数字信息。虽然严格说来,在德雷斯基的信息语义学那里,中央认知系统并不属于感知系统本身,不过我们可以对感知系统处理信息的方式做出更详细的刻画,以便符合第一个关键特征,这一点已在后一节里看到。对于第二点,ATI 理论要求意识的出现,需要注意和工作记忆。同样在讲到概念化作为从模拟信息转化成数字信息的过程时,德雷斯基已经指出,如果概念化过程不能从丰富的模拟信息矩阵中,把有着细微差异的成分剔除掉以便从中抽取出数字信息,那么短期记忆存储的空间(也就是工作记忆空间)需求将会超过它的负荷极限。而这个过程,必然需要心理注意的介入,否则感知系统就不可能摄入环境中的模拟信息,感知表征也就无法形成了。因此信息语义学对心智架构的描绘是符合 ATI 理论的第二个关键点的。最后,由于信息语义学是用表征系统的演化设计来说明误表征的,所以我们没有理由否认信息语义学符合生物目的论的解释,ATI 理论的第三个关键点也是没有问题的。如此一来,可以说,信息语义学至少基本胜任扮演 IT 基座理论的角色,它所刻画的心智架构原则上是能够满足(5)—(7)的。现在我们需要的,是将德雷斯基的信息论进一步完善化,从而使之成为一个能够更好地解释现象意识的心智架构理论,并且能够在此基础上去说明,现象概念是如何出现的,现象概念在感知系统与概念系统中占据着什么样的位置,而且这一说明是能够满足 IT 要求(1)—(4)的。这一系列的目标构成了下一节的主要内容。

第三节 现象概念的信息论解释

上一节我们看到,进一步完善说明感知/知觉与认知/概念化的区分性构造,是建构理想中的现象概念理论(IT)的基点。这是因为我们已经明确了,将信息语义学的心智架构理论作为 IT 的基座理论,只有更细致地去刻画它,才能找到现象概念在其中的位置。而现象概念作为一类概念,无论它们有多么特殊,根据信息语义学的心智架构理论,都应该发生在中央认知系统那里。打比方说,寻找现象概念在心智架构中的位置,好比是定位一艘在大海中失踪了的货轮那样。给定德雷斯基的信息语义学,现在我们已经得到了一幅初步绘制的海图,再根据现象概念的基本特征,我们就初步掌握了失踪货轮的大致位置。[①]现在要做的就是搜集有关海图和货轮的更多信息,以求通过绘制出更精确的海图,从而达到把失踪货轮最后的方位状态在海图中对应出来的目的。

我们现在的任务就是进一步描述信息流在认知系统的构造了,这个任务是由艾迪迪和古扎德雷完成的。[②]给定了德雷斯基信息语义学的基本框架,他们的

---

① 这些基本特征主要包括,现象概念归属于概念的范畴、概念孤立性和经验论题等。无论如何,这些基本特征不包括 IT 解释要求(1)—(4),否则就有特设的(ad hoc)嫌疑。在本节的最后,我们会看到,正确的做法是,现象概念的信息论解释蕴涵了要求(1)—(4)。

② M. Aydede and G. Güzeldere, "Cognitive Architecture, Concepts, and Introspection: An Information-Theoretic Solution to the Problem of Phenomenal Consciousness", *Nous*, Vol. 39, 2005, pp. 197—255. 本书上篇部分的目的之一,就是为了凸显出艾迪迪和古扎德雷这项工作的重要意义,然而从当下关于现象概念策略及其理论版本的文献讨论中可以看到,他们的工作没有得到应有的重视。

阐述方式有些类似于康德的先验演绎(transcendental deduction):如果认知中的信息流构造不是如此这般的话,那么我们之于外部世界的心智表征便是不可能的。在这一节里,我们看看艾迪迪和古扎德雷是如何完成这项工作的。

一、感知系统与认知系统

德雷斯基根据模拟信息与数字信息的区分,区别了感知/知觉系统和认知系统。艾迪迪和古扎德雷继续在信息语义学的基础上,进一步分类刻画了区分这两者的功能决定因素(functional determinants)。它们分别是:纵向信息处理与横向信息处理、感知与知觉、信息的模拟编码与信息的数字编码、可提取的模拟信息与不可提取的模拟信息,以及概念的获得与概念的使用。这些区分性因素对于我们描绘信息流在认知系统中的构造,有着决定性的作用。现在我们依次阐释这五组相互关联的决定因素。

(1)纵向信息处理(加工)与横向信息处理。感知经验发生在感知系统中,感知经验的首要任务,在于为认知系统提供关于当下局部环境的非概念化的表征,以便认知系统做出进一步的使用。因此我们可以说,感知表征通常是受环境特征的刺激所驱动的,因而它并不是自主性的。[①]例如,当我看到桌上有一杯咖啡时,若我的感知系统正常运作,不考虑幻觉和错觉的前提下,我的感知系统无非是对桌上有一杯咖啡这个客观的外部事件做出反应。我们把信息处理的这个方面叫做纵向的(vertical)信息处理。[②]这里所谓"纵向的",指的是心灵-世界之间的相互作用。与之形成对照的是,诸如思考、推理、记忆、想象等等认知过程通常是横向的(horizontal)信息处理过程。我们能够在外部世界与思考、推理、想象的内容之间缺乏直接因果关联的情形下而做到这一点。这里所谓"横向的",就是指心理状态与心理状态之间的相互作用。可以说,这是我们人类意向性最为突出的特征。例如,我可以思考或想象一座金山,即使外部世界中没有金山这类事物,因而我所思考的"金山"这个概念当然不是由真实的金山这个对象直接引

---

① 在这里,尽管心理注意(attention)是自主性的,我们可以自主地选择注意了事件 A 而非事件 B,但介入了心理注意的感知表征本身却不是自主性的。当然,关于大脑的预测加工假说,在微观层面给出了一个不一样的故事,不过我认为,这样的故事与我们这里的阐释是相容的。参见 J. Hohwy, *The Predictive Mind*, Oxford University Press, 2013。

② M. Aydede and G. Güzeldere, "Cognitive Architecture, Concepts, and Introspection: An Information-Theoretic Solution to the Problem of Phenomenal Consciousness", *Nous*, Vol. 39, 2005, p. 202。

发的。与感知系统不同,中央认知系统的表征过程与概念有着紧密的关联,即使这些概念不是由它所表征的外部事物直接引起的。①虽然所有的概念都可能缺乏它们所指称的对象的直接因果作用,从而以横向信息处理的方式被个体化,不过大多数的概念同样能够被纵向地使用。②例如当我看到一只杯子时,我可以即时地、通过直接因果作用形成"杯子"这个概念。总而言之,艾迪迪和古扎德雷认为,概念表征可以是横向的信息处理方式,而感知表征则只能是纵向的。③

(2)感知与知觉。在德雷斯基那里,感知与知觉像是一对可以替换使用的范畴,艾迪迪和古扎德雷却将二者区别对待。在他们看来,与感知不一样,知觉是一种可以对感知对象和感知特征以概念的方式进行范畴化(categorize)或归类化(classify)而做出辨认(discriminate)和识别(recognize)的纵向信息处理。我们之所以能够形成某个知觉概念(例如"角""圆形""平行线"等与时空相关的几何图像以及轮廓的概念)或观察概念(observational concepts,也就是例如"苹果""鸟儿""电视""建筑"这些包括日常对象的概念),是因为这些概念的获得机制,通常是基于某种计算处理来复原已经存在于感知中的信息(也就是从经验中提取模拟信息并将其数字化),从而使得某个能够用于(applied to)知觉对象的概念得以个体化。因此,例如像视觉对象识别这样的知觉过程,即使它是自动出现的,仍然是一个中央处理过程。艾迪迪和古扎德雷认为,知觉因而应当被视为是概念化的一种,从而它属于认知的范畴。④

(3)信息的模拟编码与数字编码。上一节已经说明了德雷斯基对模拟信息与数字信息的区分。根据德雷斯基的阐述,任何一个信号总是以模拟形式和数字形式这两种方式来携带信息的,模拟信息嵌寓在数字信息之中。根据这一阐释,艾迪迪和古扎德雷认为,感知表征的认知价值主要在于,它以模拟编码的形式携带了丰富的远端层面(distal layout)即外部世界的信息,所以在一个感知表征那里,嵌寓了模拟信息的数字信息,无论是细节上还是信息量上都极其丰富。

---

① M. Aydede and G. Güzeldere, "Cognitive Architecture, Concepts, and Introspection: An Information-Theoretic Solution to the Problem of Phenomenal Consciousness", *Nous*, Vol. 39, 2005, pp. 202—203.

② 在这里,我们尚未把现象概念纳入考虑范围。当然,尽管现象概念的个体化依赖于意识经验,但是想象你的手指被刺破(如果你曾经有过这个经验的话),同样可以唤起现象概念[这个_{疼痛}]的出现。不过,严格地说,这并不意味着现象概念因此就像其他概念那样,可以横向地得以个体化。

③④ M. Aydede and G. Güzeldere, "Cognitive Architecture, Concepts, and Introspection: An Information-Theoretic Solution to the Problem of Phenomenal Consciousness", *Nous*, Vol. 39, 2005, p. 203.

概念系统对于提取这些数字信息则是至关重要的。①为使得这一点更为明显，他们举了一张图片的例子。一张画着立方体的彩色图片富含了大量的细节信息（如图 4.1 所示），这些特定的信息包括立方体的形状、质地、物体的方位、它与其他物体的位置关系、光照条件、饱和度和色调等等，我们可以用一个很长的合取式来表达这些丰富的细节信息。但嵌寓在这些最为特定的信息里，却有一些非特定的（non-specific）信息，例如该物体是一个立方体、它有六个面、八个角、有颜色等。这是因为，当一个立方体摆在你的面前时，你乍一看不会马上看出（seeing as）它有着六个面、八个角（由于从你的视角看，一些面向的角度被遮挡了）、有颜色（但你会看出它是红色的或绿色的），因而这些都是需要动用你的概念能力来刻画的信息。正如当你站在故宫太和殿前，除非你拥有相对丰富的古建筑概念，否则你看不出这是一座"重檐庑殿顶"的宫廷建筑。因而我们可以说，太和殿的重檐庑殿顶就是非特定的、需要概念能力进行数字化提取的信息。

通常我们会对图片所携带的模拟信息感兴趣，不过当你问我这是一张什么样的图片时，我会抛开关于它的颜色、大小、方位等更为特定的信息、仅仅说我知道该图片所示的物体是一个立方体。②我们的感知表征和图片一样，携带了大量

图 4.1

①② M. Aydede and G. Güzeldere, "Cognitive Architecture, Concepts, and Introspection：An Information-Theoretic Solution to the Problem of Phenomenal Consciousness", *Nous*, Vol. 39, 2005, p. 204.

丰富、详尽且特定的信息,而概念系统只专注于发掘感知表征所携带的嵌寓在数字信息里的模拟信息。事实上,使得一个认知架构能够作为概念表征,其关键在于把感知表征中的模拟信息数字化。可以说,**我们的概念(除去感知概念不谈)被设计为选择性地对感知表征中的模拟信息做出反应继而对之使用。**这就可以解释,为什么我们若不能表征某物体特定的大小、形状和位置的话,便无法以感知的方式(sensorially)表征它是一个三角形,而我们却能以概念的方式(conceptually)表征一个三角形,即便无法表征它的大小、形状和位置。①

在此框架下,艾迪迪和古扎德雷总结了德雷斯基关于概念的语义内容和信息内容的区分。②一个概念的**语义内容**就是它以数字方式所携带的信息,而概念的**信息内容**则是这个概念所携带的、嵌寓在数字信息(或语义内容)中的所有信息。概念的信息内容纵向地表征了该概念所指称的对象③

(4)可提取的模拟信息与不可提取的模拟信息。通过以上分析我们知道,感知表征和概念表征,都能以模拟形式和数字形式携带信息。感知表征与原始(primitive)概念表征却是以两种不同的方式编码模拟信息的。④在感知表征中,一些模拟信息总是以可提取的格式(extractable format)来携带的,而在原始概念表征中,所有的模拟信息都是以不可提取的格式(non-extractable format)来携带的。⑤他们援引了德雷斯基的例子说明这一区分。一张以相片的方式所编码的图片,携带了它所写照的场景里所有的(视觉)信息。当拉近镜头时,相机显示屏上的图片与镜头所聚焦的远处实物是一模一样的。镜头和图片均以模拟形式和数字形式携带了相同的信息,但镜头却以不可提取的格式携带了图片中的模拟信息,而显示屏的图片携带的模拟信息,则是可提取的。⑥

(5)概念的获得与概念的运用。与以上四组功能性决定因素不同,概念(这里同样不涉及感知概念)的获得(acquisition)与概念的运用(deployment)之间的区分,对于刻画认知构造不具有功能性的意义。但是艾迪迪和古扎德雷表示,记

---

① ③ ⑤ M. Aydede and G. Güzeldere, "Cognitive Architecture, Concepts, and Introspection: An Information-Theoretic Solution to the Problem of Phenomenal Consciousness", *Nous*, Vol. 39, 2005, p. 205.

② 在德雷斯基那里,信息内容是关于信号的。当然,一个概念就是一个信号。

④ 经由原始或原初概念表征所形成的概念类型就是感知概念。

⑥ Cf. F. Dretske, *Knowledge and the Flow of Information*, Blackwell, 1981, pp. 138—139.

住这对区分会为后面的讨论澄清一些潜在的误解。概念的获得与运用可以既是纵向的也是横向的。我们能够通过阅读、与人交谈、观看画面或者推理等方式获得概念，这些都是横向的概念获得方式。此外这里"获得"一词的意义，在激发（triggering）与习得（learning）之间保持中立。

给定了这些决定认知中的信息流架构的区分后，现在就继续探讨由这一信息流构造所产生的概念的本质。

二、认知中的信息流架构

有一点值得注意，上文我们在谈论概念表征时，都没有把感知概念（sensory concepts）考虑在内，这暗示了感知概念有其独特的地位。在这一小节里，我们将基于认知中的信息流构造来区分感知概念、知觉概念与观察概念这三种概念类型之间的差异及其各自的本质。

（a）**感知概念**。我们把从感知经验中直接获得的概念称作为感知概念，感知概念的数字信息内容也是感知表征中数字信息内容的一部分。因此感知概念与感知经验之间的信息抽取／数字化距离（abstraction／digitalization distance）最小。[1]

感知表征的数字信息内容，在几个不同的维度上都是极为丰富的。我们可以把这些维度视为存在着一些待定项（determinables），对于这些待定项，感知经验可以分解为对这些维度的决定值（determinate values）所作的界限设定。据此我们可以分离这些维度，把经验中总体数字信息内容中的某个部分，作为属于这些由经验模块所确定的维度中的某一个。举例来说，我们看到一只熟透的西红柿就涉及视觉经验，该经验的总体数字信息内容包含了关于西红柿颜色的最为特定的信息：它把西红柿表征为特定的红色（例如红$_{16}$）。不过，这仅仅是我们看到这个对象所获得的视觉经验所包含的总体数字内容的一部分。由此我们可以把全部的数字信息看作是能用一个很长的合取式来表示的，这个表达式可以把视觉经验所携带的数字信息极为详尽、细节完备地表达出来。而感知概念，就是那些就抽象距离而言在不同维度上最接近数字信息内容的概念，这些数字信息

---

[1]　M. Aydede and G. Güzeldere, "Cognitive Architecture, Concepts, and Introspection：An Information-Theoretic Solution to the Problem of Phenomenal Consciousness", *Nous*, Vol. 39, 2005, p. 206.

内容也是从感知概念中获取的。①

关于感知表征与表征对象之间的关系,有以下几个方面需要注意。首先,我们知道,感知表征同样携带着模拟信息,一些模拟信息会嵌寓在西红柿的表面是红$_{16}$这一数字信息中(例如,西红柿表面细微的、不同波长的反射光),然而感知表征却不能把这样的模拟信息从信号中(即感知对象)抽取或复原。其次,获得一个感知表征,还涉及另外一种抽取/数字化的过程——也就是某种信息的流失。同样再举西红柿的例子,很明显,如果条件恰当,我们能够分辨出西红柿表皮上的红色有细微的不同(例如朝向光源的一侧亮度略微高一点)。然而这些细微的差别,我们却无法在历时的条件下分辨出来。许多时候我们能做的最好的办法就是用一个感知概念把它们识别或分类为,比如,暗红色。最后需要提醒的是,就颜色的感知表征而言,颜色感知并不表征颜色的构成属性。换言之,颜色感知是不会把颜色表征为具有构成性的成分的,感知表征具有简单的原子式的属性。②

(b)知觉概念。既然颜色感知无法表征颜色的构成性成分,那么我们对几何图像的视觉表征也有这样的特点吗?直觉告诉我们答案是否定的。设想一下,你若看不到一个三角形的线条和角,你便不可能看到这个三角形。要在视觉上表征一个几何图像,必须同时表征它的线条、角、曲线、弧线等等成分,它们是构成一个几何图像的决定性因素。因此,这些最具决定性的概念(线条、角、曲线、弧线等),与它们直接从中获得的感知表征之间的信息提取/数字化距离也不是最小的(感知概念的提取/数字化距离最小)。我们把这样的一类概念叫做知觉概念。就视觉而言,典型的知觉概念包括时空关系、几何图像以及轮廓。③

(c)观察概念。除了感知概念和知觉概念,还有一些比如像苹果、公园、湖泊、汽车等这样的概念类型,我们称之为观察概念。观察概念按理说也应该是从恰当的感知表征中获得的,不过它们的形成未必非得如此,而且事实常常也不是这样的。一个人未必需要看到老虎才能掌握"老虎"这个观察概念。所以说,正确使用观察概念所需要的包含在经验中的信息,其实是很少的,因为仅凭感知经验无法决定把某一类表征对象归类为"老虎",把另一类表征对象归类为"狮

---

① M. Aydede and G. Güzeldere, "Cognitive Architecture, Concepts, and Introspection: An Information-Theoretic Solution to the Problem of Phenomenal Consciousness", *Nous*, Vol. 39, 2005, pp. 206—207.

②③ Ibid., p. 208.

子"。换言之,尽管观察概念指称对象的信息可以从知觉中获得,但观察概念的最终形成却需要某种外在于感知系统的通道条件。① 这样的话,我们可以说,观察概念与感知表征之间的信息抽取/数字化距离,比感知概念和知觉概念都要大。之所以有这样的区别是因为,一个观察概念与外在于它的指称对象之间维系着偶然的关联。②

上述大致区分出了概念系统或中央认知系统的架构。按照概念形成所需的对感知表征中模拟信息的抽取/数字化距离划分,它们分别由感知概念、知觉概念和观察概念所构成。艾迪迪和古扎德雷论证指出,认知中的这种信息流架构有着深刻的哲学意蕴。具体说来,一些对现象意识的功能主义立场持有怀疑态度的哲学家们,经常会拿洛克的"倒置光谱"思想实验来表明,心理的功能属性无法解释现象意识。③ 我们已经初步看到,虽然艾迪迪和古扎德雷的信息论心智架构理论,大体上可归类为对意识的功能主义说明,但他们却认为,倒置光谱思想实验的出现并不偶然,甚至这是可能的。因为倒置光谱涉及颜色的感知表征,而觉察(detect)和指示(denote)感知表征的感知概念却是简单的、原子式的。④ 颜色以数字化的信息携带了嵌寓其中的模拟信息,而这些模拟信息的格式却是不可提取的。⑤ 由于它们不能表征颜色信息的内在结构,倒置光谱思想实验所描绘的情况便是有可能的。

现在,给定了信息论的认知架构说明,艾迪迪和古扎德雷进而要求我们考虑一下"倒置图形"(inverted shapes)的可能性。这个思想实验可以这样来表述:我们可以设想有两个装置 A 和 B,在每个装置面前摆着一对一模一样的图形,它们分别是圆形和正方形。当两个图形的颜色都是红色时,A 和 B 都能如实地把圆形表征为圆形、把正方形表征为正方性;然而当图形的颜色变成绿色时,A 可以正常地如实表征这两个图形,而 B 则会把圆形表征为正方形、把正方形表征为圆形。⑥ 装置 B 的构造显然与我们人类的认知构造不同,在 B 那里,感知表征与对形状的概念表征(知觉概念)之间的信息抽取/数字化的距离是最小的。尽管从

① M. Aydede and G. Güzeldere, "Cognitive Architecture, Concepts, and Introspection: An Information-Theoretic Solution to the Problem of Phenomenal Consciousness", *Nous*, Vol. 39, 2005, pp. 208—209.

②④⑥ Ibid., p. 209.

③ Cf. N. Block, "Inverted Earth", *Philosophical perspectives*, Vol. 4, 1990, pp. 53—79.

⑤ 虽然感知表征和感知概念的模拟信息,是可以被后续的概念类型进一步提取的。

逻辑上说,我们人类具有和 B 一样的构造不是不可能的,但是从自然律则上讲——更准确地说,基于演化论的理由——我们的认知构造恰好与装置 A 是一样的。①因此对于人类而言,倒置图形是不可能的。

我们已经从信息语义学的角度考察了感知概念区别于其他概念类型的关键,那就是感知概念从感知表征中抽取信息的距离是最小的。艾迪迪和古扎德雷进一步引入福多以及马格里斯(Margolis)的概念个体化理论作为这个论点的佐证。福多和马格里斯的理论表明,概念形成(或个体化)与形成概念属性之间的信息联结特征,可以用来考察感知概念的维系机制。获得一个感知概念几乎不会有信息的流失,而且感知概念也不会进一步为认知中央系统的数字化所用,感知概念的获得是被给予的和原初性的(primitive),因而也是非认知性的。这就解释了为什么"习得"这个词不适于应用在感知概念上。相反,在语言生成理论中,无论是经验主义者还是先天论者,大家通常都习惯用"激发"(triggering)这个词来刻画感知概念的维系机制。与感知概念不同的是,知觉概念和观察概念等其他概念类型都是认知性的。尽管获得及运用一个知觉概念在某种意义上是固有的、自动的,但知觉概念作为对感知概念的进一步数字化,仍然有一些信息是流失掉的。②

至此为止,艾迪迪和古扎德雷已经描绘了信息流在认知系统中的架构。根据信息流从感知系统进入到概念系统体现出的种种特征,他们从中为现象意识何以显得如此神秘提供了部分的经验性依据。人类或其他拥有自主意向系统的生物,律则般地与其所处其中的环境相挂钩,自主意向系统与环境的关联是,在意向系统的某个层面上(即感知概念层面),它们一直都依赖于那些能够把环境中复杂的物理属性表征为简单的、原子式的感知表征。进一步地,这就出现了这样一个事实,任何一个具有自主意向系统的生物如果拥有概念(或区别与感知表征的概念系统),无论这个生物体有多么原始或多么复杂,它们必然会拥有某些在我们人类意义上的感知概念。换言之,这就意味着说,一个生物体 x,如果它拥有一个知觉概念或观察概念,那么作为前提条件,x 必然拥有相应的我们意义上的感知概念。我们可以把信息流在认知中的构造用图 4.2 表示如下。

---

① ② M. Aydede and G. Güzeldere, "Cognitive Architecture, Concepts, and Introspection: An Information-Theoretic Solution to the Problem of Phenomenal Consciousness", *Nous*, Vol. 39, 2005, p. 210.

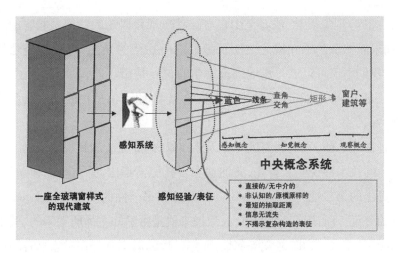

图 4.2　信息流在认知中的构造

三、感知概念为什么特殊

给定了上述信息流在认知中的架构,很明显,尽管感知概念是概念表征而非感知表征,但这种概念表征因其与感知表征的信息抽取距离最小,故而本质上区别于知觉概念和观察概念。从直觉上讲,感知概念基于它们从中获得的感知模式(sensory modality,例如视觉、听觉、嗅觉、触觉等),所以它们是模式化的(modal);而与感知模式的信息抽取距离最大的观察概念,则不是模式化的。正是因为信息抽取距离足够大,以至于要获得或运用一个观察概念,无需依赖任何特定的视觉、听觉、嗅觉、触觉等感知模式。举例来说,张三要获得一个观察概念"老虎",并不是非得拥有一个关于老虎这个对象的视觉表征才行。他完全能够以阅读文字、道听途说等间接方式来获得"老虎"这个观察概念。相反,如果张三像黑白屋中的玛丽一样,从未亲历过关于红色的感知经验,那么他便不可能获得"红色"的感知概念。

回想一下我们在第三章第二节里讨论到的,鲍尔对现象概念不存在的论证。鲍尔根据心理内容或语义内容外在论,表明现象概念是可以经由从他性的方式获得的,以此表明现象概念的经验论题是不可靠的。为挫败鲍尔的论证,我们通过引入了斯珀伯和霍希对于"直观概念"和"反思概念"的区分,表明概念的从他原则仅能够有效运用在反思概念中。事实上这就与艾迪迪和古扎德雷区分出的"感知概念"和"观察概念"非常接近。我们在那里也论证表明了,直观概念可以被视为(纯粹)现象概念,或者至少它与(纯粹)现象概念的特征是相容的。如此看来,如果能够说明感知概念之于现象概念所扮演的角色,与直观概念是相似的,那么我们不仅可以进一步地确证鲍尔的观点是错误的,从而实现了IT的要求(3),还能从斯珀伯和霍希给出的人类学视角,印证信息论的现象概念解释的合理性。

不过在此之前,我们还需进一步为感知概念、知觉概念和观察概念的区分提供信息论的技术性说明。首先,艾迪迪和古扎德雷指出,感知概念和知觉概念,与洛克提出的第二性的质(secondary quality)和第一性的质(primary quality),享有相近的外延。所谓第二性的质,大致说来就是由感知主体所揭示的、关于外在对象的颜色、声音、气味、触觉等属性,而第一性的质则是外在对象具有的可度量的属性,例如空间位置、大小、形状、质量等。用信息论的话来说,第二性的质就是那些在我们经验中,以原始的方式所呈现出的属性。感知表征以模拟的、不可提取的方式携带了关于第二性的质的构成信息。[1]而感知概念虽然是直接且无中介地从感知经验中获得的,但它们首先应用在那些由感知经验所呈现出来的知觉对象、而非感知经验上。[2]信息流要求感知概念的获得及纵向运用,必然使之携带了关于这些概念所指称的属性,因此感知概念也符合了现象概念的透明性特征。

另一方面,刚才我们已经初步给出了感知概念和观察概念的区分,艾迪迪和古扎德雷根据德雷斯基对彻底数字化(completely digitalization)的说明,为它们之间的区分给出了一个技术性的标准。感知概念对它们所指称的属性个体(或例示)的信息无法彻底数字化,因为它们仍以不可提取的方式携带了这些属性的模拟信息。观察概念对于它们所指称的外在对象的信息却是能够彻底数字化的。[3]这样就可以回答,是什么使得感知概念成为特殊的概念类型了,那就是**感知概念缺乏彻底的数字化**。所谓"彻底数字化",德雷斯基的定义是:

---

[1] M. Aydede and G. Güzeldere, "Cognitive Architecture, Concepts, and Introspection: An Information-Theoretic Solution to the Problem of Phenomenal Consciousness", *Nous*, Vol. 39, 2005, p. 212.

[2] 在这里,不包括那些诸如"疼痛""痒痒"这样的不及物的身体感知概念。回头下文会说明这一点。

[3] M. Aydede and G. Güzeldere, "Cognitive Architecture, Concepts, and Introspection: An Information-Theoretic Solution to the Problem of Phenomenal Consciousness", *Nous*, Vol. 39, 2005, pp. 213—214.

一个构造(或信号)S 具有 t 是 F 这个语义内容=(a) S 携带了 t 是 F 的信息,并且(b) S 不携带其他信息——r 是 G,其中,s 是 F 嵌寓于 r 是 G 之中的。①

换言之,一个观察概念 C 的语义内容,是由 C 所携带的关于信息源 o 的最特定的信息,对于 C 而言,没有另外一个独立的构造 e,使得 C 通过携带了 e 的最特定的信息而携带了关于 o 的最特定的信息。在其中,e 可被视为感知经验,观察概念无需追踪 e 而能够独立获得。这就解释了为什么我们能够不依赖于感知经验而能够获得"老虎"这个观察概念。②要获得一个感知概念只能通过 e 这一近端原因来形成,而观察概念的获得则需追踪大量的析取式的远端原因才行。这样说并不意味着观察概念的认知维系机制无需涉及感知/知觉通道以及相应的感知/知觉概念,它们当然需要这些因素的介入,只不过这些因素所提供的信息,通常只是偶然地与观察概念的所指对象发生关联。③例如,仅仅具有关于老虎这个对象的感知概念和知觉概念,并不足以使得某人获得"老虎"这一观察概念。这就好比我们一众人走进山野丛林中,看到了各种各样的草木植被,从而获得了关于它们的感知概念和知觉概念,然而我们却叫不出这些草木植被的名称,无法获得"木槿""松萝""蓖麻""雏菊"等这些观察概念。所以对于获得一个观察概念而言,各种远端原因比感知基础这个近端原因更为重要。相反地,正是因为感知概念不能彻底数字化,因而感知经验这个近端原因对于感知概念的获得是决定性的,这就使得感知概念具有视角性(perspectival)或类似于索引性的特征。④

四、感知概念与现象概念

通过上一节的分析,我们看到感知概念与现象概念有着诸多的相似之处。回想一下在第二章第三节里所提到的巴洛克为现象经验之于现象概念刻画的九

---

① Cf. F. Dretske, *Knowledge and the Flow of Information*, Blackwell, 1981, p. 185.

② 请注意,当我们说它可以"不依赖"感知经验,并不是说它可以"独立于"感知经验。

③ M. Aydede and G. Güzeldere, "Cognitive Architecture, Concepts, and Introspection: An Information-Theoretic Solution to the Problem of Phenomenal Consciousness", *Nous*, Vol. 39, 2005, pp. 214—215.

④ Ibid., p. 215.

个语义/认知特征(a)—(i)。若巴洛克的总结大体无误,我们已经看到,感知概念可以满足其中的几个关键特征,例如经验论题、亲知、透明性、不可错性、非对称的认识等等。①

所以,现在是时候行进到最重要的话题上了。那就是,在什么条件下,一个感知概念可以转化为现象概念? 要回答这个问题,我们首先需要把感知概念和现象概念当作携带了信息的信号。我们知道,一个信号必然含有信息内容,这个信息内容就是该信号所携带的全部的信息。对于一个感知概念而言,它同时携带了数字信息和模拟信息,而其中的模拟信息是以不可提取的方式所携带的。感知概念的模拟信息之所以不可提取,是因为它与感知表征或感知经验的抽取距离或数字化距离是最小的。换言之,感知概念是通过感知经验所携带的信息而携带了关于感知经验对象属性的信息。艾迪迪和古扎德雷据此论证得出,**一个感知概念的信息内容具有双重要素**,从而感知概念"红色"的信息内容(IC)就是:〈红性,红色的经验〉。

这里所谓的红性(redness),大致可被认为是感知概念所指称的感知对象的第二性的质。因而红性归属于感知经验所表征的外部对象。事实上,根据常识理解,我们认为感知概念是应用于外在对象的。以视觉为例,我们一般都会把颜色归为外在于我们的那个对象的表面特征。当你看到一个红色的苹果从而获得一个"红色"的感知概念,你会认为这个"红色",就是苹果本身的颜色。但是另一方面,由于感知概念"红色"只能通过携带了"红色的经验"(E-red)的信息来携带"红性"的信息,所以它必须含有"红色的经验"这个要素。因此艾迪迪和古扎德雷认为,"红性"和"红色的经验"应当同时作为感知概念"红色"的信息内容。②

那么,感知概念的语义内容是什么呢? 如果按照德雷斯基关于信息的彻底数字化说明,那么一个概念 C 的语义内容,就是 C 所携带的关于信息源 o 的最为

---

① 现在我们可以说,在巴洛克的总结里,现象概念的语义/认知特征 f,即精细性(fineness of grain)是不成立的。精细性特征指的是:"通过现象概念,经验主体无法区分出经验中的精细性特征。对于这种精细性的特征,现象概念当然也就不能在思想中对之进行应用和再应用了。我们可以区分出上百万种不同色度的颜色经验,却仅能形成几十个用以表达颜色经验的概念。"很显然,巴洛克对 f 的刻画,建立在现象概念可以在公共语言中得以表达这一预设的基础之上。通过上述对感知概念的说明,巴洛克的这个预设是错的。我们所说的感知概念并不是在语言学的意义上来讲的,但观察概念就没这个问题。

② M. Aydede and G. Güzeldere, "Cognitive Architecture, Concepts, and Introspection: An Information-Theoretic Solution to the Problem of Phenomenal Consciousness", *Nous*, Vol. 39, 2005, pp. 215—216.

特定的信息,在其中,没有另一个独立的构造 e,使得 C 通过携带了 e 的最为特定的信息来携带关于 o 的最特定的信息。①如此一来,一个感知概念"红色"的语义内容应当是它从中获得的、信息抽取距离最近的感知经验——即"红色的经验"。然而,艾迪迪和古扎德雷认为,由于德雷斯基并没有像他们这样详细地区分概念的认知架构,因此德雷斯基的语义内容界定不适用于感知概念。这是因为,感知概念"红色"具有通过"红色的经验"来标示外在对象"红性"的功能,而在一些诸如错觉或幻觉这样的非正常情况下,拥有一个"红色的经验"并不意味着此刻存在着一个"红性"的外在对象属性。对于获得一个感知概念"红色"来说,鉴于全局表征(global representation)的需要,概念系统要使用并整合关于外在事物的更为特定的信息,那么只能基于感知表征以自身的方式,把感知表征的内容范畴化为(categorize)外在对象来向概念系统传输信息。如此一来,感知表征内容的信息在概念化的过程中,将它们的语义内容绑定到生物体之外的对象那里才是最好的。②艾迪迪和古扎德雷据此指出,**一个感知概念"红色"的语义内容(SC),应当确定为这个概念所具有的双重要素的信息内容的前一要素,也就是〈红性〉。**③

这种确定感知概念语义内容的标准在于,出于生物演化利好的需要,为了具有关于我们外在环境的融贯的全局表征,认知系统必须挑选出信息内容的前一个要素来作为它的语义内容。这就意味着,来自融贯的全局表征压力越小,例如在信息稀缺、信息源不足等情况下,一个感知概念的语义内容就越会脱离外部世界。事实上,刚才在谈到感知概念时,我们都以视觉感知概念"红色"为例,而视觉表征是产生那些将感知概念的语义内容确定为前一个要素的典型的信息源。当我们考虑到其他的感知模式时(例如听觉、嗅觉、味觉、触觉),这个情况变得越来越不明显。一旦涉及类似于"疼痛"、"痒痒"(tickle)、"瘙痒"(itch)这些不及物的(intransitive)身体感知概念,在艾迪迪和古扎德雷看来,它们的语义内容应当被确定为信息内容的后一个要素。以身体感知概念"疼痛"为例,它的信息

---

① ③ M. Aydede and G. Güzeldere, "Cognitive Architecture, Concepts, and Introspection: An Information-Theoretic Solution to the Problem of Phenomenal Consciousness", *Nous*, Vol. 39, 2005, p. 216.

② Ibid., pp. 217—218.

内容同样具有双重因素:〈肌肉损伤,损伤的经验〉,而它的语义内容却只能是〈疼痛的经验〉。①因此,不同于"红色"这样的视觉感知概念,尽管两者都有等同的信息流,但它们语义内容的概念应用却是不对称的。

　　详细说明这种不对称的原因并非当前的目标。大体上说,这是因为身体感知概念携带了比视觉感知概念更多不可被概念系统进一步彻底数字化的模拟信息,以至它们无法产生出与感知经验有着更大的信息抽取距离的概念来。而鉴于全局表征的要求,这些概念(在视觉感知概念中,如图4.2所示,它们可以是"线条""直角""窗户"等)则使得抽取距离上较小的感知概念的语义内容必须与外部对象相挂钩。换言之,身体感知概念,例如"疼痛",只能通过疼痛经验这个身体感知表征来携带肌肉损伤的信息,而疼痛经验所携带的外部世界信息又极其贫乏,它甚至不足以充分表征携带者复杂特征的身体状况,所以身体感知概念"疼痛"的语义内容,只能应用到它的近端原因即疼痛经验上了。②

　　关于不及物的身体感知概念与及物的视觉感知概念之间的语义内容不对称性,艾迪迪还在《哲学杂志》上发表专文讨论过。③他认为身体感知这种特殊的感知表征对强表征主义(strong representationalism)理论构成了无法回应的挑战。④而如果站在二元论者的角度上来看待这个问题,像克里普克模态论证这类力度颇强的二元论论证,则通常喜欢拿身体感知概念"疼痛"作为考察案例。如果艾迪迪和古扎德雷是正确的,那么就能解释,正是因为"疼痛"的语义内容只能确定在近端原因即〈疼痛的经验〉上,所以才显得疼痛这类身体感知经验的表面属性(即疼痛的经验)与它的本质属性(即C-神经纤维激活)是一样的。艾迪迪和

---

　　① M. Aydede and G. Güzeldere, "Cognitive Architecture, Concepts, and Introspection: An Information-Theoretic Solution to the Problem of Phenomenal Consciousness", *Nous*, Vol. 39, 2005, pp. 219—220.

　　② Ibid., pp. 221—222.

　　③ Cf. M. Aydede, "Is Feeling Pain the Perception of Something?", *The Journal of Philosophy*, Vol. 106, 2009, pp. 531—567.

　　④ 强表征主义者相信,知觉经验的现象内容就是外在于心灵的知觉表征内容。这一观点的主要的支持者有泰尔、鲍尔、克兰以及后期的杰克逊等。回想一下我们在第三章第二节讨论到的鲍尔和泰尔对于现象概念不存在的论证,我们提及到,他们之所以放弃现象概念策略,正是因为他们找到了强表征主义的直接实在论,以此捍卫现象属性等同于外在于心灵的物理属性的观点。如果艾迪迪这里的观点是正确的话,那么也就一定程度上挫败了强表征主义。关于表征主义理论,可参见,M. Tye, "Representationalist Theories of Consciousness", in B. R. McLaughlin, A. Beckermann and S. Walter (eds.), *The Oxford Handbook of Philosophy of Mind*, Oxford University Press, 2009, pp. 253—267.

古扎德雷继而论证了"疼痛感知"事实上不过是"疼痛的内省"（pain introspection），而由感知概念所伴随的知觉范畴化（perceptual categorization）却不能被当作内省。①根据我们对疼痛概念的理解，疼痛本质上就是感知经验，只要我们主观上感受到了疼痛就有疼痛的发生，疼痛对于遭受疼痛的人来说是私密的，在认识论上是不可纠正的。所有这一切都表明，当我们察觉到自己的疼痛时，我们已经把"疼痛"这个感知概念直接地、无中介地应用到了自己疼痛的感知经验上。换言之，我们此时是在内省自己的感知经验而非感知经验所表征的外部实在了。

那么什么是内省呢？要回答这个问题，就得追问意识的现象性到底是如何发生的，而这相当于追问意识是如何发生的。根据前面的说明，认知构造的信息论解释表明，一个自主意向系统拥有某个特定的有意识的或感知的现象特征，它并不是实现这个现象特征的大脑运行机制所固有的，而是整个自主意向系统与环境之间产生信息和功能交互关联的结果。确切地说，某些大脑运行机制把外部对象表征为有意识的，仅当它们以某种特定的方式携带了关于外部世界的信息，并且这些信息与恰当而精密的（sophisticated）概念系统相挂钩，以此满足生物体演化的需求。根据这种解释，很显然，**具有自主意向能力的生物不必借助内省能力便能够具有现象意识**。对经验的内省是一种认知机制或认知能力，它通过使用感知概念的后一个要素，也就是选择了感知经验来范畴化为它的**语义内容**。②感知概念（除了不及物的身体性的）是应用于外部实在的概念，而察觉、构想和思考我们的经验以及经验的现象特征，则需要涉及内省能力。于是现在的问题是，当我们内省自身的感知经验时，我们的概念系统会发生什么样的变化呢？

从不及物的身体感知概念的语义内容与视觉感知概念内容之间的不对称性，我们知道，感知概念不同的标示（denotation），产生了不同的概念。一旦我们内省红色的经验时，我们所谈论的、其语义内容是〈红性〉的**感知概念"红色"**（称之为"s-红色"），就以不同的方式得以使用，转换成了语义内容为〈红色的经验〉

---

① M. Aydede and G. Güzeldere, "Cognitive Architecture, Concepts, and Introspection: An Information-Theoretic Solution to the Problem of Phenomenal Consciousness", *Nous*, Vol. 39, 2005, pp. 223—225.

② Ibid., p. 225.

（E-red）的**现象概念**［红色］（称之为"p-红色"）①。可以说，**现象概念就是那种使得我们能够察觉和归类自身感知经验的现象属性的概念类型**。那么由感知概念变成现象概念的转换是怎样发生的呢？这就需要从现象概念"p-红色"的源头开始说起。我们已经知道，"p-红色"利用了与"s-红色"同样的信息流构造，不过"s-红色"不只是"p-红色"发生学的源头。**当感知概念被用来确定它们所携带的、被经验到的信息到底是怎样的经验时，感知概念就转化成了现象概念**。正是感知概念作为现象概念的认知源，使得我们的内省是"透明的"。这就解释了为什么当我们内省自身经验时所碰到的那些属性，显得是由我们的经验所察觉的（detect），而非呈现的（exhibit）或表征的（representational）。也就是说，虽然现象概念"p-红色"的语义内容是感知概念"s-红色"信息内容的后一个要素即〈红色的经验〉，但在现象概念这里，语义内容〈红色的经验〉是涉物（de re）的。当我们纵向地把现象概念"p-红色"应用于**红色的经验**（experience of *redness*）时，这种涉物的内省判断的语义内容是："**这就是红色（redness）得以记录（registered）或得以经验的样子**"。其中，"这"指称了某个大脑状态。要注意的是，由于我们是在信息论的框架中来解释现象概念的，而根据对信息的定义，现象概念语义内容的出现，仅当排除了与信息源相关的其他可能性从而把语义内容定位在内在于关联定义的现象特征空间之中，因此"这"在这里只是一个指代词（predicative），而非纯粹的索引词（indexical），不揭示该大脑状态的构成性构造。②

　　结合我们对不及物的感知概念和及物的感知概念的区分，关于现象概念如何使用了同一个的感知概念的信息构造，我们可以用图4.3表示如下：

　　至于说感知概念转换为现象概念的能力或机制，在何种程度上是与生俱有的，何种程度上又是依赖于基因发育机制或认知发展机制的，艾迪迪和古扎德雷认为，这是一个有待解决的经验问题。不过发育心理学有证据显示，这种机制大

　　① M. Aydede and G. Güzeldere, "Cognitive Architecture, Concepts, and Introspection: An Information-Theoretic Solution to the Problem of Phenomenal Consciousness", *Nous*, Vol. 39, 2005, pp. 225—227.

　　② Ibid., pp. 227—228. 此外，艾迪迪和古扎德雷据此论证了现象概念的信息论解释，既能满足内在主义的直觉，且不违背心理内容的外在主义要求。当然，在下一章里我们会看到，这不会威胁到现象概念的信息论解释满足 IT 的要求（3），即现象概念的不可从他性。

"红色"的信息内容=〈红性,红色的经验〉,"红色"的语义内容=红性
因而"红色"是一个感知概念

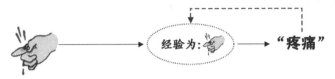

"疼痛"的信息内容=〈损伤,损伤的经验〉,"疼痛"的语义内容=疼痛的体验
因而"疼痛"是一个现象概念

图 4.3

概只能是在生物体发展到具备了常识心理学的阶段才能形成。[①]事实上,许多动物以及人类婴儿都处于拥有现象意识却不具备内省自身经验的能力的状况。只要它们与世界发生感知上的关联,就能享有现象性的意识经验,但由于缺乏内省能力它们无法获得现象概念。

泰尔曾指出,哲学家对现象概念谈论得很多,却没有谁可以给出它究竟是什么的正面的、明确的定义。[②]到此为止,根据艾迪迪和古扎德雷的对现象概念的信息论解释,现在我们可以为现象概念下这样一个定义。现象概念就是,当我们内省自身意识经验的现象特征时所用到的那种概念类型,它与感知概念有着同样的信息构造,但它是对感知概念信息内容的后一要素即感知经验的使用,从而将感知经验作为自身语义内容的概念类型。尽管它的语义内容指称了该感知经验的某种大脑状态,但它并不揭示(或数字化)该状态的构成结构。

总结一下本章的工作。首先,我们从当下流行版本的现象概念理论危机中,总结出了化解这些危机的充分条件(1)—(7),满足这些条件的现象概念理论被称为理想理论(IT)。其次,根据 IT 的要求(1)—(7),我们详细考察了德雷斯基建构的信息语义学,从而使得 IT 的基座理论(5)—(7)得以满足。最后,我们进一步刻画了由艾迪迪和古扎德雷在德雷斯基的信息语义学基础上所展开的对意

---

① M. Aydede and G. Güzeldere, "Cognitive Architecture, Concepts, and Introspection: An Information-Theoretic Solution to the Problem of Phenomenal Consciousness", *Nous*, Vol. 39, 2005, pp. 226—227.

② M. Tye, *Consciousness Revisited*, Oxford University Press, 2009, p. 42

识、内省和概念表征的讨论，从而最终完成了对现象概念的信息论的解释。从研究进度上说，当下最为迫切的任务就是去考察，现象概念的信息论解释是否能够满足 IT 理论要求中的(1)—(4)。如果成功的话，这就意味着：(a)现象概念的信息论解释是所有版本的现象概念理论中最好的一个；(b)现象概念策略获得了辩护，进而本体论的物理主义便能够击败二元论。

第五章
尘埃落定：走向态度二元论

第一节 本体论物理主义的证成

一、理想理论的雏形

上一章的小结指派了我们当下的任务,那就是去说明现象概念的信息论解释,能够满足(更确切地说,推导出)理想的现象概念理论(IT)要求(1)—(7)。考虑到上一章的第二节里,我们已经展示了德雷斯基的信息语义学基本满足了作为 IT 基座理论的要求(5)—(7),剩下的任务便是去说明,现象概念的信息论解释,也满足 IT 要求(1)—(4)。它们分别是:

(1) IT 既不同于明示性/索引性解释,也不同于构成性解释。

(2) IT 应当是功能主义的,或至少相容于功能主义。

(3) IT 可以为现象概念的不可从他性提供解释。

(4) IT 应当说明,即使怪人情形是积极地可构想的,然而一旦给出了 IT,怪人就不能真正地被我们构想。

首先看要求(1)。我们在第二章第四节中说明过,如果把现象概念当作明示词或索引词,为使得这种明示性/索引性机制得以运行,必须诉诸它所指称的感知表征或感知经验作为现象概念与所指对象之间的中介。这意味着感知表征或感知经验包含在现象概念之中,因此现象概念的明示性/索引性解释,实际上应该被当作构成性解释的一种了,而构成性解释要么面临着自然化的困境,要么面临着恶性循环的困扰。这类解释版本声称,独立于物理-功能概念而指称意识经验的现象概念,其本身就是由意识经验的个例所构成的。作为物理主义者,我们探究现象概念理论本身就是为了说明由现象意识带来的"解释空缺",而构成性解释却因为再度引入了现象意识从而招致了解释上的恶性循环。另一方面,很显然,这一主张落入了查默斯万能论证"第一个困境"的陷阱当中:现象概念可以解释我们的认知状况,然而它不是物理的——因为它是由(在二元论者看来)非物理的意识经验所构成的。而我们的努力方向则是对现象概念的语义/认知特征及其生成提供自然主义的说明。通过艾迪迪和古扎德雷对现象概念的信息论解释我们发现,这种现象概念理论显然区别于构成性解释。就其本质而言,现象概念是通过经验主体的内省而引发的,是对形成感知概念的信息构造的使用或语义内容转换产生的。它是一种把感知经验及其现象特征呈现给我们自身的特殊方式,从而有别于构成性解释所提供的理解,即把意识经验当作现象概念的构成成分。此外,尽管艾迪迪和古扎德雷相信,当现象概念纵向地或涉物地(de re)应用在感知经验个例(例如红色的经验)时,它的语义内容可以被理解为:"这就是红色(redness)得以经验的样子",但其中的"这"所指称的只能是实现该信息流的某个大脑状态。并且由于现象概念以不可提取的方式携带了感知表征的模拟信息,从而它是不能被彻底数字化的,因此现象概念语义内容中的"这"不能揭示出大脑状态具体的构成性构造,现象概念也就不能被视为是一个明示性或索引性概念。①

再看要求(2)。在第三章第一节里,我们从帕品纽方案的失败中总结出,若将现象概念策略嫁接到心脑同一论上,其结果要么导致结构上的不融贯,要么需要引入现象概念无法确定地指称现象属性类型这个不可接受的论题。因此,物理主义者要通过现象概念策略来为他们的本体论论题辩护,只能采纳功能主义版本而非同一论版本。很明显,艾迪迪和古扎德雷的现象概念信息论版本就是一种功能主义说明。任何生物体,甚至是在物理构造上有别于地球生命的硅基存在物,只要它们是自主意向系统,具有相似的、足够成熟的感知表征和概念表

---

① 路德维希(P. Ludwig)论证表明,现象概念是描述性的、间接的和关联性的,无论如何它们不会是明示性或索引性的。事实上,信息论解释版本可以支持这一说法。Cf. P. Ludwig, "A Descriptivist Theory of Phenomenal Concepts", pp. 1—23, http://www.researchgate.net/publication/239328420_A_description_theory_of_phenomenal_concepts.

征的结构和功能,就不出意外地享有意识经验和相应的现象概念。所以 IT 要求
(2)同样可以被信息论版本所满足。而且,这一理路可被看作回答了我们在上
一章第一节里提到的,关于意识的"是谁问题"或布洛克所说的"更难问题"。

　　接着看要求(3)。在第三章第二节里,我们论证指出,要想反驳泰尔和鲍尔
给出的现象概念不存在论题,一条有效的进路就是去表明,心理内容或语义内容
的外在论无法应用到现象概念上,一个纯粹现象概念的获得是不可从他的,并且
是非语言的(non-linguistic)、不可表达的。现象概念的信息论解释版本根据感知
表征与概念表征之间的信息抽取/数字化距离的不同,把概念表征区分为感知概
念、知觉概念和观察概念。这三种概念类型的获得,越往后越数字化程度越高,
因而对近端原因即感知表征的依赖性也越小。我们看到,伯奇和普特南在论证
语义内容外在论时,他们给出的可从他的例子几乎都是类似于"榆树""关节炎"
或"水"这样的观察概念。观察概念对感知表征或感知经验的依赖性非常小,经
由专家的证词而获得(这里所谓的"获得",是"习得"而非"激发"的意义上而言
的)观察概念的可能性就很大。

　　事实上,我们有大量的观察概念词汇都是通过这样的途径而获得的。一个
人甚至可以从未有过关于"蝾螈""指猴""独角鲸""水滴鱼"这些稀奇古怪动物
的感知经验(哪怕是看过相关的图片),但他完全可以通过阅读文字记载而获得
这些观察概念。无论如何,要获得一个观察概念,在信息构造上可以不必追踪
(track)该对象的感知经验。相反,感知概念与感知经验有着最小的数字化距
离,要获得一个感知概念,必须通过追踪相关的感知经验的特征才行。在第三章
第二节,我们通过斯珀伯和霍希区分出的"直观概念"和"反思概念"来论证,由
语义外在论所支持的概念持有标准(CCP)和概念的从他性原则(PD)只能应用
在反思概念上。我们认为,直观概念和反思概念的区分,对应到信息论中,就是
感知概念和观察概念的区分。而现象概念不过是经由内省而引发的对感知概念
信息构造不同的语义使用而已。另一方面,像洛克指出的那样,传统的概念理论
普遍认为,概念作为公共实体(public entities)是可表达的。不过,我们是在心理
语义学的意义上来谈论感知概念的,而感知概念是非语言的。即使一个盲人可
以正确地持有"红色是一种颜色"这一信念,但由他说出的"红色"这个语词绝不
是一个感知概念的表达,因而也不可能是现象概念的表达。所以我们可以确认,
现象概念的信息论解释可以满足 IT 要求(3)。

二、万能论证不万能

现在我们要重点考察,现象概念的信息论解释如何回应怪人的可构想性论证以及建立在可构想性论证基础上的万能论证。我认为,在查默斯的万能论证面前,**信息论解释非常稳健**,它为**本体论物理主义设置了三重保障**。第一重保障是,即使万能论证的基础——即怪人情形是可构想的——无论是消极地(negatively)可构想还是积极地(positively)可构想,这只是一种可构想的表象,一旦我们详实地给出心智架构的信息论说明,怪人是不可真正构想的。这就使得万能论证的前提都成了问题,因而它满足了 IT 的要求(4)。第二重保障是,即使怪人情形是积极地可构想的,给定了现象概念的信息论解释,怪人情形在形而上学的意义上也是不可能的。这是现象概念策略的论证效力起了作用。第三重保障是,现象概念的信息论解释实质上演示证明(demonstrate)了现象概念既能解释我们的认知状况,又能得到物理-功能说明,从而正面反驳了万能论证的有效性。接下来让我们对这三重保障一一进行说明。

首先看第一重保障,也就是 IT 要求(4)。作为对本体论物理主义辩护的第一道防线,这层保障旨在针对可构想性论证。如果怪人情形或怪人世界(P&~Q)本质上是不可构想的,那么可构想论证所依赖的 CP 论题——从可构想性到可能性的推导——从一开始就无法施展了,从而依赖于可构想论证的万能论证也将无法启航。在查默斯那里,可构想性分为两种:消极的和积极的。我们能够消极地构想 S,指的是仅凭我们所知的或所相信的信念,无法先验地排除 S,即使 S 并不是一种真实事例。①例如,我们可以消极地构想存在能够使人长生不老的青春之泉,即使这明显地违背科学常识;然而我们无法消极地构想有着四条边的三角形,因为这个事例本身就是先验地不一致的。另一方面,我们能够积极地构想 S,指的是我们能够想象(imagine)一个情形,该情形证实了(verify)S。这里所谓的想象,包括知觉想象和模态想象。知觉想象指的是,我们可以通过想象一幅一只猪在天上飞翔的图景,从而积极地构想了一只会飞的猪;模态想象虽然难以用知觉图景来构造,但我们可以通过构想一个证实了该情形的可能世界来达到

---

① D. Chalmers, "Does Conceivability Entail Possibility?", in T. S. Gendler and J. Hawthorne(eds.), *Conceivability and Possibility*, Oxford University Press, 2002, p. 149.

对它的积极构想。例如我们可以想象德国人赢得了二战的胜利，或者想象水不是 H_2O，这些都属于模态想象。①进一步地，查默斯认为，积极的可构想性是一种理想化的可构想性，而理想化的可构想性涉及理想化的理性反思（ideal rational reflection）。②这就意味着如果 S 是积极地可构想的，那么关于 S 的任意的细节情形若为真，它们都是融贯的或不矛盾的。③查默斯表示，我们至少可以消极地构想这种有着与我们人类一模一样的物理构造和行为表现却缺乏现象意识的怪人（因为怪人情形无法先验地排除掉）；并且，大多数的物理主义者也赞同，我们甚至可以积极地构想它（例如好莱坞影片里的僵尸，就近似于一种知觉想象）。

给定了查默斯对可构想的条件说明，需要解释的是，我们所设定的真实的可构想性（genuine conceivability）有别于查默斯的可构想性。当我们真实地构想一个情形 S，就是给定了关于 S 所具备的或与之相关的全部细节的集合 E，基于自然律则的局限性理性反思（restricted rational reflection）要求，S 若为真，当且仅当集合 E 中任意两个要素 e_1 和 e_2 都是相容的或不矛盾的。相比查默斯的积极可构想性，真实的可构想性严格地依赖于我们真实世界的自然律则。举例而言，我们可以积极地构想张三可以跑出超越光速的速度。这一情形的构想属于模态想象，然而给定相关细节 E，我们发现，其中的要素 e_1 也就是超光速，与要素 e_2 即现实世界中的自然律则是不相容的，因为没有什么物体在时空中的行进速度能够超越光速。不过，我们倒是可以说，张三在 1 秒钟内跑完 110 米栏是能够真实地构想的，因为这一情形并不违背基本的自然律则。事实上，我们同样可以把真实的可构想性看作是一种模态想象，只不过，我们模态想象出的情形 S，是被一个最大化的邻近可能世界所证实，这个可能世界与真实世界共享同样的自然律则，因其真实可构想的情形 S 与模态上可能性之间有着最为密切的关联。当一个人说，张三跑得比光速还快是不可构想的，这就意味着此人相信，这个情形超越了自然律则的限度，从而与该情形相关的细节集合 E 是不融贯的。在这个意义上，它是不可真实地构想的。为把我们所说的真实的可构想性与查默斯意义

---

① D. Chalmers, "Does Conceivability Entail Possibility?", in T. S. Gendler and J. Hawthorne (eds.), *Conceivability and Possibility*, Oxford University Press, 2002, pp. 150—151.

② D. Chalmers, "Materialism and the Metaphysics of Modality", *Philosophy and Phenomenological Research*, Vol. 59, 1999, p. 477.

③ M. Aydede, "Are Phenomenal Zombie Conceivable?", unpublished, pp. 2—3. https://philpapers.org/archive/AYDAPZ.pdf.

上的可构想性区分开来,我们将消极的和积极的可构想性叫做"可构想性的表象"(appearance of conceivability)。

现在让我们回到查默斯的可构想性论证。我们知道,查默斯让我们构想这样一个怪人,它有着与我们普通人类完全一样的物理-生理构造,怪人表现出的行为言语等方面与正常人类完全一致。到这一步为止,事实上这个怪人与我们身边普普通通的张三李四不可分辨、毫无区别。然而,使得怪人之所以怪诞的是,它与普通人类最大的不同在于,怪人不具有现象意识或意识经验。这就意味着说,怪人貌似能够像普通人类那样与周遭的事物打交道,做出同样的行为,乃至评头论足、吟花颂月、多"愁"善"感",但通俗地讲,怪人的这一切外在表现类似于"伪装",它的内在意识经验世界一片空白。我们设 P 为人类全部的物理-生理属性,Q 为意识经验属性,那么怪人的情况则为 P&~Q。现在的问题是,这样的怪人是可构想的吗?

艾迪迪指出,以往物理主义者把 P 作为"完备的微观物理描述",然而当我们思考怪人情形时,微观物理描述层面并不是一个正确的描述层面,关于 P 的正确层面应当是给出了完备细节的自然化的最高层面(highest naturalistic level)——也就是他和古扎德雷所刻画的心智架构的信息论解释层面。这个关于 P 的自然化的最高层面的描述,随附在微观物理层面上,或者说可以被微观物理所实现。① 在我看来,艾迪迪指责当今大多数的哲学家们错把微观物理事实作为关于 P 的描述层面,正是因为他们这样做时,理性反思无法揭示出由 P 所蕴涵的完备细节 E,从而错过了发现其中不融贯的地方。我们本该是以局限性的理性反思对 P 进行审查,却因为描述层面的错置而把 P 的审查任务交给了理想化的理性反思。如此一来,虽然怪人是能够被我们积极地可构想的,至于我们是否能够真实地构想怪人,这一点就变得很可疑了。

根据心智架构的信息论解释,只要怪人和普通人类一样具备概念表征和基于概念表征之上的行为输出,它便具有思考、推理、学习、筹划和行动等诸种能力,那就意味着怪人的感知系统和认知系统必然发挥了从环境中获取信息并为其所用的能力。另一方面,根据我们对怪人的描绘,它的概念表征中不可能拥有我们人类意义上的感知概念。这是因为,感知概念是与感知表征有着最小数字

---

① M. Aydede, "Are Phenomenal Zombie Conceivable?", unpublished, pp. 4—5.

化距离的概念类型,感知概念以不可提取的方式携带了嵌寓在数字信息中的模拟信息,而这些感知表征中不可提取的模拟信息,从第一人称角度上说具有现象特征。因此我们发现,怪人的感知系统(如果有的话)和认知系统只能携带可提取的模拟信息而无法携带不可提取的模拟信息。如果情况是这样的话,我们就很难相信,在物理-生理-信息构造层面上与我们完全一样的怪人,它的感知表征和认知表征能够跳过携带不可提取的模拟信息而直接携带了数字信息。因为信息流从感知表征到感知概念再到知觉概念,最后形成观察概念从而为行动输出系统所使用,这个过程必须有渐进式的信息抽取或数字化的演变过程。如果说怪人是真实可构想,那就相当于说,我们作为一个普通人类无需看到一个苹果的颜色、轮廓、形状,就能看见那个苹果本身。①根据信息论的心智构造说明 E,我们发现,怪人情形使得 E 是不融贯的,因此我们无法真正地构想怪人。既然怪人是不可构想的,作为万能论证基础的可构想性论证就是无意义的,万能论证也便无法启航了。在我看来,这一论证方式可以有效地避开巴洛克指出的"形而上学的僵局",IT 的要求(4)也由此得以满足。②

　　可能有人会反驳说,根据现象概念和心智构造的信息论解释,怪人是不可真正构想的,那么艾迪迪和古扎德雷也将否认在认识论上存在着解释空缺,因而他们所采纳的应当是 A 型物理主义,而承诺现象概念的存在只能在 B 型物理主义框架中得以实现,所以这在信息论解释框架内部是自相矛盾的。这个反驳是无效的,因为我们没有否认查默斯意义上的可构想性(即"可构想性的表象"),而只是说,当我们对怪人的物理-生理构成 P,在自然主义化的信息论这一高阶层面上给予说明时,怪人是不可真正构想的。给定了这一切,万能论证的基础——即可构想性论证,便是有问题的。到了这一步,反对者或许会进一步指责说,这实质上并没有正面驳斥万能论证,从而与其说反驳了万能论证,不如说回避了它的挑战。我赞同这样的说法,但是我们马上会看到,第三重保障表明,现象概念

---

　　① 也许有人会反驳说,盲视现象恰恰就揭示了这样一种可能性。对此需要澄清的是,盲视患者并不完全享有怪人或正常健康人类所拥有的完善的生理构造和行为表现。他们的大脑视觉神经或视觉皮层部位(一般是 V1 视觉皮层)通常遭受了损伤。相关研究表明,盲视患者虽然在 V1 皮层遭受了损伤,但是其他大脑部位有可能挽救或弥补了因 V1 皮层的损伤而缺失的信息通道。无论如何,盲视患者的物理-生理-信息流构造 P,与正常、健康的成人的 P 不同,而怪人情形与我们却是完全一致的。

　　② 类似地,瓦拉哈(B. Vallabha)也在有着自主行动能力的能动者(agent)这一高阶的层面上,反驳了怪人的真实可构想性。Cf. B. Vallabha, *Agent and The Mind-Body Problem*, Doctoral Dissertation, Harvard University, 2008, pp. 19—50.

的信息论解释以另一种更强硬的方式迎击了万能论证。

继续看第二重保障。艾迪迪和古扎德雷提供了一套关于现象概念的信息论解释，我们知道，这种说明保证了现象概念的存在，那么我们就可以经由现象概念策略进路，阻断查默斯提出的从可构想性到可能性的论题了。第二章已经说过，所谓现象概念策略，就是旨在论证我们有两种截然不同的思考意识经验的进路，现象概念的进路和物理-功能概念的进路。即使怪人是积极地可构想的，也不过是由于当我们运用这两套进路时产生了心-物分离的直觉所导致的。这种认知特征说明了认识论上的"解释空缺"——我们没法先验地从物理事实中推出现象经验——但并没有理由从中推出本体论空缺的存在或怪人存在的可能性。此外，无论是模态论证还是二维语义学论证，它们的相通点都是旨在表明，"疼痛"这个概念的语义内容在不同的可能世界都是一样的或具有稳定性的特点，从而作为固定指示词，它无法像"水"或"热"这些固定指示词那样，固定不变地挑取以现实世界为中心的、经由科学发现的内在本质。不过我们在现象概念的信息论解释中已经说明了现象概念语义稳定性的生成机制，那是因为现象概念是通过对经验的内省而产生的，对（除了不及物的）感知概念信息内容的后一个要素即经验性要素进行使用，将其作为其自身的语义内容。然而这一点丝毫不能推出具有现象特征的感知经验本身无法得到物理-功能说明。因此后验物理主义原则上是可以得到辩护的。

最后来看第三重保障。无论如何，万能论证旨在逻辑地推出，现象概念与本体论物理主义框架结构上是不相容的：如果现象概念可以解释我们的认知状况，它便无法得到物理主义的说明；如果现象概念可以得到物理主义的说明，它便无法解释我们的认知状况。我相信，要说查默斯的万能论证看似有说服力，那是因为除了现象概念理论的信息论解释版本之外，其他的现象概念理论版本——尤其是最流行的明示性/索引性解释和构成性解释——由于没有相应配套的基座理论，大多只是流于臆断地去解释现象概念的特殊性，因此这些理论几乎都是残缺不全的：前者无法说明我们的认知状况，后者则难以得到物理主义的说明。而查默斯在万能论证中，所针对的主要就是流行版本，他甚至都没有提到艾迪迪和古扎德雷的信息论解释。通过上一章论述我们发现，事实上信息论解释版本构建了一个完备的符合物理主义框架的现象概念理论，并且该理论很好地解释了现象概念在心智架构中所占据的位置，解释了它的产生条件，还解释了它何以具有孤立性、语义稳定性、不可错性／不可纠正性等足以说明我们认知状况的特征。这些优势都从正面积极地演示了物理主义者既可以在物理主义或自然主义的框架中解释现象概念，又能够恰如其当地表明现象概念可以解释我们的认知状况。在这个事实面前，万能论证无法再多说什么了。

　　我认为，比起帕品纽、巴洛克以及卡鲁萨斯和威列特等人在逻辑层面上的反驳，信息论版本的演示证明更为有效。也许有人对我们所支持的这种反驳方式表示不屑，他们会用摩尔（G. E. Moore）在《外部世界的证明》一文中驳斥怀疑论的例子与我们的论证方式进行比较。摩尔说，我现在就可以证明存在两只手。如何证明呢？通过举起我的两只手，并且在我用右手做出某个手势时说，"这里有一只手"，而在用左手做出某个手势时补充，"这里还有另一只手"。①就摩尔的这一反驳方式，不少哲学家认为他仅仅诉诸了关于知识确定性问题的常识理解，并没有做出实质性的证明。然而我相信，即便摩尔没有做出实质性的证明，它也不能构成我们反驳万能论证的一个反例。与怀疑论的问题不同，当我们讨论现象概念能否相容于物理主义时，我们应当将它置于经验的维度来考察，而信息论解释正是在这个维度上给出了摧毁性的演示证明。所以第三重保障也是有效的。

三、打破二元论的谜咒

　　至此为止，我们在第四章提出的理想的现象概念理论（IT）所要求的条件（1）—（7），全都能够在艾迪迪和古扎德雷的心智架构及现象概念的信息论解释中得以满足，或者说，由它所蕴涵。既然如此，我们认为，这样一种以心智架构的信息论解释为基座的现象概念理论，是当今所有现象概念理论中最好的版本。并且，通过上一小节也看到，它能够回击各种反物理主义二元论论证。

　　本书上篇行进到了这里，可以说已经完成了我们对本体论物理主义的辩护。关于现象概念信息论解释，由于哲学家们尚没有给予应有的关注，我们还没发现有人提出过值得考察的批评。不过，在这里我们不妨构思一种潜在的反驳。

　　抛开心智架构的信息论解释的细节，我们知道，艾迪迪和古扎德雷对意识经

---

① G. E. Moore, "Proof of an External World", *Proceedings of the British Academy*, Vol. 25, 1939, pp. 273—300.

验的现象特征和现象概念语义内容的说明,本质上诉诸了具有信息传输功能及使用功能的感知系统和表征系统,与外部环境中各种信号所携带的信息之间有互动。如果我们把人类或其他感知系统和表征系统看作是可以得到纯粹的物理-功能属性描述的话,那么站在反物理主义者的立场上看,信息本身应当具有非物理的属性。作为艾迪迪和古扎德雷的思想基础,虽然德雷斯基在《信息流与知识》一书中,从通讯理论的信息概念那里引申强调,信息是一种客观的、可量化的、独立于心灵的实在,反物理主义者却可能会声称,信息作为客观存在,其本身就具有物理属性和非物理属性相结合的微观构造,而通讯理论、信息语义学和心智架构的信息论解释,忽略了信息内在具有的非物理属性的方面。这种观点可被归类为"中立一元论"(neutral monism)、"泛心论"(panpsychism)或"两面论"(two aspects theory),或者它也属于查默斯本人所推崇的"F型一元论"。①这一观点较为完备的早期说明来自罗素(B. Russell)《物的分析》一书。

罗素表示,微观物理学大致描述了物质组分(比如质子、中子和电子)之间发生的因果结构关联,但它没有解释物质组分的内在特征,而后者实则具有心灵属性。开启了现象概念理论空间的内格尔,也对泛心论或中立一元论持有认可态度。内格尔在《泛心论》一文中论证表示,推出泛心论的四个前提都较为可靠。这些前提分别是:(1)物质构成论;(2)非还原论;(3)心灵实在论;(4)非突现论。他至少愿意修正性地接受这四个前提,因为否定第一个前提就将导致二元论;否定第二个前提便是最为常见的还原论;第三个前提有待于发展为一种修正版本,即承认心理属性的实在性却不把它视为为笛卡尔式的灵魂;若否定第四个前提,在内格尔看来,某种意义上意味着物理属性与心理属性之间没有必然规律可循,因而二者之间的必然关联就无法建立。②无论如何,如果信息的本质如中立一元论所宣称的那样,有着物理与非物理的双重属性的话,那么把意识经验的现象特征置于信息论框架中的解释,即使算得上是一种成功的自然化努力,也

① D. Chalmers, "Consciousness and Its Place in Nature", in Chalmers(ed.), *Philosophy of Mind: Classic and Contemporary Readings*, Oxford University Press, 2002, pp. 265—267.
② 参见托马斯·内格尔:《泛心论》,载《人的问题》,万以译,上海译文出版社,2004年。事实上,内格尔是泛心论的坚定支持者。他在2000年发表了专文《心物联结体》,主张解决心身问题的关键是要寄希望于未来的科学为我们构造出全新的关于心灵的概念,这种心灵的概念必将是同时接纳了物理属性和非物理属性的。Cf. T. Nagel, "The Psychophysical Nexus", in P. Boghossian and C. Peacocke(eds.), *New Essays on The A Priori*, Oxford University Press, 2000, pp. 433—471.

不能由此推出本体论物理主义的胜出。毕竟，查默斯还把他所偏好的 F 型一元论理解为"自然主义的"。总而言之，这种潜在的反驳观点是：艾迪迪和古扎德雷给出了一套系统化的关于意识经验的现象特征、心智的架构以及现象概念的信息论说明，尽管是自然主义的，却是可以与中立一元论相容的。

粗略一看，这种反驳策略貌似有道理，然而很明显，这种表面上的有效性是建立在本体论物理主义无法回应二元论的挑战的基础之上的。这些被冠以泛心论、中立一元论或 F 型一元论的主张，在我看来，**其理论动机部分地是因为我们的现象概念作祟其中**，这些哲学家深陷于二元论直觉的影响，进而认定物理主义在面对心身问题上必将走向穷途末路，以致在其他尝试失败之后被迫无奈建构了这种讨巧的本体论假设。至少就当下的科学证据而言，没有任何迹象表明，构成这个世界的基本粒子除了微观物理学所描绘的那些特征之外，竟然还带有一丝稀薄的心灵属性。①这与麦金（C. McGinn）所宣称的，作为有限理性的人类永远无法解决意识的困难问题，是殊途同归的。②若我们不便指责这些观点是一种智力上的懒惰，那么在给定了对意识经验、心智架构和现象概念所做的信息论说明的前提下，唯一的解释就是，这些颇具天赋的哲学家的确饱受二元论直觉的困扰。当这一直觉应用在严肃的形而上学工作中，它将导致出现本体二元论或中立一元论这些混淆视听的形而上学理论来。不过，这种状况的出现是情理之中的，也是值得同情的。我们将在下一节说明，即使我们为认知上的二元论或解释空缺提供了现象概念的信息论说明，进而在此基础上挫败了各种反物理主义论证，但形而上学层面上的二元论谜咒的破除，并不意味着我们可以一劳永逸地向二元论挥手道别了。**我们内在固有的二元论直觉，始终将会作为看待这个世界的方式而伴随着我们。**同样地，硬币的另一面也就意味着，本体论物理主义的证成仅仅是让心身问题在形而上学的层面上得以尘埃落定，而这项工作的成功对于作为世界观的物理主义的影响，至少是不宜高估的。

---

① 有意思的是，内格尔拿化学史为范本，以此表明未来的意识科学将会有令人惊讶的重大突破，科学家们将会创建出一整套融合了第一人称视角和第三人称视角的理论概念系统，它一定是符合中立一元论的。Cf. T. Nagel, "Conceiving the Impossible and the Mind-Body Problem", *Philosophy*, Vol. 73, 1998, pp. 373—452.

② Cf. C. McGinn, "Consciousness and the Natural Order", in *The Problem of Consciousness*, Blackwell, 1991.

第二节　二元论的命运

一、根深蒂固的直觉

之前我们讲过，帕品纽指出，克里普克在《命名与必然性》中给出的教科书式的"模态论证"之所以有强大说服力，实质上是因为"对人不对事"。克里普克论证的真正用意，是要说明即使是物理主义者，也不会真诚地相信物理主义，因此物理主义不可能是对的。纵观当代分析哲学界物理主义与二元论之间的纷争乱象，我相信，这个诊断除了内在的哲学意义之外，也暗示了我们所有人（包括物理主义者）在直觉上都难以接受本体论物理主义这个事实。譬如说，当给定了充分的物理说明，我们不可能不接受，水就是 H_2O，也不可能无聊到还去追问为什么 H_2O 会产生（give rise to）水。然而另一方面，即使给定了有关疼痛经验的神经生理学或信息-功能解释，我们仍会不由自主地追问："为什么某个物理性的 C-神经纤维激活或功能性的信息流发生，竟然就会让人产生出**额外的疼痛的感觉**呢？"一旦我们以这种方式去思考现象意识问题，就容易掉进二元论的陷阱。事实上，无论是知识论证、可构想性论证、模态论还是建立在模态论证基础之上的二维语义学论证，其理由无非是从大家直观上都接受的"解释空缺"出发，以物理主义者赞成的科学本质主义为引导桥梁，再加上诸如直接指称理论或概念的可分析性要求等诸如此类的来自语言哲学理论资源的"包装"，最后诱使人们不得不去接受，我们的世界在最基本的层面上（形而上学层面），存在着两种截然不同的属性或特征：物理属性和非物理的心灵属性。

通过以上论述可以看到，作为后验物理主义者，我们非常乐意承认存在着认知上的解释空缺，我们的解决方案并不试图否定这个事实，而是去说明，为什么即使认知层面上存在着解释空缺或二元论直觉，它却不触及世界在形而上学层面上仅仅是物理的这个事实。这种物理主义的辩护进路就是现象概念策略。一方面，我希望大家看到，现象概念策略对二元论的反击是有效的。然而另一方面，我们也批判性地分析了当今广受关注的几个流行的现象概念理论存在的问题。它们或者会从一种版本（明示性/索引性解释）演变为另一种版本（构成性解释），而后者却无法对现象概念本身做出自然化说明；或者它们无法在自然主义的心智架构说明中,为现象概念找到一个恰当的位置,从而遭到现象概念非实在论的挑战;或者它们在心脑同一论的物理主义框架中难以解决多重可实现性的问题,从而变得不那么强健;或者——它们普遍地没能做到对现象概念的彻底自然主义化,从而遭到了万能论证的进一步攻击。所幸我们已经论证表明,心智架构的信息论解释,满足了理想中的现象概念理论的要求,克服了其他理论版本的各种不足,确保现象概念策略成功地为本体论物理主义作出辩护。如果说本书上篇对当今现象概念策略研究有什么新贡献的话,我希望大家能够看到这一点。

但是,我们并不由此认为,如果学界普遍认为本体论物理主义一旦证成,若干年后,二元论就不会再有市场了。关于这一事实,可以从巴洛克对万能论证及其物理主义回应的总结中得到印证。作为一名物理主义者,巴洛克最后还是相信,就万能论证的问题来说,物理主义者和二元论者之间的争论不可避免地会从各自的本体论立场出发,隐含着以诉诸窃取论题的方式批评对方,最终导致"形而上学的僵局"。我相信二者间的"僵局"是存在的,但这种"僵局"并不发生在形而上学的理论争论层面上。正如我们刚才看到的那样,给定了关于现象概念的信息论解释,虽说它已经能够正面地演示证明万能论证的失败,但是像查默斯或内格尔这样的二元论者,还是有机会指责说,信息这个"玩意儿",它本身就有可能是两面性的——既有物理的属性又有非物理的属性。事实上,即使在给定了现象概念的物理主义理论说明之后,二元论者仍然可以继续诉诸我们根深蒂固的二元论直觉,以窃取论题的方式为他们的本体论说法做最后的抵抗。在我看来,二元论者这种受其直觉而引导的论辩姿态,与怀疑论者对外部世界是否存在的问题的"胡搅蛮缠"具有相似性。就像鲜有理论上的证明可以抵挡得住怀疑论攻击一样,没有任何物理主义辩护方式可以防止这种"僵局"的出现。

现在的问题是,人们为什么会无可避免地受困于二元论的直觉呢? 除了我们是用特殊的现象概念来思考意识这一事实之外,帕品纽的《解释空缺究竟是什么?》,补充解释了以下一些可能。

第一,痼疾难除的文化说。考察一下人类文化史,你会发现世界各地所有的文化都侵染了二元论的直觉。各种原始崇拜、宗教学说和民间信仰都为我们讲述了二元论的故事。由于人类文化长期以来都是二元论的,所以就算到了今天,大家接受了现代科学思想的洗礼,也难以根除二元论的文化影响。不过话说回来,事情若是仅仅如此,就不会有人像艾迪迪和古扎德雷等人那样,会去怀疑怪人的可构想性是否牢靠了。帕品纽指出,一定有更深层的原因在作祟,导致我们的文化向来就是二元论的。①

第二,天生的二元论者说。心理学家布鲁姆(P. Bloom)在《笛卡尔的孩子》一书中论证表明,这一更深层的原因在于,人类的认知构造使得我们天生就有二元论的倾向。人们思考心理过程和物理过程时,分别使用了两种截然不同的认知系统。一方面,我们的"读心"模块令我们把非物理的心理状态归属给意向主体;另一方面,我们用"常识物理学"(folk physics)模块去思考物理世界。任何一个给定的现象只能激活这两个模块的其中一个,却不能同时激活二者。②帕品纽认为,这一说法尽管没错,但是因为太过笼统而没有抓住二元论直觉的本质。对于那些缺乏现象性的命题态度,并没有"感觉起来是什么样的"特征出现。比如当我说"我相信明年上海房价会下跌",此时我也没受任何二元论直觉的诱导。③

第三,反移情的谬误说(the antipathetic fallacy)。贯穿全文,我们把意识经验的现象特征看作是使用了现象概念去思考意识的结果。不过,帕品纽说,即使我们不去预设现象概念,当你以现象性的方式思考看到红色的经验时,要么你正在真实地看着一个红色的物体,要么你是在想象中再造了(recreating)这样的经验。若沿用同一论来表达物理主义对红色经验的指称判断,那么,一个红色的经验=某个如此这般的发生在 V4 视觉皮层的神经活动。当你思考这个同一式左边的陈述时,将会伴随着真实的红色经验或红色经验的想象。相反,当你指称"某个如此这般的发生在 V4 视觉皮层的神经活动"时,却"遗漏"了指称左边陈述的红色的经验。由于此时你不会移情地去思考这一物理-生理事实。因此自然就会认为,红色的经验是额外叠加(over and above)在 V4 视觉皮层神经活动之上的东西。④

第四,对透明性的渴求说(aspirations of transparency)。尼达-努梅林和戈夫(P. Goff)等二元论者拒斥物理主义的理由通常是,当我们以现象性的方式思考意识经验时,我们与意识经验有着直接接触。例如当你思考自己的疼痛时,你的疼痛这一现象状态就在那儿,因此现象状态的本质特征(在他们看来,是非物理

①③　D. Papineau, "What Exactly is the Explanatory Gap?", *Philosophia*, 2010, Vol. 39, p. 11.

②　Cf. P. Bloom, *Descartes' Baby*, Basic books, 2004.

④　D. Papineau, "What Exactly is the Explanatory Gap?", *Philosophia*, 2010, Vol. 39, p. 12.

的感受性)对于我们就该是透明的。①帕品纽相信,对透明性的渴求或许也是二元论直觉一种的解释。②

第五,文件合并失效说(failing of merging the files)。最后,梅里克(A. Melnyk)还为我们的二元论直觉提供了一种有趣的说法。在他看来,当我们接受一个同一性陈述 a=b 时,我们所做的是在把两个文件 a 和 b 合并在一块儿。然而,当我们分别使用两个包含了不同信息的心理文件 a 和 b 时,我们的认知架构却无法用一个单独的文件把二者合并在一块儿,这就导致了物理主义似乎遗漏了某个文件,从而使得我们易于倾向二元论。③

以上这五点解释,都为现象概念的语义、认知和指称特殊性提供了佐证。这些解释,特别是最后三点,在我看来完全可以从艾迪迪和古扎德雷的信息论说明中推导出来。无论如何,至此我们有充分的理由相信,即使二元论直觉是根深蒂固的,我们依然可以在理论上打破这重谜咒。那么,本体论物理主义作为一项形而上学工作,是能够用现象概念的信息论理论来证成的。人类生活在其中的世界,究其本质是一个广义上的物理世界,人类的意识经验、伦理准则、审美情趣、社会规范原则上也都能够获得物理主义解释。不过回到本书的开篇词,如果本体论物理主义得到了证成,是否就意味着物理主义具备了作为一种标准的解释世界的图景的合法性? 或者干脆说,物理主义能否成为一种世界观呢?④

二、物理主义作为世界观?

要回答这个问题,首先得回顾一下本书第一章第一节里提及的,作为本体论

① Cf. M. Nida-Rümelin, "On Belief about Experiences: An Epistemological Distinction Applied to the Knowledge Argument", *Philosophy and Phenomenological Research*, Vol. 58, 1998, pp. 51—73. See also, P. Goff, "A Posteriori Physicalists Get Our Phenomenal Concepts Wrong", *Australasian Journal of Philosophy*, 2011, Vol. 89, pp. 191—209.

② D. Papineau, "What Exactly is the Explanatory Gap?", *Philosophia*, 2010, Vol. 39, p. 13.

③ A. Melnyk, "Papineau on the Intuition of Distinctness", SWIF Forum on Thinking about Consciousness, 2003, http://lgxserver.uniba.it/lei/mind/forums/004_0003.htm.

④ 需要提醒的是,这里我们不是要去讨论物理主义是否应该作为一种世界观,而是这种世界观原则上是否可行。此外,或许国内学界常常错误地把物理主义理解为以现代物理学为基础的、机械论的科学主义,并且他们相信科学主义在"人文精神"的维度上是有害的,因此要把物理主义作为一种世界观,它在规范性的层面上自然也是饱受不公正的待遇。我同意可以把本体论的物理主义视为科学主义的一种,但是按照斯特马克(M. Stenmark)的区分,它仅仅只能作为"本体论的科学主义"。参见魏屹东:《科学主义:我们究竟应该如何理解——评斯特马克对科学主义的分类与界定》,《科学技术与辨证法》2004 年第 6 期,第 5—9 页。

的物理主义与作为世界观的物理主义之间的辩证关联。这种关联在斯特金（Scott Sturgeon）那里有个很好的表达。他认为，承诺物理主义无非有这么两种方式：要么声称（本体论的）物理主义生成了（generate）一种世界观，这种世界观非常优雅、强大和无所不包，它反过来又为（本体论的）物理主义本身的有效性提供了强有力的辩护；要么（本体论的）物理主义本身就是由这种世界观而产生的，不过这一点是需要**经由论证**来证成的。①那些相信（本体论的）物理主义如公理般不证自明的人，采纳的是前一种方式。对于作为本体论物理主义而言，这近似于一种先验论证：作为世界观的物理主义是如此有效、如此完美，那么作为它从中产生的**必要条件**——即本体论的物理主义——一定是为真的。而后者显然是本书所采纳的进路。无论哪种承诺方式，本体论的物理主义之于世界观的物理主义都占据着核心地位。

我承认，斯特金敏锐地看到了其中的奥义。我们在论证本体论物理主义的整个过程中，或显或隐、或多或少会以某种意义上的科学主义式的时代精神（zeitgeist）作为前提。事实上，作为论证的前提，我们对"科学"报以友善的态度：我们不像波普尔（K. Popper）和拉卡托斯（I. Lakatos）那样，认为得以确证的科学知识原则上是可被证伪的；我们也不像库恩（T. Kuhn）和他的历史主义追随者那样，认为科学知识是经由带着主观意志的"范式"建构而成的；我们更不可能像费耶阿本德（P. Feyerabend）那样，认为科学类似于非理性的宗教或者意识形态。对于科学与非科学的划界标准、科学的发展动力机制及模型，以及科学与意识形态、社会伦理、宗教信仰和民主之间的关系，在论证本体论的物理主义的过程中都不是我们所要考虑的。尽管如此，问题在于，如果事实诚如斯特金所说的那样，我们是从物理主义的世界观出发论证得到相关的本体论判断的话，那么二元论者与我们分享了同样的对待科学的态度——模态论证所承诺的科学本质主义就是一个很好的例子——为何他们又推导出了与物理主义格格不入的相反结论呢？因此，我们并不接受本体论的物理主义是从世界观的物理主义之中产生出来的，勿宁说，作为本体论物理主义者，我们仅仅是预设了科学本质主义这个前提，世界万象的本质原则上都能获得科学上的说明，但是**科学本质主义并不等同于世界观的物理主义**。

---

① Cf. S. Sturgeon, "Physicalism and Overdetermination", *Mind*, Vol. 107, pp. 411—432.

那么,什么是作为世界观的物理主义呢？考虑到我们所讨论的本体论的物理主义与作为世界观的物理主义的区分来自斯图嘉,现在让我们看看斯图嘉对后者的说法。首先,斯图嘉参考了罗素对物理主义的说法,在罗素那里,世界观的物理主义和科学观(scientific outlook)是同义词。[1]但这种科学观并不是说,要针对世界中某个具体的事物或现象持以某个特定的科学门类所断言的看法,而是将世界看作一个整体,用普遍、抽象和统一的科学准则加以审视。作为一种世界观,它把世界看成一个巨大而复杂的构造:我们生存其中的世界有着它的历史,包括人类的历史、生物的历史、地球的历史、太阳系的历史,乃至整个宇宙自身的历史,世界也有着它演化着的未来。并且这个世界也有着构造成分:它的任何部分都是由更小的部分所构成的,同样地,它的任何构成部分也构成了诸如你的家庭、你的国家、你的种族乃至整个社会这些更大的整体,而且世界的任何部分都有着各种各样的特性和发展模式。作为世界观的物理主义对这一复杂结构的每一个方面都有话要说,那就是:世界的所有一切,都是物理的或者由(微观)物理所必然实现的。这样的世界观与我们日常生活的预设是格格不入的。[2]然而作为一种世界观,它一定要有统一且普遍的解释能力。因此在斯图嘉看来,今天的物理主义作为一种世界观,试图把常识与反常识的东西捆绑在一起,这是不可能的。[3]

不过,斯图嘉泼的这盆冷水,显然击退不了一些物理主义者的雄心壮志,帕品纽就是其中的典型。他写了一篇《常识的暴政》,堪称捍卫世界观物理主义的檄文。[4]开篇第一段就言辞犀利地指出:

> 有时候我对我的哲学同事感到绝望,因为他们太保守了……在这群人眼里,一个好的哲学理论就是连乡野老叟都该赞同的。至少在英语哲学圈子里,很少有哲学家觉得哲学是激进的新思想之源,他们更乐意把哲学仅仅看作是将老百姓的常识想法给系统化了。[5]

---

[1] D. Stoljar, *Physicalism*, Routledge, 2010, p. 3.

[2] Ibid., p. 16.

[3] Ibid., p. 168.

[4] D. Papineau, "The Tyranny of Common Sense", *The Philosophers' Magazine*, 2nd quarter, 2006, pp. 19—27.

[5] Ibid., p. 19.

他继而点名批评了"对日常观念唯唯诺诺"的哲学同事,奥斯汀(J. L. Austin)的日常语言分析、斯特劳森(P. F. Strawson)"描述的形而上学"、罗尔斯(J. Rawls)的衡量道德体系的"反思均衡原则",乃至哲学自然主义的鼻祖蒯因,都因他们的哲学遵循常识而被帕品纽列入保守派"同事们"的名单。①这种激进的态度当然会遭到"同事们"的反对。帕品纽说:

> 当我向我的同事抱怨这种潜在的哲学保守主义时,他们常常回答说,哲学顺从日常直觉,这是不可避免的,不然的话你怎么去检验一个哲学观点呢? ……科学家拿他们的理论同经验观察相比,那么哲学家只能拿他们的理论同前理论的直觉相比。这样的话,那么最好的哲学理论就是尽可能与平日里的常识相匹配的那些了,这是没法避免的。

对此,帕品纽反驳这些保守派"同事们"的理由则是:

> 日常直觉差不多就是那些伪装了的差劲的旧理论。任何空洞的胡说,曾经都是作为常识的一部分在那儿的,而且今天还有不少无意义的胡说无疑还是被当作常识来看待。过去有许多显见的常识,比如天体每天都绕着地球转、心是灵魂的所在、没有宗教就不可能有道德、知觉需要感知形式的接收等等。如果哲学得尊重这些日常直觉的话,那我们的理智现在还停留在黑暗的中世纪。②

而他自己钟情的做哲学的路子,则是遵循16、17世纪的现代世界观,基于这种世界观:

> 哲学本质上与科学并无二致。二者都在建立描述关于我们身处其中的宇宙的普遍理论。哲学理论的终极检验,则是它们应该与我们经由自身感官而获得的关于世界的独立信息相符合,这跟科学理论是一脉相承的。③

---

① D. Papineau, "The Tyranny of Common Sense", *The Philosophers' Magazine*, 2nd quarter, 2006, pp. 19—21.
② Ibid., p. 22.
③ Ibid., p. 23.

换言之，帕品纽眼中哲学的典范应当是物理主义的，并且他的物理主义不仅局限于作为一种经由论证而得的本体论学说，作为一种世界观，他更要求当物理主义与我们的常识直觉发生冲突时，哲学家必须坚定地支持物理主义，乃至以此强行地纠正我们的日常常识。

很显然，正如斯图嘉判断的那样，帕品纽所主张的把物理主义作为世界观，必然会与我们的日常生活常识或直觉有很大的出入。在斯图嘉那里，由于二者之间存在着不一致，所以物理主义作为世界观是不可能的。而帕品纽则相信，一种优秀的哲学态度必将是用科学知识为规范尺度，以此摆脱并纠正我们固有的常识，因为它们无非就是"伪装了的差劲的旧理论"罢了。然而问题是，我们的日常直觉或常识，真的如此束缚理智前进的脚步，糟糕到帕品纽所说的地步吗？

陈嘉映在《哲学·科学·常识》一书中，详尽考察了科学理论与日常常识的关系，这为我们提供了一个有趣且重要的参考。首先，他承认："（科学）理论所主张的可能与常识相异甚至相反"，不过，"我们很难笼统地拿理论来和常识比较。常识是个筐，装着各种各样来历的有用没用的知识和见识，有的来自传说，有的来自书本，有的来自经验或印象。"[1]

第二，他认为，"'常识'这个词和'知识'一样，不指称错误的东西。我们普遍而长期相信的东西，有些是错的，可一旦知道其为错误，就不能称之为'常识'"。[2]当帕品纽把常识视为伪装的差劲的旧理论时，正是因为他把常识等同于"流行看法"，既然作为流行看法，那么常识是往往是错误的或可被新的理论验证为错误的。常识的不可错性，在陈嘉映看来，是因为常识不来自证明。常识是说：事情就是这样。我们看到水往低处流、太阳东升西落，那就是水往低处流、太阳东升西落。大家将某个东西作为常识来接受，并没有特别的理由。虽说常识无需证明，但并不是说常识就没有道理，因为"常识是由常情培养出来的。正常的事情不需要解释"。[3]

第三，陈嘉映表示，当常识解释不了一些反常的现象时，我们才需要科学理论。例如虹吸现象、日蚀月蚀、行星逆行等，常识不能为它们提供良好的解释。而科学理论解释，并不是零敲碎打地去解释生活中的现象，也不是停留在与常识

---

[1]　陈嘉映：《哲学·科学·常识》，东方出版社，2007 年，第 230 页。

[2]　同上书，第 231 页。

[3]　同上书，第 232 页。

同一层面上的拼凑而成的整体。在一个理论中，"那些包含正常情况中的道理，通过某种疏通和变形，获得组织，其中有些道理上升为原理，把包含在多种常识中的多种道理连成一个系统……从而用同一个原理既解释了反常现象，也解释了正常现象"①。

如此看来，科学理论最多只是用来解释常识，而不是用来纠正常识。太阳东升西落，作为常识，它是对的，我们天然地接受了这样的直观，即使在哥白尼之后我们清楚地知道这是什么原因，但这丝毫不意味着我们肯定这个常识便是在坚持地心说。肯定常识是我们日常生活的自然态度（natural attitude）。然而一旦像帕品组那样持有过强的自然主义态度（naturalist attitude），将物理主义抬升到世界观的地位时，这种常识就会被诊断为出了问题了。②这样的世界观不仅不自然，更严重的问题是，它本身就是不融贯的。那些把物理主义作为世界观的哲学家，许多时候恰恰只有建立在预设了常识或日常直觉为真的前提下，才能推进他们的哲学工作。

一个很好的例子是，当物理主义者在考察现象意识的本质时，除了直观地相信我们自己是有意识的，并没有显见的理由否认其他人就不是怪人——除非他指出，他人与自己享有同样的脑神经生理构造，但这样一来又会陷入窃取论题的尴尬处境。③也许，相信除自身之外的其他正常人类都是有意识的，这一点可以通过别的手段获得辩护，但是一旦涉及其他生物，诸如内格尔所讨论的蝙蝠时，我们几乎只能从日常常识来预设它们是有意识经验的。内格尔说："我假定我们都相信蝙蝠是有经验的。毕竟它们是哺乳动物，而且它们所拥有的经验跟老鼠、鸽子和鲸鱼一样多，这是无可置疑的。"④就现象意识的归赋问题——也就是说我们在什么条件下会认为某个对象是具有现象意识的——诺布（J. Knobe）和

---

① 陈嘉映：《哲学·科学·常识》，东方出版社，2007 年，第 233 页。

② 这里所说的自然主义态度，相当于像物理主义者那样，以科学的、理论的和客观性的视角看待世界的态度。只不过，一方面，自然主义包含了方法论的自然主义和本体论的自然主义，它比本体论的物理主义有更大的覆盖性，另一方面，我们已经表明，物理主义作为世界观是不合法的，因为它将不可避免地遗漏（leave out）了作为我们自然而然（natural）看待世界的那种方式——也就是日常常识和日常直觉，所以这就需要以自然态度作为对物理主义态度的视角补充。为避免我们在世界观的意义上去理解物理主义，这里我用"自然主义态度"这个短语来替代"物理主义态度"。

③ 物理主义者必须把意识经验归赋给他人，在预设了他人是有意识的基础之上，才能用经验科学的发现，外加我们在本书中探讨的物理主义本体论的论证共同表明，他人是有意识的，因为他们有着与自身同样的物理-功能构造。

④ T. Nagel, "What Is It Like to Be a Bat?", *Philosophical Review*, Vol. 83, 1974, p. 437.

普林兹通过实验哲学的手段得到了一个惊人的结论:我们直觉上把现象意识归属给某个对象,并不仅仅是因为我们相信该对象拥有恰当的物理构造,更多的时候,我们是出于道德关切(moral concern)来判断某个主体是否拥有现象意识的。比方说,我们之所以需要知道一条鱼是否会有疼痛的经验,从而做出现象意识的归赋判断,是因为我们需要知道,对于这条鱼我们应当承担什么样的道德责任。①我们的深层直觉若真是这样的话,那些把物理主义作为世界观的哲学家试图抹煞生活常识或日常直观的雄心壮志,显然是荒谬的,因为他们的结论可能恰恰是以这种自然而然的深层直觉为起点的。值得提醒的是,这样的说法对本体论的物理主义并不构成任何威胁。这里仅仅是指出,把物理主义看作是一种世界观,宣称要抹煞或纠正与物理主义不相容的常识观念,会导致世界观的物理主义的自我挫败。②

　　另一方面,我相信19世纪的观念论(idealism)倒是可被看作是一种世界观。因为世界观——如果按照全书开篇处引用的弗洛伊德的话来说——能够连贯一致地解决关于我们存在的所有问题,并使得它们在这个(观念论)框架中找到固定的位置。人们的常识理解——我们能看到太阳东升西落、水往低处流、人类是有心灵的、风花雪月是美的等诸如此类的基本观念——都能融贯地纳入到,比方说,黑格尔的观念论哲学体系之中。也许是因为观念论曾经成功扮演了19世纪的世界观的角色,于是随着它的衰落和物理主义的兴起,现在一些哲学家又寄希望于物理主义再续这一辉煌了。我们在对作为本体论的物理主义的辩护过程中看到,尽管世界在形而上学的意义上是物理的,然而在概念/认知/直觉方面,我们却无可避免地拥有两种观看世界的态度类型,物理主义(或自然主义)的态度和常识(或自然)的态度。当前者无法容纳后者时,且让我们"把凯撒的还给凯

---

① Cf. J. Knobe and J. Prinz, "Intuitions about Consciousness: Experimental Studies", *Phenomenology and Cognitive Sciences*, Vol. 7, 2008, pp. 67—83.

② 像丘奇兰德(P. M. Churchland)这样的取消论物理主义者也许不会轻易接受我们的结论,他可以反驳说,我们预设了常识是为真的,这是需要给出理由的。而他则论证表明,像常识心理学这样的常识性的东西,作为一种理论是错误的,常识心理学的语言及其预设的理论实体,应该被神经科学的语言替代。他甚至还构想了取消论物理主义盛行之后的图景:那个时候认知科学和相关技术无比发达,以至于我们都无需由常识规导的自然语言与他人交流,只需在几个人的大脑半球之间接通传输神经活动信号的电路即可。这里我不打算对此给出反驳。毕竟,我们是在承诺了命题态度和意识经验实在性的前提下开展本书的讨论的。考虑到本书第一节中,根据佩蒂特对物理主义的第二个论断,我们认为微观物理实体构成了一切事物,其中就包括常识心理学理论所承诺的那些理论实体。Cf. P. M. Churchland, "Eliminative Materialism and the Propositional Attitudes", *Journal of Philosophy*, Vol. 78, 1981, pp. 67—90.

撒,上帝的还给上帝"吧。毕竟,一个"没有世界观的世界"总比拥有一个不融贯或不可靠的世界观更为融贯或可靠。

三、态度二元论

通过本书上篇的分析,特别是在给出了现象概念的信息论解释之后,我相信,原则上我们已经打破了二元论的谜咒:意识经验的现象特征本质上是物理的,或者至少可被微观物理特征所穷究的。根据现象概念的信息论解释,它作为一种理想中的现象概念理论可以说明,在恰当的条件下,当我们的感知系统在信息接收、传输和使用的过程中,我们的大脑和肉身的固有联结(hardwired)产生了具有现象特征的感知表征或感知经验。当具有层级构造的概念系统在使用感知经验所携带的信息时,能够产生一种在内省自身的感知经验时,直接指称感知经验、并将其作为自身语义内容的概念类型,那这种概念类型就是现象概念。正是因为现象概念的诸多独特性质,使得我们在认知的层面上出现心-物之间的"解释空缺",虽说现象经验以及现象概念,就其本质来说与物理性的锅碗瓢盆、日月星辰并无二致。因此那些从解释空缺推导出本体论空缺的反物理主义论证是无法成立的。

然而,现象概念策略本身则要求物理主义只能限定在形而上学的层面,作为一种世界观,就其自身它是无法胜任的。这是因为,即使物理主义在形而上学层面得以证成,事实上我们仍然是直觉上的二元论者。根据这些理由,我希望在结束本书上篇内容时提出一种"态度二元论",它将合法地、恰当地作为本体论上的二元论在驳倒之后的新形式而存在。以往的二元论——无论是笛卡尔式的实体二元论还是弱化了的属性二元论——都是在抽象地刻画客观对象层面上而言的,而态度二元论则用来刻画我们作为经验与思考主体看待客观世界的方式、视角或态度——自然主义态度与自然态度。

诚然,态度二元论并不是什么新奇的说法①,它在现象概念的发现者——托

---

① 我们知道,在胡塞尔那里,"悬搁"作为其现象学的标志性方法,旨在要从"自然态度"向"现象学态度"的过渡和转变。不过根据任军的理解,黑尔德(K. Held)和斯特洛克(E. Stroker)等胡塞尔专家都相信,从20世纪20年代开始,胡塞尔对"自然态度"实际上逐渐区分出了"朴素的自然态度"和"自然主义态度"。前者在胡塞尔的现象学中,意味着人对在先被给予他的世界进行任何哲学反思之前所具有的态度。在这种态度中,"我们直观地和思维地朝向实事(Sachen),这些实事被给予我们,并且是自明地被给予"。"这种态度……对人是如此自明,以至于人置身其中而浑然不察。"后者即"自然主义态度",在(转下页)

马斯·内格尔那里有过萌生。遗憾的是，由于内格尔错失了物理主义的本体论立场，态度二元论被他在对象层面上赋以实在化了。内格尔在《无源之见》一书的导论中表明，他真正关心的只有一个问题，那就是"如何把内在于世界中的独特的个人视角，与一个包含了此人及其视角在内的、关于这个世界的客观观点结合起来"①。要获得所谓的"客观观点"，内格尔表示需要以特定的方法来达成。这个方法要求人们首先采纳关于我们的生命或世界的某个方面的原始观点，进而形成一个包含了原始观点的新观念（new conception），这个新观念将原始观点与包含了原始观点在内的世界联系在一起。这样的新观念是具有客观性的，然而与我们过去对客观性的理解不同，新观念的客观性只是一个程度上的事情。"某个思想观点或思想形式，比起另一个基于独特的个人天性或立场的观点，或比起基于此人所是的那个物种的特征的观点，更加具有客观性。"②内格尔试图表明，在意识、自我、人格同一性、自由意志、伦理学和人生意义这些问题上，这种带有还原论色彩的客观性并不能为之提供满意的解释。不过，他的解决之道并不是阻止客观化，而是求得协调客观性和不可还原的主观性的关系，从而达到以

（接上页）胡塞尔现象学中，指的是"对自然发现的结果现象，自然在这里是按一个精确的自然规律而在时间、空间存在的统一之意义上的自然"。为明晰胡塞尔"自然主义态度"中的"自然主义"究竟为何意，任军博士特意引述了斯特洛克的解读。在斯特洛克看来，这里所说的自然主义，是指"依靠一种外在于人类本性的物理和过程的科学理论，按照对象性的知识对人类主体进行处理，并对所有主体性的混杂物予以纯化"。

据此可以断定，胡塞尔意义上的"自然主义态度"（如果确有其述的话）和这里所说的"自然主义态度"至少表面上几乎并无二致。随着下文论述的展开，我们甚至可以说，如果胡塞尔意义上的"自然态度"的确可以划分为前理论式的"朴素的自然态度"和对象客体化的"自然主义态度"，那么他的"自然态度"可以看作是对这里所说的"态度二元论"的另一种表述。

当然，"态度二元论"与胡塞尔"自然态度"的两种区分有着截然不同的演绎进路。首先，本书并不遵从"第一人称哲学"的理路，相反地，我们将自然科学知识——特别是微观物理学知识——作为表征了自然世界实在事实，这种科学实在论的要求使得我们拒斥了胡塞尔现象学的前提（即实证科学不能对其自身的认识论和形而上学预设进行反思），因此我们也无需在"态度二元论"或胡塞尔意义上的"自然态度"之外，通过"悬搁"的方式进一步地"还原"出一个作为知识基础的"超越论的自我"。根据这些判断，我们相信"态度二元论"刻画了人类认知状况的全部抽象事实。其次，"态度二元论"的提出是建立在本体论物理主义辩护和"概念二元论"这两个基础之上的。这个脚注只是说明引入胡塞尔的思想佐证了"态度二元论"提法的正当性，抛开这一点，可以说我们没有与胡塞尔发生任何理论纠葛。

以上有关胡塞尔对"自然态度"两种区分的论述，参见任军：《胡塞尔现象学的两种自然态度之悬搁》，《西北大学学报（哲学社会科学版）》2009 年 1 月，第 172—176 页。

①　T. Nagel, *The View From Nowhere*, Oxford University Press, 1986, p. 3. 中译本参见，托马斯·内格尔：《本然的观点》，贾克春译，中国人民大学出版社，2010 年。

②　Ibid., p. 5.

"无源之见"(the view from nowhere)来看待种种哲学问题。

这样的说法看似漂亮,但这里大概有一个可疑的跳跃。问题就像皮考克(C. Peacocke)指出的那样,客观性程度的大小,如果按照内格尔的说法,首先与我们构想世界的方式有关,但他假定了构想世界的方式或观念模式(modes of conception)的不同,对应着客观性的不同。这就从对世界理解方式的差异直接走向了实在(reality)的差异,二者之间就出现了从描述的方式到被描述的事物上的跳跃了。①和内格尔不同,我们并不认为客观性或实在性有着程度上的区分,更不同意把客观性等同于最大化地摆脱了特定视角的观念模式。水的客观本质是 H_2O,疼痛的客观本质是某种脑神经活动,它们的实在性没有程度上的区分,作为事实,也独立于我们是以什么样的方式来构想水或疼痛的。

不过,根据上一小节的阐释,我相信内格尔在关于原初观点(primitive view)和客观观点(objective view)上的区分是可取的。建立在本体论物理主义的可靠性,以及世界观物理主义的不融贯性的基础上,我希望将内格尔的这一区分发展为一种态度二元论:我们大体上拥有两种看待事物的态度类型,它们可以各得其所,而且同时为真。②一种是在给定了思考者(thinker)身处其中的日常直觉、朴素的常识及其社群文化影响的前提下,他以日常的、自然而然的态度来看待世界上的事物,从而使得事物以索引式的(indexical)或明示式的(demonstrative)方式向他呈现,这就是**自然态度**。自然态度是原初性的(primitive)和被给予的(be given)。举例而言,张三看到太阳东升西落时,他或隐或显地在脑海里出现了一个概念——"这个_{太阳东升西落}",而不必涉及诸如这是地球自转、太阳本身不会东升西落之类的额外考虑。或者当张三感觉到疼痛时,他可以仅仅想着"这个_{疼痛}",而不管他的疼痛与脑神经状态有什么关联。甚至更极端地,生活在南太平洋沿

---

① C. Peacocke, "No Resting Place: A Critical Notice of *the View from Nowhere*", *The Philosophical Review*, Vol. 98, 1989, p. 68.

② 一种看起来相似的主张在丹尼特(D. Dennett)那里有过说明。丹尼特认为,人们在对一个系统行为进行解释和预测时,可根据解释对象的不同类型及其复杂程度,分别按照三种不同立场来操作。这三种立场分别是物理立场、设计立场和意向立场。态度二元论与丹尼特的三种立场的区别是:首先,态度二元论的解释范围不仅是客观的系统,而是包括事物、事态和事件在内的一切对象;第二,态度二元论不能被视为人们对待事物、事态和事件的"解释要求",而是人们在看待世界时的"观察要求";第三,丹尼特的三种立场有他的本体论上的关切(例如在意向性的问题上,他采纳了工具主义,并且比起取消主义,他自称这是一种"温和的实在论"),而态度二元论就其自身而言不涉及本体论上的向度。参见 D. Dennett, *The Intentional Stance*, MIT Press, 1987。

岸的澳洲土著居民,如果他们的文化长期以来就把鲸归为鱼类,出于他们的自然态度,即使其中的某个思考者想象着鲸是"这个$_鱼$",这种经由自然态度而获得的信念作为常识或直觉,对于思考者自身而言就是为真的。除此之外,另一方面,给定了本体论物理主义,我们还能够以非索引式的(non-indexical)方式,站在独立于特定的个人秉性、文化、群族乃至特殊科学(special sciences)的立场上,以科学理论的态度来看待这个世界,这就是要求我们构想事物的方式符合事物的实在性(reality)的**自然主义态度**。自然主义态度近似于上一小节中所谈及的帕品纽的观点,但是它不能反过来以此要求纠正我们经由自然态度而获得的那些信念,否则它将是不融贯的或自我拆解的。因为自然主义态度的形成,不可避免地需要纳入自然态度作为它的始基。

在我看来,经由这两种态度思考而得的信念都为真的,尽管对于同一个思考者而言,同一事物在不同态度下所得的两个信念无法共时地为真。在思考同一个事物时,我们只能从一个态度转换到(shift)另一个态度上来,这好比我们在观察面前的一只杯子时,从一个侧面的角度无法同时看到另一个侧面一样。对于态度二元论,也许有人会争辩说,在这里我把经由自然态度而获得的信念也承诺为真的,即使情况是这样的,它与经由自然主义态度而获得的信念(或知识)的真,在内涵上是不同的。或许前者接近于詹姆斯(W. James)的真理实用论,而后者更符合塔尔斯基(A. Tarski)的真理符合论,二者在"真"之标准上是不同的。[①]我承认这样的反驳是可能会有道理,但在我们的讨论语境中,这两套"真"的标准不一致,并不会导致态度二元论本身的不一致,否则我们何以称之为"二元论"呢? 此外,我更愿意正面回答说,在这里,两种"真"的标准不同,可被视为在态度二元论的框架中,关于"真"的标准的不确定性问题。这种不确定性在指称理论上屡见不鲜。例如,"玉"可以指称化学成分截然不同的硬玉和软玉。或者在爱斯基摩人那里,"鲸鱼油"这个专名既可以指称鲸鱼油本身,也可以指称在功用和外观条件上不可分辨的、作为天然鲸鱼油替代品的石油提炼物。同样地,即使当我们以自然主义态度来看待四季更替现象时,我们认为它的本质或实在性只是地球围绕着太阳做公转,但是没有特别的理由指责说,经由自然主义态度

[①]　当然,这样说或许并不准确,因为真理符合论同样承认,"雪是白的"这个命题为真,当且仅当雪是白的(而非雪是某种经由光照反射进入视网膜继而在 V4 视觉皮层产生的视觉感受)。

所确认的四季更替就其本身而言就是错的。

需要再次提醒的是，我并没有在规范性的意义上来谈论态度二元论，这里不涉及人们"应该"采取哪一种认知态度。在这里，我仅仅是在抽象的层面上论证表明，在本体论的二元论谜咒被现象概念策略驳倒之后，只有这种归属于主体认知形态的态度二元论，才能作为（无论何种意义上的）二元论唯一合法的继任。尽管态度二元论的提出，跟物理主义与反物理主义之间就意识经验的形而上学争辩没有显见的直接关联，但我相信这样的关切是连贯的，它是在现象概念策略获得辩护后总结出的教诲。

作为上篇的总结，我希望大家看到，我们已经完成了对三个论题的辩护，这三个论题从问题域上来说，好比同心圆一样，一层层向外扩充。

第一，在所有支持物理主义的现象概念理论版本当中，现象概念的信息论解释是最完善的，它是如此具有鲁棒性（robustness），以至于不仅可以应对现象概念理论内部出现的诸多问题，而且它能筑起"三道防线"抵御反现象概念策略的万能论证的攻击。

第二，就意识经验的本质之争来说，物理主义可以成功地运用现象概念策略这条进路来抵御二元论的反驳，从而能够把"解释空缺"限定在概念/认知/直觉层面上，却不触及我们的世界在本体论的层面上是物理的或随附于微观物理之上这个事实。

第三，在本体论的层面上，即使物理主义可以驳倒二元论，但这一理论事实并不意味着本体论物理主义的证成，需要依赖于作为世界观的物理主义。并且，一旦物理主义从形而上学层面提升到了世界观的层面，作为世界观的物理主义便是不自洽的或自我挫败的了。另一方面，从现象概念策略中，我们总结出的教诲是，若二元论在形而上学的层面上破灭，归属于主体认知形态的态度二元论，将是二元论合法的继承。

下　篇
演化之性

第六章
演化之心：演化心理学的理论张力

第一节　从人心到人性

一、从心灵哲学到心理学哲学

上篇我们从物理主义与二元论的争论开始谈起,引出了"现象概念策略"作为这场争论的焦点议题。所谓现象概念,是一种人们用以思考自身感知经验的概念类型。正是这种特殊的概念,使得人们能够现象性地思考意识经验。物理主义者表明,各种二元论论证因为没有认清现象概念与一般概念之间的本质区别,因而错把认知层面上的"解释空缺"当作了本体论事实。对现象概念策略的理论背景分析,构成了本书前两章的内容。

现象概念策略行进在一条正确的轨道上,但是流行的现象概念理论版本却面临四个重大缺陷。我从这些缺陷中总结出构造理想的现象概念策略的充分条件,继而表明只有信息论解释版本能够满足这些条件。该版本根据信息流在感知-认知系统中不同层级的构造,刻画出了与实现意识经验的大脑状态有着密切关联的感知概念。感知概念具有独特的信息特征和语义结构,当人们内省自身的意识经验时,作为内省活动的实现条件,感知概念转化成了直接指称意识经验的现象概念。

虽然我承认物理主义作为本体论是可辩护的,但根据上一章的分析,物理主义无法融贯地建构出一种哲学世界观,"态度二元论"才是二元论的合法继承。一方面,有意识的心灵归根到底还是"唯物之心";另一方面,由于现象概念引发解释空缺的存在,应当为认知层面上的现象性、规范性、语义性和超越性的属性特征"如其所是"地保留位置。如此"不负如来不负卿"的哲学图景,当然不等同于取消主义,亦非丹尼特所主张的工具主义,但也不是"非还原的"(non-reductive)物理主义(主流的现象概念策略通常不是非还原的物理主义)。它在本体论层面是还原论的,但在世界观上,它无法连贯一致地解决关于我们存在的所有问题。因为我们一旦思考涉及意识经验相关的(因而也就切中了"人性"这个主题)一系列重大问题时,由现象概念引发出的"自然态度"直觉,就会顽强地要求我们避免这类现象经验在认知层面遭到还原论的清除。这种"态度二元论"立场,构成了本书下篇内容的基调。

上篇的论述围绕着物理主义与二元论之争,属于典型的心灵哲学话题,下篇我们将会侧重于心理学哲学领域的话题。心灵哲学主要研究一些与心灵相关的形而上学和认识论问题。譬如有意识、有意向性的心灵,在自然世界中占据怎样的本体论位置,以及我们如何通达他人的心灵,等等。相比之下,心理学哲学直接聚焦认知活动和行为解释。认知是如何发生的?认知牵涉到了哪些类别的表征?如何理解这些表征的转换?人类的认知具有怎样的架构?感性和理性又是什么?以及,如何去解释我们复杂的行为?回答这些问题,通常无需对心灵的本体论问题刨根问底,心理学哲学领域的学者,通常也会默认自然主义立场。至于说心理学哲学的本体论立场如何证成,正是本书上篇的讨论内容。除此之外,我们还看到,要论证现象概念策略为物理主义辩护是有效的,必须诉诸现象概念的信息论解释,而信息论解释方案,又把我们引入心理学哲学的讨论主题。在这个意义上,本书下篇的讨论议题,是对上篇工作的自然推进。

下篇从本章开始,我们将会先从演化心理学开始讲起,因为演化心理学号称是在以科学的方式(或者说,根据物理主义的进路)探索"人性"。从人心到人性,是一个从心灵哲学演进到心理学哲学的连贯话题。根据本书上篇的理解,这也是一种以"自然主义态度"来考察"自然态度"的哲学企图。上一章我们已经反复提醒过,必须审慎地对待这种考察方式。

二、从康德到后达尔文

我们知道,200 多年前,当科学主义以启蒙的名义初露端倪时,康德敏锐地察觉到,时代剧变中的哲学运思必须要去追问:"在严格受自然法则限制的世界上，人究竟有没有自由，有没有不同于其他自然存在物的价值和尊严?"①康德用他独特的先验哲学提供了肯定的答案。然而将近 100 年后，达尔文通过大量的经验研究，以及少许大致可靠的理论猜想，为"康德之问"给出了惊世骇俗的回答："人与其他高等哺乳动物之间，在各种心理才能方面没有本质性的差别。"

在今天，几乎所有严肃的科学家都相信，达尔文的演化论是人类历史上最伟大的智力成就之一。持续不断的经验证据和辩护链条，似乎都在摧毁人类的特殊地位。用丹尼特的话讲，对于那些偏爱康德的人而言，演化论是一个危险的观念，它像能够腐蚀一切物质的"万能酸"。"(演化论)承诺在一个惊人的洞察之中统一并解释几乎一切事物……它不仅将解释，而且会解释消除掉大家热切坚持的心灵、目的和意义。人们担心，一旦这种万能酸从我们珍爱的纪念碑前经过，那些珍爱之物将不复存在，被溶解为不能辨认、不可爱的、科学解构的泥潭。"②如果说牛顿物理学抹平了"天"与"地"的本质差异，那么达尔文演化论则消弭了"人"与"物"的尊卑之别。

当今的人文社会科学正在遭受这一波"万能酸"的冲击。"从上帝的观点看"早已过时，"从逻辑的观点看"太过偏狭，"从演化的观点看"愈发成为时下流行的跨学科研究的方法论基础。在这一波运动当中，演化心理学是演化生物学与心理学、人类学相结合的产物，它被看作一个充满活力、令人兴奋的领域。当代著名心理学家平克(S. Pinker)评价说："在对人的研究中，如果想要对人类经验的某些主要领域——比如美、母性、亲属关系、道德、合作、性行为、性攻击——进行解释，那么只有演化心理学才能提供比较连贯的理论。"③

然而问题是，能对人类经验某些领域提供连贯理论的那个理论，其本身是否连贯且合理，这是值得考察的。作为认知科学探索前沿的"马前卒"，科学哲学对演化心理学基础理论的奠定有过重要贡献，但是批判品格在其中仍显不足。在当下，演化心理学俨然成了风靡全球的流行思潮，以色列历史学家尤瓦尔·赫拉利人气爆表的《人类简史》基本上就是一部以演化心理学为底色的科普作品。

---

① 张志伟：《康德哲学的现代意义》，《光明日报》2004 年 5 月 18 日，https://www.gmw.cn/01gmrb/2004-05/18/content_29409.htm。

② Cf. D. C. Dennett, *Darwin's Dangerous Idea*：*Evolution and the Meaning of Life*, Simon & Schuster, 1996, Chapter 3.

③ 转引自 D. M. 巴斯：《进化心理学：心理的新科学》(第二版)，熊哲宏、张勇、宴倩译，华东师范大学出版社，2007 年，第 1 页。

当人们惊叹演化心理学带来的新奇见解时,我们应当警惕,一些研究者试图无限制地拓展演化论对人心与人性的解释边界,另一些传播者则正在过度编织演化心理学的理论意蕴。

经典的演化心理学的理论框架,离不开三条核心原则,它们分别是:海量模块论题、适应主义论题和适应环境假说。根据这些原则,演化心理学宣称:人类行为受到认知架构及其工作模式的制约,心灵不是白板式的信息处理系统,而是由许许多多先天的、功能特定的认知模块构成,每个模块处理专门的适应问题。由于文明社会的发展比自然机体的演化速度快很多,因此我们许多行为模式在现代社会中是适应不良的(maladaptive)。然而这三条核心原则之间具有怎样的逻辑关联? 每一条原则何以成立? 它们的结合能否融贯地构造出演化心理学所讲述的那套故事? 以及现有的心理学基础理论在其内部遭到了怎样的批评? 这些问题并不是从事演化心理学一阶经验研究的学者的首要任务,它们倒是构成了第六章、第七章的讨论主题。

另一方面,演化心理学与心理学哲学之间,更是有着交互建构的关联:演化心理学丰富了心理学哲学的话题库和"原材料";心理学哲学的某些理论资源或运思方式,也在抵御演化心理学对人心与人性作出过度自然化的解读。两者之间构成了批判性的观照。本书最后两章,集中讨论了人类的认知架构、理性能力的起源、人类的独特性面向、意识与思考意识的能力、信念态度的形成与分类、非意图行为的生成原因以及自我知识等问题。在本书最后一节,我们试图根据全书其他章节中得出的结论,结合演化心理学流行思潮对人性观给出的说法,回应一个古老的同时也是人们期待的话题:人生有意义吗?

我们相信,关于以上这些问题,重要的不是提供非此即彼的判决性答案,而是在达尔文与康德之间、自然主义与自然态度之间,探索一种巧妙而恰当的平衡理解。这种平衡理解同情地指向了当代哲学家对自然态度的关切。

三、人性的科学?

当你步入一间图书馆,细心的话就会发现,心理学和哲学之间有着紧密的联系。心理学的中图法分类号为 B84,它夹杂在美学(B83)、伦理学(B82)、逻辑学(B81)和宗教学(B9)之间。我们当然清楚,从 19 世纪后半叶的冯特(Wilhelm Wundt)那里开始,心理学成为了一门独立的学科,通过观察、实验和数理统计等科学方法——而非枯坐于扶手椅上，用逻辑推理或深思熟虑——去揭示人类心理活动的规律。尽管当下的科学心理学已然拥有了自主性，这样的图书分类事实似乎还在有意宣告艾宾浩斯（H. Ebbinghaus）的那句名言："心理学有一个长期的过去，然而它真正的历史却是短暂的。"心理学家必须承认，他们的根基深深扎在哲学的土壤中。尤其是当这门学科出现新的发展动向，发生范式变革之时，我们更需回望它的来路，以防一些严肃且意义重大的学术探索不幸滑向流俗化、越界化的地步。

这个提醒绝非空穴来风。此处所说的心理学的新动向和范式变革，指的是最近二十多年来出现的心理学与演化论生物学的"媾和"。如今随便步入一家综合性书店，你会看到，用演化生物学说明人心（human mind）与人性（human nature）的读物几乎无处不在。诸如《自私的基因》（理查德·道金斯）、《第三种黑猩猩》（贾雷德·戴蒙德）、《论人性》（爱德华·威尔逊）、《性与人性的演化》（马特·里德利）、《生猛的进化心理学》（艾伦·米勒、金泽哲）、《裸猿》（德斯蒙德·莫利斯）和《进化心理学：心理的新科学》（戴维·巴斯），可能已经荣登销售排行榜的前位。①这些书目试图传达给读者的信息无非是："人心之所以难以捉摸，其实只是因为我们没有站在合适的角度来看待。把人类回归到动物水平，从宏观的演化视角来分析人类的心理，一切就会变得容易理解了。"正当你对此感到疑惑时，又一串辩词赫然跳出："得知这个结果，你无奈吗？你懊恼吗？你的道德感在蠢蠢欲动吗？现在你所有的感觉也都是进化的产物。我想到黑格尔的这句'存在即合理'，或许进化就是人类心理存在的'理'吧。"②

这种误人子弟的说法与其说是译介者无意犯下的错误，倒不如说可能是书商刻意煽动读者的鼓吹。然而问题不仅出在科学传播链条上的规范性失调，来自学术界的严肃研究成果，似乎也在不断地肯定类似的结论。我们被各色各样名头显赫的专家学者告知：人类心灵所具有的理性能力，已被自然选择塑造为采集狩猎时代的那副样子；你我的行为举止近乎无毛的裸体猿类，只不过是穿衣戴

---

① 有两点需要说明：第一，此处所列书目并非严格意义上的演化心理学读物，但它们都侧重于用演化论的视角考察人类的心理与行为，在中国大陆读者中影响力较大。第二，这些书籍均为近年所译，绝大多数类似的读物陆陆续续引介到大陆图书市场。

② 参见邓巴（等）：《进化心理学——从猿到人的心灵演化之路》，万美婷译，中国轻工业出版社，2011年，译者序。

帽混迹在现代社会之中;而令人不齿的强奸行为则是自然而然的,男人的出轨滥交也难以避免;以及,我们所做的一切,卑贱抑或高尚,都是我们所携带的基因传播复制自身的无情的手段而已。

令人宽慰的是,演化论貌似能够对人类社会几乎所有的谜团都能提供解释的说法,在国际学界已经遇到质疑和抵制。然而遗憾的是,这种制衡的力量更多时候源于那些另有价值偏好的学术共同体,他们可能是神创论者、心-身二元论者、女性主义者、反科学主义者、经验主义者或文化多元论者。就本书下篇关心的演化心理学话题而言,虽然我们将会看到,一些学者已从不同方面,挑战了演化心理学的本体论主张、认识论假设、方法论承诺和经典研究范例等学科范式的基础要素,但是尽可能以中立的哲学批判态度,即康德意义上的"内部清理、外部划界",对演化心理学的理论基础与核心假设展开全面彻底的反思性考察,是当前学界所缺失的。面对刚才提及的那些流行科普读物和部分学院派的研究论断,这项工作的价值无需赘述。

当然,以谨慎的方式透过演化论视角看待人类心理和行为,确实能够增进我们对人的理解。自从20世纪60年代新达尔文主义"入侵"社会科学领域以来,已经产生了行为生态学、社会生物学、文化演化论(弥母学)、文化-基因协同演化论和演化心理学等不同门类的研究进路。①既然如此,为何这里唯独选取演化心理学作为批判的靶子呢? 我们考虑到的理由有如下三点。

首先,在这五个学派中,演化心理学博采众长、最为流行。第一,联想到19世纪末到20世纪前叶社会达尔文主义的滥用,为避免种族主义、帝国主义和文化沙文主义的再次抬头,当今绝大多数人类学家和社会科学家对行为生态学保持警觉。其次,社会生物学虽然在动物行为的研究上成果丰硕,当考察焦点转向人类社会时,却面临着"基因决定论"的指责,以致时下鲜有学者胆敢自称"社会生物学家",何况它的精髓部分也已融入演化心理学框架之中。最后,弥母学和文化-基因协同演化理论在欧洲虽然方兴未艾,可是它们的数

---

① 所谓新达尔文主义,是以细胞学、遗传学和分子生物学的新发现为内容,以达尔文的演化论为框架,综合了生物学各个门类的知识。从知识传播效应的角度上讲,它区别于经典达尔文主义的地方是,后者不仅包括达尔文《物种起源》一书所传达的思想,而且涵盖了斯宾塞和赫胥黎的社会达尔文主义思潮。详细说明可参见徐英瑾:《演化、设计、心灵和道德——新达尔文主义哲学基础探微》,复旦大学出版社,2013年,第一章。

理化程度要求过高,又因为理论太过抽象而难以付诸科学实验的检验,因而观望者众多,实践者寥寥。总体而言,比起以上四条进路,演化心理学可谓取其所长、去其所短,再加上有一批功底和文笔俱佳的学者加入这个行列——例如平克、巴斯(D. M. Buss)和莱特(R. Wright)等人,成为大众传媒的焦点亦是水到渠成。①

其次,演化心理学的理论框架清晰明确,已经形成较为统一的研究范式。按照演化心理学的创始者科斯米兹和图比(L. Cosmides & J. Tooby)的说法,经典的演化心理学接受以下六个论题:(1)大脑是一台被自然选择设计而成的计算机,它从环境中提取所需的信息;(2)个人行为是由这台演化形成的计算机所产生的,它负责应对那些从环境中提取的信息,要理解行为则需阐明产生这些行为的认知程序;(3)人脑的认知程序是一些适应器(adaptations),这些适应器之所以存在,是因为它们产生了那些有利于人类祖先生存繁衍的行为;(4)人脑的认知程序在当前未必一定是适应性的,但它们适应于远古的环境;(5)自然选择使得大脑由许多不同的目标专属的程序所构成,认知架构不是领域一般性的;(6)描绘我们大脑所具有的这些演化而来的计算架构,能让我们系统地理解各种文化社会现象。②虽然事实如后文将要讲述的那样,以科斯米兹和图比为代表的圣芭芭拉学派(这对演化心理学伉俪任职于加州大学圣芭芭拉分校)近年来愈发遭到学界内部的批评和背离,但是他们奠定的基本理论前提(包括海量心理模块假说、适应主义的认识论和"反向工程学"方法论),以及据此完成的经典研究案例(例如通过解释华生纸牌选择实验所发现的"骗子侦测模块"学说),已然建构了当前演化心理学研究范式的主导性框架。

最后,演化心理学与哲学的关联错综复杂。一方面,许多哲学家已将演化心理学中的核心概念作为批判的靶子。科学哲学家可以参与探讨演化心理学所牵涉到的有关科学说明的争论,例如自然选择的层次问题、近因/远因(proximate/ultimate causation)的区别问题,以及演化心理学作为一门科学的合法性问题。心理学哲学则可通过援引和评估当代认知科学的理论成果,以此

---

① 它们之间的综合比较,可参见 K. N. Laland & G. R. Brown, *Sense and Nonsense*: *Evolutionary Perspectives on Human Behaviour*, Oxford University Press, 2011, pp. 196—198。

② J. Tooby & L. Cosmides, "Conceptual Foundations of Evolutionary Psychology", in D. M. Buss(ed.), *The Handbook of Evolutionary Psychology*, Wiley, 2005, p. 18.

检验演化心理学关于人类认知架构的海量心理模块假说（the massive modularity hypothesis）的合理性。道德哲学家和伦理学家更关注这门学科所蕴含的一系列有关人性和人类道德问题的理论后果。另一方面，反过来看，演化心理学中的一些理论假设和经验发现，同样有助于我们看清当代哲学研究中的一些热点讨论。

有必要澄清的一点是，我们的哲学批判工作是基于理性的、价值中立的和抱以同情的（sympathetic）态度之上的。与之相区别的是，正如刚才提及的那样，一些学者之所以对演化心理学嗤之以鼻，其动机或是别有利益偏好，或是另有价值顾虑，或是出于疏漏无知，从而算不上是有效的反驳。这类有失偏颇的抵触原因，大致分为以下三种类型。

第一，担心演化心理学将会改变当下心理科学已有的研究范式。当代心理科学的主流仍然是 20 世纪五六十年代兴起的认知心理学，它关心的是作为人类行为基础的脑神经活动的工作机制，其基本预设是纽厄尔（A. Newell）和西蒙（H. A. Simon）的"万能解题器"（general problem solver）模型。在此模型下，人脑的信息处理功能不像演化心理学所预设的那样拥有模块化的结构，我们的心灵在处理各种不同类型问题时（例如下象棋、寻求配偶、抚育子女等），所动用的信息内容和算法没有本质上的差异。并且，有别于演化心理学家通过追问演化历程中的远因来解答一个心理现象为什么会出现，认知心理学家的工作只需提供心理现象是如何发生的近因机制即可。另外，有鉴于库恩（Kuhn, 1962）的科学研究范式学说，那些长期浸淫在某个特定研究范式中的科学家很难对另一套理论预设和研究规范出入很大的研究方案（尽管主题类似）表示认同。这也部分地解释了为什么国际上大多数心理学研究机构不会设置演化心理学这门课程。

第二，担心演化心理学中的一些推论将会导致人类作为道德主体地位的丧失。一些学者曾指出，演化心理学的结论——哪怕违背道德直觉——暗示了我们应该秉持何种为人处世的伦理道德立场不仅是武断的，而且还犯下了"自然主义谬误"（naturalistic fallacy）。毕竟，我们不能从人类的自然属性怎样的或事实是怎样的推出人类应当是怎样的。正如我们不能从历史上某些部落因资源短缺而有过弑婴行为就推论出，为了维系一个国家的人口总量低速平稳增长而采取强行堕胎的执法行为可以免除道德谴责。

第三，担心演化心理学预设了行为固定论和基因决定论前提，这不符合我们的经验观察和直觉判断。不少人相信，演化心理学既然声称人类行为是自然演化塑造的结果，于是我们的行为模式无法改变。与之类似的看法是，演化心理学既然以"基因之眼"看问题，那么人类的行为就是随附于基因之上的，这就意味着如果人类的基因不变，那么我们的行为模式便无法改变。它似乎对应了"江山易改，禀性难移"这句古训，却与日常生活中的经验观察和直觉判断极不相符，若情况果真如此，教育和教化的效果就被严重高估甚至是无意义的了。的确，我们将会在本章稍后看到，演化心理学的鼻祖图比和科斯米兹在其经典文本《文化的心理学基础》中甚至表示，连文化也是由演化而来的心理机制所生产的产品，不过这样的说法是有特定前提并有待进一步澄清的。①

以上谈到的三个问题并没有穷尽所有抵制演化心理学的非智识性因素（即基于情感的、价值取向的和利益偏好的因素），演化心理学的"外部对手"当然还包括神创论者、反科学主义者、文化多元论者和直觉上的经验主义者等等。考虑到第一个问题主要涉及与知识社会学有关的话语权力因素，而本书的研究内容侧重于"说理"，这个话题不在本书的讨论范围。第二点涉及了演化心理学与伦理道德的关系问题，考虑到已有大量相关文献讨论这个主题，本书对此不作评议。关于第三个问题，尽管本书不打算为回答诸如用演化生物学研究人心和人性是否合理这样的问题上花费太多的篇章，然而，讨论与此相关的理论背景却有利于我们更清楚地裁定对演化心理学进行哲学批判的起始点和边界。现在我们将首先考察两个与之相关的背景问题，即禀赋（nature）与教化（nurture）之间的争论②，以及科学主义、自然主义与心身二元论这三者之间的区分。我们希望这项工作能够清理刚才提及的那几派"外部对手"在后续的讨论中的再次涉入。

---

① Cf. J. Tooby & L. Cosmides, "The Psychological Foundations of Culture", in J. H. Barkow, J. Tooby & L. Cosmides(eds.), *The Adapted Mind: Evolutionary Psychology and the Generation of Culture*, Oxford University Press, 1992, p. 24.

② 英文表达为 Nature-Versus-Nurture Debate，两个关键概念 Nature 和 Nurture 在不同的语境表达不同的涵义，中文的译法本应随着上下文的变换作相应的调整，但为统一起见，下文只取"禀赋"与"教化"的译法。荀子所言"性"和"伪"这两个概念，也能准确对应这对英文概念。

第二节　禀赋与教化之争

一、思想史回顾

人们的日常言谈中往往会涉及这样一组对立性的概念："天生的/获得的"（innate/acquired）、"归于基因/归于环境"（due to genes/due to environment）、"先天/后天"（a priori/a posteriori）、"禀赋的/教化的"（nature/nurture）。当我们说某人"朽木不可雕也"，或者断言世间人等"唯上智与下愚不移"时，似乎已经认可这组概念区分的有效性了。即使如此，我们有必要排除两个极端立场：彻底的禀赋论和彻底的教化论。前者主张人类完全是演化的产物，心灵和行为方式也不例外，人群个体间的差异归因于每个人独特的基因编码。后者主张人的心灵和行为天生就是一块白板（tabula rasa），成长过程中的环境、教育、文化和社会等因素通过渐渐填充心灵的白板使得我们拥有经验，个体间的差异完全是归于后天的教化。事实上，关于人心与人性为何是这般样子的讨论，在演化论诞生之前就由来已久。然而实际情况是，从未有人真正坚守这两个极端立场中的任何一端，大家的判断只是或左或右地占据在两个极端之间频谱中的某个位置上。

举两个简单例子可以说明这一点。我们在实验室里就能看到，即使像线虫这类"低等"动物，也会同时受到先天本性与后天因素的影响。线虫对不同的化学环境（它们可以从中摄取食物）有所偏好，从钠溶液中摄食的线虫会慢慢移向钠溶液环境，从氯溶液中摄食的线虫会慢慢移向氯溶液环境。它们对不同食物的偏好由其先天本性所决定，但它们关于哪儿有食物的"知识"却由后天因素所驱动。[①]如果这个例子尚有争辩的余地，不妨再看一个更简单的情况。此刻我的桌上有一杯隔夜的牛奶，现在它已经变质了。我能说牛奶变质这件事，是该归咎于它本身的化学成分还是归咎于这个闷热潮湿的环境因素呢？很明显，在这两个例子中，把先天本质与后天环境对立起来没有意义。而且如果非要在这两个端点之间确定哪个影响更大，从而把线虫的摄食行为与牛奶变质的过程在这个

---

① Cf. J. Prinz, *Beyond Human Nature: How Culture and Experience Shape Our Lives*, Penguin Books, 2012, p. 5.

连续谱上作出精确的定位，同样会显得很滑稽。这似乎意味着，即使现在没人否认人类的心理和行为肯定受到先天的与后天的共同影响，但是严肃地追究先天因素或后天因素何者具有更大的影响比重也是没什么意义的。既然如此，这里有三个问题需要回答：第一，为什么人们对禀赋与教化的关系问题如此兴致勃勃？①第二，这场争论是否已经完结？第三，演化心理学对此能够说些什么？我们先看第一个问题。

我们说过，禀赋与教化之争的由来已久。讨论者会在某个历史时期受到当时复杂的社会智识状况的影响，从而认定其中一个因素会比另一个因素更加重要。根据普林兹的总结，西方文化中经历了三次有关禀赋与教化之争的浪潮，这三次浪潮塑造了今天大家看待这个问题的各派立场和理论形态，使人相信这是一个富有意义的研究话题。

该争论最早可以远溯到古希腊。希腊人关心的是知识从何而来，他们尤其执着于追问：存在着先天固有的理念（ideas）吗？一个先天固有的理念就是无需学习即可拥有的概念或信念。柏拉图是理念论最著名的捍卫者，他相信我们来到世间，对于诸如宗教、道德和数学等理念带有天然的理解。虽然不是每个人从一出生开始就能完全拥有这些理念，然而即使是奴隶的小孩也能通过论辩和反思唤醒这些相关知识。柏拉图的学生亚里士多德反对这种观点，他主张我们获得的一切知识都源于经验和学习。后来的情况犹如怀特海所言，整个西方哲学史都是在为这两个哲学家的重大分歧做注脚。

这场论战几乎一直持续。到了近代，理性主义与经验主义对于观念的来源各执一词，在一些思想史家看来，亦可视为参与了有关个人与群体差异起源问题的辩论。人们意识到，有些人比其他人更加聪慧敏锐，有些人更加心地善良，而有些人则更为勇敢坚强，类似的差异在不同的种族群落和性别群体中也得以体现。虽然这种差异区分相当模糊，却被时人视为天性作祟。莎士比亚在他的名剧《暴风雨》（The Tempest）就把卡利班（Caliban）描述为"天生的魔鬼，在他身上禀赋与教化绝不可能合二为一"。到了 19 世纪，心理学的先驱高尔顿（F. Galton）——他是达尔文的表兄——通过对性状的遗传性质的研究，认为人与人之

---

①　相比之下，东亚文化在禀赋与教化的关系问题上，所持态度不像西方文化那样明显的二元对立。《易经》言天地人为"三才"，《老子》言"人法地，地法天，天法道，道法自然"（第廿五章），或可引为佐证。

间的差异有其生物学的原因,这就把"禀赋"与"教化"打磨成了一对带有科学涵义的概念,从而正式拉开了禀赋与教化之争的序幕。到了 20 世纪初,行为主义者占据了心理学舞台的中心,高尔顿的思想也遭到这些人的强烈否定。

禀赋与教化之争的第三次浪潮是从达尔文开始的。在《物种起源》那里,达尔文发现,自然界里观察到的许多性状均是通过自然选择而来的。性状会出现随机的突变,那些有助于提高存活率的突变很有可能会传承下去。他在《人类的由来》一书中还表示,人类的某些心理特征也许遵循同样的道理。达尔文的这个主张在当时没有引起太大的反响,直到 20 世纪 70 年代,威尔逊(E. O. Wilson)打出的"社会生物学"旗号,在禀赋与教化之间的关系问题上一石激起千层浪。他的兴趣集中在对像蚂蚁这样的低等动物的社会结构与人类的社会结构进行比较,发表于 1975 年的《社会生物学:新的综合》即是这项研究的伟大成果。在这部 600 多页的鸿篇巨著中,威尔逊仅在最后 30 多页谈到人类社会,指出人类的利他行为、暴力倾向、等级制度和劳动的性别分工都有各自的生物学基础。遗憾的是,当时的美国恰逢迎来一个热烈追求解放与平等的时代,威尔逊的学说激发了学界内外的各种抗议。他在参加一次社会生物学研讨会时,甚至被国际反种族主义协会的一名支持者当众泼了一瓶冷水。[1]到了 20 世纪 90 年代,得益于平克、巴斯、米勒、图比和科斯米兹等人的努力,社会生物学被认知科学加以改造,那些可能会引发"政治不正确"的因素被小心翼翼地遮蔽起来,演化心理学的原型由此诞生。[2]

尽管如此,演化心理学还是明确主张反对"社会科学标准模型",该模型预设了人心与人性乃白板一块,有待个人经验和社会文化的塑造和化育。它所蕴含的政治议题,必然是文化多元论、平等主义、反种族主义、反殖民主义和女性主义。在经历了两次世界大战、反犹主义、反共主义和越南战争等政治洪流之后,当时的西方意识形态对于任何倾向于保守的(或右翼的)学术思潮都抱以风吹草动般的高度警觉。纵观禀赋与教化之争的三次浪潮,尤其是在高尔顿之后,但凡争论的焦点引向关于人性(而非知识的来源)的讨论时,倾向于禀赋说的一方

---

① 参考爱德华·威尔逊:《大自然的猎人——生物学家威尔逊自传》,杨玉龄译,上海科学技术出版社,2006 年,第 17 章。

② Cf. J. Prinz, *Beyond Human Nature: How Culture and Experience Shape Our Lives*, Penguin Books, 2012, pp. 8—10.

都会或多或少地感受到政治话语的压力。不仅如此,一旦自然科学试图把人性纳入它的研究视野,就会遭致各种各样的抵抗。①这种情况并不陌生,早在1859年,当伍斯特主教的妻子在获悉达尔文《物种起源》中的观点后,她失声惊呼:"从猿类进化来的? 天啊,但愿不是真的! 如果是真的,但愿别让大多数人知道!"由此看来,关于第一个问题,也就是解释人们何以对禀赋与教化的关系问题津津乐道,我们可以试着给出如下两个回答:

第一,禀赋与教化的争论,涉及西方思想文化中非常重要的一对范畴。它的语义内涵极其丰富,涵盖了"天生的/获得的"、"归于基因/归于环境"和"先天/后天"等概念对子的语义内容。本质上有区别的论题,表面上都可汇聚凝结为"禀赋"与"教化"的关系之争。正因为禀赋与教化之争"庙小菩萨多",引得各路"香客"前来"问卦",所以让人相信这是一个有意义的话题。

第二,当争论的对象集中在人心与人性领域时,禀赋与教化之争已不是纯粹的理论问题,它很容易被建构为政治话语的意识形态之争。由于这会影响到宗教信仰、国际政治、移民政策、教育投入和社区建设等一系列的社会问题,引起普通公民的关注与讨论自然在情理之中。

二、争论终结了吗?

通过这幅思想史图景我们发现,"禀赋/教化"是一对语义含混的范畴,而且相关争论往往超出了理论研究的范围,那么是否可以站在生物学内部,从这对常识概念(folk concepts)中提取出相对来说比较纯粹的理论概念呢? 没错,一些老练的学者而今更愿意代之以"天生的/获得的"(innate/acquired)这对语词。②尽管大家也都清楚"天生的/获得的"并不互相排斥,但是不少人仍然相信,面对一个特定的心理特征,仍然还有讨论价值,这里的讨论焦点集中在两个方面。

为了更好地说明这一点,对比一下人类具有的两种非常熟悉的能力。每个正常人都有辨别颜色的能力,红色和绿色的物体反射了不同波长的光波,人

---

① 从科学政治学视角研究禀赋与教化之争的资料,可参见 E. M. Gander, *On Our Minds: How Evolutionary Psychology Is Reshaping the Nature-Versus-Nurture Debate*, The Johns Hopkins University Press, 2003, 第一章。

② 这个区分主要是由莱尔曼(D. Lehrman)对洛伦兹(K. Lorenz)的动物本能行为学说的批评中构造出来的,参见 D. Lehrman, "A Critique of Konrad Lorenz's Theory of Instinctive Behaviour", *Quarterly Reivew of Biology*, Vol. 28, 1953, pp. 337—363。

的视觉系统则拥有对不同波长作出不同反应的细胞。在此情形下,我们能够辨别区分颜色的能力,可以说很大程度上是先天固有的:我们的视觉机制,被自然选择设计成了具有这般能力。当然,一个训练有素的视觉艺术家,也许可以辨别出普通人难以察觉到的很细微的颜色差别,但我们不能说辨别颜色主要是经过后天学习获得的,只能说我们可以通过学习来强化这种先天能力。另外,考虑一下踢足球的技能。踢球当然有生物学上的基础,否则球员无法做出传球、接球、跑位、争顶、射门等基本动作。但是,做出这些动作背后的生物学机制有其广泛的用场,绝非被自然选择专门设计用来踢足球的。要想把球踢得足够好,还需要勤学苦练,才能把这些一般性的能力组合成新的技术动作。梅西足球踢得好,虽然有人认为他的大脑构造和普通人不一样,但很大程度上仍然是后天获得的。

这样一来,对于某些特定的人类性状,到底更像颜色识别的案例范畴还是更像踢球的案例范畴,大家就会有不同的意见了。一个典型的例子就是语言能力。语言学家争论的要点不是简单地判断语言能力是天生的还是获得的,而是要去追问,语言现象涉及一些生物学基础(比如颅骨容量增大和灵敏的舌头),这些先天的生物学基础对于产生语言所作的贡献,到底是特定的(或针对这项功能而设计的适应器)还是更为一般性的?[①]另一个与此相关的争论焦点,则是要去追问,天生的能力在多大程度上可被后天获得的经验所改变?演化心理学家倾向于相信这种改变的余地并不大,而传统的(即秉持"社会科学标准模型"的)社会科学家会认为演化心理学家的观点不仅是错误的,而且可能还是危险的。科斯米兹和图比的演化心理学理论原型,作为社会科学标准模型的对立面,至少事实上承诺了心理特征在天生的与获得的对比方面会各有偏重:

演化心理学模型:人类的心灵充满了大量先天固有的(innate)观念和规则,这些先天规则以不同的方式对不同的观念进行推理。它们通过自然选择的力量而塑造成型,共同构成了人类的普遍本性。除了这些共性之外,人体之间存在着一些品质特征、能力倾向和天资上的差异。这些差异并不一定就是适应性的,它

---

① J. Prinz, *Beyond Human Nature: How Culture and Experience Shape Our Lives*, Penguin Books, 2012, pp. 8—10.

们会受到经验的影响，但基本上还是我们可遗传的基因差异导致的结果。

社会科学标准模型：人类的心灵几乎没有先天固有的观念，而思维的先天规则可用于各种各样的认知技能。我们大多数的能力通过学习而获得，人类与其相近物种的认知差异，本质上是由于我们所拥有的"万能解题器"比起这些物种，稍微进步了一点点（大部分的机制是双方都具备的）。品质特征、能力倾向和天资或许会受到我们基因的影响，但它们更会深受后天经验的影响。①

这个对比虽然这不是科斯米兹和图比陈述的原文，不过普林兹的这个总结，大体上正确概括了演化心理学与社会科学标准模型的区别。我们还需注意，虽然前者倾向于天生论（禀赋论）而后者倾向于获得论（教化论），两种立场都承认基因与环境的共同作用。它们争议的焦点仅限于刚才剥离出来的两个方面。

到了这一步，禀赋与教化之争似乎可以盖棺论定了。然而，一些生物哲学家敏锐地发现，"天生的/获得的"仍然是一对漏洞百出的常识生物学概念。格里菲斯（P. Griffiths）表示，这对概念在语义上与"禀赋/教化"一样极其含混。凯勒（E. F. Keller）甚至表示，问题还不是出在语义含糊性上，而是这对概念区分本身毫无意义，原则上就是错误的。格里菲斯认为，"天生的/获得的"被滥用于指称许多不同的区分，包括适应器（adaptations）与非适应器（nonadaptations）、生来就有的（present at birth）与非生来就有的、物种特定的（species-typical）与非物种特定的、非习得的（unlearned）与习得的、不同环境下稳定发育的（reliably developing in different environments）与不同环境下发育不稳定的，等等。他指出，比起我们盲目地把一个性状唤作为"天生的"，不如在不同的讨论情境中区分出不同的涵义，以此确定我们所谈论的到底是以上区分中的哪一个。②

凯勒就禀赋与教化之争，出版了一本精致而雄辩的小册子。她通过考察科学史指出，"教化"原本通常是作为一个动词而非名词来使用，性状的禀赋方面经教化而改变，只是到了 19 世纪中后期才形成了二元对立之势。在那本书的导论中，为帮助读者形象地理解原先的争论错在哪里，凯勒援引了她的同事豪尔（N. Hall）教授绘制的一幅漫画：

---

① J. Prinz, *Beyond Human Nature*: *How Culture and Experience Shape Our Lives*, Penguin Books, 2012, pp. 10—11.

② P. Griffiths, "What is Innateness?", *The Monist*, Vol. 85, 2002, pp. 75—80.

图 6.1 "禀赋与教化"的观念对比

这组图有甲乙两人,分别代表了天生的属性与获得的属性。禀赋与教化关系的传统表征就如左图所示:甲向桶中注入 x 容量的水,乙向桶中加进了 y 容量的水,因此才有何者占据更大比重的讨论。这种讲法在豪尔和凯勒等人看来完全不对。较为准确的说法可见右图所示:乙拿着软皮水管对向水桶,甲在另一头打开了水龙头,甲乙共同合作,而非各自独立。所以,即使我们可以像格里菲斯那样对"天生的/获得的"这对概念作出进一步的语义区分,仍有可能引发左图所示的误导。凯勒在书中指出,当下的表观遗传学(epigenetics)可以提供一组更加恰当、精确和有用的语汇,它有望终结禀赋与教化之争的混乱场面。[①]

"表观遗传学"本不是什么新概念,它于 1942 年由沃丁顿(C. H. Waddington)所造,是在"遗传学"(genetics)上加了个"之外"(epi-)的前缀,另有汉语译名叫"外遗传学"或"后遗传学"。它一开始用来指称各种发育过程(例如基因型到表型的发育过程),而生物学家早就知道这个过程涉及的不只是 DNA,在此意义上,"表观遗传学"是把当时的遗传学理论无法解释的现象笼统划分出来的一个范畴。[②]在今天,表观遗传学不仅有自身具体明确的研究对象和内容,也有一套完备研究方法和手段,它已发展成遗传学的一个分支学科。遗传学家研究发现,经典遗传(DNA)因素以外的各种变化,不仅能够影响生物体在细胞分裂过程中的表型(或外显的特征表现),而且这些变化通常可以代际遗传,哪

① Cf. E. F. Keller, *The Mirage of a Space between Nature and Nurture*, Duke University Press, 2010, pp. 8—13.

② 基因型(genotype)指的是一个生物体内的 DNA 所包含的基因,也就是说该生物的细胞内所包含的、它所特有的那组基因。与基因型相对的是表型(phenotype),表型是一个生物体的实际外表特征如大小、重量、颜色等等。

怕整个过程中 DNA 序列没有发生改变。这些例子包括 DNA 上甲基化模型的变化、染色质的变化、新陈代谢作用、哺育模式乃至文化经验等等。这些非典型的"遗传系统"在生物体的发育过程中非常重要,它们极大地改变了我们对于遗传的理解,并且在演化的进程上也会产生显著的影响。对于演化生物学史来说,表观遗传学甚至让我们重新"发现"了拉马克主义。

19 世纪初,法国人拉马克提出了"获得性性状"可以遗传的假说,该假说被称为"拉马克主义"。比达尔文年长 84 岁的拉马克认为,受环境选择,生物个体努力向更好方面去发展,演化有可能在较短世代间发生。达尔文则认为,优胜劣汰是自然界的长久主题,演化存在于相当漫长的时间内。一只长颈鹿可以很好地诠释他们之间的分歧:拉马克认为,长颈鹿的祖先生活在缺乏青草的环境里,不得不经常努力地伸长脖子去吃树上的叶子,由于经常施行这一行为,颈和前肢逐渐变得越来越长,这些"获得性性状"能够遗传给后代。达尔文则认为,长颈鹿中的某些个体偶然产生变异使其脖子变长后,由于更适应自然,经过逐代积累,长脖子的长颈鹿祖先更有生存优势,从而完成了缓慢的演化。在孟德尔经典遗传学被确立正统地位后,拉马克主义彻底被当时的人们所抛弃。然而表观遗传学的发现,对经典遗传学构成极大挑战,使人们不得不重新审视拉马克主义。这是因为,表观遗传在某些方面表现出了"获得性遗传",可以从后天环境中"获得"新的性状,这种性状也可以"遗传"给后代。[①]

我们并不打算在这里深入展示表观遗传学理论,问题的要点在于,表观遗传学发现的这些效应(effects)就其自身而言,与传统的"先天性/获得性"之争是不相容的。[②]以往大家会把归于"先天性"的因果构成称为"基因",认为它是遗传的单元,然而以上事实表明这样的想法是有疏漏的。确切地说,表观遗传学所揭示的发育动态,已经预先排除了"先天性"与"获得性"这两个理想化概念的独立性。这就宣告了用"基因决定论"或"生物学还原论"来给演化心理学扣上罪名的努力的破产。

---

① 两篇介绍性的汉语论文,参见陆俏颖:《表观遗传学及其引发的哲学思考》,《自然辩证法研究》2013 年第 7 期,第 25—30 页;陆俏颖:《获得性遗传有望卷土重来吗》,《自然辩证法通讯》2017 年第 6 期,第 30—36 页。

② Cf. E. F. Keller, *The Mirage of a Space between Nature and Nurture*, Duke University Press, 2010, pp. 4—7.

至此我们有必要整理以上两个小节的思路。首先,从"禀赋与教化"之争的思想史背景中涤除了科学政治学因素,把"天生的/获得的"这对概念析取出来作为表面上有效的研究对象。接着根据普林兹的解释,确立了演化心理学与以"心灵白板说"为基础的社会科学标准模型在相关争论上的差别。最后,基于更加成熟的表观遗传学理论架构,凯勒展现给我们的教诲是,"禀赋与教化"或"天生的与获得的"论战本身是无意义的。不仅如此,让那些拿着"基因决定论"之盾当作反对演化心理学之令箭的人所惊讶的是,我们竟然可以在图比和科斯米兹的经典文本中,找出这样一段"一碗水端平"的论述:

> 对于所有这些相互作用,我们不能把(演化适应的)产物有意义地拆分为是由基因决定的还是由环境决定的,也不能说它受何者影响程度更大。正因如此,**所有事物**,从理查德·斯特劳斯精美绝伦地演奏贝多芬第五交响曲,到他骨骼中生来就有的钙盐物质,**完全而且等同地**受到基因与环境的共同作用。①

值得注意的是,图比和科斯米兹在这段话里强调基因与环境的共同作用不难理解。出人意料的是,该命题用了"所有事物"(everything)这个全称量词以及"完全并且等同地"(totally and to the same extent)的副词限定。如果情况诚如文本声称的那样,那么一方面,演化心理学不仅没有基因决定论的嫌疑,甚至还洗清了一切禀赋论倾向,它与经验主义也不存在显见的对立立场。禀赋与教化的关系问题从此在演化心理学的讨论语境中就没有可争议的空间。另一方面,该主张与演化心理学的核心理论预设,特别是适应主义呈现给人的先天论(nativist)直觉严重不符,否则人们该怀疑平克关于语言能力的先天本能学说是否应当列入演化心理学的经典案例了。为解决此处之龃龉,现在我们应当尽快回答第三个问题,也就是去追问:演化心理学就禀赋与教化关系的问题,事实上(而非字面宣称的)究竟处于什么何种立场?

---

① J. Tooby & L. Cosmides, "The Psychological Foundations of Culture", in J. H. Barkow, J. Tooby & L. Cosmides(eds.), *The Adapted Mind: Evolutionary Psychology and the Generation of Culture*, Oxford University Press, 1992, pp. 83—84.

三、偏向"禀赋"意味着什么？

　　根据以上两个小节的论述，回答这个问题之前，有三点需要稍加澄清。第一，通过表观遗传学的基本事实已知，禀赋与教化（或天生的与获得的）是一组合作式的而非对立性的范畴。第二，通过演化心理学所承诺的适应主义已知，演化心理学强调了心理性状在发育过程中对后天的环境变化并不特别敏感。第三，通过以上两点可以推出，演化心理学实际上偏向于心理特征的先天性因素，但是这样的先天因素只是程度性的，它不是一个全有或全无（all or nothing）的事情。所以，为了准确定位演化心理学在禀赋与教化关系问题的立场，我们需要一个理论概念，它应当与表观遗传学相容，并且满足以上三个要点。

　　幸运的是，表观遗传学先驱沃丁顿在 20 世纪中期就为我们打造了符合这个要求的概念——渠限化（canalization）。他在做神经板（neural plate）的实验时发现，生物体在发育过程中常常会受到基因或环境因素的干扰，然而这个复杂的发育过程却有着惊人的稳定性，即使在遗传因素和环境条件的干扰下，依然可以发育成正常的表型，这种现象就叫（表型）渠限化，有时也叫发育稳态。换言之，渠限化意味着特征的鲁棒性，体现了特征不受遗传因素和环境条件的干扰，仍能完成正常表型的发育过程。事实上这是一个程度概念，所度量的是一个种群产生相同表型的能力。为了便于理解，沃丁顿还引入了"表观遗传图景"（epigenetic landscape）或"发育图景"的形象比喻：一个有机体一生的发育轨迹就像一只小球从山上顺势滚下，如图 6.2 所示，图景中的每一个点都是发育过程中的一个表型，有机体在发育过程中的哪个阶段具有怎样表型特征，由图景地貌所决定。整个动态过程展现了细胞从胚胎到成体的发育历程。在向下滚动时，小球有一些走向方位不同的"选择"，也就是说，发育胚胎受到各种遗传或环境因素的影响，从而有着特定的"路径"。当滚落到图景底部时，既已做出了某些"选择"。这幅图试图传达的意思是说，发育的整个"图景"受到每个个体基因的行为和路径的影响，即使发育过程将受到环境干扰（例如小球被拨到山脊的另一侧），它仍将达到一个正常化的平衡状态（山谷的底部）。

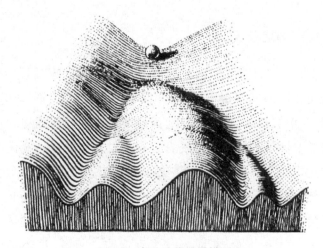

图 6.2　表观遗传图景模型

图片来源 Waddington, *The Strategy of the Genes*, Allen and Unwin, 1957, p. 29.

生物哲学家艾瑞尤(A. Ariew)发表了一系列颇有影响的文章,旨在论证天生性状(innate trait)这个概念可以用发育渠限化的思想加以阐释。[1]尽管这种观点遭到格里菲斯等人的批评,[2]但是艾瑞尤的错误根源仅仅是因为他没有像格里夫斯那样认识到"天生性"(innateness)是一个语义含混的常识生物学概念,这并不意味着"渠限化"不能把握"天生性"中的某些实质性要素。[3]生物学哲学家加维(B. Garvey)表示,虽然从一个性状的渠限化不能推出它就是一个适应器[4],但是能推出它很有可能是适应的结果。如果一个性状是渠限化的,该性状就能在各种不同的环境条件下正常发育。我们可以把渠限化理解为对于生物体(或者该生物体的物种原型)来说是极其重要的。举例来讲,动物的心脏通常能够抵制环境因素或基因突变的干扰而正常发育,它的泵血功能对于动物而言至关

　① Cf. A. Ariew, "Innateness is canalization: In defense of a developmental account of innateness", in V. G. Hardcastle(ed.), *Where Biology Meets Psychology: Philosophical Essays*, MIT Press, 1999, pp. 117—138.

　② Cf. P. E. Griffiths & Edouard Machery, "Innateness, Canalization, and Biologicizing the Mind", *Philosophical Psychology*, Vol. 21(3), 2008, pp. 395—412.

　③ Cf. B. Garvey, "Nature, Nurture and Why the Pendulum Still Swings", *Canadian Journal of Philosophy*, Vol. 35(2), 2005, pp. 309—330.
　④ 演化过程会带来三种产物:适应器、适应器的副产品、随机影响或噪音。适应器是遗传而来的、能够稳定发挥的特征,是通过自然选择形成的。例如我们可以说,眼睛、心脏、脐带是生理适应器,而感知、情绪、推理能力,可被视为心理适应器。然而某人眼球的大小、心脏工作时发出的声音以及特定形状的肚脐眼,就不会被认作为适应器了。

重要,于是我们可以说心脏是一个适应器。

如果加维的论述是对的,那么很显然,演化心理学既然相信存在着一套共通的心理机制(心理模块),这些心理机制如同心脏这样的生理适应器,那么演化心理学就应当承认渠限化对于人类心灵当下的状况是有解释效力的。要记住,我们之所以在本节要讨论禀赋与教化之争,目的是认清演化心理学与经验主义、环境论和文化多元论这类外部对手的理论立场差异。至此已经看到,如果拘泥于传统意义上的禀赋与教化之争(包括这场争论所蕴含的科学政治学立场)来批评演化心理学固然不妥。然而通过"渠限化"这个概念工具发现,演化心理学家和经验主义者在回答文化多样性的起源问题上,既不能说处于对立的立场,也不能像图比和科斯米兹宣称的那样没有任何区别。真实的情况如加维所言:"(在演化心理学家那里)文化多样性被解释为是由一组普遍的心理机制在不同的环境中所产生的结果。它不能被解释为这些认知机制因不同的环境而无法正常发育或发生发育偏差。"[1]

如果人们没有忘记刚才所展示的种种概念澄清,并且继续愿意相信"先天论"这个概念——它在禀赋与教化的讨论语境中被"渠限化"所精确刻画——表达了某种区分性的立场,那么我们可以说,没错,演化心理学就是某种意义上的先天论。在禀赋与教化之争的天平上,演化心理学家站在了禀赋(nature)的一端。然而,经验主义者和环境论者若想对演化心理学提出批评,除非能在心理性状的渠限化问题上另有说法,否则是徒劳无效的。[2]

四、"两种文化"与二元论直觉

生物演化论思维与心理学的结合,意味着禀赋与教化之争的天平向禀赋论这一端的转移。在这一小节里,我们将向大家展示演化心理学所处其中的另一个大背景,那就是本书上篇讲述的心身二元论与物理主义之争。一些深受人本主义哲学思想影响的学者相信,演化心理学的根本缺陷在于没有证据表明心灵与身体一样可以受到演化机制的型塑;另一些演化心理学家及其追随者则表示,

---

[1] Cf. B. Garvey, "Nature, Nurture and Why the Pendulum Still Swings", *Canadian Journal of Philosophy*, Vol. 35(2), 2005, p. 321.

[2] 我们此处考虑到的经验主义者是普林兹,他在《超越人性:文化和经验如何塑造了我们的生活》一书中,对演化心理学发起的重要批评都没有在心理特征渠限化的问题上着力。

演化心理学不仅是一门关乎人类的心理和行为的科学知识,而且也提供了一套有别于日常常识的新的人性观。健全的演化心理学既反对心身二元论这套常识观念,又需保持自身不落入作为世界观的物理主义(或科学主义)之窠臼。

在心理学家古德温(C. J. Goodwin)看来,当代心理学呈现出了五种趋向:神经科学蓬勃发展;计算机科学在心理学中持续有影响;演化心理学兴起;学院派心理学家和心理学从业者(例如心理咨询师)之间有严重隔阂;心理学专业的内部分化。①前三种趋势带有浓厚的科学化色彩,后两种趋势体现了在当代心理学的名下,存在着科学心理学与人文主义阵营之间的对峙与角力。前者包括构造主义、新老行为主义、认知心理学、演化心理学和社会学习理论等,后者以意动心理学、格式塔心理学、人本主义心理学和精神分析为代表。心理学内部分裂的现状,基本符合剑桥科学家斯诺(C. P. Snow)所说的"两种文化"论题。斯诺在1959年的瑞德讲座(Rede Lecture)上表示,整个西方社会的学术生活,已分裂成不同名义下的两种文化——科学(sciences)与人文学(humanities),这种分裂是人们解决世上各种难题的主要障碍。由于科学家和人文学家在教育背景、学科训练、研究对象、基本素养和所使用的研究工具等诸多方面的差异,他们在关于文化的基本理念和价值判断上经常处于相互对立的局面。而且这两个阵营的人又相互鄙视,甚至不屑于去理解对方说什么。②

我认为,两种文化的根本分歧,出在了如何理解有意识的心灵的问题上,本质上就是心身问题的延续。大多数的人文学者相信,文学、艺术、历史和哲学,研究的是意义和规范性层面的问题,它们属于非物质的心灵范畴。他们直观地认为,人类的心灵(包括所谓的知、情、意)或心理属性,本质上有别于物质或物质属性,于是在讨论这些人文学的问题时,以计算和测量作为方法论原则的自然科学便无法置喙其中。

这种心身二元论观念的残留,也体现在一些心理学家看待演化心理学的态度上。有些学者表示,演化论在解释上的有效性范围仅限于生物的生理方面上,人类心理或"心理进化(演化)的逻辑"则不遵从演化论的法则。在此基础上,他们试图引入人类学哲学的视野,揭示一切形式的演化论的心理学研究方案的逻

---

① 詹姆斯·古德温:《现代心理学史(第2版)》,郭本禹等译,中国人民大学出版社,2008年,第537—538页。

② 参见 C. P. 斯诺:《两种文化》,陈克艰、秦小虎译,上海科学技术出版社,2003年。

辑的盲目性,并为心理学作为一门独立科学寻求理论的统一提供可能的思路。遗憾的是,该结论所依赖的,或是对演化心理学的误解——以为演化心理学完全不顾文化的作用,从而是彻头彻尾的禀赋论或生物决定论;或者援引华莱士(A. R. Wallace)拒绝用演化论考察人类的说辞,再去套用卡西尔(E. Cassirer)的文化哲学,反驳把心灵与生物机体等而视之的合法性。①这就犯了把想要得出的结论偷偷塞进论证前提的“窃取论题”谬误。另外,我们知道,演化论呈现出了目的论的形态,它承认一个性状 T 的存在是由于 T 有利于实现某个目的 E, E 在演化论中被笼统地刻画为“生存和繁衍”。不过,早在达尔文的《物种起源》那里,这种表面上的目的论就已被遗传、变异和自然选择这三个机械论式的因果机制成分所“祛魅”。生物哲学家沃尔什(D. Walsh)更是已经有力地证明了所有形态的目的论都可以还原为因果机制。②这样一来,说心理现象和物理现象遵循不同的演化规律,意味着心理现象可以摆脱因果律则的作用。因而伴随着这个论断的一定是某种形态的心身二元论,尽管这些学者从未对其中隐藏着的二元论立场有过严肃的论证。

　　类似的例子还有很多。另一些学者在评估演化心理学时,乐于把它置于科学的一端,把文化心理学置于“两种文化”的另一端,以此给人造成二者严重对立的印象。两种心理学相互对峙的原因,据说是因为分别采纳了实证主义和现象学这两种根本不同的方法论。他们表示:

　　　　一直存在着实证主义方法论和现象学方法论的对立。实证主义方法论即以实证主义为哲学基础的主流的科学心理学,其特点主要有:强调心理学对象的客观性和可观察性,坚持经验证实原则,主张以方法为中心和量化研究等等。现象学方法论是以现象学或现象学——存在主义和解释学为哲学基础的非主流的人文科学或非科学主义系统的心理学,其特点主要有:强调心理学对象的主观性——如人的本性、价值、经验、需求等,坚持如实描述的

　　①　参见高申春:《进化论心理学思想的人类学哲学批判》,《南京师大学报(社会科学版)》2010 年 3 月,第 113—118 页。

　　②　Cf. D. Walsh, "Teleology", in *The Oxford Handbook to the Philosophy of Biology*, Oxford University Press, 2008. 当然,相关的争论尚未停息,著名的认知科学哲学家福多(J. Fodor)近几年认为,演化论的语义构造中隐含着不可消除的内涵性(intensional),因而关于它的自然化是不成功的。Cf. J. Fodor & M. Pi-attelli-Palmarini: *What Darwin Got Wrong*, Farrar, Straus and Giroux, 2010.

现象学方法,贯彻整体论方法论等等。①

对于同一个研究对象而言,采纳不同的研究方法,并不一定意味着背后的本体论预设不同。但在这里,如果把演化心理学和文化心理学分别置于"两种文化"两端的依据仅仅是出于不同的方法论的理由,却显得太过薄弱。就心理现象来说,科学实证主义与现象学的方法论对立,极有可能是出于对心灵的本体论假设的不同。如果心灵或心理属性的形而上学本质与物质或物质属性别无二致,我们便没有理由相信,为何在研究同一类型的对象时,这两种方法论之间竟然如此不可相容。因此,即使在这里我们无法详细说明一部分心理学家通过"两种文化"论题来反对演化心理学的理由究竟为何,但是通过以上两个案例可以判断,那种相信心灵世界原则上不同于物理世界的二元论直觉,是他们拒斥演化心理学的重要原因。

正如我们在第二章讨论过的那样,如果有人开展一项人类学调查,会发现绝大多数的民族群落,在没有受到现代科学的影响之前,都会认为人死后会有灵魂,以及存在着鬼神这样的非广延性的事物。类似的信念是一种认知上先天固有的常识,就像即使你知道穆勒-莱尔错觉图的两条平行线段长度相等,仍然难以避免你在第一眼看到它的时候出现知觉判断偏差。在后一个例子当中,这大体是因为知觉模块与认知系统的心智架构有了隔阂导致的;在我们这里关心的问题上,这是因为能够引发"解释空缺"的现象概念统领了我们思考意识经验的方式导致的。我们在上一章也看到,由于常识或"自然态度"无需额外的证明,并且在某种意义上免于修正的,因此像帕品纽那样,把物理主义从作为一种本体论学说抬升到了世界观的层面时,不但无法打压所谓的"常识的暴政",他的"科学主义暴政"反倒因其内在结构性的不融贯而走向崩盘。

五、涤除科学主义

在这里,我们把之前讨论过的作为世界观的物理主义,界定为科学主义。科学主义——或者更确切地说,唯科学主义——对国人而言是一个舶来品,它是基于西方近代以来的科学传统而产生的对科学极端崇拜的态度,其内涵和典型特

---

① 许波、钟暗华:《进化心理学和文化心理学的对立》,《心理研究》2009 年第 2 期,第 15 页。

征也随着争论语境的不同而改变。据分析，它的基本类型可以划分为认识论的科学主义、本体论的科学主义、价值论的科学主义和存在主义的科学主义。物理主义世界观囊括了所有这些类型，因而是一种综合性的科学主义。国内学界对科学主义的集中关注是从20世纪90年代开始的，十几年前，有学者就指出：

> 我们目前对科学主义的研究还局限在它的最初的含义上和少数扩展研究，而没能意识到科学主义现在已成为一种意识形态，它不仅波及所有的人文社会科学，而且在自然科学内部也还存在向物理学看齐的趋势，更为重要的是科学主义已经变成一种学科规训的权力，它在完成对自然的筹划后，又开始向人类自身的活动领域扩散。①

我们也警告过大家，当市面上流行的演化心理学自诩为是一门关于人性的新科学时，便是科学主义渗入价值和意义层面的典型表现。有趣的是，前面已经提到过，演化心理学作为社会生物学的升级版本，是新达尔文主义演化论与认知心理学这两个部分相结合的产物。相比起演化论，我们会很少抱怨认知心理学有太多的科学主义倾向。当然，这或是因为公众对于知觉、记忆和推理能力等认知心理学的研究主题没太多关注热情，而演化论通俗，有叙事性，再加上把人与动物"等而观之"，从而成了反科学主义者的众矢之的。

从知识社会学和科学政治学的角度讲，公众对于演化论所持的反思性批评立场确实"建构了"经典的演化心理学所体现出的科学主义倾向。不过我们还需看到，当演化心理学家用基因之眼看待人的心理能力和行为能力时，它具体的研究主题更多是从一个个特定的心理或行为性状入手，这些研究主题——例如两性择偶、暴力倾向、亲代抚育和社会合作——很大程度上仍然停留在人类的生物本能层次。即使承认这些研究的成果是正确的，而且因为有数理统计的技术含量从而表现出了科学应有的精致性，但是出于演化论所要求的普遍性要求的冲动，演化心理学家匆忙宣称这一切构成了所谓人性的科学，仿佛他们已经回答了康德在《纯粹理性批判》中关于理性所提出的三大问题："我能知道什么"、"我

①　李侠：《论科学主义概念的内涵与特征》，《中南大学学报（社会科学版）》2005年12月，第737页。

应当做什么"和"我能够希望什么"。吉彻尔(P. Kitcher)在《科学主义之困》一文中指出:

> 成功的科学是用来解释其领域内不同种类现象的模式的集合。幸运模式能产生满足三个必要条件的模式:普遍性(universality)、精确性(preciseness)、正确性(correctness)。很多科学尤其是自然科学都不这么幸运……好消息是你能够满足这些必要条件中的任何两个,但付出的代价是牺牲第三个条件。①

可以说,一些演化心理学家的妄自尊大,恰恰是在追求精确性和普遍性的同时放弃了正确性。就演化心理学的研究模式,吉彻尔继续诊断说:

> 让我们想象一个模式,我们称之为人类社会行为起因的大模式。自然选择是故事的一部分,但只是其中一部分。显示某种特别的社会实践提高了繁殖成功率的研究做出了有益的贡献,但是,如果要得出人类的实践就是达尔文的进化适应结论还需要更多东西。因为如果自然选择起作用,肯定存在这些行为背后的心理潜能和习性的基因基础。而且,习性和潜能是在特定环境或一系列环境下从基因基础产生出来的。了解在相关环境下哪些基因产生了可能为繁衍成功带来不同影响的其他特征就非常重要。如果基因、环境、心理特征完全纠缠在一起,把焦点集中在研究者觉得有潜在适应性的行为模式上就是错误的。而且,分析的案例必须是文化传播没有扭曲自然选择预测的结果(严格地说,即使这样也不够,因为它没有质疑文化的贡献可以简化为从一人传到其他人的实体场景这个假设)。所有这些缺陷在实践中都很难弥补,因为就连达尔文也常常哀叹"我们的无知实在很深"。②

事实上,演化心理学已经有了一套相对成熟稳定的研究范式,我们不能指望

---

① 菲利普·吉彻尔:《科学主义之困》,吴万伟译,《国外社会科学前沿》2012年第16辑,第101页。
② 同上书,第103页。

它通过吸纳人本主义心理学的教义来洗清科学主义的色彩,因为它们可能是两个不可通约的学科范式,其杂糅的结果或将产生一个不伦不类的怪胎。①我们更不能因为它在当下表现出了科学主义倾向而以"鸵鸟政策"的方式再次回到二元论的老路上。那么,在科学主义与二元论的天平中间,理想形态的演化心理学应该是怎样的呢?

回答这个问题的前提之一,就是要厘清科学主义和科学知识的关系。一方面,我们相信演化心理学的确能够提供科学知识,它有助于增进我们对人心和人性的理解。于是我们应当通过内在的反思批评态度审视它的理论基础,以便维系和强化演化心理学的科学地位。另一方面,我们需要谨慎对待当下演化心理学理论形态的发展趋势,以免它盲目地扩充解释边界。事实上,科学主义受到科学知识的限制和约束。我们承认,"科学为我们提供关于实在的知识",但是科学主义却要扩张到声称,"只有科学能够给我们提供关于实在的知识"。②因此,限制演化心理学的科学主义倾向的最佳方式,绝非单纯地反对演化心理学,也不是在现有条件下盲目地反叛它的学科范式,而是在某个科学哲学原则的指导下,勘定它最大限度所能生产的科学知识的边界在哪里。鉴于这个要求,我们为构建一种理想形态的演化心理学刻画了以下三条指导原则。

第一,解释"人之为人"的反常现象。我们看到,当前的演化心理学的研究主题和研究内容,很大程度上还停留在人的生物本能层面,以至于给人的印象是,演化心理学即使不算"低级趣味",也无法对"人之为人"的本质特征给出充分说明。我们诚然认可人类在生物学的层面上是其他物种动物的本体论延续,但是寻找某种"人之所以异于禽兽"的本质特征的努力却不多见。事实上,就人的两性择偶偏好、暴力倾向、亲代抚育问题和社会合作能力等特征而言,几乎不能体现出人类与灵长类动物的根本不同。我们可以把种种"人之所以异于禽兽"的现象看作是演化心理学有待解释的反常现象。毕竟,演化而来的心灵不仅能使我们猎鹿驱虎、娶妻生子,还让我们能从事投资股票、拍摄电影、发射卫

---

① 人本主义心理学的最终目标是要全面地描述:作为一个人活着究竟是什么意思……这一种全面的描述将必然包括,人类先天才能的一系列内容;他的潜在的思想、情感和行动;他的成长、演变和衰老;他与各种环境条件的相互影响……他可能有的经验的范围和种类;以及他在世界上的有意义的地位。参见杜·舒尔茨:《现代心理学史》,杨立能等译,人民教育出版社,1982 年,第 405 页。

② 李侠:《论科学主义概念的内涵与特征》,《中南大学学报(社会科学版)》第 11 卷第 6 期,第 738 页。

星、研究哲学这类不可思议的复杂活动。这些自然而然的事情,表面上可被视为违反了演化生物学常态、常规和常识的事例。在科学哲学某些话语中,能够解释与常规科学规律、科学假说、科学理论或科学论断等不相符的事实,是一门成功的科学的标志,这对于科学理论的推进和科学事业的进步至关重要。因此,健全的演化心理学必须关注并致力于解释诸如理性、自由意志、道德、意识和意向性等人类独有的高阶能力。

第二,融合相邻学科的研究进路。刚才已经提到,基切尔在分析科学主义的困境时,他对演化心理学的不满在于,人心与人性本是"基因、环境、心理特征完全纠缠在一起"的事情,当前的研究模式却"把焦点集中在研究者觉得有潜在适应性的行为模式上"。因此,为了解释人类的高阶心理和高阶行为现象,演化心理学应当尽可能融合相邻学科的研究进路。我们相信,这个要求是可能的。科学哲学家费耶阿本德认为,科学发展历程的一个基本特征,就是"韧性原则"(principle of tenacity)和"增生原则"(principle of proliferation)的交互作用。前一个原则是说,科学理论的初级形态总会存在许多无法解释的反例,但是随着理论的不断发展,那些反例也可以得到解决;后一个原则是说,当科学理论遇到反常和反例时,应当调整原有的理论,通过增生出不同的新的理论来寻求解决之道。[1]我们也相信,这个要求是必要的。拉兰德(K. N. Laland)和布朗(G. R. Brown)通过全面考察了从演化论视角研究人类行为的各种进路,得出结论表示,追求真正有益的方法论多元化很有必要,演化心理学应当汲取文化演化和文化-基因协同演化这两种新兴的研究进路。[2]

第三,从"人性科学"(science of human nature)走向"人性学说"(studies of human nature)。当前的演化心理学常常自诩为是一门关于人性的科学,但是"人性"本身是一个含混的概念,它大致可分为两类涵义。人类普遍具有的生理本能、生理欲望,以及基本的心理规律、心理机制被视为属于人性的范畴,它更多地强调人的**本来属性**,即人在生物特征方面的"天性"(innateness)。另一种涵义指的是人的**本质属性**,它大致能够表明人之所以为人或"人之所以异于禽兽者"的

---

① 参见费耶阿本德:《自由社会中的科学》,兰征译,上海译文出版社,2005 年。

② Cf. K. N. Laland & G. R. Brown, *Sense and Nonsense*: *Evolutionary Perspectives on Human Behaviour*, Oxford University Press, 2011, pp. 220—221.

那部分属性。①很显然，演化心理学家口中的"人性"主要是指人的"本来属性"而非"本质属性"。在科学哲学家杜普雷（J. Dupré）看来，演化心理学执着于从科学主义的视角看待人性，不仅过于简单狭隘，而且一旦越界成为意识形态，将会在实践层面上产生危险的后果。②其实，若想全面准确地理解"人性"（human nature）概念，首先要吃准"nature"——通常译为"自然"——的涵义。有学者指出，从词源学上讲，西方的"自然"概念有两个起源："physis"和"kosmos"。"physis"首先意味万物发生和成长的过程，由此引申出万物的起始和事物的始基的意思，以及事物的一种组织原则、结构之意。"kosmos"不同于近代的"cosmos"（宇宙）概念，它最初指的是和谐的秩序，带有神学意义。无论是"physis"还是"kosmos"，二者都有目的论和规范性的要素。受到基督教的创世思想和近代自然科学兴起的影响，"自然"概念愈发走向机械化、工具化和物质化的方向，这意味着目的、规范和作为主体的人从自然中被剥离出去，成了没有创造力、没有目的、没有规范意义的东西。③由此看来，"人性"概念的原初涵义和常识涵义，同样应当具有自主性、目的论和规范性的色彩。区别于当下演化心理学的"人性科学"，我们把这种人性观叫作"人性学说"，它在体现人之为人的本质属性的同时，还能解释各种层面之间（包括种族之间、文化社群之间、纵向历史之间、阶层之间、性别之间以及个体之间）的心理和行为的差异性、多样性和丰富性。

然而，尽管我们期待着演化心理学从"人性科学"走向"人性学说"，这并不意味着试图否定演化生物学而退回到活力论（vitalism）或泛灵论（panpsychism）。④第三个指导原则需与前两个原则相容，也就是说，我们仍将理想中的演化心理学视为一门能够解释人心与人性的实在的科学知识。通过检验它的范式基础、融合相邻学科的研究方法，尽可能拓展它现有的研究主题并提升它的研究旨趣，以求能对人类独有的理论理性、自由意志、伦理道德、意识和意向

---

① 参见熊韦锐、于璐、葛鲁嘉：《心理学中的人性论问题》，《心理科学》2010 年第 5 期，第 1205 页。

② Cf. J. Dupré, *Human Nature and the Limits of Science*, Oxford University Press, 2001.

③ 参见张汝伦：《什么是"自然"？》，《哲学研究》2011 年第 4 期，第 83—93 页。

④ 活力论认为生命拥有一种冲力（*élan vital*），或是称为生命力（life-force）、生机脉冲（vital impulse）、生命活力（vital spark）、生命能量（energy），甚至有人称此为灵魂或气。这种力量是非物质的，因此生命无法完全以物理或化学方式来解释。泛灵论大致认为，宇宙中的每一事物，包括我们通常认为没有生命的事物，都具有程度不一的心灵或意识属性。

性等特质展开更多富有成效的科学探究。

第三节　理论图景鸟瞰

上一节里,我们把演化心理学摆在"禀赋与教化""二元论与科学主义"的争论背景中加以评估和定位,目的是平息禀赋论者(先天论者)、经验主义者、心身二元论者和科学主义者这些外部论敌对演化心理学的不当指责,继而从中汲取有益的教诲,为建构一种理想形态的演化心理学的做好铺垫。通过前面的论述,大家只能零敲碎打地窥探到演化心理学的一些主要特征。在本节,我们将首先说明演化心理学产生和发展的理论动机,随后以图比和科斯米兹为代表的经典演化心理学为原型,展示演化心理学的基本纲要。最后介绍布勒(David Buller)的修正主义,他主张自由和多元的研究纲领,部分地符合我们在上一节对演化心理学提出的要求,尽管他对经典演化心理学的批评同样有失公正。

一、心理学为什么需要演化论?

字面上看,演化心理学是演化生物学与心理学的结合体。时下流行的演化心理学读物,在详述这门学科的"前传"时,无不浓描演化生物学向心理学"渗透"的发展脉络。开篇几乎都从达尔文的自然选择理论和性选择理论讲起,随后是经典演化论与孟德尔遗传学的"现代综合",以及洛伦茨(K. Lorenz)和廷伯根(N. Tinbergen)的习性学运动首次尝试用演化论视角来研究动物的行为。说到 20 世纪中后期,就不得不谈"新达尔文主义"的兴起,这项运动作为对"现代综合"的理论扩充,包括了汉密尔顿(W. Hamilton)的"内含适应性"学说、威廉姆斯(G. Williams)驳斥种群选择从而转向"基因之眼"、特里弗斯(R. Trivers)的"互惠利他理论"、"亲代投资理论"和"亲子冲突理论"。到了最后,登场的一定是威尔逊的"社会生物学",而竭力渲染"新达尔文主义"入侵社会科学领域造成了怎样惊世骇俗的轰动也是必不可少的。[1]

---

[1]　可参见 D. M. 巴斯:《进化心理学:心理的新科学》(第二版),熊哲宏等译,华东师范大学出版社,2007 年,第 3—42 页。

这种按照时间顺序展开的历史叙事若有不妥的话，反倒是因为它会给偏向于坚守人文主义的初学者造成不良印象。这让人恍惚以为，演化论的发展是一个从星星之火到燎原之势的过程，达尔文的幽灵似乎无处不在无所不能，它向社会科学的"侵入"已使"人心与人性"这块心理学的处女地沦为科学主义的殖民地了。事实上，生物演化论之所以能够与传统的心理学相结合，更重要的是因为心理学需要这样一种范式转向。

首先，自从心理学涤除了思辨色彩而被纳入科学殿堂之后，它的研究主题愈发狭隘，研究过程愈发枯燥，演化心理学则能以科学的名义恢复传统心理学的主题多元性和趣味性。著名的演化心理学家平克在为巴斯主编的《演化心理学手册》所写序言的开头就说：

> 在我决定当一名心理学家之后的很多年里，我替自己选择这个领域感到沮丧，进而幻想有一天心理学可以满足我的好奇心，那可是我最初把研究心灵作为职业生涯的动机。像很多心理学的学生一样，我的挫折感始于第一堂课。在课上，授课老师仪式般地向我们介绍心理学的方方面面，这唤醒了让那些期待着心理学的研究主题可以吸引他们的同学。有同学就说，什么爱与恨，什么家庭动力学，以及玩笑及其与无意识的关联，统统忘了吧。心理学是一门研究可计量的实验现象的严谨科学，它与精神分析师的自我解读或饮食男女的日常俗谈毫无瓜葛。事实上，心理学把自身的研究领域限定在"知觉"（意味着心理物理学）、"学习"（意味着小白鼠）、"大脑"（意味着神经元）、"记忆"（意味着无意义的音节）、"智能"（意味着 IQ 测试）和"人格"（意味着人格测试）。①

相比之下，演化心理学的经典话题即便有低俗之嫌，它也因为"接上地气"而丰富了主流的实验心理学和认知心理学的研究主题。另一方面，如果说演化心理学因其演化论的要素而被视为一种科学主义的表现，那么平克所展示的科学心理学对人类心理能力的说明更为机械和片面——也许人们不大去批评认知

---

① S. Pinker, "Foreword", in D. M. Buss(ed.), *The Handbook of Evolutionary Psychology*, John Wiley & Sons, Inc, 2005, p. 11.

心理学是一种科学主义,是因为碰巧大家对它兴趣不大而无心关注罢了。

其次,演化心理学比以往的心理学有更充分的解释能力。面对当时的心理学无法对观察事实给出充分的理论解释时,平克继续抱怨道:

> 心理学家并非没去试着把他们的科学发现给理论化。但是当他们这么做时,他们倾向于把一组事实以诸如相似性(similarity)、频繁性(frequency)、困难性(difficulty)、突出性(salience)和常规性(regularity)的范畴重新打包回收。每个这些所谓的解释,用哲学家尼尔逊·古德曼(Nelson Goodman)的话讲,都是"冒牌货、骗子、江湖郎中"。相似性(以及频繁性、困难性还有其他另外几项)连旁人都看在眼里,而且连旁人都觉得这些条目恰恰是心理学家有待去解释的。①

平克认为,那时候可以突破这种理论化障碍的相关参考案例有两个,一是乔姆斯基(N. Chomsky)的先天论语言学,另一个是英国著名的心理学家马尔(D. Marr)对视觉科学研究提出的三个要求。二者对演化心理学都具有极大的启发性。

就语言能力研究而言,乔姆斯基对于理论的充分性标准给出三个层次的划分:最低层次是观察的充分性,可惜当时大多数心理学都无法对言语行为能力给予充分的描述;第二层次是描述的充分性,也就是能够通过作为基础层面的心理表征来解释言语行为;最高层次是解释的充分性,即能够构造一套理论去表明,为什么是心灵中的这样一些(而非其他那些)心理表征能对观察和描述材料作出解释。在乔姆斯基那里,这种解释的充分性体现为该理论能够解决语言获得的问题,它很好地说明了儿童能从他们父母所说的有限的语句样本中学到变化无穷的语言陈述。这就要用普遍语法来加以刻画,它是心灵的先天结构的一部分。于是一个人的语言知识就不仅是一组旧有的语法规则,而是符合某种算法的先天规则,这套算法规则强大到可以从有限的环境片段中掌握无限的语言形式。②总结起来,乔姆斯基的语言理论具有三大特征:(1)先天论,它强调我们语

---

① ② S. Pinker, "Foreword", in D. M. Buss (ed.), *The Handbook of Evolutionary Psychology*, John Wiley & Sons, Inc, 2005, p. 12.

言习得过程中的先天内在条件；（2）认知主义，该理论刻画的是母语言说者的信息处理过程而不是去预测实际发生的言语行为；（3）领域特定性（domain-specific），也就是说，这套用以解释我们的核心语言能力的认知机制只能用来解释语言现象。

在视觉科学领域，马尔也为解释的充分性设置了高标准严要求。他认为关于视觉处理的理论应当满足三个层次的说明要求：神经生理学机制、它所执行的算法，以及作为关键环节的该领域的计算理论。一个计算理论是该算法的形式化演算，给定一套关于世界是如何工作的特定预设，原则上能够计算出所需的结果；反过来，这个所需的结果也能够通过视觉系统的整体"目标"得以刻画出来。例如根据映射在视网膜上的二维序列的光波值和光波强度计算出一个关于世界的有用描述。有了以上三个层次的理论要求，知觉科学家很快认识到，可以把视觉能力看作一套设计良好的神经计算机，它向大脑的其余部分输出精确描述的视觉环境信息，这比起以往把知觉看作一只装载了幻觉、余像（aftereffects）和心理物理学法则的大箩筐而言有着巨大的优势。[①]

第三，相比传统的心理学，演化心理学对各种不同的心理能力和心理现象的解释具有统摄性。前面说到的语言和知觉只是我们所拥有的各种天资和能力的其中两种，它们向构成大脑的其余部分所输出信息不可能是空洞无用的，因此也有理由相信，其他心理能力也具有类似的先天性、计算性和领域特定性特征。这样的话，对各种不同的心理活动的理论解释应当具备相似的结构和一致的原则，这个原则就是诉诸心灵的计算理论和功能解释的理论充分性。无论是语言还是视觉，它们的出现绝非偶然随机的，两种能力的存在有着相应的计算算法，对物种成员的生存繁衍也有显见的实质性贡献。按照这种理解，其他类型的心理能力和心理现象也应当有其特定的功能和目的，心理学家就可以追问那些心理能力能够解决什么样的问题。就像语言和视觉一样，我们的情感和认知能力是极其复杂、非常有用的，它们之间有着系统的构造，这意味着它们一定是由同一类近似的物理过程所生成的复杂的、有用的和系统连贯的构造的结果，这种物理过程就是自然选择。[②]

① S. Pinker, "Foreword", in D. M. Buss(ed.), *The Handbook of Evolutionary Psychology*, John Wiley & Sons, Inc, 2005, p. 13.

② Ibid., p. 14.

最后，比起心理学中其他几种具有先天论倾向的理论流派，演化心理学诉诸自然选择的功能解释，不仅对于把何种心理性状视作适应器有严格的约束，而且能够推动心理学的新发现。众所周知，19 世纪末期，弗洛伊德开创的精神分析心理学同样有先天论的倾向，他大致把性欲视为人类所有行为的驱动力。精神分析理论的核心理论是本能系统学说，本能包括两种：一种是求生本能，比如对空气、食物、水和居所的需要，以及对蛇、高处和陌生人的害怕等等，这些本能拥有生存功能；另一种是性本能，"性"作为广义的概念，不仅指成人的性行为，还包括婴儿吮吸母亲的乳房（口欲期），以及打喷嚏、吐口水和排便（肛欲期）等。①尽管这两种本能似乎分别对应了达尔文的自然选择和性选择理论，但弗洛伊德的思想基本上停留在思辨的猜测，缺乏有力的科学理论依据。与此同时，詹姆斯在 1890 年出版的经典著作《心理学原理》，理论核心也是本能系统，只不过在许多方面比弗洛伊德的理论更加复杂。②詹姆斯和弗洛伊德一样，在假设什么是人类的本能特征时带有随意性（詹姆斯认定人类本能非常多），从这些本能出发对其他心理现象作出解释时，往往也是晦涩不清或彼此之间不融贯的。相比之下，演化心理学严格地受到当代演化生物学这个外部原则的限制。在其中，并不是任何心理特征都可被视为对应于"本能"概念的"适应器"——即一个当下的功能角色在其有机体上的生命演化过程中通过自然选择而得以保存的特征——不排除对应于本能的可能是适应的副产品。情况如同平克所说的那样：

> 大体说来，演化生物学已把一系列的特征排除在适应器的清单范围，例如对整个物种有利的特征、有助于生态和谐的特征、有利于自身之美的特征、与产生适应性的复制基因无关却对其他事物有利的东西（比如马有了马鞍）、没有繁殖收益的功能复杂性（比如能够计算圆周率的能力），以及那种不在生物体的演化环境中形成的却又有益于该生物体的适应能力（比如先天潜在的阅读能力）。③

----

① 弗洛伊德在晚期对他的理论进行了修正，他把这两种本能合称为"生本能"，另外还加上了"死本能"。参见 D. M. 巴斯：《进化心理学：心理的新科学》（第二版），熊哲宏等译，华东师范大学出版社，2007 年，第 32 页。

② 同上书，第 33 页。

③ S. Pinker, "Foreword", in D. M. Buss(ed.), *The Handbook of Evolutionary Psychology*, John Wiley & Sons, Inc, 2005, p. 14.

我们将在下一章看到,心理学纳入了这种以基因之眼看问题的适应主义(adaptationism)会产生一些问题,但比起精神分析理论和机能心理学,演化心理学对"本能"特征(即主要是适应器)的刻画取得的进步已是有目共睹。另一方面,通过适应主义视角,有助于心理学家反过来重新审视那些原本并不起眼的或被视为功能上无甚用处的心理现象。比方说,像同情、信任、愧疚、愤怒和感激之类的社会道德情绪,体现了它们是作为维系互惠利他的非零和博弈的适应器;而乐于打量美貌的异性,则可作为用以觉察健康丰腴的潜在配偶的适应器。①传统心理学倾向于讨论反常的心理现象和行为表现,而演化心理学则要研究那些我们熟视无睹、自然而然的方面。毕竟,若仅凭后天的教化学习而非得益于自然选择的优良设计(但不是最佳设计),人类的心理和行为何以如此多姿多彩、游刃有余? 我们虽然不必像巴斯那样急于主张演化心理学必将统摄心理学的全部分支,但是一个确定的事实是,演化生物学的引入把心理学从实验室的琐碎无聊中解放出来,它已然为当代心理学提供了极富意义的研究议程。

二、圣芭芭拉学派

尽管演化心理学对心理学这门学科有着革故鼎新的积极影响,然而它主要是作为一种关于人心与人性的研究进路,而非一个特定的研究领域。演化心理学创立者之一西蒙斯(D. Symons)喜欢讲的一句话是,你没办法知道一个人在说什么,除非你知道他在跟谁争论。心理学家自从把演化生物学用以研究人心与人性,他们便招惹了一个有着统治性影响力的强大传统——社会科学标准模型(The Standard Social Science Model,以下简称SSSM)。我们在本章第一节讨论禀赋与教化之争时提到过这个模型,它的教义基本符合《三字经》的开篇词:"人之初,性本善。性相近,习相远。"②也就是说,SSSM认为,人心犹如白板,除非后天的经验在心灵上写下笔墨,它几乎不带有任何内容。在西方文化里,这个传统至少可以上溯到中世纪的阿奎那和近代的休谟。奥古斯汀也表示:"但凡理智范围内的,没有什么不在先前的感官中出现过。"这个传统到了英国经验主义集大成者休谟那里更加典型,他说,"观念之间的连结只有三个原则,相似性、时空中

---

① S. Pinker, "Foreword", in D. M. Buss(ed.), *The Handbook of Evolutionary Psychology*, John Wiley & Sons, Inc, 2005, p. 14.

② 当然,SSSM相信人性本无善恶之分。

的延续性和因果性",这为往后的心理学和社会科学理论奠定了基础。许多年来,从"白板"到"交换台"再到"万能解题器",用以描绘心灵架构的技术性比喻层出不穷,但休谟式的核心观念还是没变,它仍是当代人类学、社会学、政治学、管理学和心理学主流的指导性原则。根据这套正统理论,心灵中一切特定的内容都起源于外部——环境和社会,并且演化而成的心理架构仅在独立于内容的万能解题器中占据很少的部分,在学习、归纳、智力、模仿、理性和文化的名义下,心灵的先天构成几乎无足轻重。①

以心灵白板说为原则的社会科学在解释人类社会现象时虽然存在着诸多不足,而且在此原则下社会科学难以像自然科学那样能把逻辑融贯性、因果描述、解释有效性和可检验性等理论优势集于一身。不过 SSSM 之所以能够盛行至今,得益于它所蕴含的道德诉求契合西方现代社会"政治正确"要求。这个道理不难理解,如果抹去了所有先天性和生物性的因素,种族之间、阶级之间、性别之间和个体之间的差异就仅仅归咎于生活环境和社会教化方面了。既然所有"生而平等"的心灵都是可塑性极强的白板,那么社会化的规训工程理所当然地就有了用武之地。在此情境下,我们不难想象行为主义的创始人华生(J. B. Waston)对于以科学为导向的社会化抱以多么乐观的态度。他说道:

给我一打身体健康的婴儿,若管教良好,让他们在我规定的世界中加以抚养,我保证从中随机挑出一个,无论父辈有何才能、嗜好、倾向、能力、职业和种族血统,我都能将其训练成任何我所设想的专家——医生、律师、艺术家、商人,没错,甚至也可以是乞丐和小偷。②

基于心灵无限可塑的原则,这种把人视作社会文化产物的观念,在二战后全面清算纳粹主义、种族主义、霸权主义、殖民主义和男权主义的西方社会当然令人欢欣鼓舞。

---

① Cf. L. Cosmides & J. Tooby, "Evolutionary Psychology: A Primer", Center for Evolutionary Psychology, 1997, http://www.cep.ucsb.edu/primer.html.

② J. B. Waston, *Behaviourism*, Norton, 1925, p. 82. Cited in J. Tooby & L. Cosmides, "The Psychological Foundations of Culture", in J. H. Barkow, J. Tooby & L. Cosmides(eds.), *The Adapted Mind: Evolutionary Psychology and the Generation of Culture*, Oxford University Press, 1992, p. 35.

正如上一小节所说的那样，较之以往基于 SSSM 的研究纲领，心理学通过融合现代演化生物学，在解释的充分性和系统性上突飞猛进。平克在阐释这个方面时所举的两个参考性案例是乔姆斯基的先天主义语言学和马尔的认知主义视觉理论。不过，我们认为，演化心理学的现代教父当属廷伯根。他在 20 世纪 60 年代就主张，对应于亚里士多德的"四因说"，有关行为的综合性理解，必须同时涵盖对它的近因分析和远因分析（或功能分析），也必须同时涵盖生物体的种系发生史（或发育史）和它当下的运行机制，这四个方面构成了著名的"廷伯根四问"。①根据这个四合一的原则，外加认知科学倚重的对行为的认知机制解释，演化心理学在 20 世纪 80 年代开始崭露头角，以西蒙斯、科斯米兹和图比为代表的加州大学圣芭芭拉分校的研究者迅速统领了该领域。其标志就是 1992 年，科斯米兹、图比和巴克（J. Barkow）共同主编出版了《适应的心灵：演化心理学与文化起源》一书。巴斯、平克、达利（M. Daly）和威尔森（M. Wilson）等人也被视为这个学派的主力干将。迄今为止，圣芭芭拉学派仍然是演化心理学中最流行最常见的主流理论，其思想精髓可由那句耳熟能详的经典名言来概括："我们的现代颅骨中装着一颗石器时代的心灵。"②

圣芭芭拉学派虽说在研究方向上各有偏重，例如平克对先天语言能力的说明上用演化论解释了乔姆斯基的普遍语法，科斯米兹和图比在社会认知问题的研究方面影响甚大，巴斯则以两性择偶策略研究享负盛名，他们基本上都遵循了以下四条基本原则：

一、演化的适应性环境（The environment of evolutionary adaptedness，简称 EEA）。这条原则指我们的心理机制是用来应对人类祖先所处的稳定的环境的。一开始，EEA 定位在非洲更新世时期（约 260 万年到 1 万年前）的稀树大草原，这个说法遭到许多批评。最近演化心理学对 EEA 概念的刻画，基于对所有与选择环境相关因素的抽象统计，采取了一种更宽泛更少限定的说法。

二、渐进论（gradualism）。演化心理学主张心灵是由联适应（exadaption）的

<hr>

① Cf. N. Tinbergen, "On Aims and Methods in Ethology", *Zeitschrift für Tierpsychologie*, Vol. 20, pp. 410—433. 关于"四因说"，亚里士多德认为，我们认识事物是通过它的原因，原因有四类：质料因（事物由此构成）、形式因（事物的本质所是）、动力因（运动和静止的源泉）及终极因（目的或终端）。四因是对"为什么"或"由于什么"这类问题能给出的各种不同类型的答案。

② L. Cosmides & J. Tooby, "Evolutionary Psychology: A Primer", Center for Evolutionary Psychology, 1997, http://www.cep.ucsb.edu/primer.html.

基因复合物所建构的,因而无法对自然选择作出快速反应。当它与 EEA 绑定在一起时,渐进论表明人类经历了一个适应时滞(adaptive lag),以至于演化而来的心理机制,在遭遇了剧变之后的现代世界时或许无法产生适应性的应对方案。

三、海量模块(massive modularity)论题。给定了不同类型的适应问题需要不同方式的计算求解,心灵被视为主要是由领域特定的模块化的程序所组成。关于心灵是否还包括了演化而来的万能解题器,仍然是演化心理学中备受争议的热点话题。

四、普遍的人性(universal human nature)。人类心灵中演化而来的计算程序被认定为是产生普遍(即物种典型的)人性的原因。与此同时,这些程序的不同结果是由不同的环境或社会条件所激发的,这就可以对普遍性的行为结果和局域性的适应求解作出预测。①

为了更好地理解这些原则,我们有必要结合实际案例一睹演化心理学的方法论策略。巴斯认为,形成和检验演化心理学假设的方式有两种:理论驱动型和观察驱动型。图比和科斯米兹为前者勾勒出了以下六个步骤:

1. 以演化论为起点,构造出一个人类心灵必须要解决的适应问题的模型。

2. 试着判断这些适应问题在更新世情境中的具体表现,设定在此情境中人类祖先所面临的选择压力。

3. 列出一项清单,指出如果要具备解决这些选择压力的适应功能,需要解决哪些特定的信息处理问题,据此构造一个心灵计算理论。

4. 使用该计算理论去判定,能够解决这些信息处理问题的认知程序应当具有什么样的设计特征,进而构造认知程序结构模型。

5. 用实验和田野调查方法排除竞争性的备选模型。

6. 把这个模型与在现代条件下所产生的外显行为进行比较。②

① J. Bolhuis etc., "Darwin in Mind: New Opportunities for Evolutionary Psychology", *PLoS Biol*, 2011, Vol. 9(7).

② J. Tooby & L. Cosmides, "Evolutionary Psychology and the Generation of Culture", part I, *Ethology and Sociobiology*, 1989, Vol. 10, p. 41.

根据以上六个步骤，现在我们来看看演化心理学家怎样用理论驱动型的方法论策略研究利他行为的。首先，第一步要求我们去留意当代演化论所能给予的启示，在其中，汉密尔顿的内含适应性理论预测认为，个体对于近亲（相比起其他个体）更有可能做出利他行为。第二步要求掌握关于人类祖先所处的选择环境的知识，这里指的是，在彼此关系密切的采集-狩猎部族中，成员之间的合作式交换，对于人类祖先在更新世的环境下存活而言是至关重要的。第三步推出，为了保证能够施利予他的亲属，人类祖先要有一种特定的认知程序，该程序使之能够获得一些可靠的线索，以此判定谁是他们的亲属以及与其有多强的亲缘关联。作为结果，第四步得出结论说，人类肯定有一种使之能够获取这类信息的心理机制，并且拥有以该信息辨识亲属的决定规则。第五步和第六步可能会涉及一些具有区分性功能的实验，以此测试一个人能否以及如何辨识出他的亲属，或者会涉及考察在不同的社会中，人们是如何对待亲属和非亲属的。[1]利伯曼（M. D. Lieberman）、图比和科斯米兹正是严格运用了以上六个步骤来考察人类亲属侦测的演化机制的，其成果在 2007 年发表在《自然》杂志。[2]

演化心理学另一种方法论策略是观察驱动型，巴斯把该策略分为三个步骤。第一步：在观察的基础上建立关于适应性功能的假说；第二步：检验从假设中得出的预测；第三步：看看研究结果是否证实了预测。由于该策略是从一个终端结果出发，然后一步步试着回溯上去，重构到达这个观察结果的步骤，平克也把它叫作"反向工程学"（reverse engineering）。[3]举例来说，根据第一个步骤，演化心理学家塞恩（D. Singh）观察发现，男性几乎都是"外貌协会"，择偶时他们更看重女性的身材相貌。基于这个观察，塞恩假设女性的外貌是远古男性推断她们生育能力的重要线索之一。第二步，塞恩通过实验来检验男性认为有吸引力的那些女性特征是否很好地反映了女性的生育力。第三步，通过调查研究发现，男性认为低腰臀比的女性更有吸引力（最佳腰臀比率约为 0.7），而低腰臀比和生育

①　K. N. Laland & G. R. Brown, *Sense and Nonsense*：*Evolutionary Perspectives on Human Behaviour*, Oxford University Press, 2011, pp. 112—113.

②　M. D. Lieberman, J. Tooby & L. Cosmides, "The Architecture of Human Kin Detection", *Nature*, Vol. 445, 2007, pp. 727—731.

③　Ibid., p. 113.

力确实是正相关的。①

这两种方法论策略看起来都不错，但是有人或许会问，基于它独特的纲领和研究方法，演化心理学所能解释的范围应该相当有限。至少作为最重要的论敌，传统的（基于社会科学标准模型）社会科学家就会表示，人类最本质、最显见、最能区别于其他动物物种的地方就是文化。人类文化如此多种多样、丰富多彩，它是一种拥有自主性的因果能动者，是文化创造了人类心灵的内容，在这些事实面前，演化心理学又能做出怎样的解释呢？

图比和科斯米兹表示，"文化"是一个非常模糊的多元概念，其所指它至少可被分为两种类型：引发式文化（evoked culture）和传播式文化[（transmitted culture），也叫"接受式文化"（adopted culture）]。前者指把种群间的环境变量作为输入，经由普遍性的人类认知架构加工后产生的差异性输出；后者指一开始为某个或某些人所拥有的，尔后又通过观察、模仿和互动而出现在其他人心中的观念、价值和表征。②这两种不同意义的文化都不能脱离演化而来、内容结构化的人类心灵。引发式文化源于人的认知架构，并根据地方性条件产生不同的表达方式。例如前面说到了择偶偏好，关于这个方面的其他研究表明，虽然是普遍的现象，但是也会根据当地的病原体流行水平，在不同的文化中表现出的程度不同。医学研究发现，体内的寄生虫会导致外貌水准的降低，越是寄生虫长期肆虐的地区，那里的男男女女越是看重潜在对象的外貌长相。事实上，就择偶时表现出的对外貌的重视程度而言，寄生虫流行的生态差异能够解释 52% 的文化差异。③这里的关键要点是，关于引发式文化的演化论假设可以解释某些形式的文化差异，虽然它在多大程度上能够解释这种差异仍然有待确定。传播式文化描述了另一种类型的文化现象，它的典型例子包括：关于来世（afterlife）的信念、针对食用特定食物而产生的道德厌恶（例如穆斯林对吃猪肉的态度），对外来人的某些偏见，以及通过流言传播的"八卦"消息。在一项检验信息传播的适应器假

① 参见 D. M. 巴斯：《进化心理学：心理的新科学》（第二版），熊哲宏等译，华东师范大学出版社，2007 年，第 55 页。

② J. Tooby & L. Cosmides, "The Psychological Foundations of Culture", in J. H. Barkow, J. Tooby & L. Cosmides(eds.), *The Adapted Mind: Evolutionary Psychology and the Generation of Culture*, Oxford University Press, 1992, pp. 114—117.

③ Cf. S. W. Gangestad & D. M. Buss, "Pathogen Prevalence and Human Mate Preferences", *Ethology and Sociobiology*, 1993, Vol. 14, pp. 89—96.

设的研究系列中，麦克安德鲁、贝尔和加西亚（McAndrew，Bell，and Garcia）发现，流言的内容和"八卦"的对象拥有可预测的模式。人们对自己竞争对手的毁谤性流言会流传得很快很广，而涉及自己的朋友或亲密之人的不好消息则会瞒着不说。情敌之间非常容易互相诋毁，而且男性和女性在诋毁情敌的内容上各有不同。男人更容易说对手体格弱小或没啥本事，女人倾向于说对手长相难看或生活作风不检点。①虽然没人能为传播式文化中的任何一个案例提供全面的解释，但要解释传播式文化至少满足以下三个要素：第一，个体拥有用来有选择地传播观念、信念、表征或其他信息的心理适应器；第二，信息接收者的心理适应器能从不同的观念洪流中有选择地接受一些观念；第三，心理适应器被设计成有这样的功能，即基于信息的质量（例如信息来源的可信度以及它与自然选择的适应性指标是否有矛盾），它能从可用的文化库中弱化或删除其中某些观念。

如果传播式文化流传了许多代，它会反过来制造新的适应压力从而产生新的适应器。例如农牧文化的出现和传播，让我们产生了用以消化乳糖的适应器，这是一个典型的生理学的例子。一个可能的心理学的例子是，由于居住在大城市，我们所处的环境已从"熟人社会"变为"陌生人社会"，这就大大降低了人与人之间撒谎欺骗、背信弃义的声誉成本，因此人们容易出现反社会的心理性状。正如传播式文化需要建立在演化而来的心理适应器的基础之上，新的适应器也是传播式文化的结果。②

总而言之，"圣芭芭拉学派"相信，演化心理学已经有了较成熟的理论框架、可靠的方法论准则、经典的研究案例、声誉斐然的领域代表、良好的共同体运作、广泛的社会关注度和不断涌现的研究成果，这些方面的聚合使演化心理学很好地例示了库恩所说的科学范式。然而，任何科学范式都难免遭到来自内部的修正和反对，演化心理学同样如此。

三、走向修正之路

圣芭芭拉学派发展至今，遇到的反对声音各式各样。除了我们在前两节讨

---

① F. T. McAndrew, E. K.Bell & C. M. Garcia. "Who do We Tell and Whom do We Tell on? Gossip As a Strategy for Status Enhancement", *Journal of Applied Social Psychology*, 2007, Vol. 37, pp. 1562—1577.

② J. C. Confer, J. A. Easton, D. S. Fleischman, C. D. Goetz, D. M. G. Lewis, C. Perilloux & D. M. Buss, "Evolutionary Psychology: Controversies, Questions, Prospects, and Limitations", *American Psychologist*, 2010, Vol. 65(2), pp. 118—119.

论过的基因决定论、心身二元论和科学主义之外,它被安上的其他"罪名"与人们对社会生物学的指责很大程度上是重合的。除此之外,经典的演化心理学所独有的四条基本原则——EEA 假说、适应主义与演化渐进论、海量模块论题和普遍人性学说——都遭到了来自各方的严肃质疑。我们将在下一章专门考察和检验其中某些质疑的合理性及其可修正的空间。作为这之前的一个概览和准备,本小节我们以生物哲学家布勒对圣芭芭拉学派的方法论的批评为例,考察和评估学科学哲学家马舍瑞(E. Machery)和人类学家巴雷特(H. C. Barrett)对此给出的反驳。

布勒在 2005 年出版的《适应中的心灵》,堪称对经典的演化心理学最全面的哲学批评,它被学术界和大众媒体广为接受。我们在这里的宗旨有两个:一是区分大写的演化心理学(Evolutionary Psychology,简称 EP)和小写的演化心理学(evolutionary psychology,简称 ep),前者特指圣芭芭拉学派的演化心理学范式,后者泛指从演化论视角对人心和人性展开的任何进路的研究;另一个宗旨是在批判小写的演化心理学基础上,认为前者的进路要求我们放弃对所谓人性的考察。①

马舍瑞和巴雷特认为,这两个宗旨原则上都有问题。就第一个宗旨而言,从演化论的进路考察人心与人性,迄今为止,产生了行为生态学、社会生物学、文化演化论(弥母学)、文化-基因协同演化论和演化心理学这五种主要的研究进路。拉兰德和布朗通过对这五种进路进行综合比较后指出,"它们有着共同的基础,在研究视角和方法论上也有相当多的重叠部分"。②马舍瑞和巴雷特同样表示,既然二者不是相互独立的,布勒试图把 ep 从 EP 中区分出来就没什么道理可言。尤其严重的是,布勒要论证心灵作为人类的信息处理机制不是被自然选择塑造的,但是这个原则却是被另外其他几种进路所共享的。③因而这个区分要么导致自相矛盾,要么会让我们不禁生疑:布勒所谓的 EP 到底是什么? 反观本章第二节得出的教诲,我们同样支持一种多重视角的演化心理学进路,却没有极端到像布勒那样完全摒弃圣芭芭拉学派所作的理论奠基,即使它的理论框架在细节上

---

① Cf. D. J. Buller, *Adapting Minds: Evolutionary Psychology and the Persistent Quest for Human Nature*, MIT Press, 2005, pp. 12—15.

② K. N. Laland & G. R. Brown, *Sense and Nonsense: Evolutionary Perspectives on Human Behaviour*, Oxford University Press, 2011, p. 195.

③ E. Machery & H. Barrett, "Essay Review: Debunking *Adapting Minds*", *Philosophy of Science*, 2006, Vol. 73, p. 233.

有问题，但是在一个可修正的前提下，还不至于立刻放弃这套较为成熟的科学范式。

就布勒的第二个宗旨来说，他表示鉴于人性指的是"人之所以为人"的独特性质，因而 EP 应当放弃追求关于人性的研究。①事实上，我们也同样认识到演化心理学现有的人性理论并不完善，任何关于"人性"的充分说明都要囊括人的本来属性和本质属性两个层面，所以提倡理想形态的演化心理学要从研究"人性科学"走向"人性学说"。然而，在许多边缘案例（borderline cases）的情况下，我们实际上很难对人性的两个层面作出严格区分。例如人类的面孔识别能力和指向亲属的利他行为，就兼具"人性"概念的两个层面的特征。②除此之外，布勒若是彻底摒弃"人性"概念，这就意味着他认为，"人性"研究对社会科学而言是不必要的。然而唐世平论证表明，人性学说是社会科学不可或缺的重要研究范式之一。③在上一小节里我们也看到，创立演化心理学的宗旨之一，正是要在反对社会科学标准模型的基础上重建一种科学的人性学说，布勒把 EP 与"人性"概念一并抛弃，某种意义上是倒退。

具体来看，布勒认为 EP 基础理论中的每个细节几乎都是错的，他首先对 EP 的方法论，尤其是适应主义在演化心理学中的应用发起批评。适应主义通常指的是把生物体的某个特定方面的表现型视为适应器，适应器作为通过自然选择过程所塑造的特征，扮演了特定的生存与繁衍的功能。我们知道 EP 使用适应主义的方法论策略有两种，布勒关注的是观察驱动策略，或平克所说的"反向工程学"，它分为三个步骤：一、确认人类祖先面临的适应问题；二、从适应问题中推出相关的心理机制假设；三、对这些假设加以经验检验。布勒对其中的每一个步骤都有话要说。针对第一步，布勒认为，目前我们掌握到的关于人类祖先生活状况的知识过于不确定，这种不确定性让我们对人属（genus *Homo*）物种的生活方式细节几乎一无所知。④他表示，ep 在这个方面采纳的证据有三个来源：从

①　D. Buller, *Adapting Minds：Evolutionary Psychology and the Persistent Quest for Human Nature*, MIT Press, 2005, p. 15.

②　E. Machery & H. Barrett, "Essay Review：Debunking *Adapting Minds*", in *Philosophy of Science*, 2006, Vol. 73, p. 235.

③　S. Tang, "Foundational Paradigms of Social Sciences", *Philosophy of the Social Sciences*, 2011, Vol. 22. 中文版参见，唐世平：《社会科学的基础范式》，《国际社会科学杂志（中文版）》2010 年第 1 期。

④　D. Buller, *Adapting Minds：Evolutionary Psychology and the Persistent Quest for Human Nature*, MIT Press, 2005, p. 94.

适应器的设计回溯推出以往的适应问题,人类学的采集-狩猎研究,以及人与其他灵长类动物的比较分析。结合了一些证据,他发现所有三类证据来源都有问题,于是得出结论认为,步骤一要对人类祖先的适应问题给出的解释几乎等同于毫无证据的猜测。①马舍瑞和巴雷特在这个问题上的反驳有三点:第一,布勒有意无意地遗漏了 EP 所采纳的其他一些证据来源,例如古生物学等,而这些证据则对确立前提一是有利的;第二,我们的确对人属的物种数量以及它们中的哪一支是我们人类的祖先所知不多,但是人属物种内部之间分享着很多的共性,布勒没有看到这一点;第三,我们实际上已经有了许多有关原始人生活细节的知识。三点结合起来看,布勒得出这样极端的结论显得太过草率。②

布勒对第二个步骤的批评是说,由于人类祖先所面临的适应问题在不断地变化,因而从中推断出会产生什么样的适应器是徒劳的。他指出适应问题不稳定的主要原因是,人类祖先与环境之间一直产生互动,就像猎豹与羚羊之间在奔跑能力上不断展开"军备竞赛"。人类拥有强大的创造小生境的能力,例如语言的出现、工具的使用和农业的出现和传播,都大大改变了原始人的生活方式与具体的适应问题。③马舍瑞和巴雷特在此处的辩护稍显牵强,他们把布勒说的"人类心理演化过程中不存在稳定的适应问题"解读成"不可能演化出适应器",进而反驳说我们已有的许多普遍的文化现象就是适应器存在的表现。④事实上,布勒应当清楚,即使适应问题不稳定,并不意味着无法从中演化出适应器,只是我们无法在认识论的层面上推断我们会有什么样的适应器。我们认为,这里有必要对布勒所说的"适应问题不断发生变化"做出区分。很显然,某些变化只是增强或减弱原先那个适应问题的适应压力,例如羚羊在面临奔跑速度更快的猎豹时,其原先的适应压力就会更大。另一方面,我们承认布勒所说的,适应问题会由于人与环境的动力学互动而发生性质上的改变,例如农牧文化的出现改变了我们对乳糖的耐受性,因而使得现代人类(尤其是高纬度牧业文明发达地区的

① D. Buller, *Adapting Minds*: *Evolutionary Psychology and the Persistent Quest for Human Nature*, MIT Press, 2005, p. 96.

② E. Machery & H. Barrett, "Essay Review: Debunking *Adapting Minds*", *Philosophy of Science*, 2006, Vol. 73, pp. 235—236.

③ Cf. D. Buller, *Adapting Minds*: *Evolutionary Psychology and the Persistent Quest for Human Nature*, MIT Press, 2005, pp. 99—102.

④ E. Machery & H. Barrett, "Essay Review: Debunking *Adapting Minds*", *Philosophy of Science*, 2006, Vol. 73, pp. 236—237.

人类种群）拥有了专门的适应器，但是借助于文化-基因系统演化学说，我们原则上仍能大致推断人类拥有哪些心理适应器。此外，从宏观的范畴划分来说，正如圣芭芭拉学派所确认的那样，像采集狩猎、寻找栖居住所、躲避和抵御危险环境等等，无论人类如何建构"小生境"，这些都是一直面临的适应问题。关于适应主义的争论我们会在下一章详细展开讨论。

最后，布勒认为，即使我们可以成功地确认有哪些适应问题，关于人类祖先拥有哪些心理适应器，也不能从中推出太多的结论。他给出的理由有两点：第一，并非每个适应问题都能成功解决；第二，即使人类祖先的确可以演化出针对那些适应问题的解决方式，这些解决办法的具体形式，也许不是从适应问题的要求上就能推出的。因为演化不是无中生有的事情，它总是一个对旧有的部件或功能进行修正的过程。[①]马舍瑞和巴雷特认可这两个事实，但是通过例举人类对危险动物害怕和躲避的事实的说明，他们否认布勒的结论。和他们一样，我们对此也同样强调，适应主义的思维是启发式的推理，它接受经验研究的指导但不拘泥于此。而且不是所有的假设都同样可靠，对适应器的确认仅凭演化生物学并不充分，但是借助于各种跨学科的进路可以帮助我们掌握证据权衡这些假说。[②]此外，就像上一小节表明的那样，演化心理学的方法论并不只有布勒所批评的观察驱动型这一种，科斯米兹和图比的理论驱动型也同样使得 EP 得出可靠的科学结论，所以布勒的批评并不充分。

当然我们也要看到，演化心理学的方法论原则并非无懈可击。就适应器的演化环境和渐进论来说，它在当代的遗传学证据面前有必要做出修正。EP 诞生于 20 世纪 80 年代早期，受到关于人类基因组研究发展的限制，当时渐进论是演化论思想的主流。尽管系统的人类基因组计划是在 90 年代初正式启动的，不过遗传学家在 80 年代就掌握了一些技术，据此可以测定哪些基因是在较晚的年代被自然选择出来的。他们发现，在过去的 5 万年里，人类的基因发生了重大变化，其中 10% 的基因都受到影响。尤其是起始于 1 万年前的全新世（Holocene）出现的农牧业以及由此导致的人口密度激增，很有可能促进了人类的自然选择。

---

① D. J. Buller, *Adapting Minds : Evolutionary Psychology and the Persistent Quest for Human Nature*, MIT Press, 2005, p. 103.

② E. Machery & H. Barrett, "Essay Review : Debunking *Adapting Minds*", *Philosophy of Science*, 2006, Vol. 73, pp. 237—238.

此外,演化生物学家还在许多动物物种中测试了它们应对自然选择的比值,发现演化变化的速度比人们原先想象的快得多。如果人类也是如此,我们的基因若是能在数百年中确有实质性的演化,那么 EP 就不得不接受新近而快速的基因变化的事实,同时也要把与之相关的潜在的神经元重组的可能性纳入它的理论基础。对这个问题的修补,我们在下一章的最后一节同样会有说明。

就演化心理学的人性理论而言,还需补充一点的是,EP 对人性的普遍性过分强调,可能会导致失去用演化生物学的新成果探索人类多样性的机会。当代演化论在演化心理学家所关注的那些特征上有了许多新的研究进展。例如,巴斯在择偶偏好的问题上做了许多研究工作,这已是演化心理学的经典案例。然而当代的性选择理论表明,诸如基于性别的道德直觉、人口密度和配偶质量的变化等因素,都会对两性的性别角色产生重大影响。演化心理学也亟须将这些最新的演化生物学理论作为可检验的理论前提。[1]

通过本节论述我们表明,一方面,传统的演化心理学无论是对心理学还是对传统的社会科学而言都是积极的变革。它具备较为稳固的理论原则和方法论策略,产生了一系列可靠的研究成果。尽管布勒宣称演化心理学已经全面破产,不过我们结合马舍瑞和巴雷特的诊断发现,布勒的论证存在不少漏洞,并且他所秉持的从大写的 EP 走向小写的 ep,以及对人性理论的彻底抛弃也是考虑不周全的。另一方面,我们从当代的遗传学和演化生物学事实中看到,传统的演化心理学亟须调整它的基础理论和研究方法,这与我们在第二节提出的修正演化心理学的三条原则是一致的。

---

[1] Cf. J. Bolhuis etc., "Darwin in Mind: New Opportunities for Evolutionary Psychology", *PLoS Biol*, 2011, Vol. 9(7).

第七章
两个支柱:适应主义与海量心理模块

第一节　演化心理学如何采纳适应主义?

我们在上一章里完成了三项工作。首先,我们勘定了演化心理学与一系列外部论敌之间的理论距离;第二,展示了以圣芭芭拉学派为代表的经典演化心理学的解释性优势以及它的方法论缺憾;第三,通过考察上述两种有关演化心理学内在的和外在的理论张力,为一种理想形态的演化心理学勾勒出指导性原则。不过,就像演化论给予我们的启示那样,这种理想化的演化心理学不可能无中生有,它是一个对旧学说进行重大修正的过程。众所周知,圣芭芭拉学派最具有区分性也是最受争议的支柱性理论原则有两个:适应主义与海量模块论题。无论人们如何展望或规划演化心理学的未来,都必须以检验和改进这两个支柱性理论为前提,这便是本章试图完成的工作。

在圣芭芭拉学派那里,适应主义和海量模块论题并不是两个相互独立的核心教条,前者指向后者,后者依赖于前者。大体而言,适应主义是演化心理学从社会生物学那里继承来的,它相信作为生物体稳定性状的适应器是自然选择的结果。区别于社会生物学的是,演化心理学接受了普特南和福多等人提出的心灵计算理论,把心灵视为一组算法不同的信息处理系统或形式符号演算器,是这些心理机制操控着人类(包括其他动物物种)的外显行为和行为倾向。在适应主义原则的指导下,演化心理学的研究宗旨,就是绘制出人类的认知架构,它是由大量先天的、功能专属的心理模块所构成。发现、甄选、检验和确证这些心理模块或心理适应器,则是每一个演化心理学家实际的研究内容。另外,适应主义也是当代生物哲学的讨论范畴,而海量模块论题更加偏向于认知科学哲学,这也部分地构成我们对二者分开进行讨论的理由。考虑到在演化心理学的理论框架中,适应主义之于海量模块论题有着基础性和逻辑优先性,现在我们就从演化心理学关于适应主义问题的争论开始。

在演化心理学领域,心理学哲学家侧重于讨论心理模块的概念内涵以及海量模块论题如何成立。相比之下,适应主义似乎因其专属于生物哲学范畴而不入心理学哲学家之"法眼"。然而演化心理学事实上暗中承诺了适应主义与海量模块论题之间,存在着可推导性的关联。只有当演化心理学中的适应主义有了明确界定,海量模块论题的讨论才得以"拨云见日"。"适应主义"本身并不是一个没有争议的概念,演化心理学如何采纳适应主义,正是本节探讨的主题。在进入主题之前,对一些相关的生物学概念和理论概览作出简单说明是必要的。

一、概念说明与理论概览

生物学家用"性状"指称有机体表型的某一个方面,适应器只是性状的一种。所谓表型,是指在特定环境中,具有一定遗传型的个体所表现出来的生理性状和形态性状的总和。一棵树的高度、蛾子的颜色、斑马身上的花纹都属于表型。一个性状可以是表型中任何一个相对稳定的方面,只要它能通过各种标准分辨出来。性状与性状之间的区别性根源不必是基因,由于其他因素的介入,同样的基因也会表达不同的性状。①生物学里的"适应器"(adaptation)既可指称一个过程,也可指称该过程的结果。一个适应器就是一个演化而来的性状,该性状之所以出现,是由于它所产生的效应被自然选择所偏好。适应器及其功能本质上是历史性的,它有别于"适应性"(adaptivity)这个概念。一个性状如果在当下能增加它拥有者的适应性(fitness),该性状就是适应的(adaptive),哪怕它在历史上并不作为适应器而存在。相反,一些性状作为适应器,在当下或许并不具有适应性,因而它是适应不良的(maladaptive)。演化心理学特别强调因时间间隔引起的适应器与适应性的区分,"我们拥有石器时代的心灵,却生活在现代社会中"这句口号便是例证。②

除了适应器,许多其他性状也被自然选择所塑造,虽然这些性状对自然选择

---

① G. Gangestad, "Biological Adaptations and Human Behavior", in C. Crawford & D. Kerbs (eds.), *Foundations of Evolutionary Psychology*, Talor & Francis Group, 2008, p. 155.

② Ibid., pp. 156—157.

本身无甚益处，它们是自然选择的"副产品"。考虑到一些副产品在当前也具有适应性，因此适应主义的一项重要工作就是把适应器从副产品中区分遴选出来。此外，古尔德和弗尔巴还引入了"联适应"（exaptation）这个概念，一个联适应是一个既有的性状，该性状在没有被自然选择所修正的情况下获得了新的有益效应。换言之它出现了新功能，尽管自然选择并没有设计这个功能。一个联适应可以曾经不是适应器而只是在当下具有适应性。①如果一个性状在联适应的过程中因为有利于新的收益成效而发生了结构变化，它实际上就成了一个新的适应器，该性状可被称为"第二适应器"，它与联适应效果有关。羽毛最开始只具有保温效果，后来在鸟类那里产生了联适应的变化，有助于实现飞翔功能，羽毛因此成了第二适应器。许多适应器都经历了类似的过程。②

以上概念说明，有助于认清适应主义的发展脉络和立场类型。20 世纪 70 年代，适应主义进路逐步成型。作为生物学研究策略，其目的是通过分析有机体在演化历程中曾有过的特定的选择压力，寻求对自然选择结果的确认。近半个世纪来，演化生物学中重要的理论进展都得益于"适应器"这一概念，然而如何理解适应器，生物哲学家却有重大分歧。

早在 20 世纪 70 年代末，古尔德和莱温廷等人就批评了适应主义进路。这些质疑者主张的进路叫做"多元论"，多元论要求，除了自然选择之外，还需把历史偶然性以及发育和遗传限制等因素当作性状演化的重要原因。③他们甚至声称，构造一套生物性状的自然选择解释，对于理论进步并不是最有效的方式。演化生物学的诸多重要问题里，对适应器的理解只是其中一个方面。生物学中的适应主义之争，很大程度上就是适应主义与多元论之间的拉锯战。④而演化心理学中的适应主义之争，可被视为这场争论在心理适应器这个特定语境中的展现。

沃扎克和戈弗雷-史密斯对适应主义有一个经典的三类型区分：经验论的适应主义、解释论的适应主义和方法论的适应主义。经验论的适应主义认为，自然选择

①　S. Gould & E. Vrba, "Exaptation: A Missing Term in the Science of Form", *Paleobiology*, 1982, Vol. 8(1), p. 6.

②　G. Gangestad, "Biological Adaptations and Human Behavior", in C. Crawford & D. Kerbs(eds.), *Foundations of Evolutionary Psychology*, Talor & Francis Group, 2008, pp. 157—158.

③　Ibid., pp. 153—154.

④　S. Orzack, "Adaptationism", *Stanford Encyclopedia of Philosophy*, 2010, http://plato.stanford.edu/entries/adaptationism/.

是一种普遍存在的因果力,在生物变异的过程中几乎不存在限制因素。换言之,自然选择在性状的演化过程中比其他演化因素(例如性选择、基因突变、基因漂变和水平基因转移等)都重要。解释论的适应主义主张,演化生物学的核心目标,就是把一些性状解释为自然选择形成的适应器。解释论的适应主义与经验论的适应主义都强调"选择力"的优先性,但是对"力"的理解不同:经验论认为自然选择是一种因果力,解释论只承认自然选择是一种解释力,方法论的适应主义则表示,生物学家优先考察由自然选择所形成的适应器,是用以理解演化过程中出现的性状的最佳方法。适应主义的三种类型在逻辑上互相独立。例如你可以认为,大多数性状只能凭借自然选择才能形成适应器(支持第一种类型),却不认为研究演化生物学的最佳方法是优先考察这些适应器(反对第三种类型)。然而事实上,许多适应主义者同时支持这三种类型,此外也有不少生物学家支持解释论和方法论的适应主义,却拒绝接受经验论适应主义。①一般意义上的适应主义之争,就是关于适应主义是否正确以及上述三种适应主义立场何者可以成立的讨论。

对于适应主义,演化心理学采纳了一个强立场,它要求适应主义同时是经验论的、解释论的和方法论的。演化心理学既承诺适应器的普遍存在是一个经验事实,它是演化历史中最强有力的因素,有机体大部分重要的性状只需通过自然选择便可解释;还主张这种解释本身是最有效的,哲学上蕴涵着自然选择理论可以反驳神学设计论证;并且他们还承认,探索人类心灵系统的最佳科学方法就是寻找相关的适应器。除此之外,演化心理学家在捍卫适应主义立场时还有一条额外的辩护要求,那就是心理适应器作为性状的一种类型,不像鸟的翅膀、植物的株高和斑马的花纹那样可以在分类学意义上被观察到,因而只能通过功能分析或"反向工程学"来界定和刻画。最后,演化心理学家推断认为,心灵是由海量的认知模块所构成,得出这个结论的重要基础之一就是适应主义。无论如何,处理好以上这些问题,事关演化心理学基础理论的成败。然而,适应主义遭到了一系列攻击,评估、调适或化解这些批评,关乎演化心理学的基础夯实。

二、适应主义的问题

对于适应主义,古尔德和莱温廷提出了两个实质性批评。第一个批评认为,

---

① S. Orzack, "Adaptationism", *Stanford Encyclopedia of Philosophy*, 2010, http://plato.stanford.edu/entries/adaptationism/.

适应主义常常混淆了适应器与适应性。虽然演化心理学家尤其注重这个区分,但他们关注的只是一个适应器的演化历史与携带该适应器的有机体,在当前环境中因为时间间隔所产生的效应之间的对比关系。古尔德和莱温廷表示,适应主义主张,每个有用的性状之所以存在,就是因为它是有用的。如果大雁冬天往南飞,适应主义就会说,这一定是大雁为了躲避严寒而产生的行为适应器。①但问题在于,为什么不能反过来说,由于这些大雁的祖先生活在南方,它们被自然选择塑造为每到夏季便飞往北方(北方的夏季食物丰富),只是冬季来临就迁回到南方呢? 如果这群大雁在种系发生学上的近亲都生活在南方,那么导致它们冬季向南飞的演化因果力就不是为了躲避寒冷了,原先的适应主义假设于是遭到了质疑。因此可以认为,躲避寒冷不是适应器的目标效果,它只是夏季在北方觅食这个适应器的副产品而已。为了辨识清楚某个适应解释是否合理,就有必要从历史的角度看待演化。②

第二个批评指出,适应主义(尤其是经验论的和解释论的)太过偏重适应解释,忽视了生物学的其他解释类型。举例来说,人的前臂并非只有一根骨头,而是由尺骨和桡骨两根骨头组成。于是可以追问,有两根骨头就是适应性的,只有一根骨头难道就不具有适应性? 难道我们不能说,有两根骨头只是因为,人类属于被设计成这个形态的各种有机体中的一类吗? 因为四足类动物继承了这种双骨设计,除非有很强的演化力量改变它,这个设计就这么保留了下来而已。斯特尼和格里夫斯指出,这个问题部分地归咎于如何界定有机体的"性状",或者说怎样把有机体划分为不同的"部分",有机体的哪些特征有其自身的演化历史。

举例来说,山魈是狭鼻猴的一种,雄性山魈鼻口有一块铁蓝色,它们的臀部和外阴部位也有同样的色块。我们应该把这两块铁蓝色色块,看作是山魈全身颜色配置这个演化性状的一个部分呢,抑或应该把这两处显见部位的颜色,单独视为有其自身的演化历史呢? 这个批评实质上认为,适应主义把有机体看成是由各个独立的部分组合而成的马赛克,其中的每个部分都有独立的演化适应解释。当然了,没有人会怀疑一些性状可以独立于有机体整体而得以演化,例如加

---

① S. Gould & R. Lewontin, "The Spandrels of San Marco and the Panglossian Paradigm: A Critique of the Adaptationist Programme", *Proceedings of the Royal Society*, 1979, Vol. 205, pp. 581—598.

② K. Sterelny & P. Griffths, *Sex and Death: An Introduction to Philosophy of Biology*, The University of Chicago Press, 1999, p. 224.

拉帕格斯群岛上鸟雀的喙,在选择压力下会发生变化,但这对其余部分不会有影响。古尔德和莱温廷拒斥的观点,是默认一个有机体就是其性状的马赛克组合。譬如他们指出,人的下巴是下颌生长过程所导致的结果,但是下巴自身却没有任何特定的演化目的,如果把下巴解释为一个独立的性状就是一种糟糕的生物学。①

第三个批评同样来自斯特尼和格里夫斯,他们指出演化心理学的适应主义存在着"颗粒度问题"(grain problem)。演化心理学把有机体世系的演变,看作是对一成不变的环境的反应,这在某些案例中大致可行(例如视觉能力的演化),但在那些由种群的社会环境所驱动的演化情形下,人类种群内部之间存在着利用他人与避免被他人利用的"军备竞赛"。环境在这类情形中是非稳定的动力学因素,若把适应问题视为因独立于有机体世系而"现存"的(out there),那就想得太过简单了。我们可以试问,环境中存在着哪些适应问题呢?

以择偶为例,它是单一的问题还是多个相关问题的马赛克式的组合? 比如找个适合结婚的异性,理想中配偶应当有迹象显示能够成为一个好父亲(母亲)。但是我们可以在一个更细密的描述层面上追问,择偶这件事,到底是一个单个的问题,例如找一个可靠的对象,还是一组子问题的集合? 它被细分为"寻找一个年轻的对象"、"寻找一个健康的对象"、"寻找一个漂亮的对象"和"寻找一个社会地位高的对象"。该批评的要点在于,对适应问题的肌理划分,可以粗糙也可以细致,斯特尼和格里夫斯相信,"颗粒度问题"挑战的不仅仅是适应主义,它还直指演化心理学的另一个支柱理论,也就是海量模块论题。演化心理学的适应主义认为,适应器就是一个适应的性状解决了一个适应问题。当(并且仅当)某一单个的心理模块,使得有机体的行为可以应对择偶问题,那么择偶问题就是一个单一的问题。如果需要一些不同的心理模块来应对择偶问题,那么择偶问题就是一堆不同问题的组合。②

最后,在一个元层面上,古尔德和莱温廷还追加指责说,适应主义算不上是科学,它无法被实验证伪,无非是"假想故事"(just-so stories)。它告诉人们生物性状"或许是"演化形成的,但这与关于性状"事实上"是如何演化过来的可检验

① K. Sterelny & P. Griffths, *Sex and Death*: *An Introduction to Philosophy of Biology*, The University of Chicago Press, 1999, p. 225.

② Ibid., pp. 328—329.

的科学说明还不是一回事。另一方面,尽管生物学家可以检验某个特定的性状到底是不是适应器,但适应主义这个主张本身是不可检验的。因为一旦某个关于适应器的说法被证伪,适应主义又会捏造一个新的说法,或者换一个说法,他们从不考虑一个性状也许不是适应器的可能性。[①]

三、演化心理学的策略

那么演化心理学该如何处理这些批评呢? 这得先看看演化生物学如何应对。威金斯与戈弗雷-史密斯诊断说,批评适应主义分两种类型。第一,构造一个适应主义的假设容易,但严格检验那些假设却不简单。换言之,适应主义解释无法提供一个证据上的标准,这其实是一个方法论问题,着眼点是科学解释的标准。古尔德和莱温廷的第一个和第三个批评属于该类型。第二,适应主义没有关注自然选择之外的演化方式,例如在第二个批评中提到的演化过程中的历史限制或路径依赖。有机体的性状由于是从曾经拥有的形态演变过来的,所以许多性状未必是最优化的。这类批评强调另一些因素的重要性,例如许多情况下,遗传机制或发育机制对有机体在何种意义上才算是适应,设定了一些内在限制。[②]

威金斯和戈弗雷-史密斯接着表明,如今在生物学界,大多数研究者都采纳了更加微妙精致的观点。在承认适应器是演化分析中的核心概念的同时,认识到适应主义无节制滥用的危害。此外,种群遗传学也让生物学家关注生物性状的发育,并且对此采纳了一套中立的检验方式。这背后的方法论纲要,就是要融合适应主义与多元论的视角。可以说,生物学家消化第一个和第三个批评的同时,也接受古尔德和莱温廷的第二个批评,以往那种适应主义强纲领在当今生物学界已不受欢迎。

关于最后一个批评,我们认为,适应主义不能用证伪主义去评估。适应主义无论强弱,本身是一个以自然选择为主导纲领的关于演化生物学的(尽管是有失偏颇的)研究纲领,因而用波普尔的证伪主义加以评判它是否科学并不恰当。这好比大多数的物理学家承诺实在论立场,相信原子、亚原子以及相关的基本作

[①]　K. Sterelny & P. Griffths, *Sex and Death*: *An Introduction to Philosophy of Biology*, The University of Chicago Press, 1999, pp. 225—226.

[②]　J. Wilkins & P. Godfrey-Smith, "Adaptationism and the Adaptive Landscape", *Biology and Philosophy*, 2009, Vol. 24, pp. 199—200.

用力所刻画的是世界实在的微观构造,但我们不能从哲学上的实在论与反实在论之争出发,指出这种本体论承诺由于无法被证伪所以物理学就不是科学。只要在某个案例中,原先认为某个性状是适应器可以被证明为真或为假,它就具备作为科学的资格。

那么演化心理学中的适应主义在今天处境如何呢?威金斯和戈弗雷-史密斯诊断认为,在演化心理学领域中,适应主义的争论似乎还在继续,他们考虑的是以最佳方式把最无可争议的演化论观念引入到自身的理论背景之中,虽然这个过程难免会滞后于生物学家看待适应主义的态度。①不过,即使在经典的演化心理学内部,他们实际所做的工作也不会离谱到像古尔德和莱温廷所说的那样,"从不考虑一个性状也许不是适应器的可能性"。因此把演化心理学说成是"假想故事"本身就是一个妄下论断的假想故事。哈根编写了一个叫做"演化心理学常见问题解答"的网页,其中一篇就是回答"演化心理学认为一切都是适应器吗?"的问题,哈根明确断言"绝非如此",演化心理学在确认适应器的副产品和适应不良的性状上同样投入了许多关注。一个颇有影响的例子来自巴伦-科恩(S. Baron-Cohen)对自闭症的演化心理学系列研究,他有力地论证了自闭症不是什么适应器,而是源于"读心"模块的功能失常,自闭症的深层病因源于演化上的适应不良。②此外,巴斯及其团队也回答了演化心理学的预设能否被证实或证伪的问题。他们提供了大量研究案例展示出这是完全可以的,并且指出相对于心理学的其他流派,如果演化心理学预设恰当而精致,还能预测此前未曾发现的心理特征,这样的预测同样可由实验或田野调查等经验性的手段加以证实或证伪。③马舍瑞也撰文指出,尽管演化心理学仍然是心理学领域中富有争议的一个流派,但是对它的怀疑有时候来自流行科普读物的以讹传讹,对演化心理学施以原则性的怀疑是不公正的。那些发现心理机制的方法论进路仍然相当可靠。④

① J. Wilkins & P. Godfrey-Smith, "Adaptationism and the Adaptive Landscape", *Biology and Philosophy*, 2009, Vol. 24, p. 200.

② E. Hagen, "Do evolutionary psychologists think that everything is an adaption?", *The Evolutionary Psychology FAQ*, 2004, http://www.anth.ucsb.edu/projects/human/epfaq/everything.html.

③ J. Confer, etc., "Evolutionary Psychology: Controversies, Questions, Prospects, and Limitations", *American Psychologist*, 2010, Vol. 65, pp. 112—114.

④ E. Machery, "Discovery and Confirmation in Evolutionary Psychology", in J. Prinz (ed.), *Oxford Handbook of Philosophy of Psychology*, Oxford University Press. 2018; see also https://pdfs.semanticscholar.org/8a6b/e6428a3d497f49245e79445e91fa1f450aa1.pdf.

　　尽管如此，演化心理学中的适应主义即便没有原则性问题，丝毫不意味着它无需借鉴当代生物学领域中对适应主义的最新态度——也就是在特定尺度的描述层面上，结合多元论者所关注的其他生物学因素，例如发育、基因漂变、种系发生学的限制以及自然选择的不同层次等等。除此之外，还应当重视非生物学的文化因素在塑造我们的行为和心理机制过程中的重要作用。然而值得注意的是，文化因素的重要性最多只能表明演化心理学中的适应主义或许是不充分的，我们无法由此推出，采纳温和立场的——例如解释论的或方法论的——适应主义对于演化心理学而言是不必要的。

　　我们知道，人类祖先在最近 250 万年来继承了两种信息类型——基因与文化。比起单独考虑基因因素，这个双重继承改变了我们看待人类自身的演化历程。这个理论被费尔德曼（M. Feldman）和卡瓦利-斯福扎（L. Cavalli-Sforza）称为"基因-文化协同演化"，它类似于文化演化论与演化心理学的杂交产物，只是这种学说至今很大程度上仍然停留在数学模型层面。人类通过文化创新产生了小生境建构的效应，从而出现了难以预期的新的演化动力，基因与文化因而是相互依赖、相互作用的。但是一个富有争议的问题是，在这个绑定了双重因素的协同演化过程中，二者的重要性或许是不对等的，一些人相信是文化牵引着基因演化，另一些人则支持相反的观点。[1]演化心理学的改进应当融入该理论，遗憾的是由于相关理论模型难以运用在真实世界，因此对于当下的演化心理学而言这个要求只能停留在观望和等待之中。然而另一方面，演化心理学中的适应主义进路，即使在那些显而易见的基因-文化协同演化案例中，在解释人类适应行为的演变过程中仍然占据主导地位。

　　其中一个例子来自奈特（D. Nettle）关于语言腔调的演变与社会合作关系的研究。生活在同一个村庄的父母和子女，两代人能发展出明显不同的说话方式，措辞和发音可能会有较大差别。奈特基于腔调演化的计算机模型解释认为，这可能是由于腔调可以为辨识"自己人"提供了很好的标记，以便用来区分彼此在社会中的角色。[2]这个模型表明，当人们在互惠关系中选择值得信任的伙伴时，利

---

①　K. Laland & G. Brown, *Sense and Nonsense*：*Evolutionary Perspectives on Human Behavior*, Oxford University Press, 2011, pp. 165—169.

②　D. Nettle, "Using Social Impact Theory to Simulate Language Change", *Lingua*, 1999, Vol. 108, pp. 95—117.

用语言腔调这个信号能够有效地避免选到那些破坏社会交换规则的"搭便车"之人。但这个例子同样只能说明,恰恰是控制合作行为的心理适应器驱动了语言腔调的演变。一些学者不同意这个观点,他们更注重相反的因果性方向,强调文化对基因的改变作用。波伊德和里查森等人认为,人类现有的亲社会行为归结于基因-文化协同演化,它使我们形成了对群体规则的普遍敏感性,在与人相处时更倾向于强互惠性。这是一种"萝卜加大棒"的组合策略,既要奖赏愿意合作、遵守规则的行为,又要利他性地惩罚那些破坏规矩的人。展示了强互惠性的文化群体最终会把另一部分不讲规矩的人群淘汰掉,于是引发亲社会行为的基因就会在整个人类物种中普遍传播开来。[1]我们认为,这个结论不但不会对演化心理学中的适应主义构成冲击,反倒证明了适应主义在演化心理学中的合理性——正是因为亲社会的行为具有适应性,所以它才会被自然选择保存了下来。波伊德和里查森在论证过程中存在的问题在于,他们几乎是把人类的任何行为特征或倾向都视为"文化",于是控制着人类行为的基因的演化当然会处处受到"文化"的作用。在此意义上,我们当然同意基因-文化协同演化完全没有问题,但是据此刻画的理论因其对"文化"采纳了过于宽泛的理解,它的成真是琐碎无聊的(trivially true)。

总结起来看,演化心理学如何采纳适应主义,将会随着生物学领域关于适应主义争论的平息而逐渐平息。这种采纳方式,除了必要的概念澄清工作之外,一方面要在温和的适应主义立场上(解释论和方法论的适应主义),根据具体研究计划的需要,把当代生物学中关于生物发育、基因漂变、演化的路径依赖、表观遗传和不同选择层次(基因层次、个体层次和种群层次)等理论纳入考虑范围。另一方面,在重视文化因素对于行为模式和心理机制的演化所具有的重要作用的同时,认识到基因-文化协同演化理论无法证明适应主义对演化心理学来说是不必要的。某种综合版本的适应主义,仍是演化心理学最为坚实且不可或缺的基础论题。

第二节 从适应主义到海量模块

我们已经很清楚,演化心理学的独特目标,就是要去探索那些构成人类普

---

① K. Laland & G. Brown, *Sense and Nonsense: Evolutionary Perspectives on Human Behavior*, Oxford University Press, 2011, p. 179.

遍本性的心理器官,阐明它们的功能如何解决了人类在演化过程中所遇到的适应问题。这就要求演化心理学家承诺一个叫"海量模块"的假说前提:心灵是自然选择而成的,它由许许多多内容先天、功能特定的心理模块构成,哪怕负责处理信念固化、推理、判断和决策的中央认知系统也不例外。心理模块理论的鼻祖是认知科学哲学家福多。他对认知科学的另一个重大贡献就是奠定了思想语言假说,该假说认为,思想表征的结构及其处理方式可通过自然语言的组合性句法计算来加以解释。尽管这两个标志性理论对演化心理学有重大的奠基性意义,但是福多却一直不遗余力地反对演化心理学的海量模块论题。自从 1983 年他的《心理模块》一书问世之后,围绕着福多关于模块性的"原教旨"和海量模块之间的争论,牵涉到的关键问题就包括:什么叫心理模块? 它的本质属性是什么? 它果真是自然选择的结果吗? 演化心理学中的适应主义能推出海量模块吗? 先天模块是否会受到后天发育的影响? 以及最重要的,中央认知系统原则上能否被模块化? 若答案肯定,它在多大程度上可被模块化? 对这些交互关联的疑问给出怎样的回应,同样关系到演化心理学的理论基础是否足够坚实。

考虑到以上问题所蕴含的信息量过于繁多,在这一节里,我们的主要目标是考察演化心理学两大理论支柱的关系问题。也就是去追问:适应主义与海量模块论题之间是否具有可推断性? 演化心理学在这个问题上遭遇到的强大论敌,仍然是犀利的福多。

一、福多模块、适中模块与海量模块

为了便于深入理解本章后续话题,首先有必要对一些重要定义以及它们之间的关联给出必要的澄清。在福多的《心理模块》问世之前,模块作为可分解的功能组件,已是工程学中的常识概念。例如当你的电脑显卡损坏时,只需再买一只显卡即可恢复正常运行。虽然显卡需以恰当的方式与其他组件相连接,就其功能而言它是相对独立的。心理模块同样满足这个最低程度要求。不过,在计算主义的基础上,福多通过列出九条特征,给心理模块概念作了严格的界定,它们分别是:

（1）**领域特定性**:一个模块只加工与其特定功能相适应的内容专属化

的信息。

（2）**强制性**：如果某些输入信息发送到相关的感官模块，整个认知系统必定会接受到它，无论其信念系统会产生怎样的信念。

（3）**有限制的中央通达**：输入系统所加以运算的那些中介性的心理表征，对于中央处理系统而言，只具有非常有限的可通达性。

（4）**快速性**：与非模块系统相比，每个模块处理的都是特定领域内的问题，加工信息的效率非常高。

（5）**信息封装性**：模块除了自身专属的信息源之外不能利用其他任何信息，换言之，中央系统的信息无法渗入底层信息，它可被当作"有限制的中央通达"的逆操作。

（6）**浅层输出**：模块仅仅提供输入的初步特征，其输出的语义深度被压缩到极致。

（7）**固定的神经架构**：在心理学层面上对于模块的定位，可被映射到神经生理学研究所揭示的物理定位。

（8）**分解模型**：由于模块与固定的神经构架相联系，它们便显示出特定的功能独立性。

（9）**步调和次序**：模块的发育过程似乎是被生物体的内在基因所决定的，显示出特定的步调和次序。①

尽管功能的可分解性与这里所列的九大特征构成了模块观念最弱和最强的两极，但福多还是谨慎地强调，这些条件对心理模块而言既非必要也不充分——即使把"领域特定性"和"信息封装性"当作本质特征，福多仍然认为模块性有程度上的差异。②既然如此，这就为海量模块论者希望得到更加温和的模块概念（从而它在外延上的应用范围也就越广）开启了一道暗门。现在的问题是，演化心理学家把福多模块宽松化的动机是什么呢？如果他们继续沿袭福多的模块定义，不就没有那么多恼人的争论了吗？

一个简单的答复是，第一，该界定自身遇到了来自心理学经验发现的挑战，

---

① Cf. J. Fodor, *Modularity of Mind*, MIT Press, 1983, pp. 47—101.

② H. C. Barrett and R. Kurzban, "Modularity in Cognition: Framing the Debate", *Psychological Review*, 2006, Vol. 113, p. 629.

一些证据表明,我们的信念能够渗入影响到感知系统的信息加工。①第二,它蕴涵了一个过于悲观的结论,即只有作为输入系统的知觉和语言才是模块化的,认知科学原则上无法研究中央语义系统的工作方式。考虑到计算主义框架问题的约束,若中央系统亦可模块化,那么全局推理便是不可能的。②反向可知,认知加工越是全局性的,它越是不可模块化,我们越是对它知之甚少。福多封之为"认知科学不存在的第一法则"。③

这对于演化心理学家来说可不是好消息。因为他们的研究目标就是发掘那些作为适应器的心理器官,它们被刻画为读心模块、常识物理学模块、欺骗侦测模块、亲属关联模块、择偶偏好模块等等。很显然,这些模块绝非仅限于感知和语言系统,它们必须建立在高阶认知可模块化的基础之上。因此,对福多模块作出适当修正——既不坚守九大特征,又不可太过偏离(否则会使海量模块论题变得名不副实)——由此为中央系统全局推理的可能性提供合理的解释,将是事关演化心理学合法性与否的题中之义和必要举措。限于我们本节的讨论范围,这个问题还需留待下一节来处理。

另外需要注意的是,从福多模块到海量模块的过渡演进过程中,一种被称为"适中模块论"(modest modularity)的观点需要稍加提及。事实上,在演化心理学家看来,适中模块论并不适中。一方面,它要保留知觉和语言系统的模块性,力求解释掉(explain away)在环境、文化和发育过程中表现出的高阶认知对模块系统产生的渗入影响。另一方面,适中模块论依然主张认知的不可模块化,因而它无关当前的讨论主题。

――――――――――――

① Cf. J. Prinz, "Is the Mind Really Modular?", in R. Stainton(ed.), *Contemporary Debates in Cognitive Science*, Blackwell, 2006, pp. 22—36.

② "框架问题"指的是,在表征一个行动所导致的效果时,如何避免去表征环境中不因为该表征而产生的各种事件? 换言之,在一个表征世界情境变化的演算系统中,包含了许多关于预先发生事件的条件变化的"公理"。由于推理仅被限于演绎,不变的公理就是必须的。没有这些框架公理,一个系统就不能严格地演绎任何持续的状态。这时候问题就产生了:如果不使用框架公理,每个表征的发生与每个表征的不变性所具有的潜在相关性就难以说明;如果使用框架公理,需要多少个公理才是恰当合理的呢? 联系到人类的心理架构,福多相信,计算主义的信息加工仅对心理表征的句法特征敏感,句法属性是局域性的,它是相关表征固有的本质特征,能够决定该表征在心理活动中的因果关系。另一方面,全局推理对命题态度(或信念内容)的非局域性属性敏感,它无法还原为心理表征的句法属性,所以计算主义的信息加工无法产生全局推理。关于"框架问题",可参见徐英瑾:《一个维特根斯坦主义者眼中的框架问题》,《逻辑学研究》2011 年第 2 期,第 93—98 页。

③ J. Fodor, *Modularity of Mind*, MIT Press, 1983, p. 107.

尽管福多与演化心理学家对心理模块的定义有着重大差别,但是出于论辩的需要,为了双方能在同一个平台上讨论问题,福多慷慨地抛开上述所谈的复杂事项,通过暂时采纳演化心理学所主张的模块概念,也就是把领域特定性作为心理模块的核心特征,他在 2000 年出版的著作《心灵不是那样工作的》后半部分,试图论证得出四个结论:第一,演化心理学把人的认知看作是达尔文主义的适应器,这个观点背后的理由不充分;第二,演化心理学家不能从适应主义推断出海量模块论题;第三,相反的推论可以成立,海量模块论题能够推出适应主义;第四,语言模块不属于这个可推断性的范围。①鉴于当下的讨论焦点,接下来检验福多的前两个论题。

二、认知不是自然选择的产物?

事实上,没人会严肃地否认,人类的认知能力大大超过了地球上所有其他物种。关于这一点,下一章我们还会详细讲。虽然目前没有一套确切的有关人类认知的种系发生学说,但是大体的图景还是有的。考古学家提供的证据表明,原始人与现代人类在 25 万年前还有着相似的脑容量,然而最多只是到了 6 万年前,人类的心灵才开始显示出现有的独特性来。②这意味着在一个相对较短的时间段里,人类认知能力从之前的类人猿的水平开始陡然暴涨。对于这个现象,演化心理学家采纳了适应主义的解释,他们相信,人类的认知心灵是在自然选择的压力下演化形成的,拥有愈发熟练的认知技能具有更大的选择优势,因而编码那些认知技能的基因,就会逐渐地在整个物种种群中传播开来。虽说目前没有直接证据解释现代人类的心灵是如何产生的,不过类似的适应主义解释在生物学中比起别的理论更普遍、更可靠,因此演化心理学家用这个一般性的原则解释认知性的心灵应该不会有错。平克直言:"关于我们复杂的内心世界是怎样演化而来的,自然选择提供了唯一的解释……它在理解人类心灵的问题上是不可或

---

① Cf. J. Fodor, *The Mind Doesn't Work That Way*, MIT Press, 2000. 由于这本书的写作动机,主要是为了反驳演化心理学家和语言学家平克发表于 1997 年的《心灵是怎样工作的?》,而福多在 1983 年的《心理模块》那里认为,尽管语言能力是先天模块(它属于心灵架构中的输入系统而非中央系统),但是它的先天性(innateness)不可由演化论加以解释,所以他在本书中特别关注语言的模块性及其与适应主义的关系问题。

② Cf. S. Mithen, *The Prehistory of the Mind*, Thames and Hudson, 1996.

缺的。"①

其次,演化心理学家普遍相信,由于整个认知系统极其复杂,所以自然选择倾向于产生出模块化的认知架构。心灵因而是由功能专属、领域特定、带有先天信息的模块构成,每个模块被设计为解决人类祖先在更新世环境中遇到的各种各样的适应问题。巴斯用了一个形象的类比论证表明这一点:

> 以木匠的工具箱为例,木匠之所以能够做到灵巧自如,并不是因为他拥有一种能用于切、戳、锯、拧、钻、刨、量和锤的"高度一般性工具",而恰恰在于他拥有大量专门化的特定工具。这些专门化的特定工具能够进行许多种类的组合,其效果是一个拥有高度"弹性"的一般性工具所望尘莫及的。实际上,我们很难想象"一般性"的工具到底是什么样子,因为根本没有所谓的"一般性木匠"问题。同样的道理,人类也是由于拥有大量复杂而特异的功能性心理机制,才使得我们的行为表现出很好的灵活性。②

福多表明,根据上述两条理由,演化心理学家在心灵的起源问题上直接采纳生物学中的适应主义解释是未经辩护的。我们在上一章里也提到过心身二元论者是如何拒斥演化心理学的,尽管福多的说法表面上也可为二元论者所用,但是二元论者的主张比之更强,他们相信心灵的起源及其工作机制,原则上无法用生物学或任何别的现代科学加以说明。与二元论者不同,福多要在自然主义的内部驳斥演化心理学的某些观点。他站在反适应主义的立场上强调,把一个新出现的表型属性当作适应器究竟可不可靠,与这个表型的复杂性特征(演化心理学家提供的第二条理由)毫无关联。与之相关的是,在那些缺乏该性状却离我们最近的祖先身上,发生了许多基因型的变化,由此出现的这类性状才有资格作为适应器。如果这一时段的基因型改变了很多,这个性状有可能是适应器,如果改变不大,把它作为适应器就值得怀疑。所以,按照这个原则,人类的认知架构

---

① S. Pinker, *How the Mind Works*, Norton, 1997, p. 55.

② J. Tooby & L. Cosmides, "Toward Mapping the Evolved Functional Organization of Mind and Brain", in M. Gazzaniga(ed.), *The New Cognitive Neurosciences*(2*nd*), MIT Press, 2000, p. 1168. 转引自 D. M. 巴斯:《进化心理学:心理的新科学》(第二版),熊哲宏等译,华东师范大学出版社,2007 年,第64页。

是否可以算作适应器,只能看它从之前的情况到现在需要基因型发生多大程度的改变。①另一方面,福多表示,由于人类的认知能力随附于认知结构之上,而认知结构又随附于人类大脑结构,由于现有的脑神经科学对这样的随附性规则几乎无法提供任何确切的说明,所以在认知能力起源的问题上存在着有别于演化心理学家所说的另一种可能性。也就是说,或许很小的基因变化所引发的神经变化就能导致认知能力的剧变。如此一来,演化心理学家"完全没有理由相信我们的认知是由达尔文主义的自然选择所塑造的"。②与之相对,福多的观点是一种突变论:认知是在人类祖先中突然出现的在基因上变化很小的神经元重组的产物,它可能只需一个世代即可完成,而不是经过许多世代的定向选择慢慢累计渐进形成的。

很显然,福多这个论证的要点在于:第一,他把线性变化的连续性要求作为满足达尔文主义式的自然选择的必要条件,如果没有这种变化的连续性,有机体的适应性增加就无从实现。第二,尽管生物学中有许多例子表明,一个作为适应器的性状的出现需要满足变化的连续性,但是在人类认知这个事例中,我们不清楚这个要求是否能够得到满足。事实上,福多在这里只为认知的起源提供了非适应主义的假设,但是他自己也没有为这个假设给出任何证据证明。相反,考虑到我们在上一段中所展示的关于适应主义的可靠性论证,演化心理学家完全有理由反驳说,鉴于人类认知与哺乳动物的眼睛或蝙蝠的回声定位系统一样具有高度的复杂性,与其说认知能力是突变形成的,它的出现更有可能是由于能够逐渐提高祖先的适应性而导致的。至少,公允地说,演化心理学与福多在这个问题上打了一个平手。除此之外,奥卡夏(S. Okasha)认为,福多的论证还有一个问题,即使认知的起源一开始只是一种突变的结果,但是它能在人类种群中广泛传播,这个性状之所以可以世代留存必须加以解释,对此的最佳解释只能说,它是自然选择形成的适应器,无论它是否是由单个的基因突变而来。③福多之所以会忽视这一点,奥卡夏怀疑是因为他太受道金斯等人的影响,他们非常特别强调自然选择的渐进性,而渐进性意味着生成一个精致的适应器需要经过许多轮的累

---

① J. Fodor, *The Mind Doesn't Work That Way*, MIT Press, 2000, pp. 87—88.

② Ibid., p. 88.

③ S. Okasha, "Fodor on Cognition, Modularity, and Adaptationism", *Philosophy of Science*, Vol. 70, 2003, pp. 75—76.

积性选择。自然选择拥有的力量可以使有机体与环境形成适应性的契合,极大地依赖于有机体累积而成的性质,道金斯在这个问题上说的没错。福多认为累积性的选择需要连续性(continuity),这一点也没错。但是福多所说的是,如果产生一个新的表型性状,可被视为在一个世代内所发生的突变而不是经由累积性的自然选择逐渐塑造的,那么,这个性状在种群内广泛传播,也能用非达尔文主义的(非适应主义)理论加以解释。

他没有认识到,自然选择不仅可以解释一个性状的**起源**,而且还能解释性状的**传播和保留**。因此,福多仅仅根据猜测性的认知的突变起源假设,来反驳关于它的适应主义解释,这个论证显然太弱。[1]

三、适应主义推不出海量模块论题?

演化心理学家从适应主义推断出人类的认知能力是适应器的观点可以有两种理解,把心灵视为领域通用的单个适应器是一回事,把它当作是领域特定的适应器的组合是另一回事。如果没有特定的理由,完全可以认为,作为适应器的认知系统拥有能够搞定学习语言、解方程组、找对象、开汽车、写小说、猜灯谜、下围棋等不同领域的超级能力。换言之,演化心理学必须论证,为什么通过自然选择而形成的认知架构**大部分**是由成百上千个功能专属的不同的认知机制所构成的。与之相关的另一个问题是,在这个认知架构中,是否有少许领域通用的计算程序存在?如果有,它们具备什么样的功能?后两个问题还需留到下一节回答,现在我们先看看演化心理学家如何论证适应主义可以推出海量模块论题。在一篇广受讨论的题为《领域特定性的起源:功能组织的演化》的文章中,科斯米兹和图比对此给出三个论证:

(1)一个适应的行为与另一个适应的行为在问题域上彼此不同,对于所有不同类型的行为来说,关于它们的适应性是否成功没有领域一般性的标准。

(2)行为的适应过程,既不能从领域一般性的认知准则那里推导出来,

---

① S. Okasha, "Fodor on Cognition, Modularity, and Adaptationism", *Philosophy of Science*, Vol. 70, 2003, p. 76.

也不能从一般性的认知准则那里学习获得,因为在此情况下,适应过程经历了很多代,它是一个基于环境特征、行为和适应性之间的统计关系,没办法从一代之中观察到。

(3) 面对真实世界的复杂情况时,组合增爆(combinatorial explosion)可以摧毁任何实质意义上的领域一般性的系统。①

第一个论证被称为"工程学论证",其背后的想法是,之所以没有"万能解题器"这种东西,是因为没有所谓的一般性问题,人类祖先要处理各种各样不同的适应问题。用来解决选择配偶问题的行为模式及其背后的认知机制,无法用来解决例如怎样选择有营养的食物的问题。这样的话,就没有一个可以刻画行为是否成功适应的领域一般性的标准了。既然不同问题的解决方式是由不同的功能专属的机制实现的,那么认知架构就必定由领域特定的子系统所构成,它们对行为的成功适应与否有着不同的界定。②

第二个论证被称为"错误论证",意思是说,对于领域一般性的系统而言,它要学习该如何应对不同的适应问题。既然如此,就必须要有做得成功或做得失败的一些标准,这种试错性的学习机制,应当拥有关于什么是错误决策的界定。问题在于,没有一个独立于特定领域的标准可以表明,某个行为在相关的适应性上是成功还是失败的。因为一个行为对于提高适应性而言是成功还是失败,是随着领域的不同而变化的。举例来说,假定领域一般性的认知机制指导了一个原始人甲得出判断,性交对于产生后代是必要的。那么,甲应当一有机会就与异性发生性关系吗? 然而由于乱伦会付出很大的适应性代价,事实上这种情况是被自然选择所排除的。这就是一个对错误的性行为作出确认的案例。由于所谓的"错误行为"在每一个适应问题领域中都不同,所以一定存在着许多领域特定性的认知机制,它们能对适应成功的行为与适应失败的行为有着不同的界定。③

---

① L. Cosmides & J. Tooby, "Origins of Domain Specificity: The Evolution of Functional Organization", in L. Hirschfeld & S. Gelman(eds.), *Mapping the Mind: Domain Specificity in Cognition and Culture*, Cambridge University Press, 1994, p. 91.

② Cf. S. Walter, "Evolutionary Psychology", *Internet Encyclopedia of Philosophy*, 2009, http://www.iep.utm.edu/evol-psy/#SH2d.

③ L. Cosmides & J. Tooby, "Origins of Domain Specificity: The Evolution of Functional Organization", in L. Hirschfeld & S. Gelman(eds.), *Mapping the Mind: Domain Specificity in Cognition and Culture*, Cambridge University Press, 1994, pp. 91—92.

之所以如此,是因为领域特定性的心理模块先天存储了关于环境的丰富信息,模块的拥有者无需学习即可迅速作出正确的抉择。在这里,相比福多所倚重的"先天计算机制"概念,科斯米兹和图比的模块定义,继承了乔姆斯基论证普遍语法的"刺激贫乏论证",因此更依赖于作为数据库的"先天知识存储"标准。在这些演化心理学家看来,人类祖先不可能通过后天的学习去解决他们遇到的所有复杂问题,因为若要完成这个任务,既没有充足的时间,也缺乏足够的可获取的信息,所以我们的模块必须被设计为带有充足的先天信息。

第三个论证试图说明,领域一般性的认知架构,由于缺乏任何内容——这些内容既可被视为领域特定性的知识或先天信息,也可以是领域特定性的程序或计算机制,因此要解决适应问题,领域一般性的认知架构必须权衡它能想到的全部可能性。这就会出现一个明显的困难:所有考虑到要素都可作排列组合,当问题的复杂性增加时,解决方案的可能性数量就会呈指数增长,最终导致计算机制的崩溃。举例来说,设想在领域一般性的情况下,当一个原始人在分析一个很常规的日常问题——例如在采摘果实的时候突然冒出一条毒蛇该怎么办——如果没有包括像相关性、程序知识或优先假设之类的领域特定性的知识或机制,解决这个突发问题的时间就会非常长,他还来不及反应恐怕就会命丧蛇口。如果他要解决的问题非常复杂,他甚至还来不及思考整个认知机制就已经"死机"了,因此认知机制只能是(计算机制或先天信息)专门化的。[1]

福多从很多方面对这三个论证提出批评,最有力的一个批评是说,科斯米兹和图比错误地把模块性问题与先天性问题混淆在了一起。在福多眼里,演化心理学家主要是用领域特定性来界定模块性的。在此情况下,这三个论证的共通之处是,如果心灵是非模块化的——即不由领域一般性的机制所构成,那么它就是白板一块——即没有先天知识。的确,他们的论证指出了一个事实,那就是说,生物体的行为若要适应环境,就必须拥有关于它们生存环境的丰富的先天信息。但是这一点似乎不对,我们完全可以合理想象,生物体的认知机制是领域一般性的,该机制却携带着丰富的先天信息。由此看来,科斯米兹和图比最多只能表明:自然选择而来的心灵是**模块性**的而非领域一般性的,只有当模块化的心灵

---

[1]　L. Cosmides & J. Tooby, "Origins of Domain Specificity: The Evolution of Functional Organization", in L. Hirschfeld & S. Gelman(eds.), *Mapping the Mind: Domain Specificity in Cognition and Culture*, Cambridge University Press, 1994, p. 91.

拥有先天信息时才成立。①然而福多指出,模块性问题和先天性问题是相互独立的:"你完全可以拥有一般性的学习机制,它却先天地知道很多东西,而且你也完全可以与生俱来地拥有信息封装的机制,它除了当下通过近端刺激所接受到的信息以及对它做出反应之外,对别的东西基本上一无所知。"②如此一来,即使"人类的心灵是自然选择的适应器"这个命题为真,它与认知架构的模块性或非模块性这两种可能性都同等相容。于是,适应主义就未必能够推出模块性论题了。

奥卡夏认为,福多的这个诊断可以成功反驳前两个论证。前两个论证是说,人类祖先必须知道适应性的行为要随不同的适应问题而定,而且他们必须掌握比当下所能感知到的更多的信息才能生存繁衍。但从中无法推出认知架构一定是由许多领域特定性的心理模块所构成。只有人类祖先的认知架构包含了关于处理不同的适应问题的先天信息,才能满足这两个论证中所提出的要求。③

奥卡夏在理解科斯米兹和图比的前两个论证时,只抓住了消极的一面而忽视了积极的方面。换言之,他(以及他所理解的福多的反驳)在评估相关的争论时,假定了科斯米兹和图比仅仅要表明,自然选择不太可能倾向于领域一般性的认知架构。然而事实上他们更侧重于说明,如果适应主义为真,模块化的心灵优于领域一般性的机制,从而前者更有可能成立。在"工程学论证"中,科斯米兹和图比明确指出:

> 不同的适应问题往往要用到不同的解决方式,而不同解决方式,在大多数情况下,由功能不同的机制来实现。速度、可靠性和有效性,可被设计为专门化的机制……因此,比起在处理两个不同的适应问题时,单个的处理办法要次于拥有两种不同的解决方式。④

---

① S. Okasha, "Fodor on Cognition, Modularity, and Adaptationism", *Philosophy of Science*, Vol. 70, 2003, p. 78.

② J. Fodor, *The Mind Doesn't Work That Way*, MIT Press, 2000, p. 69.

③ S. Okasha, "Fodor on Cognition, Modularity, and Adaptationism", *Philosophy of Science*, Vol. 70, 2003, p. 79.

④ L. Cosmides & J. Tooby, "Origins of Domain Specificity: The Evolution of Functional Organization", in L. Hirschfeld & S. Gelman(eds.), *Mapping the Mind: Domain Specificity in Cognition and Culture*, Cambridge University Press, 1994, p. 89.

我们可以同意福多上述的理由，认为人类的认知架构是一个领域一般性的却带有各种不同的先天信息的机制，这好比我们可以想象存在着这样一种万能的木匠工具，它拥有一种集于切、戳、锯、拧、钻、刨、量和锤的功能于一身。然而问题在于，这恰恰是一种由各种不同工具的组合构造，它就像**一把多功能组合的瑞士军刀**。如此一来，这种领域一般性的认知架构也只能在**表面的意义上**成立，它本质上仍然是模块化的集合。另一方面，福多对这个论证其实也有直接的反驳，他说：

> 很明显，任何认知架构不可能达到最优化，它必须在如下各种优势上有所取舍：计算的快速性与计算的精确性、存储空间与计算空间、计算的"深度"与计算的"广度"等等，不一而足。当然，以上例举的认知优势存在着许多可想象的混合形态。以不同的方式来组建的认知，对于这些优势的权衡也各有不同。大致可以肯定，认知系统的相关适应性必须依赖于它与局部生态的关系。①

这个反驳，假定了达尔文主义式的心理模块不可能是全方位最优化的，但问题在于，演化心理学家从来不认为从适应主义推出的心理模块性应当是最优设计的。弗兰肯惠斯和普洛格（W. Frankenhuis & A. Ploeger）指出：

> 没有哪个演化心理学家相信，认知系统在所有可能的设计维度上都是最优化的。工程学论证只是主张说，因为快速性、可靠性和有效性可以被设计为专门化的机制，因此在对不同的适应问题作出反应时，就很可能演化出专门化的认知系统，演化出领域一般性的机制的可能性则不大。②

鉴于以上两条理由，可见福多对第一个论证的反驳是不成功的。

针对第二个论证，福多表示，关于那个假想中的人类祖先所具有的乱伦回避机制，"对我来说，我不清楚为什么领域一般性的机制就不能让他学会什么时候

---

① J. Fodor, *The Mind Doesn't Work That Way*, MIT Press, 2000, p. 65.

② W. Frankenhuis & A. Ploeger, "Evolutionary Psychology Versus Fodor: Arguments For and Against the Massive Modularity Hypothesis", *Philosophical Psychology*, Vol. 20, 2007, p. 693.

该与什么人发生两性关系,什么时候又须适可而止"。①这个反驳的理由显然误读了"错误论证",因为科斯米兹和图比并不是说领域一般性的认知机制不能在这个**单独**的问题上学会有选择的节制,问题在于,领域一般性的认知机制可以在两性问题上做出正确的决定,但是这个决定规则在处理其他领域的适应问题上——例如亲本投资、获取食物或选择栖居场所等等——却不适用了。如果原始人甲的认知机制对两性选择的错误行为判断上消耗了太多的能量,那么他当在需要帮助亲属、获取食物或选择栖居场所时所剩的能量就很少了。因此,自然选择一定会让原始人甲在应对各种不同领域的问题都消耗很少的能量即可对行为的成败做出迅速判断。这样一来,算法规则不同、领域特定、功能专属的心理模块组合更有可能接近人类认知架构的事实。所以,福多的第二个反驳也是不成立的。

对于"组合增爆论证",奥卡夏继续表示,福多的论证若要成功,还需补充其他理由。因为领域一般性的认知架构若仅仅拥有先天信息,就无法满足计算的快速性和高度灵便性要求。由于领域一般性的机制不是信息封装的,它需要通达认知系统中的所有信息,即使拥有再多的先天信息,也只能徒增计算负担,从而无法在有效的时间内针对特定的适应问题迅速计算出正确的解决办法。在这种情况下,科斯米兹和图比是对的:只有当认知机制是领域特定、信息封装的时候,才能排除大量不相干的解决策略,以至有效缩减认知计算负荷。②

福多也敏锐地察觉到了这一点,他表示,演化心理学家其实是不经论证地预设了所有的心理程序都秉承经典的计算主义,因此科斯米兹和图比的第三个论证最多只能表明:要么人类的认知架构是海量模块的,于是能够避免计算的组合增爆问题;要么人类的心理处理过程不符合经典的计算主义。既然科斯米兹和图比没有排除这个析取命题中后一项的可能性,第三个论证的结论也就不是决定性的。③在这里,有关福多所说的"经典计算主义"需要稍加补充说明。认知科学兴起的动机之一,就是希望"人工智能"能够让计算机接近于人类心灵所拥有

---

① J. Fodor, *The Mind Doesn't Work That Way*, MIT Press, 2000, p. 66.

② L. Cosmides & J. Tooby, "Origins of Domain Specificity: The Evolution of Functional Organization", in L. Hirschfeld & S. Gelman(eds.), *Mapping the Mind: Domain Specificity in Cognition and Culture*, Cambridge University Press, 1994, p. 79.

③ J. Fodor, *The Mind Doesn't Work That Way*, MIT Press, 2000, p. 71.

的能力,这个理想反过来预设了心灵的本质特征。心灵被看作是一个计算的信息加工系统,认知科学家试图以计算机(通用图灵机)的内部设置为模型来揭示关于人类心理的功能和表征构造的事实。而图灵机模型是一种相对简单的抽象形式的"机器",它可被视为主要由两个部分构成:带有程序的磁头和一条无限长的磁带,磁带上机器的"记忆",能够依据程序指令左右移动,以此读写及删除字符。这样的话,图灵机具有一种特殊的操作循环:从磁带中读取,在磁带上印写,每次一个方格移动磁头,按照磁头中的程序进入下一种状态。基于这个模型,心灵之于大脑正如软件之于硬件。在20世纪六七十年代,心灵与计算机程序之间的类比深入人心,因此就被当时的演化心理学家不加检验地采纳了。但问题在于,世界上智能(认知、心灵等)的来源可能有两种,一种出自程序,另一种却不是,而人的心灵或许恰恰可能属于非程序的那种智能。①更有可能的是,即使心灵属于程序性的或计算性的范畴,但它未必如同图灵机模型所刻画的那样,换言之,它未必符合经典的计算主义。

的确,当代认知科学中的联结主义(connectionism)理论就为我们提供了这种可能性。联结主义把大脑看作一个神经单元网络,这些单元相互作用直至达成一个对外部输入作出反应的稳定状态。相比起图灵机模型作为由规则支配的线性操作器,这一信息加工模型是并行式和分布式的,也就是说许多信息被同时加工,并且每一种联结都对许多内容起作用。人类的心灵或智能因此可被视为产生于大脑神经系统的整体结构。正是基于心灵符合联结主义模型的可能性,福多对第三个论证的批评才有了立足点。

然而事情没有就此结束,此处遗留下来的一个衍生的问题是,福多本人所主张的思想语言假说,对联结主义却是持以否定的态度。这主要表现在福多与派利夏恩(Z. Pylyshyn)的工作上。他们认为,联结主义的困境主要表现在,虽然联结主义的心智架构和经典计算主义的心智架构都预设了表征性的心理状态,但后者并不同于前者承诺了表征是一种"思想语言",也就是具有可组合性的句法和语义结构。②尽管关于大脑的计算模型究竟是否符合联结主义理论尚未得到

---

① 参见 R. M. 哈尼什:《心智、大脑与计算机:认知科学创立史导论》,王淼等译,浙江大学出版社,2010年,中文版序。

② Cf. J. Fodor & Z. Pylyshyn, "Connectionism and Cognitive Architecture", *Cognition*, 1988, Vol. 28, pp. 3—71.

证实,而且从逻辑上说,福多的确已经展示了科斯米兹和图比的论证**不能完全支持从适应主义到海量模块的推论成立**,但是联系福多自己也不支持联结主义,而且考虑到缺乏关于认知的非经典计算模型的其他可能性,根据最佳解释原则,我们仍然能够断言:适应主义能够推出海量模块论题。

四、卡鲁瑟斯的修正

演化心理学家论证海量模块论题,总结起来有三种方式。一是概念论证,这正是上一小节所展示的形态。二是经验论证,也就是用华生选择任务测试(Wason selection task)这样的经验性研究成果,来举证说明存在着领域特定性的先天认知机制。[1]三是类比论证,它把认知机制与工程学机制和生物机制进行类比,以此证明自然选择极有可能偏好领域特定性的模块化心理构造。第三种论证方式是认知科学哲学家卡鲁瑟斯大力推崇的。他指出,诺贝尔经济学奖得主西蒙的一个比喻很好地阐述了这一点。有两个钟表匠分别制作钟表,钟表有1000个零件。钟表匠 A 将零件一个一个地依次拼装,钟表匠 B 则把每 10 个零件组合成一个组件,接着再把这些组件逐步拼装成一只完整的钟表。很显然,对于钟表匠 A 来说,要记住所有这些拼装的次序并非易事,而且在工作时一旦需要他接听电话,整个拼装过程被打断,再去继续刚才手中的活就非常容易出差错,但是同样的搁置情况对于钟表匠 B 来说却没那么麻烦。[2]既然如此,对于像认知这样的复杂系统,自然选择也更倾向于以钟表匠 B 的模块分解方式来设计它们。

卡鲁瑟斯表示,生物学中有太多的证据表明,复杂的功能系统都是由子系统组装而成的,每个子系统又进一步地由次级子系统构成,它们对于整个系统的运

---

[1] 华生纸牌选择任务测试颠覆了人们对推理能力的认识。大家普遍相信,人类的推理是逻辑性的,在推理时运用命题演算的推理规则,这些推理规则不依赖于命题的内容,只要前提为真,结论就为真,无论前提的命题内容是什么。但斯米兹和图比发现,推理任务的表现,随着被试推理的内容之不同而变化,或者说,推理的有效性会随着预期的适应方向中的特定内容而发生改变。这就表明,推理依赖于内容。这种现象在采用华生选择任务进行的实验中表现得特别明显。当华生选择任务涉及的是抽象的内容或被试生疏的内容时,被试的表现很差。而当华生选择任务涉及具体的并且是被试所熟悉的内容时,大多数被试则能做出正确的判断。这种效应被称为华生选择任务的"内容效应"(content effect)。Cf. L. Cosmides, "The Logic of Social Exchange: Has Natural Selection Shaped How Humans Reason? Studies with the Wason Selection Task", *Cognition*, 1989, Vol. 31, pp. 187—276.

[2] Cf. H. Simon, "The Architecture of Complexity", *Proceedings of the American Philosophical Society*, Vol. 106, pp. 467—482.

行发挥不同的功能角色,即使其中的某个部件失灵,也不会对整个系统的其余构造产生决定性的影响。这样的运行方式,对于基因、细胞、细胞组合、整个器官、整个有机体以及由多个生物个体所组成的单元(例如蜂群)而言都是事实。可以说,集成化的生物模块性在生物科学中几乎无处不在。就我们目前关心的话题而言,从中得出的重要启发是,模块化的构造可以说是演化的先决条件和普遍情形。一个模块的属性很大程度上能够独立于其他模块,无论在功能方面还是发育路径方面,每个模块对于有机体的整体适应性都有独立的影响。同理可知,由于模块是可以独立修改的,自然选择能够不在修改整个有机体设计构造的前提下,对特定的模块产生影响。考虑到这种可能性只能在模块构造中得以实现,剩下就是去追问:心灵是否可以作为生物系统,从而作用于其他任何生物体的同样的演化要求也可应用到心灵之上? 而根据适应主义基本教义,这个回答当然是肯定的。

除此之外,卡鲁瑟斯重点强调了三件事,它们为塑造卡鲁瑟斯的模块定义搭建了基本框架。第一,生物模块性终究还是一个关乎程度多少的问题。因此模块概念并非只能用于所谓的"马赛克式"性状——例如眼睛的颜色之于其他系统就有很高的独立性。举例来说,像心脏和肺这样的生物系统,就与其他系统有着较为紧密的相互关联,它们把身体组建成对称的构造,并且预先安置了其他系统的存在。尽管如此,这些系统的发育轨迹却有高度的独立性,癌变因而只能影响其中某个系统却不侵入其他系统。正是在这个意义上,对模块作出程度化界定的同时,仍然能够保持模块概念的有效性。①

第二,如此一来,演化心理学是否由于难以回答心灵到底由多少个模块构成的问题,从而使模块论题无法成立了呢? 萨缪尔斯(R. Samuels)论证声称,若用功能分析和层级化的构造来理解模块,演化心理学的海量模块论题就无以为继。这是因为,功能层级的顶部是我们要讨论的目标系统(例如一个细胞、一个身体器官或人类的心灵),层级的基础则是系统的最小微观构成,在心灵系统中就是实现认知功能的细节性的神经元程序。这里的问题在于,我们对于顶层与底层之间的层级构造到底有多少层级组成无从知晓。如果整个系统的金字塔结构高度非常低,那么心灵也许只能被分解为像大众心理学所设想的诸如知觉、信念、

---

① P. Carruthers, *The Architecture of the Mind*, Oxford University Press, 2006, pp. 13—15.

欲求和意志等少数几个组分了。相反,只有当整个系统被视为是一个结构高度可观的金字塔构造,我们才能把心灵设想为拥有非常多的不同组分,其中的每个组分又由许多次级组分构造而成。但是面对这两种情形,由于无法定夺哪一个为真,所以海量模块论题是不能成立的。①

卡鲁瑟斯认为,我们应当像演化心理学家所认定的那样,假设人类心灵在演化过程中遇到的每个反复出现的适应问题都需要有相应的功能来解决,每个这样的功能就是一个相对独立的子系统。重要的是去搞清楚,为了实现某个特定目的的功能是如何得以个体化的(individuated)。例如我们如何区分辨认亲属与辨认骗子是两个不同的功能? 这便是上一节所讲的由斯特尼和格里夫斯提出的"颗粒度问题"。卡鲁瑟斯建议,大致有两种进路来考察认知功能的个体化。一是通过功能分析去表明,不同的认知能力对处理程序的结构有不同要求,特定的功能需要从初始数据中以特定的算法来获取外部环境的信息。通过考察动物认知,他论证指出,基于这一点,动物在面对学习压力时,只有一个或几个通用的学习机制是不够的,它们必须演化出许多不同类型的结构化的认知模块。既然人类在演化论的意义上与其他动物物种没什么实质性区别,这种情况对于人类而言也应当成立。另一种界定方式是说,我们应该想到,认知系统的设计在处理速度上有非常强的限制,如果要对各种数据同时进行处理,那么两个不同的处理系统肯定比单独一个通用系统更加有效,这个事实也在动物认知的案例中得到了确证。②但是从中不难发现,与其说卡鲁瑟斯所给出的两个进路是对"颗粒度问题"的确切回答,不如说他是在以动物认知作为类比,从而直接论证海量模块架构的可能性。不过下面这一点倒是可被视为对该问题作出了正面回应。

第三,卡鲁瑟斯还强调,当我们在讨论海量模块的心灵问题时,切记不要被"机制"和"组成部分"这样的概念所误导。换言之,这些词只用来指称不同的功能专属的认知系统。与平克、巴斯、科斯米兹和图比等圣芭芭拉学派的演化心理学家不同,在卡鲁瑟斯看来,万万不可把模块想象成——例如,像锤子或开瓶器这样的东西。就这点来说,圣芭芭拉学派把海量模块的心灵比喻成"适应的工具箱"或"瑞士军刀",实际上极具误导性,这样很容易使得像布勒这样的批评

---

① Cf. R. Samuels, "Is the Human Mind Massively Modular?", in R. Stainton(ed.), *Contemporary Debates in Cognitive Science*, Blackwell, 2006, pp. 37—56.

② P. Carruthers, *The Architecture of the Mind*, Oxford University Press, 2006, pp. 19—21.

者,误把一些子虚乌有的属性加之于心理模块上。比方说,如果把心理模块想象成一个开瓶器,就不由自主地认为模块之间一定会在物理上相互区别,这样一来它便是根据一个设计蓝图产生出来的。如此设想会错失两个重要事项:第一,心理模块实际上是生物系统,和大多数其他生物系统一样,当先前的资源被用以服务于其他功能时,它们能通过新的方式组合联结,其结果就是,模块与模块之间有可能会共享大量的子系统。这一点与模块具有的功能专属化、功效区分化和损毁独立化(independently disruptable)的特征并非不可相容。第二,如果我们对心理模块不再持以实体性的观念,神经回路重组、后天发育过程、表观遗传作用和基因-环境互动等自然选择之外的因素,就能塑造心理模块的具体形态和工作机制。①除此之外,我们相信,一旦心理模块主要是由它的功能属性来界定,那么所谓的"颗粒度问题"或许就会失去针对性的靶子。至少在某种意义上,心理模块若只是抽象的功能而非具体的事物,何来"在自然的节点上划分自然"(cutting/carving nature at its joints)一说呢?

第三节　海量模块与内容融合问题

在上一节的开头,我们列出了关于心理模块的一些重大问题,其中一个重要的且尚未答复的问题是:中央认知系统原则上能否被模块化? 若答案肯定,它在多大程度上可被模块化? 本节我们将考察卡鲁瑟斯为与最后这两个疑问密切相关的"内容融合问题"提供的一种回应方案。简而言之,内容融合问题旨在追问:已知人类的心灵享有高度的灵活性,如果中央系统完全是模块化的,而模块间的信息输送却非常有限,我们何以能把归属于不同模块的概念融为一个复杂的新概念? 本节第一小节分析从福多到卡鲁瑟斯关于模块定义的演变逻辑;第二小节阐释卡鲁瑟斯对内容融合问题给出的回应策略;第三小节考察莱斯(C. Rice)和马舍瑞对该方案的批评,并为卡鲁瑟斯的策略做出相应的修正。

一、卡鲁瑟斯的模块概念

之前讲到过,演化心理学家的主要研究目标,就是发掘那些作为适应器的心

---

① P. Carruthers, *The Architecture of the Mind*, Oxford University Press, 2006, p. 21.

理器官,它们被刻画为读心模块、常识物理学模块、欺骗侦测模块、亲属关联模块、择偶偏好模块等。这些模块绝非仅限于感知和语言系统,它们必须建立在高阶认知可模块化的基础之上。因此,对福多模块作出适当修正乃是必要之举。要做这样的修正,"适中模块论"因为并非真正"适中"而遭淘汰。一方面,它要保留知觉和语言系统的模块性,力求解释消除在环境、文化和发育过程中表现出的高阶认知对模块系统产生的渗入影响。另一方面,适中模块论依然主张认知的不可模块化。罗宾斯(P. Robbins)分析认为,在福多的概念界定中,全局性与封装性是强负相关的,而封装性与模块性之间又是强正相关,那么全局性与封装性就是强负相关的。如果演化心理学家要推进到海量模块论题,有三条路径可供选择:(1)否定认知的中央处理过程有强的全局性;(2)否定全局性与封装性是强负相关的;(3)否定封装性与模块性是强正相关的。不难发现,采纳(2)几乎意味着否定一个先验的概念关联,采纳(1)则稍显牵强,因此路径(3)成了海量模块论者的阳关大道。①不出所料,卡鲁瑟斯同样从这里入手,把封装性分为"窄范围的"和"宽范围的"两类。前者沿袭福多的用法,指的是一个系统的内部信息加工不能被任何外部系统提取使用。后者则是卡鲁瑟斯自己设定的,意指系统的内部信息加工可以被外部系统所使用,但是外部系统无法在任意给定的情况下使用该系统全部的信息。②

为了不让人怀疑这个区分是特设的,卡鲁瑟斯有义务为这种弱化的封装性提供理据。在他看来,各种各样快捷精简、计算上可溯的捷思回路(heuristics)就满足这种宽范围封装性的要求。这条路不被福多看好,他相信在给定的情况下,为防止出现计算增爆,选取哪个捷思回路去执行任务必须是预先设置的,这就不得不要求更高阶的捷思回路添列其中,如此往复将会导致无穷后退。卡鲁瑟斯采用巴雷特(Barrett)的主张,用酶的催化机理为宽范围封装模

---

① P. Robbins, "Modularity of Mind", *Stanford Encyclopedia of Philosophy*, 2017, http://plato.stanford. edu/entries/modularity-mind/.

② P. Carruthers, *The Architecture of the Mind*, Oxford University Press, 2006, pp. 58—59. 关于"宽"和"窄",这其实是一个语言哲学上的技术性处理。例如我们把"不能"作为一个模态算子,在量化(quantify)命题时,把"不能"放在句子的外面来刻画整个命题就是宽域的,把"不能"放在句子里面就是窄域的。比起汉语句法,这种区分在英语中表现得更加典型。举例来说,"I can't kill everyone"(我不能干掉每个人)等同于"It is impossible that I kill everyone"(我干掉每个人是不可能的),这里的"can't"(不能)限定了整个句子;相反,"I can't kill anyone"(我不能干掉任何人)等同于"Everyone is such that I can't kill them"(对于每个人来说,我都不能干掉他们),这里的"can't"(不能)限定的是句子的宾语部分。

块的工作机制打了个比方:细胞中有各种类型的酶,每种酶通过特定的形状使之追踪与自身相契合的那类底物(就像一把钥匙配一把锁),只要匹配成功,一个特殊种类的新蛋白质便得以建立,于是就能与细胞中别的化学物质融为一体。在此模型中,每个捷思回路就像一个酶,由于它携带着一个特殊的认出"前端"(front end),这就避免了引入一个更高阶的捷思回路来解释信息匹配是如何形成的。①

考虑到福多模块的九大特征彼此之间不是完全独立的,既然封装性这个核心特征被弱化到几近于无,抛弃其他几个相关特征也就在所难免。有限制的中心通达、快速、浅表输出以及速度和顺序都在这个删除名单里,剩下的几个特征还值得保留或略加修正。首先,卡鲁瑟斯认为绝大多数模块都是领域特定性的,即模块只接收特定类型的信息输入,但是这一点有稍许例外。比如形式逻辑模块,其任务是从任何接收到的信念中推导出一个简单的逻辑后承,输入一对命题P和P→Q,不管它们的具体内容是什么,都能输出命题Q。②其次,卡鲁瑟斯接受卡米洛夫-史密斯(Karmiloff-Smith)的观点,认为先天性可以不是模块的定义性特征。尽管大多数模块受到基因的限定,它的子系统(或许也是模块化的)允许拥有某种后天的学习发育机制。并且无论模块是否先天形成的,它们都有固定的神经架构。最后,卡鲁瑟斯表示,强制性特征也是必须保留的,一旦接收到合适的信息输入,模块运行必将自动开启。③

确定了上述特征,卡鲁瑟斯还通过一些独立的论证为海量模块论题夯实基础。不过在威尔森(R. A. Wilson)这样的原教旨主义者看来,卡鲁瑟斯的推进已经放弃了福多模块的核心属性,海量"模块"已经变得名不副实。这好比说当我喝一杯低酒精度的饮料时,就不能说自己在畅怀饮酒。④可是卡鲁瑟斯的醉翁之意,旨在为人类的认知架构勘测一幅基于海量模块理论的地貌图,他不必担心这个模块定义距离福多模块是远是近,只要言之成理,且能得到认知科学经验证据的支持,"酒不醉人人自醉"又有何妨?

---

① P. Carruthers, *The Architecture of the Mind*, Oxford University Press, 2006, p. 54.

② Ibid., pp. 8—9.

③ Ibid., pp. 9—12.

④ R. A. Wilson, "The Drink You Have, When You're Not Having a Drink", *Mind & Language*, Vol. 23, No. 3, 2008, pp. 273—283.

二、认知架构与内容融合问题

演化心理学家固然承认，人类在生物学的层面上是其他物种动物的本体论延续，但是寻找某种"人之异于禽兽"的先天内在标志的努力早已有之。关于人与动物的本质区别问题，本书下一章会专门讲到。回到卡鲁瑟斯，他例举了认知科学家的工作，认为语言能力、读心能力、社会认知、模仿能力与文化学习这几个相互竞争的类别，属于人类独有的认知能力。不过他论证表明，仅用单个的心理能力或认知模块无法彻底解释人类的独特性，相反，他以一种开清单的方式穷其所有，列出了多达 22 项人类独有的能力，它们之间既有区别也不乏交叉重叠。一些能力可单独划为一个独立的模块，另一些作为联适应通过其他模块来获得解释。[①]所谓联适应本章也讲到过，指的是某些特征原本被设计用于某个特定的功能，随后演化为服务于另一个功能。例如鸟类的羽毛一开始只是作为抵御低温的适应器，后来演化成了适应于展翅飞翔。

卡鲁瑟斯并不打算要为这张能力清单中的每一项作出详细说明，他只针对读心能力、语言学习能力、规范推理和动机促成系统这几项最重要的独特特征，大致刻画了基于海量模块论题的认知架构。[②]这样做的目的是为了解释人类的心理灵活性，演化而来的心灵不仅能让我们猎鹿驱虎、娶妻生子，还可以从事投资股票、拍摄电影、研究哲学这类的复杂活动。心理灵活性包括独立于外部刺激的灵活性、心理内容的灵活性和推理的灵活性。在以往，对心理灵活性给出充分说明的良策不多，或者借助于言之不清的联想主义观念，或者诉诸纯粹后天学习的行为主义理论，或者干脆像丘奇兰德那样另辟蹊径——在拒斥官能心理学和表征主义的前提下，把心理灵活性还原为神经网络的可塑性。从现在起，为此提供一个合适的答复，既是检验海量模块论题含金量的一个标准，也是演化心理学走向健全的必经之途。

刚才提到了三种类型的心理灵活性，这里面，刺激独立性（stimulus independence）的灵活性是说，认知加工很大程度上可以独立于当下的知觉，我们在任何时候都能思考现在没有直接感知到的事物——它有时也叫"离线认知"。

---

① P. Carruthers, *The Architecture of the Mind*, Oxford University Press, 2006, pp. 151—157.
② Ibid., pp. 174—210.

内容灵活性表示，我们拥有把任何概念组合起来的能力——包括把那些一开始隶属于不同模块中的概念组合成有意义的新概念。最后，推理的灵活性意味着我们拥有改变思考方式的能力——也就是我们常常谈论的创新能力，这方面的表现尤以科学实践活动为甚。①

三者之中，解释认知何以能够独立于刺激并不困难，而推理的灵活性依赖于内容灵活性，因此，关键的挑战就看怎样去说明信念内容的灵活性。前文说过，卡鲁瑟斯弱化了福多模块，已经给概念系统的认知加工走向模块化松了绑。现在的考验是，即便心理模块的定义如卡鲁瑟斯所言，如果不同类型的概念属于不同类型的模块，并且根据心理模块的宽范围封装性界定，一个模块只向有限数量的模块输送信息，那么我们形成并思考任意一个复杂的新概念是如何可能的呢？②这就是"内容融合问题"。

为便于理解，这里不妨用一个简单的例子"自下而上"地介绍何为内容融合问题。根据演化心理学的说法，人类在演化过程中涉及社会交往，助人者面临最重要的适应问题之一就是察觉哪些人是搭便车的骗子。如果我们的祖先不能演化出一种专门的应对机制——即所谓的"欺骗侦测模块"——这将导致人们由于无法看穿谁是只求索取不愿回报的"伪君子"而一直受骗，那么社会合作便是不可能的。类似地，我们也拥有特定的认知机制去侦测谁是自己的亲属，正是由于演化出了这个"亲属侦测模块"，使得人类能够以"老吾老、幼吾幼"（而非"兼爱无父"）的方式，对与自身基因拥有高度相关性的人进行投资，"自私的基因"从而有望永世传承。我们不妨认为，"骗子"这个概念是欺骗侦测模块的输出，"哥哥"这个概念是亲属侦测模块的输出，当我发现我的哥哥欺骗了自己，我会产生"骗子哥哥"（CHEATING BROTHER）的概念，这个概念事实上融合了两个不同模块输出的内容。另一类情况可作为对比：如果通过形式逻辑演算模块，我仅仅在句法形式上合取了两个跨模块的内容，由此产生"张三是我的哥哥并且张三是骗子"这个信念，那么这算不上是一个具有单一语义内容的融合了的信念。

明确提出内容融合问题，可以追溯到著名哲学家埃文斯（G. Evans）所说的关于概念的"一般性限定"（generality constraint）论题。其大致意思是：任何一个

---

① P. Carruthers, *The Architecture of the Mind*, Oxford University Press, 2006, pp. 216—217.

② Ibid., pp. 224—227, See also E. Machery, "Massive Modularity and the Flexibility of Human Cognition", *Mind & Language*, Vol. 23, 2008, p. 264.

概念都能与其他概念自由结合形成新的思想,无论这个概念是关于什么的。①不难看到,该论题与福多通过中央语义系统的"各向同性"(isotropy)特征来反对认知模块化的思想异曲同工。各向同性表明,与科学假设的确证有关的那些事实,都可以从已有的任何经验真理中推知。换言之,如果科学确证是各向同性的,那么关于藻类光合作用的一些情况,就应该与天体物理学中的一些假设的确证有关联。②现在,卡鲁瑟斯的海量模块论题否定了认知架构是领域一般性的,也不承认有一种模块可以专门负责融合各种不同的概念。由于内容的可融合性是我们通过内省所得的结论,给定了卡鲁瑟斯的模块定义,内容融合问题至少表面上与海量模块论题不相容。其实,内容融合问题本非要紧的"问题",只要说明了概念是如何生成的,就能迎刃而解。然而根据埃文斯和福多的判断,对于海量模块论题来说,若不能说明内容融合是何以可能的,我们压根就不能相信这套理论竟然能够说明概念的生成。

看样子,我们很难用先验的逻辑分析为此求得一解。卡鲁瑟斯明确指出:"如果不清楚心理模块关联的流程图细节,我们就难以从海量模块这个论断中推测预言说,心灵可以展现出内容上的灵活性。"③现在是时候让我们一窥其中的究竟了。顺着马舍瑞的思路,这幅基于语言能力的认知架构流程图包含了以下五个部分:

第一,生成信念和欲求的模块(群)可以通达由感知模块输出的公共信息平台,卡鲁瑟斯称之为"全局播放"。有些概念化的信息,特别是知觉判断和关于语句的语义理解,也可全局播放。当知觉或概念信息在全局播放时满足特定的启动条件,这些模块就会激活。

第二,决策模块(实践推理)可以激活行为控制模块(行动图式)。行动模式中的部分信息被输送至知觉模块,作为相关行动的结果它会产生一个可知觉的表征,该表征被称为"输出副本"。

第三,输出副本除了用于实时行动(运动模块),还能在想象中被使用。在此情形下,输出副本通过全局播放可被用作概念模块(即信念生成和欲求生成模块)的输入,这就实现了思想循环(cycles of thoughts):概念模块的输出被发送到决策模块,决策模块的输出被发送到行为控制模块,作为结果的输出副本被全

① G. Evans, *The Varieties of Reference*, Oxford University Press, 1982, p. 104.

② J. Fodor, *Modularity of Mind*, MIT Press, 1983, p. 108.

③ P. Carruthers, *The Architecture of the Mind*, Oxford University Press, 2006, p. 225.

局播放,引发了概念模块更新化的激活。

第四,人类通过运行这种思想循环来解决问题。当我们考虑某个潜在的行动时会激活行动图式,进而产生可以全局播放的输出副本。这些输出副本由信念生成和欲求生成模块所加工,以此获知这些设想的行动将会导致何种后果。我们区别于类人猿的地方,在于行动图式激活不必受当下知觉的限制,这种能力被称为"创造性的心理复述"(creative mental rehearsal)。

第五,思想循环需要语言加工模块的参与。概念模块的输出发送到负责生成语句的语言生成模块中。句子的表达结构作为表征由此出现。在内部言语中(即有别于把语句言说出来的内心表达),这些表征被发送至听觉模块,由此产生这些语句的输出副本,它们接着被发送至语言理解模块从而生成意义表征。作为结果,这些语句的听觉结构表征连同它们的意义表征被全局播放,这就解释了在内部言语中,为什么我们不仅能够听到语句的声音,而且还能觉知到它们的意义。不难发现,这套思想循环认知架构,必须建立在语言能力之上。①

为方便理解,我们有必要看看卡鲁瑟斯绘制的图解:②

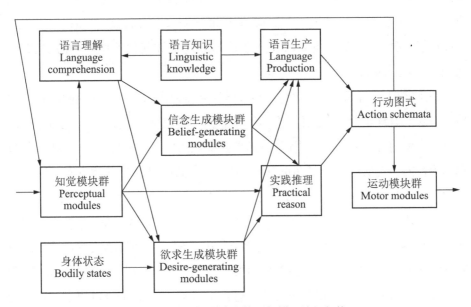

图7.1　基于语言能力的思想循环认知架构

①　E. Machery, "Massive Modularity and the Flexibility of Human Cognition", *Mind & Language*, Vol. 23, 2008, pp. 265—266.

②　P. Carruthers, *The Architecture of the Mind*, Oxford University Press, 2006, p. 233.

有了这个图解,解决跨模块的内容融合问题,即可分解成两个步骤。第一步,"张三是我哥哥"和"张三是骗子"这两个判断分别由亲属侦测模块和欺骗侦测模块生成,它们依次输送至语言生产模块,加上工作记忆存储的帮助,从而有了"我哥哥是骗子"这一表征。第二步,"我哥哥是骗子"这个听觉表征连同它的语句意义,通过全局播放所开启的思想循环通路,使该表征得以被概念模块(信念生成和欲求生成模块)用以后续的信息加工,例如,做出惩罚或者宽恕张三的决定。显而易见,第一步需要语言生产模块的介入,第二步需要语言理解模块和内部语言心理复述(或思想循环)的介入。在卡鲁瑟斯看来,若非语言能力发挥了实质性的作用,内容融合就没有可能。①

三、质疑与求解

这个策略看似圆融,而且卡鲁瑟斯还拿它作为基础模型,解释了心理灵活性的另外两种类型以及科学创新的个体认知机制,但是实际上,其中的两个步骤都遭到了质疑。莱斯针对第一个步骤指出,能把跨模块内容融合在一起的,未必是语言能力;马舍瑞挑战了第二个步骤,他论证表明,即使语言能力使得内容融合得以可能,跨模块的表征也无法在这套认知架构中被其他模块用以后续加工。我们先看莱斯的批评。

在这之前,一个需要交代的背景是,语言能力为什么会被摆在这幅流程图的核心位置?其理由是,卡鲁瑟斯援引了一些关于方向二次定位(reorientation)的心理学实验研究,该实验被设计为受试者需要做出融合跨模块内容的判断,而成熟的语言能力是成功完成任务的必要条件。②我们可以这样描述方向二次定位实验:一群受试者待在一间矩形的迷宫屋子里,四周有三面墙的墙体是白色的,一面是红色。有了这些几何学信息(几何学上相等的墙体交角)和对象属性信息(红色的墙),受试者看着实验人员把一只小球藏在某个角落之后就被打乱方向从而迷失其中,现在他们的任务就是要尽快找出这只小球。心理学家发现,受试者若要成功完成任务,仅与语言能力有直接关系,比如他们可以用心理复述的

---

① P. Carruthers, *The Architecture of the Mind*, Oxford University Press, 2006, p. 236.

② L. Hermer and E. Spelke, "A Geometric Process for Spatial Reorientation in Young Children", *Nature*, 1994, Vol. 370, pp. 57—59. See also L. Hermer., E. Spelke and A. Katsnelson, "Sources of Flexibility in Human Cognition: Dual-Task Studies of Space and Language", *Cognitive Psychology*, 1999, Vol. 39, pp. 3—36.

方式默诵"小球在红墙的左边"之类的语句,该语句融合了两个不同模块(几何学模块和物体属性模块)的输出内容。在卡鲁瑟斯看来,这项实验研究表明语言能力在内容融合问题上起到了构成性的作用。①

首先,莱斯并不否认实验得出的结论,不过这个结论最多只能表明,语言能力和完成二次定位任务之间有着十分紧密的关联。事实上,仅根据这个实验无法推知这个关联就是因果性的或构成性的。也许在它们中间隐藏着某个功能系统,该系统让语言能力和完成二次定位任务产生表面上的关联,而真正发挥实质性作用的(因果性的或构成性的)却是这个系统本身。我们还可以这样理解实验结果:使用跨模块的语句意味着受试者可以思考跨模块的信念,而思考跨模块的信念,才真正解释了完成二次定位任务。莱斯认为,生成跨模块信念的,完全有可能是语言模块之外的某个推理系统。②

为了强化说明语言能力的实质性作用,卡鲁瑟斯还引用了另一项二次定位实验。该实验的受试者分为甲乙两组,受试者都被要求戴上耳机做影子训练(shadowing)。不同的是,甲组人员的耳机里播放的是言语录音,他们要根据录音所播的语句对上说话的口型;乙组人员的耳机录音播放的是富有节奏感的音乐,他们被要求根据音乐节奏做出手势挥动。实验结果表明,甲组受试者由于语言能力的发挥受到干扰,导致二次定位任务受阻,乙组受试者却完成得相当不错。③这个结论事实上同样可以受到莱斯刚才提出的质疑。总之,卡鲁瑟斯需要提供额外的理由或证据,才能排除语言能力与内容融合之间的关联还存在着其他反事实的可能性。好在卡鲁瑟斯对这个质疑有一个预先的答复。他表示,从演化论的视角来看,适应压力要求语言交流必须做到快捷迅速。若我们的语言能力只能把几个不同模块输出的内容语句,按照形式化的逻辑合取绑定[combine,而非融合(integrate)],从而生成诸如"小球在四面墙的某个角落里并且小球所在的四面墙中有一面墙体是红色的"这种拖泥带水、信息冗余的语句,那么它将被自然选择所淘汰。我们试想,当原始人甲看到一条毒蛇正在逼向走神的原始人乙时,若甲的言语提醒不能做到化繁为简、精准明晰,人类的存活将

①　C. Rice, "Massive Modularity, Content Integration, and Language", *Philosophy of Science*, Vol. 78, 2011, pp. 803—804.

②　Ibid., p. 805.

③　P. Carruthers, *The Architecture of the Mind*, Oxford University Press, 2006, p. 245.

是一件多么不可思议的事情。①遗憾的是,莱斯的质疑依旧如幽灵般紧紧跟随着这个回复——他同样能够合理地追问:为什么不可以是别的某个系统使得内容融合发生,并且这个系统也具有充分的演化优势?比方说,既然内容融合在人类的思维运行中有着如此重要的作用,自然选择就有演化出一个作为独立模块的内容融合器的条件,因此我们何不设定存在着一个负责融合跨模块内容的专属模块呢?②

现在让我们转而考虑马舍瑞对卡鲁瑟斯第二个步骤的质疑。马舍瑞没有明确否认语言生成模块可以融合跨模块的内容。他批评的理由是,这样一个跨模块表征终将被输送到信念生成和欲求生成模块之中用作进一步的计算加工,但是根据卡鲁瑟斯对宽范围的封装性说明,虽然模块的内部信息加工可以被别的模块所使用,但是其他模块无法在任何场合下都能使用前一个模块的所有信息。这就意味着,作为概念系统的信念生成和欲求生成模块,实际上无法"思考"(entertain)这种内容融合的表征。举例来讲,现在我有两个单个的信念,"张三是我哥哥"和"张三是骗子",它们是两个不同模块的输出。在前面所展示的认知架构中,通过全局播放,基于利他的欲求生成模块能够加工前一个信念,输出了善待张三的行为动机;基于惩罚的欲求生成模块能够加工后一个信念,输出了惩罚张三的行为动机。但是即便语言能力可以融合这两个信念,产生了"我的哥哥是骗子"这个语句,却没有任何一个模块可以对该表征进行信息加工。这样一来,"我的哥哥是骗子"作为内容融合的结果,却是一个虚置无用的(idle)表征。③套用康德的一句话来说,这套基于语言能力的认知架构面临着一个尴尬的处境:"认知无内容融合机制则盲,认知有内容融合表征亦空。"

卡鲁瑟斯对此有一个回复,这个回复大致的意思是:首先,"我的哥哥是骗子"被输送至基于利他的欲求生成模块,察觉到他是我老哥,因此产生了善待张

---

① P. Carruthers, *The Architecture of the Mind*, Oxford University Press, 2006, p. 252.

② C. Rice, "Massive Modularity, Content Integration, and Language", *Philosophy of Science*, Vol. 78, 2011, pp. 809—810.

③ E. Machery, "Massive Modularity and the Flexibility of Human Cognition", *Mind & Language*, Vol. 23, 2008, pp. 267—268.另外,我们可以把这个批评视为米利肯(R. Millikan)在对意向性作出自然化说明时,把表征系统划分为"生成者"和"消费者"的延伸版本,而卡鲁瑟斯的想法显然缺失了内容融合的表征"消费者"维度。

三的愿望;其次,"我的哥哥是骗子"被输送至基于惩罚的欲求生成模块,察觉到他欺骗了我,因此产生了惩罚张三的愿望;最后,这两个抵触的愿望在实践推理中被相互权衡,最终得到一个对张三作出"一笑泯恩仇"的行为动机,于是问题就解决了。①明眼人不难看出,这个回答实际上又把内容融合的结果分解为两个不同的信念,"我的哥哥是骗子"作为单个的表征,仍然未能真正被用以有意识的思考。②

现在,让我们把结合这两个批评,综合评判卡鲁瑟斯对内容融合问题回应策略的成败得失。首先,如果卡鲁瑟斯想要在他的模块定义前提下,继续坚持海量模块论题,针对莱斯的批评,他会表示,在没有足够的经验证据表明存在着一个独立于语言系统的、功能专属的内容融合模块之前,莱斯这个质疑的强度不足以否认语言能力扮演了融合跨模块内容的角色。③在此情况下,他在推进到第二步时仍然面临马舍瑞的批评。也许卡鲁瑟斯还可以"强词夺理"(bite the bullet)地回答说,是的,在认知系统中,我们确实无法有意识地思考任何一个诸如"我的哥哥是骗子"这类内容融合的信念。令人多少有点意外的是,卡鲁瑟斯后来果真采纳并且捍卫了这个惊世骇俗的观点。④限于篇幅,我们无法详细评估这个回答在多大程度上是有效的。问题是,如果事实果真如此,虽然卡鲁瑟斯在内容融合问题上已经做到了全身而退,但与其说回答了问题,不如说他消解了问题本身。这样的话,作为整个回应策略中的第一步就是多此一举了。

如果莱斯和马舍瑞的质疑没错的话,如果内容融合问题仍然算得上是一个严肃的问题,卡鲁瑟斯还能给出别的修正式回应吗?考虑一下卡鲁瑟斯的模块定义,除了宽范围的封装性之外,他表示绝大多数模块都是领域特定性的,也就是说,模块只接收特定类型的信息输入。然而,卡鲁瑟斯既然承认有少许例外,

① P. Carruthers, "On Fodor-Fixation, Flexibility, and Human Uniqueness: A Reply to Cowie, Machery, and Wilson", *Mind and Language*, Vol. 23(3), 2008, pp. 293—303.

② E. Machery, "Massive Modularity and the Flexibility of Human Cognition", *Mind & Language*, Vol. 23, 2008, pp. 269—270.

③ 尽管莱斯也拿出证据否定了把语言能力看作是内容融合机制,但是他在那里针对的只是卡鲁瑟斯早先提出的一个强版本。莱斯亲笔承认,"然而令人遗憾的是,直接为弱版本的'语言作为内容融合器假设'拿出反驳的经验证据,在目前是非常困难的"。Cf. C. Rice, "Massive Modularity, Content Integration, and Language", *Philosophy of Science*, Vol. 78, 2011, p. 809.

④ Cf. P. Carruthers, "On Central Cognition", *Philosophical Studies*, Vol. 170(1), 2014, pp. 143—162.

例如负责形式逻辑演算的模块就是领域一般性的。那么,为何不去设定在概念系统中,存在着一个领域一般性的、用来加工已经融合了跨模块信念内容的专属模块呢(暂且称它为 X 模块)? 请注意,X 模块不同于莱斯提出的内容融合模块(在这里,语言能力仍然扮演了融合跨模块内容的实质性角色)。内容融合模块负责融合跨模块的信念(即满足第一步的要求),而 X 模块的任务却是对融合之后的那个信念内容——比如"我的哥哥是骗子"——进行后续加工(满足第二步的要求)。

遗憾的是,没有人能够确定增设这样一个领域一般性的 X 模块,会为我们在第二节看到的那幅认知架构流程图带来多大程度的修正,也许这样的修正对既有的图景是毁灭性的。更严重的后果在于,根据我们的约定,X 模块虽然表面上与形式逻辑模块一样都是领域一般性的,但是它的计算算法是不可追踪的,至少与形式逻辑模块有着重大差别。这样的话,回顾第二节介绍的卡鲁瑟斯模块概念,X 模块事实上不属于模块的范畴。即便硬说它是模块,X 模块在这种意义上的领域一般性,又将使之重新面临演化心理学家针对经验主义的"白板说"提出的一系列攻击。总而言之,保留卡鲁瑟斯回应策略中的第一步,并在第二步增设这样一个假想的 X 模块,它带来的混乱远远大于收益。

不得不承认,在内容融合问题上,我们面临的疑团和困难远远多于求解的可能,这些困难同样指向了演化心理学。演化心理学要采纳一种心灵本体论,它当然不可能是笛卡尔式的,考虑到普林兹的批评,如果不希望演化心理学作为一门科学在本体论的层面上太过薄弱,它也不应该是功能主义的。事实上,当前的演化心理学需要某种版本的海量模块论题构成它的理论支柱,这个理论支柱可以通过卡鲁瑟斯的模块定义避开计算主义框架问题。但是随之而来的内容融合问题,要么会在某些更深的层次上,把海量模块假设所刻画的认知架构拉到一个极端化的主张之中,从而消解内容融合问题本身;要么它将面临一个毁灭性的后退,从而取消了海量模块论题。也许我们可以像丘奇兰德那样,通过放弃基于官能心理学的表征主义这个基础理论一并撇开框架问题和内容融合问题,但是这个冒险对演化心理学本身也将构成不可预知的挑战。

第四节　海量模块与人脑特化演化的层级模型

一、告别心灵系统的二元观

从本章以上三节论述中,我们能够得到的结论和教训有三点:第一,人类的大脑和心灵很大程度上是演化的结果,温和的适应主义作为方法论和解释模型是演化心理学必须坚守而且能够坚守的基本原则。与此同时,经典的演化心理学亟须融合发育生物学、种系发生学和表观遗传学等生物学理论。第二,人类认知架构的海量模块论题可以从适应主义中推出,借助于动物心灵以及人工智能中的模块概念的类比推理,通过弱化福多模块的部分核心特征,演化心理学可以避开"框架问题"对中央认知不可模块化的挑战。第三,在认定前两个基本原则为真的前提下,对海量模块论题的重大挑战来自如何解释人类独具一格的心理灵活性特征,该难题集中体现在概念语义内容的可融合性方面。援引认知科学的成果来绘制一幅认知架构的流程图固然通向求解之路,但是由于整个讨论语境仍然局限在福多拟定的框架,心理模块的领域特定性要求似乎暗示了经典的演化心理学无法解释心灵的灵活性。

回想一下,我们对建构一种理想形态的演化心理学所提出三条指导原则。一是要求演化心理学能够解释"人之为人"的反常现象——即人类的心理灵活性;二是将相邻学科——尤其是生物学中的新理论——融入演化心理学的理论框架;三是在此基础上,从"人性科学"走向"人性学说"——解释人类何以从本来属性演化出本质属性的同时,为各种层面上的人类心理与行为的差异性、多样性和丰富性给出说明。结合以上三个结论和教训,很显然,演化心理学走向健全的关键要点,就是整合生物学新理论与经典演化心理学的两个支柱性理论(适应主义与海量模块论题),以此摆脱模块理论"领域特定性"与"领域一般性"的传统争论,从而以一种新的视角来说明人类的心理灵活性何以可能。

美国人类学家巴雷特和心理学家科兹班(H. C. Barrett & R. Kurzban) 2006年在《心理学评论》上发表了一篇文章,题为《认知中的模块性:塑造争论》,这为平息模块理论的"领域特定性"与"领域一般性"之争开启了空间。[1]他们试图抛

---

[1]　H. C. Barrett & R. Kurzban, "Modularity in Cognition: Framing the Debate", *Psychological Review*, 2006, Vol. 113, pp. 628—647.

弃现有的关于模块性的讨论框架,以求对模块性提供一套全新的界定。巴雷特和科兹班认为,二十多年来,这场争论没有取得实质性进步的根源在于争论的双方拘泥于福多的模块概念,例如上一节所展示的卡鲁瑟斯对认知架构的刻画,也不得不建立在对福多模块作出修正的基础之上。福多基本上是把心灵运行系统中的一小部分(知觉和语言等边缘系统)界定为模块,它们是(在信息通达方面)窄域的、没有灵活性的、自动运行或强制性的、信息封装的和先天性的认知装置。

但是这里有一个学术史上的根源,随着大家长时间盯着演化心理学与福多模块之间的密切关联,人们渐渐就把模块与"心理适应器"视为同义词。而巴雷特和科兹班相信,这个等同关系不成立,因为以自然选择为其根本的演化论并没有蕴涵,适应器就是窄域的、没有灵活性的、自动运行的、信息封装的或先天性的(在生来既有的意义上),而且自然选择理论也没有说过适应器不具有后天学习的能力。相反,根据适应主义理论,心灵中所有功能化构造的信息处理机制,无论是否具有福多列出的那些属性,都很有可能是由自然选择塑造而成的大脑系统。因此,我们应当把模块——或其他相等同的概念,例如用以指称演化而来的心理机制或心理适应器——界定为由自然选择而成的、能够广泛包含心理活动所有方面的结果。这就是巴雷特和科兹班要对这场争论进行重新塑造的目标。①在此意义上,他们重塑工作超越了以往的概念框架,削弱了过去争论中的**二元论形态**——也就是把心灵架构看作是由演化而来的作为适应器的"模块性"部分与"非模块性"部分联合构成的。

如果我们跳出演化心理学的讨论语境来看待有关心理模块的争论,就会发现所谓的领域特定性和领域一般性的区分,很大程度上附属于心理学和脑科学中长期存在着的对于如何理解心理功能**特化**(specialization)的议题。在心理学和脑科学中,除了知觉和运动处理机制之外的那些高阶认知处理,它们是否可被作为特化的结果,以及这个特化的过程如何实现,一直充满争议。这里所说的特化,是指一个生物系统内部出现任务分离的过程或结果。尽管现有的一些脑科学研究成果表明,成人的认知系统中存在着特化现象,但是大家对特化是由自然

---

① H. C. Barrett & R. Kurzban, "What are the Functions of System 2 Modules? A Reply to Chiappe and Gardner", *Theory and Psychology*, 2012, Vol. 22, No. 5, p. 684.

选择设计的还是出于一般性的发育结果仍然没有一致的答案。

心理学家和神经科学家普遍认为,大脑机制基本上分为两种范畴。换言之,心灵系统存在着二元论格局:特化的机制和目标通用机制。**特化的机制或系统 1** 常常与认知"模块"概念相联系,类似于福多-卡鲁瑟斯的模块定义,它被视为拥有一系列的属性,这些属性主要包括:先天性(即无论出现怎样的环境输入,不同的个体都有相似的发育结果)、领域特定性(被设计为执行特定的任务或处理特定的信息类型)、自动性(独立于包括意识在内的其他系统和处理机制,从而在不同的情境中产生同样的结果)等等。相对应地,**非模块的机制或系统 2** 不具备这些属性,它是领域一般性的、发育可塑的、能够与其他机制发生互动的。这种心灵的双重系统观,从经验证据上说,主要来自心理学家对知觉(尤其是视觉)模型与推理机制进行对比的结果。他们把特化仅仅等同于高度局域性的、(信息通达)窄域的和专门化的运行过程。目标通用的推理机制则被看作缺乏视觉模型中的这些属性。因此,发育可塑性、系统可互动性或对演化中的新鲜事物作出反应的能力,就视为某些脑区或心灵机制不能算作演化特化的证据了。而且,在对一个特定的生物学或心理学结果作出科学说明时,诸如可塑性或发育限制之类的近因要素,常常被当作除了自然选择之外的解释路径。

在以斯诺曼(S. A. Sloman)和斯坦诺维奇(K. Stanovich)为代表的一批心理学家看来,这种心灵系统的二元观可以有效地解释心理灵活性。[1]系统 1 可以通过生成一些机制,自动激发出相应的表征和反应,以此帮助我们迅速应对适应环境中的常见情况。系统 2 则能凌驾于由系统 1 所提供的自动的或强制性的计算机制之上,能够影响或终止系统 1 的运行。[2]结合上一节结尾部分的论述可以更好地阐明这个区分。"哥哥"和"骗子"这两个概念被视为是由系统 1 中的亲属侦测模块和欺骗侦测模块分别生成,若要获得并理解"骗子哥哥"这个经过了内容融合的新概念,在心灵双重系统论者看来,则需系统 2 的介入。卡鲁瑟斯试图在彻底的海量模块的理论框架中解决内容融合问题,就不得不设定一个领域一般性的 X 模块,但是这个 X 模块的"模块"概念若要在原有的理论意义上——

---

① Cf. S. A. Sloman, "The Empirical Case for Two Systems of Reasoning", *Psychological Bulletin*, 1996, Vol. 119, pp. 3—22.; K. Stanovich, *Who is Rational?*, Erlbaum, 1999.

② H. C. Barrett & R. Kurzban, "What are the Functions of System 2 Modules? A Reply to Chiappe and Gardner", *Theory and Psychology*, 2012, Vol. 22, p. 685.

即经卡鲁瑟斯修正后的准福多模块式的界定——说得过去，X 模块要么是悖论性的，要么应当倾向于把它归为与系统 1 具有本质区别的系统 2 的范畴。

巴雷特和科兹班为这个难题提供了一个解决方案。他们认为，把系统 1 看作模块而把系统 2 排除在外是错误的。即使系统 1 拥有系统 2 所缺乏的自动性或强制性，但是作为对功能系统 1 的信息处理有着执行功能的系统 2，只要在演化过程中因为它所产生的效应能够获得适应性的收益从而拥有了设计特征，它便是典型的生物适应器，在此意义上，系统 2 中的构件就可被当作模块——无论它有没有体现福多模块的那些特征。这类系统在生物学中很常见，例如涉及四肢和器官生长的遗传系统，其模块化的成型过程需要其他模块的介入。这类系统虽然表面上可被当作系统 2，但因为它们在过去的演化历程中有效地提高了适应性从而拥有演化来的功能或设计特征，这样一来，系统 2 与系统 1 没有实质性区别，或者说，领域一般性与领域特定性在对模块进行界定时的本质区分是不成立的。在此情形下，我们上一节设定的具有内容融合功能的 X 模块，其"模块"概念重新被赋予了区别于福多-卡鲁瑟斯模块的实质意义，即使我们现在不清楚 X 模块具体的工作方式，借助于巴雷特和科兹班的模块概念，这个设定至少也部分缓解了海量模块论题的合法性危机。

二、大脑架构的发育和演化

巴雷特反对心灵系统二元观的一个核心理由是说，如果大脑中的适应器就像四肢或器官那样的生物适应器，那么它们也很可能是异质性的和层级化的。异质性来自形式与功能的匹配：适应器有着不同的演化历史，不同的进程让它们可以做不同事情，所以应该会有各种各样的属性（而不是被分为两个相互区别的系统）。层级化的构造也是系统的特征，任何一个适应器都是从对旧有结构的改变衍生来的。既然新的结构从旧结构中演化而来，适应器就会既包含原始的旧特征也拥有衍生来的新特征。相对较旧的那些特征（例如神经元的一般属性）能被许多不同的有机体结构所分享，而相对较新的那些特征（例如脑区中特化的属性）则以层级化的构成形态，分布在特定的结构或机制当中。巴雷特表示，如果这种有关大脑适应器的说法能够成立，将会对心理模块之争的现状带来重大启发。[1]巴雷特为此刻画出了关于大脑演化的层级化的特化模型，展示了该

---

① H. C. Barrett, "A Hierarchical Model of the Evolution of Human Brain Specializations", *PNAS*, Vol. 109(Suppl. 1), pp. 10733—10734.

模型对心理学和社会科学中有关大脑适应器的一般性预设带来的巨大改观。在推进演化心理学走向健全化的过程中,鉴于从本章前三节的论述中得出的教诲,我们认为,要想在平息领域特定性与领域特定性之争的基础上解释人类的心理灵活性何以可能,巴雷特的这个模型是当前各种解决途径中的最佳选择。

我们先来看看巴雷特对大脑架构的发育和演化的论述。他认为,大脑的全都属性都是由发育和演化的力量共同塑造出的。如果说大脑中的确存在着适应器,它们很可能是在种系发生历史中由发育系统所建立的。在此过程中,通过外在输入(例如感知信息)、内在输入(例如脑区之内或脑区之间的互动)和基因调控机制三者之间的协调性作用,共同塑造出了包括计算特征(算法)在内的表型结构。基于这些表型结构,自然选择能对计算特征产生作用,而新的发育系统和发育机制通过改造旧有的系统和机制也得以演化出来。[①]通过以下四个维度的刻画,可以充分展示出大脑演化和发育的核心特征。

发育机制的类型结果与个例结果:由于自然选择对表型起作用,发育机制基于它所生成的表型结果而被选择出来。然而哺乳动物的大脑发育有可塑性,这意味着真实的表型结果也许会在不同的个体之间就某些维度而言有着实质性差异(但在其他一些方面会比较相似)。例如,一些哺乳动物和鸟类的大脑,或许可以发育出关于它们所在环境的认知地图的适应器,然而想必这些认知地图的真实内容,在每个生物个体那里是不同的。类似地,如果说人脑拥有学习语言的适应器,那么,那些发育而来的关于语言知识的表型内容会因人而异(例如,长在中国会说汉语,长在美国会说英语)。因此,从它生成的类型结果(type,例如认知地图、语言知识)来看,发育机制能够获得一种功能性的说明,尽管在个体的大脑中实例化的个例(token,例如汉语、英语),在表型的细节方面有所不同。发育机制所生成的类型结果与个例结果的区分,是大脑的常规规则而非特例。[②]

大脑中的应对规则:当生物个体被置于不同的环境中,可塑的发育系统可以生成不同的表型。基因型、环境和表型之间的映射函数被称为应对规则(图7.2)。由于人脑中包含各种不同的发育机制,因而有可能在不同的功能区域和机制中出现不同的应对规则。例如,运动皮层的应对规则部分地组建在诸

---

①② H. C. Barrett, "A Hierarchical Model of the Evolution of Human Brain Specializations", *PNAS*, Vol. 109(Suppl. 1), p. 10734.

如抓取和防御等协调运动的程序上,它与组建在周身的躯体感觉皮层有所不同。此外,基于接收到的输入类型不同(可以是外在的感知输入,也可以是内在的来自其他脑区的输入),脑组织也可以诱生出拥有不同的应对规则。由于应对规则是可遗传的发育机制的产物,而且该机制可以被自然选择所塑造,应对规则自身也能经由世代相承的改进而得以演化。因此,大脑特化的发育构成可被视为一组应对规则,而它的表型构成可被视为由应对规则生成的发育成型的神经结构。①

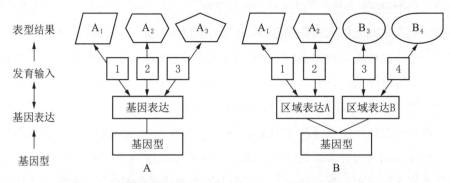

图 7.2　**A** 表达了一个应对规则可以描述基因型、发育输入和表型输出之间的映射关系;**B** 刻画了大脑区域可以展现出不同的应对规则,它们是作为基因表达差异模式的结果

　　个体发生学的调控与模块增生:在表型形态发育的一般性的例子中,大脑发育经过一个连续变异的过程可以会分化为逐渐增多的更加精密的部件,基于这些部件接收到的输入与局域激发的发育机制之间形成互动,它们的神经和计算属性是精密调控的。随着发育的继续,脑组织愈发开始专注于它所服务的特定功能,它的计算属性也逐渐被调控为专门执行那项功能。这个过程便是所谓的**模块化**。在模块化的过程中,至少两个因素发挥了作用:脑组织所接收到的输入(包括神经元放电)和发育程序(例如应对规则)作为输入功能对发育的塑造。这些发育程序包括对建立在输入基础之上的计算属性的精密调控机制,例如神经元信号传输的长时程增强(long-term potentiation)、神经突触修剪(pruning)和细胞间的信号传导(cell-cell signaling)等。或许它还包括在特定的发育环境中产生新模块的"模块增生"过程。例如,一个原本无差异化的脑区接收到两种异

---

① H. C. Barrett, "A Hierarchical Model of the Evolution of Human Brain Specializations", *PNAS*, Vol. 109(Suppl. 1), p. 10734.

质类型的输入,这会导致分化出两个新的模块,每个模块都将进一步地被调控为处理两个输入类型当中的一种。①

应对规则改进的继承:在大脑发育过程中,由于演化效果作用于大脑表型,大脑组织的发育属性也会出现演化改进。这个过程从发育系统的初始改变(例如出现基因突变)开始,在发育环境中继续变化。例如随着有机体环境的变化(包括社会环境),发育结果理论上说是大脑应对规则的一部分,但是这个结果很少生成或从不生成,在这种情况下,自然选择对发育属性所起的作用能够变得更强。比如说,如果一个过去不具有语言言说能力的物种开始演化出语言能力,此前无关语言的发育程序会逐渐被选择出来,这是因为这些程序对于语言的获得产生了效应,从而导致旧有适应器的改进。继承(descent with)这种应对规则的改进将会导致具有层级特征的特化模式(图7.3)。历经了世代演化,大脑特化继承了在新变化出现之前早已有之的原始设计特征。这意味着适应器通常是原始特征与新近特征的混合体,两种特征在促成适应器的功能时是相互作用的。原始特征依次能够享有分类单元内部以及分类单元之间的同源性特化特征。其结果就是,给定一类物种,比如说甲壳纲动物、昆虫或哺乳动物,它们的肢体形态共享了许多的设计特征和发育机制,每一种肢体类型所具有的不同的特化特征,都内嵌于这些共享的特化特征之中。在此意义上,肢体的特化具有层级结构,它

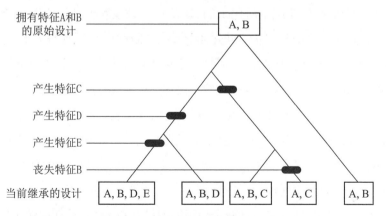

图7.3 原始设计(高位所示)的继承版本(低位所示),
展示出了原始特征与派生特征的混合特性

---

① H. C. Barrett, "A Hierarchical Model of the Evolution of Human Brain Specializations", *PNAS*, Vol. 109(Suppl. 1), p. 10734.

体现了发育机制的演化保守性,这意味着"新"特化很大程度上由重组或改进之后的"旧"设计特征组成的。大脑特化很可能也有此类特点。①

综合上述四个维度的说明,我们能够非常清楚地看到,如果大脑特化使得同一个适应器中同时包含一般性的和专门性的特征,这对于经典的演化心理学(以及心理学的其他分支)关于领域特定性和领域一般性的区分来说,实在是意蕴深远。我们认为,根据这些经验证据,巴雷特提供的大脑演化发育模型可以直接证明心灵系统的二元观是错误的。

三、新的大脑特化起源

有了这些说明,那么"新的"大脑特化又是怎样演化出来的呢? 如果衍生的(derived)大脑特化通过继承了原始特化的改进才能演化而来,如果这种历史过程在大脑机制的设计和构造上留下了痕迹,这对研究人类的大脑架构以及像语言和文化之类的"人之为人"的性状演化会有什么启发呢? 巴雷特从以下三个方面回答了这个问题。

各种类型的同源性:所谓同源性状(homologous traits)指的是从某个单一的原始性状中继承下来的性状,因此具有内嵌式的层级关联。这些关联是种系发生过程中留下的痕迹,体现出对性状改进的继承。人和其他脊椎动物复杂的大脑便是从简单的神经系统中演化来的,这是一个脑区和脑结构不断分化特化的过程,因而人类大脑中许多的(但并非全部)机制和发育程序体现出了同源关联。根据生成方式和生成时间的不同,同源性可以分为直系同源(orthology)和旁系同源(paralogy)。直系同源的序列因物种形成而被区分开:若一个基因原先存在于某个物种,而该物种分化为了两个物种,那么新物种中的基因是直系同源的。旁系同源的序列则由于基因复制而被区分开:若生物体中的某个基因被复制了,那么两个副本序列就是旁系同源的。直系同源的一对序列称为直系同源体,旁系同源的一对序列称为旁系同源体。若两个旁系同源基因的基因拷贝已经发生在物种形成之前,那么这两个旁系同源可互称为"前重复同源基因"(out-paralogs)。若在物种形成后某个直系同源基因才发生基因复制,则互称为"后重

---

① H. C. Barrett, "A Hierarchical Model of the Evolution of Human Brain Specializations", *PNAS*, Vol. 109(Suppl. 1), pp. 10734—10735.

复同源基因"(inparalogs)。直系同源体通常有相同或相似的功能,但对旁系同源体则不一定:由于缺乏原始的自然选择的力量,繁殖出的基因副本可以自由变异并获得新的功能。有机体的许多性状都是通过复制和分化中产生的,脑科学家认为,同样的原理也可以解释大脑新区域和新机制的起源。①

大脑中的复制与分化:关于新的大脑结构怎样经由复制和分化演化而来,有这样几种可能性。一是发育中的原始变化(例如由基因突变)复制出了一个既有的脑区,因此一个结构变成了两个。如果其中一个结构保持原有功能,另一个受自然选择的影响而发生改变,分化现象就出现了。复制也会改变两个结构的自然选择,通过类似于适应辐射(adaptive radiation)的加工,曾经作为单一的结构出现分离,这个过程能够推进功能分化。分化的另一种可能性无需原始变化的介入,只要环境发生重大改变就能产生出新的表型结果,该结果将受到自然选择的影响。例如由于环境中有了新的输入(比如人造工具或语言),模块增生的应对规就会把一个区域分为两个,从而为自然选择分别影响两个区域奠定基础。人类的脸部识别能力就是第二种分化类型的结果。基于同样的原理,我们也许能够表明,许多新出现的认知技能都体现了它与通用目标能力的同源性关联。②

演化反馈的作用:在演化历程中,大脑变化通过演化反馈能够引起进一步的演化改进。大脑某个部位的变化可以改进该部位与其他脑部之间的信息连接或信息处理,这就有可能改变自然选择作用域这些脑区的方式。脑部变化还会改变环境本身,它改变了作用于同一个脑区或是其他脑区的自然选择。新的环境属性也为后续的演化改进奠定基础,这也属于小生境建构。举例来说,大脑中的一个初始变化生成了更加复杂的交流能力——比如在原始语言中把简单的语词组建成复杂的表达——它能改变某个个体与另一个个体之间交流的可能性,当这些交流技能出现新的变数时,就会引发进一步的自然选择。演化反馈会导致大脑机制及其行为结果出现复杂性增强的失稳过程(runaway process),从而也能解释人类独特的文化传播能力。社会复杂性的不断增强使自然选择更青睐于演化出具有社会认知能力的大脑机制,包括推断他人内心信念的读心能力,以及

---

① H. C. Barrett, "A Hierarchical Model of the Evolution of Human Brain Specializations", *PNAS*, Vol. 109(Suppl. 1), pp. 10735—10736.

② Ibid., p. 10736.

增进与道德感相关的更强的社会合作意愿。所有这些案例都有演化反馈效应的参与,它可以在大脑机制之间(例如某个大脑机制的演化改进了其他机制的演化)以及大脑与世界之间(例如大脑变化改变了物种的环境,反之亦可成立)发生。①

以上三个方面可以用来解释语言读写能力的起源。我们知道,经典的演化心理学大致可以解释语言能力的产生和工作机制,但演化心理学家在说明人类的文字读写能力方面却显得捉襟见肘。②考虑到文字起源至今不过短短的数千年,读写能力甚至还不在演化适应环境所能解释的时间范围之内。巴雷特的大脑演化发育模型却能对这个难题给出基本说明。跨学科的科学研究表明,在不同语言群落中的不同个体那里,人类大脑视觉皮层中的梭状回的左侧区域显示出负责处理文字的读写,它被称为视觉文字形式区(VWFA)。那么,按照巴雷特的论述,把这个区域描述为具有文字识别能力的**特化**意味着什么呢?

由于出现的时间很短,它当然不能作为专门被自然选择而来的适应器,VWFA 更有可能是关于语词识别的个体发育的特化,由于导致相关技能的增强才出现的。该脑区的发育与更一般的知觉能力的发育有相似性。但是从中不能推断说,VWFA 所在脑区的发育在演化上是目标通用的,也不是说 VWFA 能在大脑的任何部位发育出来。相反,VWFA 发育的位置在不同的个体中都很相似,位于例如面孔识别等其他专门化的对象识别技能(object recognition ability)发育的区域。这些事实与大脑层级特化的理论相吻合:虽然这是演化上的新事物,但是语词识别是大脑机制的某个演化特化类型(类型特定的对象识别模块)所产生的个例结果。当一个人频繁接触书面语言时,类型特定的对象识别模块对文字对象就会变得敏感,书写文字最终可以激活特化发育系统的应对规则。有趣的是,一些证据表明,文字语言自身作为一种文化,也能演化为满足对象识别系统的输入条件。最近一项研究发现,全世界各种不同类型的书写文字,其字母与字母(或字与字)之间的连接类型的分布非常相似,这表明文化演化青睐于让我们的对象识别系统以一种容易处理的方式应对这些输入,这个事实可被视为演

---

① H. C. Barrett, "A Hierarchical Model of the Evolution of Human Brain Specializations", *PNAS*, Vol. 109(Suppl. 1), pp. 10736—10737.

② Cf. S. Pinker, *The Language Instinct: How the Mind Creates Language*, William Morrow and Company, 1994.

化反馈作用的一个案例。①

四、人类认知的独特性

有了大脑特化演化的层级模型,现在我们需要追问的是,它对演化心理学有什么启示? 首先,我们知道,解释人类心理区别于动物(包括猿类)的独特性,堪称心理学的"圣杯",这一目标也是演化心理学的终极追求之一。既然人类从动物——尤其是猿类——中演化而来是一个没有太多争议的事实,这意味着我们的独特性不过是继承了猿类祖先的大脑机制,有区别的只是这个继承过程中出现了一些变化。这些变化包括:碱基序列的修改,调控机制的变化(它塑造了基因在发育过程中的表达方式),以及人类发育中的物理环境和文化环境的重大变化。生物学家的研究已经表明,类人猿的脑容量已经达到 300 到 400 毫升,并且拥有大而复杂的大脑皮层,作为社会性的动物,它们也很可能具有社会学习能力、社会性智能以及某种程度的读心能力等相对复杂的认知特征。尽管我们和类人猿共享了这些技能形态,但在人类世系中,这些能力发展得更加精致成熟,同时我们还有许多猿类所缺乏的全新的能力。例如人类拥有具备复杂语法的口头语言能力和任意的符号-意义映射能力;我们居住在更加庞大的更加复杂的社会群体中并与他人相互合作,并且是地球上唯一能够生成"棘轮效应"或累积性文化变革的物种,从而能够制造一代比一代更加复杂多样的文化产物。也许得益于能够敏锐地捕捉他人的意图或心理状态,我们比猿类有着更加高效快速的社会学习能力。除此之外,我们有着更为精密的运动能力,可以更好地执行神经控制,可以体现出对行为选择的缜密权衡。脑容量的增大与人类生活方式的改变是一个协同演化的过程,它能使大脑和行为出现多样化的重大改变。②

如果本节展示的大脑特化演化的层级模型是正确的话,它将对心理学中关于大脑特化本质的认识,特别是演化心理学讨论语境中如何看待领域特殊性与领域一般性机制之间的张力,产生非常重要的启发。从生物学的观点看,使得大脑结构的某个方面成为一个适应器,关键只在看它曾经是否被自然选择,而不在于它是否拥有一系列特定的特征(包括渠限化、有限的信息通达、机制运行的强

---

① H. C. Barrett, "A Hierarchical Model of the Evolution of Human Brain Specializations", *PNAS*, June 26, 2012, Vol. 109(Suppl. 1), p. 10737.

② Ibid., p. 10738.

制性以及与其他系统的隔离性等等）。如果巴雷特给出的模型是正确的，那么大脑系统的一些神经网络和运行机制，与其他系统之间的差异可以是很小的，并且高度可塑的，其发育过程可以建立在人类特有的环境因素基础之上——即使如此，它们或许仍是自然选择的结果。这样一来，人脑适应器的发育经验痕迹，就与过去的"模块"定义大相径庭了。举例来说，体现在个体、环境和文化上的发育结果的差异，可被视为大脑适应器的正常结果，但在许多心理学家看来，这些差异成了他们反对作为适应器的证据。比如说全世界有各种各样不同的语言，尽管这些语言形态在许多方面大相径庭，它们仍然是语言适应器在发育过程中产生差异的结果。换言之，语言形态的多样性和差异性并不能作为否定语言适应器存在的证据。又比如说，如果大脑特化演化从一个既有的结构中生成了许多不同的认知机制，我们就能把这些认知机制视为模块。在过去，"基因匮乏论证"是指没有足够基因差异来解释人类与大猩猩之间的大脑差异，它常常用来反驳人类大脑存在着许多新的特化机制。然而参照巴雷特的这个模型，该论证就显得无力了。也许我们无需要求这些机制本身都是适应器，但是作为适应器的发育结果，特化机制的确可以作为模块而得以确认。①

最后，通过本节论述我们看到，**大脑特化演化的层级模型**对于推进演化心理学的基础理论是一个利好消息，它有以下六个方面的重大启示。

第一，一些演化心理学的反对者相信，人类认知架构中既存在着一般性的（目标通用的）认知机制，也存在许多功能专属的特化模块，但是前者比后者更重要，因为它们是心理灵活性的根源。巴雷特提供的理论模型表示，演化与大脑发育的互动过程使得大脑产生劳动分工，它能针对不同的问题形成不同的计算方式，从而增生出特化的脑区，这就以模块论的方式解释了心理灵活性。

第二，正如上一节所说的那样，从福多开始，无论是支持还是反对演化心理学，人们在心理模块的界定问题上产生的分歧，无不聚焦于如何取舍福多所列出的模块的九个特征，其背后的理由是把心理模块等同于适应器。但根据该模型可以推断，心理模块并不等同于心理适应器，是否满足福多模块的特征不是心理模块的必要条件。

① H. C. Barrett, "A Hierarchical Model of the Evolution of Human Brain Specializations", *PNAS*, June 26, 2012, Vol. 109(Suppl. 1), p. 10739.

第三,不能割裂地看待作为近因的发育过程与作为远因的自然选择。发育中的脑区之间存在着历时性的和空间性的互动关联,这种互动关联的改变,是发育结果得以自然选择的重要方式。

第四,领域特定性与领域一般性并不是一个实质性的区分。任何一个脑神经结构都会在某些条件激活的情况下发育演化为多个不同的(领域特定性的)特化结构;任何特化的发育结果都会在一些方面或多或少地带有原始的(领域一般性的)发育演化痕迹特征。

第五,从本体论上来说,一个特化的认知机制(心理模块)随附于(supervene on)或实现在(realized by)特定的脑神经结构上,虽然可以用抽象的功能语汇来刻画心理模块,然而它们作为有机体发育演化的结果,是世界中真实存在的构件(entities)。

第六,大脑特化演化的层级模型并没有推翻经典演化心理学范式基础的两大支柱理论——适应主义和海量模块论题,也没有否证从适应主义到海量模块论题的可推断性。相反,通过综合了发育生物学、遗传学、脑神经科学、古生物学、文化演化论和基因-文化协同演化理论,该模型丰富拓展了演化心理学现有的方法论,为演化心理学在圣芭芭拉学派奠定的基础上趋于完善搭建了理想平台。

总结起来,这一章里,我们完成了两项重要工作。一是通过反驳和澄清了一系列批评意见,论证了演化心理学的两个支柱理论——适应主义和海量模块论题——完全能够成立;二是通过阐释了巴雷特提供的人脑特化演化的层级模型,把圣芭芭拉学派容易忽视的生物学因素——例如大脑发育机制、种系发生学、文化-基因协调演化、脑神经元重组——融入到演化心理学的理论框架之中。以内容融合问题为例,该模型能对作为"反常现象"的人类心理灵活性开启解释空间。根据第六章阐明的要求,接下来我们需要做的,就是在此基础上,力图将演化心理学从现有的"人性科学"提升为"人性学说",要实现这个目标,关键之处就是对人类何以从"本来属性"演化出"本质属性"提供科学说明和哲学评估。

接下来的两章,我们将会通过几个不同的议题显示,由于思考"人性学说"不可避免地会涉及思考自身的意识经验,因而在开启这类研究时,"后台运行"的现象概念又将在其中的一些问题上引发解释空缺,从而最终将我们带入到态度二元论的道路上去。

第八章
理性的限度：认知、信念与行动

第一节　何以为人：认知理性的演化

一、从"人性科学"走向"人性学说"

经典的演化心理学对"人性"的关注，主要是人作为类存在物具有的共同属性，在此意义上我们称之为"人性的科学"。相反，人的"本质属性"是人与其他动物物种相互区别的根本，它最终刻画了"人之为人"的判决性特征。

先秦时期的儒家要为修复"礼崩乐坏"的社会秩序提供合法性的理由，这就有了"人禽之辨"的议题。《晏子春秋·内篇谏上二》有言："凡人之所以贵于禽兽者，以有礼也。"但是礼仪教化和人伦秩序毕竟只是表象，我们完全可以设想训练有素的宠物狗，可以像人类一样"有礼"，因此在孟子看来，"人之所以异于禽兽者几希，庶民去之，君子存之。舜明于庶物，察于人伦，由仁义行，非行仁义也"①。人与禽兽的根本区别在于人的礼仪人伦出自"仁义"的先天道德能力，而且这样的先天道德能力需要不断训练，不断修己进德，所以"庶民去之，君子存之"。

异曲同工的是，亚里士多德在《政治学》中说道："城邦出于自然的演化，而人类自然是趋向于城邦生活的动物（人类在本性上，也正是一个政治动物）。"②对当时的希腊人来说，政治是城邦共同体成员对公共事务的共同决定，而城邦共同体成员有着特殊的指向，它专指区别于奴隶、妇女和异邦人的公民。以最高善

---

① 《孟子·离娄下》。
② 亚里士多德：《政治学》，商务印书馆，1965 年，第 7 页。

业为目的的希腊城邦,不仅是通过公共权力机关的活动起着维持社会秩序的作用,更重要的是创造和保障公民过上既富有高尚道德又能充分满足物质需要的良善生活。①依马克思和萨特之见,并没有什么不变的人性,人的生存永远是向各种可能性开放的。马克思说:"人的本质并不是单个人所固有的抽象物。在其现实性上,它是一切社会关系的总和。"②也就是说,有什么样的社会关系就有什么样的人。萨特认为存在先于本质,人是自由的,人总是面临选择,每个人的本质不过就是他一生选择创造的总和。这两位哲学家强调了人性的不确定性,它需要被置于个人与社会之间相互作用的情境中才能得以理解。③

　　类似的"人性学说"还有很多,逐一例举并非当下要务。然而,把"仁义"、"政治"或"抽象的社会关系"作为"人之为人"的本质属性,与其说是基于宏观观察的客观描述,这些人性学说更是指向一种高阶的规范性的实践要求。采纳一种特定的人性学说,很多情况下意味着主张一种特定的道德哲学,从而在元规范的层面上设定人类行事的准则。与之相对的是,现代生物学、人类学和心理学视域中对人类本性的科学实证研究,是在"人类学差异"(anthropological difference)的层面上来谈论的,它力求寻找某些遗传学的证据或独特的认知机制来区分人与其他动物物种,却不具有这种实践意义维度上的关切。这便是我们在人性话题上区分出的"人性科学"与"人性学说"的划分标准。现在的问题是,演化心理学从其广义的学科分类上而言是作为一门实证科学,因此我们不能任意地从非科学理由出发,把某种具有实践意义蕴含的属性归属给人类物种,那么,将演化心理学从"人性科学"向"人性学说"提升的依据何在呢?

　　为了寻找这个依据,一个便捷有效的办法,就是参考科学家和当代自然主义哲学家在说明人类学差异问题上为我们提供的诸多选项。这个名单包括:语言能力(平克)④、意识(丹尼特)⑤、意向性或概念把握(纽文和巴特斯)⑥、作为读

　　① 参见仲长城:《从自然人性到"政治动物"——解读亚里士多德"人是天生的政治动物"》,《四川大学学报(哲学社会科学版)》2009 年第 4 期,第 35—40 页。

　　② 马克思:《马克思恩格斯选集》(第一卷),人民出版社,1972 年,第 18 页。

　　③ 参见卢风:《人之所以异于禽兽者》,《哲学分析》2010 年第 2 期,第 165 页。

　　④ Cf. S. Pinker, *The Language Instinct*: *How the Mind Creates Language*, Penguin Group, 1994.

　　⑤ Cf. D. Dennett, "Animal Consciousness: What Matters and Why", in D. C. Dennett(ed.), *Brainchildren*, *Essays on Designing Minds*, MIT Press, 1998, pp. 337—350.

　　⑥ Cf. A. Newen & A. Bartels, "Animal Minds and the Possession of Concepts", *Philosophical Psychology*, 2007, Vol. 20, pp. 283—308.

心能力的心理理论、共享意图性和联合注意（托马赛洛等）①、推理（reasoning）和理性（rationality）（帕品纽）②。或许其中的每一项都是最基本的，或者说不可进一步被还原的，并且也许每项特征都有其内在的规范性标准（比如说，语言具有规范性的句法结构，意识拥有自我表征能力，意向性则要求把心灵所把握的对象变成隐存的"内在对象"）。基于该名单中的某一项或某几项特征，人类实现了具有棘轮效应的文化变革，从而创造了异于其他物种的文明和文化。然而另一方面，如果我们长期浸淫于达尔文式的生物演化观念之中，直觉上会认为，尽管每个物种都有其独特的属性（猪有猪的独特性，狗有狗的独特性），但是人类与其他动物物种在演化谱系树上是延续的，所以这里所谓的"人类学差异"终究不是实质性的。

为了放下这个直觉，我们需要从这个名单中筛选出人类个体最大化地区别于其他动物个体的独特属性，它构成了创造人类文明不可或缺的必要条件。严格来说，这个遴选工作需要在掌握足够的经验证据的基础上展开比较，但是另一个直觉告诉我们，尽管语言、意识、意向性、读心能力、社会认知能力等特征在解释人类文化变革中都有着极其重要的地位，然而联想到我们竟然可以做到登月或建立空间站这些了不起的事，人类毫无疑问地在推理和解决问题的能力方面大大超出了其他动物的水准。至少，你可以恰当地怀疑语言或许并非人类所独有的，③但是你肯定不会相信黑猩猩能够拥有制造原子弹或发射登月飞船那种级别的推理和理性能力。诚然，这里所说的"理性"专指理论理性（theoretical rationality），即我们能在各种不同的问题上形成高度精确的、以真（truth）为导向的信念，而像康德、费希特和黑格尔等德国古典哲学家的哲学旨趣更强调实践理性（practical rationality），即人类能够知道在特定情形下如何行动才算正当作出判断。暂且不说理论理性与实践理性可以通过某个中介来实现相互沟通，④我们的立场尽管有别于唯科学主义，但在这个伪科学和各路"大师"大行其道的时

---

① Cf. M. Tomasello, *The Cultural Origins of Human Cognition*, Harvard University Press, 1999.

② Cf. D. Papineau, *The Roots of Reason*, Oxford University Press, 2006.

③ 参见英国广播公司（BBC）的一项报道："Is Language Unique to Humans?", 17 October 2012, http://www.bbc.com/future/story/20121016-is-language-unique-to-humans。

④ 比如一些学者表示，在康德那里，反思的判断力扮演了理论理性与实践理性的中介角色。参见李婉莉：《理论理性与实践理性的中介——论判断力在康德哲学中的地位和作用》，《济南大学学报（哲学社会科学版）》2006年第4期，第26—31页。

代，将理论理性界定为"人之为人"的标志性特征是有意义的。

二、非理性的人？

在我们正式讨论人类的推理能力和理论理性之前，有必要在相关问题上，对传统观念和演化心理学观念之间争论做一个简单介绍。首先，以往大多数心理学家和我们一样，仅凭日常观察和直觉就认识到，人的推理方式是我们这个物种所独有的，它构成了我们区别于其他动物的本质特征。人们相信，人类的推理方式能够满足理性（rationality）的标准，它是以真为导向的、符合逻辑和概率论的法则，这些法则能够独立于特定的推理内容。根据推理的形式化特征，我们可以把已有的知识转化用来处理新情况、新问题。正是考虑到这一点，以往的心理学家普遍认为推理是领域一般性的认知能力，它是不能被模块化的，从而自认为能对人类心理和行为的灵活性作出满意的解释。相比之下，尽管其他动物在各自擅长的不同方面表现出很好的解题能力，它们的推理方式（如果称其为推理的话）却与人类差距甚大，即使最聪明的动物，似乎也不能把在一个新问题中找到的题解办法运用在处理有着相同结构的另一个问题上。因而大多数心理学家相信，动物的"推理"方式，在领域和内容上是特定的，它们不由逻辑和概率论法则所掌控。有鉴于如此鲜明的对比，推理能力被认为能够用来解释人类文明或具有棘轮效应的文化变革是何以可能的。①

很显然，如果把人类的推理能力视为我们与动物的标志性区别，至少会在表面上威胁到演化心理学的海量模块论题。一个容易想到的处理方式，就是表明人类的推理能力或许并没有以往想象的那么出色。为了凸显这一点，大家不妨看看以下三个著名的智力测试题：

（1）林小姐本科毕业于复旦大学，读的是政治学、经济学与哲学专业（PPE）。平时喜欢看《三联生活周刊》和《经济学人》。文化偶像是波伏娃和李银河。远足、打网球和看话剧是她度过周末时光的主要方式。大学暑假在贵州参加过"关爱留守妇女"志愿组。结合这些信息，以下哪个更有可

---

① T. Starzak, "Papineau's Theoretical Rationality and the Anthropological Difference", *Philosophia*, 2012, Vol. 40, pp. 474—475.

能?(A)林小姐是银行出纳;(B)林小姐是银行出纳和女权主义者。

(2)你担心自己患上了一种罕见的癌症(它在像你这样的人群中的发病率是1%)。现在你可以去做一个检查,要是结果呈现阳性,意味着你得了这种病。但在检测出的阳性结果中,据统计有10%的是假阳性(意味着没有得病)。你去做了检查,结果是阳性。现在请问:你患上这种癌症的概率是多少?(A)90%(B)9%(C)50%(D)89%

(3)有一组纸牌,一面写着字母,一面写着数字。以下四张纸牌展示的是它们其中的一面。现在根据"每个元音字母的背后都是偶数"这个规则,请你判断应该翻开哪几张纸牌,以求检验它们是否符合这个规则:[t] [4] [3] [e]

许多实验数据表明,大多数人在解答这些问题时表现相当糟糕,只有很少数的测试者能够给出正确答案。第一题的答案是A,因为一个合取命题不会比它其中的一个合取项更有可能为真。第二题的答案是B,因为需要考虑到1%这个基础概率。第三题是我们曾经提到过的华生选择任务,正确答案是翻开[3]和[e],这是由"如果元音字母,那么偶数"的逻辑蕴涵式真值表的规则来决定的。①有鉴于大多数人的糟糕表现,一些心理学家认为人类终究不是理性的,否则不会犯下如此低级的逻辑错误。②进一步的研究表明,我们的推理过程非常容易受到许多认知偏差的影响。这些研究似乎破除了我们关于人类推理能力的传统理解,至少这些测试结果显示了人类或许没能达到原先所想象的那种理性标准。当然,一些演化心理学家并不希望从中得出过于极端的结论,他们解释说,人类的推理能力事实上还是很成功的,只不过受到其他认知系统的影响而会产生一些偏差。这些心理学的发现不能否认人类是理性的,它们否认的只是我们的推理方式并不像以往所想象的那样。具体来说,以往的心理学传统相信,心灵

---

① D. Papineau, "The Evolution of Knowledge", in D. Papineau(ed.), *The Roots of Reason*, Oxford University Press, 2007, pp. 42—43.

② Cf. A. Tversky & D. Kahneman, "Extension Versus Intuitive Reasoning: The Conjunction Fallacy in Probability Judgment", *Psychological Review*, 1983, Vol. 90, pp. 293—315.

是一台形式化的计算机，它的输入-输出关系反映了逻辑和概率论法则。然而演化心理学家可以不承认这一点，他们所主张的海量模块论题表示，我们的心灵是由许多各种各样的认知模块构成的，通过运用"短平快"（quick and dirty）的算法规则来处理专门的问题。既然如此，如果你指望这套认知系统能在原有的演化环境中运行良好，那么你也应当理解，在那些与演化环境大相径庭的智力测试情境下，我们的认知系统理所当然地会出现一些错误。①换言之，海量模块论题对上述测试结果的解释由两点构成：第一，不存在领域一般性的形式化（完全符合逻辑和概率论规则的）推理系统；第二，我们的解题表现反映了认知系统（在测试情境中）适应不良。

帕品纽指出，即使这种说法没错，为了更好地理解人类的推理能力和理论理性，还需要回答两个问题。一是"评估问题"：我们将一些判断或推理评估为理性的，又将另一些判断或推理评估为非理性的，这种评估的规范性标准是什么？二是"解释问题"：如果我们的推理能力很容易受到认知系统偏差的影响，却又能在许多现代化的人类创制中表现出高度的精准性，那么对认知本能局限性的这种超越是如何实现的呢？换言之，如果我们如此愚钝，我们何以竟能把人类送上月球？②

对于评估问题，科恩（L. J. Cohen）曾有一个讨巧的回应。他表示要在理智的能力（competence）和表现（performance）之间作出区分。事实上我们的推理能力是符合理性标准的，只是在解题时受到一些外在原因影响导致表现不佳而已。这好比父母问及小孩数学考试成绩不好的原因时，小孩会说，那些题目我本来是能答对的，只是头一天睡眠不好，有点小感冒，而且考场附近的工地吵得让我没法集中注意力。在科亨看来，如果区分了能力和表现，推理时的表现不佳就不是实质性的了。帕品纽认为即使这个区分有一定道理，它也不能掩盖存在着客观的理性标准这个事实。可以设想，人类的理性能力确实如同上述测试所反映的那样，我们就能因此采纳一个不同的理性标准了吗？换言之，如果我们的确是因为能力问题（而不是表现不好）导致在第一个测试中选择了（B），这能意味着说

---

① T. Starzak, "Papineau's Theoretical Rationality and the Anthropological Difference", *Philosophia*, 2012, Vol. 40, p. 476.

② D. Papineau, "The Evolution of Knowledge", in D. Papineau(ed.), *The Roots of Reason*, Oxford University Press, 2007, pp. 43—44.

判断整个合取命题比其中某个合取项更有可能为真是理性的吗？既然答案是否定的,存在着一个客观的理性标准,那么最好的解释只能是说,我们的理性能力是有问题的。因此评估问题仍然是一个值得严肃思考的话题。于是现在就要问,什么样的推理方式才算是理性的呢——哪怕这种推理方式对大多数人来说都是不自然的?①

帕品纽提供一个简单直接的回答:所谓理性的推理方式,就是能够得出真信念。在测试实验中,大多数人的推理之所以是不理性的,根据这个断定,是因为他们得出了错误的信念。这个回答与当代认识论中的可靠主义策略有关。这里所谓的"可靠"指的是"真信念的可靠来源",而认识论中的可靠主义论证了"知识"的观念最好应当被理解为"从一些可靠的方法获得真信念"。尽管可靠主义的可靠性本身在当代认识论的讨论中存有争议,但是帕品纽只是想说,如果我们采纳可靠主义策略,就会很容易回答测试实验中人们表现得不那么理性的评估问题和解释问题了。②

本节讨论的理性指的是理论理性,结合上述说明,理性等同于可靠地求真(reliability-for-truth)。然而一个显而易见的事实是,从一个更宽泛的(非认识论的)后果主义视域上来看,在生活实践过程中,获得真信念并不是人类心灵装置唯一试图达到的结果,甚至有可能也不是最重要的结果。从基因之眼来看,维系我们的生存所需并且繁育更多的子孙后代,才是人类的生物学目标。从日常体察来讲,当爱美心切的妻子问你"我变胖了吗",如果实事求是回答"你胖了很多",或许会引发一些不愉快。而一个人若以同样的求真态度生活在一个纳粹式的极权国家,那么这对他来说可能是灾难性的。更多的时候,我们的思维运行符合"短平快"的要求,通过相信权威,或是沿袭前人经验的方式来形成各种信念或处理日常事务。我们的思维并不全然是以真为导向的事实,部分地解释了面对大量的科学证据,为什么还有许多人相信上帝存在或中医比西医更有效。

然而这些事实并不足以否认我们的思维方式具有来源可靠的求真之维度,它们最多只能表明,可靠地追求真信念不是人类形成信念的唯一重要的结果。为了作出区分,帕品纽进一步地把作为理论理性"可靠地追求真信念"叫做认知

---

① D. Papineau, "The Evolution of Knowledge", in D. Papineau(ed.), *The Roots of Reason*, Oxford University Press, 2007, pp. 44—45.

② Ibid., pp. 46—48.

理性(epistemic rationality)，与此同时人类还有许多广义上的(理论)理性，例如追求对问题的快捷处理，追求符合传统的思考等等。①但是广义理性的存在与认知理性不冲突。如果你的邻居花费一周时间清点他家后院有多少根小草，你可以在广义理性意义上说他的做法是"不理性的"，但是你无法否认在认知理性的意义上，他能获得关于小草数量的真信念。基于这个区分，我们应当承认帕品纽对评估问题给出了一个恰当的回答。在接下来的讨论中，我们将在认知理性的意义上使用"理性"这个概念。

三、理性何以可能？

通过上述两个小节的问题阐释和概念澄清，在帕品纽这里，人类学差异的**解释问题**可以精确化到如下表述：人类何以能够通过来源可靠的方式追求真信念，并且它是唯独人类才能拥有的能力？

一个直截了当地回答是，人类理性由两项不同的能力共同构成：第一，人类能够把确认真当作目的(identify the end of truth)；第二，人类拥有一般性的手段-目的推理(general means-end reasoning)能力。②正是这两项能力构成了"人之为人"的"人性的超越"。不过从中可见，这里所谓的超越(transcendence)，不作康德意义上的超越论的(transcendental)或超验的(transcendent)之解，它仅仅意味着在生物学的层面上，人类拥有摆脱"短平快"的先天内在认知机制(经典演化心理学意义上的模块)局限性的能力。首先来看第一项能力。

若从生物演化的视角看，要在石器时代的原始人那里演化形成出"真"这个观念似乎不大可能。另一方面，如果人类祖先真能演化出"真"之观念，他们也就很容易找到如何达到真之目标的途径，第二项能力因此就不是必需的了。不过帕品纽表示，人类祖先无需演化出拥有确切的"真"观念，因为有大量的心理学证据表明，"真"观念从属于"读心"(mind-reading)的范畴，而且读心能力是心理学界较为公认的人类特有的认知机制。所谓读心，指的是人类能够将各种不同的心理状态归属给他人，并且以此预测和解释他人行为的能力。比如说，诸葛亮相信关羽想让曹操离开华容道。在这里，考虑到曹操与关羽的交情，诸葛亮把

---

① D. Papineau, "The Evolution of Knowledge", in D. Papineau(ed.), *The Roots of Reason*, Oxford University Press, 2007, pp. 49—53.

② Ibid., p. 61.

"想让曹操离开华容道"这个信念归属给了关羽,结合"亮夜观乾象,操贼未合身亡"之事,于是就能解释为什么诸葛亮会派关羽镇守华容道。当代英美心灵哲学关于如何分析读心能力争论颇多,存在着"理论论"(theory-theory)和"模拟论"(simulation theory)两大解释进路。前者认为,正常成人都能掌握一套"心理理论",它使得人们能对信念、欲求和其他常见的心理状态作出推理,并且这种认知能力是建立在有着基因基础的心理模块之上的。后者认为,理解他人的心理内容,不是由特定的心理模块赋予我们的能力,而是在人类个体发育学习的过程中,通过"将心比心"地模拟别人的想法和行为形成的,因此读心能力属于一般性的学习能力。无论如何,尽管作为演化心理学的支持者,我们倾向于前一个说法,但是两派之争何者有理,并不是现在要关心的话题。我们只需认识到读心能力与"真"观念的联系即可。①这个联系能够反映在著名的"错误信念任务"心理学测试上,若能通过测试,意味着把握了"真"的观念。在测试中,实验人员问受试者这样一个问题:"小红把糖果放在篮子里,当她离开房间出门玩耍时,她的妈妈把篮子里的糖果放进了抽屉。现在小红刚刚回到房间,她会到哪里找糖果,篮子还是抽屉?"如果受试具有完善的心理理解能力,他会回答说小红将去篮子里找糖果,尽管糖果实际上是在抽屉里。这表明受试知道,小红的行动是由小红关于世界的信念(而非世界事实本身)所驱动的,并且小红对世界的信念表征,可以与世界的事实不一致。大量实验数据表明,3 到 4 岁左右的儿童能够通过测试从而能够理解他人之心,这个年龄段以下的儿童,以及几乎所有其他动物,都不具有读心能力。②一旦人们能够通过错误信念任务测试,就会不容分辩地区分出为真的信念和为假的信念,他们会去想,"小红相信糖果在篮子里,而事实并非如此"。这就足以使人能够把对真信念的确认作为推理目标,继而促成人们开始寻找获得真信念的途径。从而进入到第二个步骤,即手段-目的推理能力。

人们每天都在运用手段-目的推理行事,从各种可能的的行动中选择一个达成

① D. Papineau, "The Evolution of Knowledge", in D. Papineau(ed.), *The Roots of Reason*, Oxford University Press, 2007, pp. 62—63.

② Cf. B. H. Wimmer & J. Perner, "Beliefs about Beliefs: Representation and Constraining Function of Wrong Beliefs in Young Children's Understanding of Deception", *Cognition*, 1983, Vol. 13, pp. 103—128. 但是近年来关于动物能否读心,有一些新的答案,参见 Kristin Andrews, *The Animal Mind*, Routledge, 2020, Chap. 7。

目的的最佳方式,这是显而易见的事实。比如说,因写作所需,我想尽快拿到牛津大学出版社刚出版不久的一本新书。由于新出不久,国内的图书馆和书店尚未到货,于是我想以在线支付的方式直接从亚马逊国际网站购买。但是考虑到从美国邮递过来用时较长而且容易丢失,而我当下急需参考此书,网购不是个好办法。不过我有一个好朋友在纽约读哲学博士,他马上要回国,我相信他能很快买到这本书。我给他发了消息,他告诉我手头就有电子版,并且即刻就用电子邮件把这本书的电子版发给了我。这是一个非常典型的手段-目的推理事例。在这个推理中,我们考虑了各种行动方案的结果,从中选择了实现目标的最佳方式。①大家对这种推理方式的运用已是炉火纯青,但是,我们能说这种推理方式是人类独有的吗?动物行为研究者早就发现,黑猩猩为了摘下吊在天花板上的香蕉,它们会把屋子里的几只箱子叠在一起爬上去取。有区别的只是我们对手段-目的推理方式运用得更加熟练,既然我们已将问题限定在演化生物学的范畴中来谈论了,难道不能说动物也具备这项能力吗?

帕品纽认为,情况不是人们想象的那么简单。手段-目的推理,从广义上讲,即使作为不完善的能力形式,也可以抽象地区分出逐步趋向成熟化的四个层级。在此之前有一个最简单的层级,他称之为**层级 0,**满足该层级的有机体被称为**"单调体"**(Monotomata),单调体完全没有任何手段-目的推理能力,它唯一的活动就是:**一直做同样的事情 R**。这类有机体通常是细菌或病毒,它随机游移,盲目地开启闭合它的"嘴巴"摄入养分维系生命。接下来以同样的方式简单刻画"前手段-目的推理"的四个级别。②

层级 1:"机会主义者"——如果 C,做 R。这个层级的动物只在直接条件(信息)C 出现时做出行为 R。比如说,"机会主义者"在发现有食物的时候就会张嘴摄食,我们可以说行为 R 是对条件敏感而为之所塑造的。青蛙捕捉飞行的小虫(或移动的小黑点)行为属于这个层次。③

层级 2:"需求者"——如果 C 并且 D,做 R。在此层次上,动物的行为不仅对当下的条件 C 敏感,并且也对当下需求 D 敏感。例如有一些捕食昆虫的动物,与青蛙不同,除非它们"登记"(register)了饥饿的需求(或体内养分不足),否

① Cf. D. Papineau, "The Evolution of Means-End Reasoning", in D. Papineau(ed.), *The Roots of Reason*, Oxford University Press, 2007, p. 83.

②③ Ibid., pp. 86—87.

则不会向掠过眼前的目标张嘴摄食。反之青蛙则容易不考虑需求把自己喂得太饱而撑死。①

在谈论更为复杂的层级 3 之前，一个非常重要的前提需要澄清。帕品纽指出，我们可以用表征语汇（例如这里 C 和 D）来刻画认知设计，这个过程要注意添加出现认知设计所不具有的表征描述。他对表征一分为二成 Cs（即 C 的个例之集合）和 Ds，前者意味着有机体对环境条件的敏感性，后者记录了有机体当下的"需求"或"驱动力"。把信息性的 Cs 与动机性的 Ds 作出区分并无不妥，但是在层级 2 的情形中，C 和 D 往往会一起出现。那么，作出这个区分的理由，或者说 C 和 D 在行为调控中发挥了不同功能的基础是什么呢？帕品纽首先把 Cs 和 Ds 理解为激发出行为 R 的内在状态。区分动机性的 Ds 与信息性的 Cs 的基础似乎很明显，比方说，某个 D 是由血糖水平降低所激发的，比起由一只掠过的飞虫所激发的某个 C，它们扮演的功能角色是不同的。D 似乎"激活"（activate）了有机体的行为，而 C 似乎提供了实际信息从而不具有"推动"行为的功能。但是这种理解方式在帕品纽看来是错误的。C 在激活动物行为中也具有同等重要性——设想在层级 2 的情形中，如果不出现飞虫，即使血糖水平再低，动物也不会张嘴摄食。因此 C 和 D 是对等的，它们既是动机性的又是信息性的。仅仅当 Cs 和 Ds 的背后有着额外的结构时，动机状态和信息状态之间才存在着实质性区分。一个状态 C 是信息性的而非动机性的，只有当 C 不再与任何特定的行为绑定在一起，从而它所提供的信息能为各种不同的行为倾向所使用。我们可以设想某种行为上复杂的动物，它拥有对外在物体和属性作出可靠反应的感知状态，并且能为激发出开放式的诸多行为所用，这种优势在具有学习能力的动物那里（层级 4）尽显无遗。类似地，当动机状态 D 不再与任何特定的行为绑在一起时，动机状态就能以逆向的方式得以专属化（specialized）。不过它的专属化不是因为可以提供一般性的有用信息，而是因为它拥有了一种发出"需要那种结果"的信号的独特功能。动机状态之所以能够脱离特定的行为，是由于在不同的环境中，不同的行为都可以产生某个特定结果。②有了这些说明，现在我们继续阐释"前手段-目的推理"的后两个级别。

---

① Cf. D. Papineau, "The Evolution of Means-End Reasoning", in D. Papineau(ed.), *The Roots of Reason*, Oxford University Press, 2007, p. 87.

② Ibid., pp. 87—89.

　　层级 3："选择者"——如果 Ci 并且 Di，当 Di 为重大需求时，做 Ri。一旦动物拥有用以记录需求的状态 Ds，它们便有提升复杂性层级的潜力。不难想象，生物体若有一种机制，在 Ci 和 Di 促发行为 Ri，而另一个 Cj 和 Dj 促发的行为 Rj 无法与之媲美时，它能够决定何者具有优先权，这会对生物体带来很大的演化优势。该机制会在需求（例如，Di 与 Dj）之前进行比较，考虑哪个需求更具统治力，从而在各种行为倾向的可能性 Rs 中做出选择。①

　　层级 4："学习者"——如果已有经验表明，若 Ci 并且 Di，当 Di 是重大需求时做 Ri 会有回报，那么（就像以前一样），若 Ci 并且 Di，当 Di 为重大需求时，做 Ri。到层级 3 为止，帕品纽一直假定 Cs 和 Ds 的促发与应对行为 Rs 之间是"硬连接"（hard-wired）的，也就是说，C，D→R 的关联在代际之间是被基因演化所设定的，它会在每个发育正常的成体那里出现。学习对于动物行为的复杂性层级来说，又使之提升了一档。这里所谓的"学习"，是指 C，D→R 的关联，可以受到动物已有的特定经验的影响，该经验表明了在何种环境下何种行为可以产生何种结果。这样的学习可以通过某个强化机制来实现，由 C 和 D 所产生的 R 若能获得回报，该机制就会强化 C，D→R 的关联。②

　　在进入到讨论人类独有的、有别于以上四个层级的"手段-目的推理"之前，帕品纽表示，**驱动力**（drives）作为**欲求**（desire）的初级表达形式，即使在这四个"前手段-目的推理"的层级中也会表现出不同的面向。在层级 1 中，当记录需求的驱动力与记录环境条件的状态不能真正区别开来的时候，驱动力只释放与特定行为有关的当下环境的信号。在层级 2 那里，当驱动力所记录的是需求而非环境条件时，它们会促成在当下环境中满足那些需求的行为。而在层级 3 中，一个驱动力会与其他驱动力相竞争，若其他驱动力无法生成与该驱动力的结果相媲美的行为，该驱动力就会胜出。层级 2 的角色并不能实现层级 3 的功能，我们可以想象"布里丹的驴子"（Buridan's Ass）③：仅有一个需求被激发时，驴子一

---

　　①　Cf. D. Papineau, "The Evolution of Means-End Reasoning", in D. Papineau(ed.), *The Roots of Reason*, Oxford University Press, 2007, pp. 89—90.

　　②　Ibid., p. 90.

　　③　14 世纪法国哲学家让·布里丹（Jean Buridan）提出，推理决定我们如何在两可之间作出选择，而我们会选择推理所告诉我们的最佳选择。为反驳该理论，有人设计了一个思想实验：一头饿得要死的驴子被置于两个干草堆之前，这两个干草堆与它等距，并且具有同等的诱惑力。若没有其他相关信息，就缺乏进一步地理由选择其中一对草而不是另一堆草。因此，根据布里丹的理论，这头驴要被饿死。

切行动正常,但它会在激发出更多需求的情况下停止作出任何行为,但可以想象,层级 2 的动物能以任意某个非功能性方式来解决驱动力之间的竞争。在层级 4 中,我们发现驱动力扮演了更多的角色,它能通过强化行为来抑制其他驱动力。同样,层级 4 不能由层级 3 所实现,因为层级 3 的动物可以是完全不会学习的。最后值得一提的是,这里所说的关于驱动力的几个不同特征是抽象性的或观念性的,可以允许出现在真实的动物中找不到实例的情况。①

四、手段-目的推理的演化

既然拥有以上四个层级的"简单动物"都不具有真正意义上的手段-目的推理,那么帕品纽眼中的手段-目的推理又是怎样定义的呢? 他给出的答案是:"手段-目的推理,要求对**一般信息**作出在可以产生(deliver)新的**一般信息**的意义上的'显性'表征。"②若将这个定义展开,它由三个子命题组合而成:(1) 手段-目的推理是关于一般信息的表征;(2) 这种一般信息是"显性"(explicit)的;(3) 这里的"显性",是在可以产生新的一般信息的意义上而言的。现在让我们依次阐述这三个子命题。

首先,强调一般信息(general information)旨在强调它与特定信息(particular information)的区别。其表现形式有全称的析取/合取语句"所有 As 或者 Bs"/"所有 As 和 Bs",或是"所有 As 导致 Bs"这样的类属(generic)因果信息,甚至可以是关于当下环境的条件信息"如果 A 发生,那么 B 也将发生"。在手段-目的推理能力上,人类与简单动物的差别在于,我们的行动是通过对一般信息的使用来操控的,简单动物却只能使用关于它们所处环境之中的特定信息,它们无法明晰地表征任何一般性的事实。表征某处有一个特定的池塘、特定的苹果或特定的狮子是一回事,表征池塘里有水,苹果是食物或狮子威胁你的生命是另一回事。③

其次,关于这种一般信息的表征,应当是显性的。有人会质疑说,这种一般信息不也具身包含在(embodied in)简单动物的行为倾向之中吗? 比如说,一头

---

① D. Papineau, "The Evolution of Means-End Reasoning", in D. Papineau(ed.), *The Roots of Reason*, Oxford University Press, 2007, p. 92.

② Ibid., p. 98.

③ Ibid., pp. 93—94.

羚羊在口渴的时候会倾向于找个池塘喝水,它表征了"如果有池塘,那么会有水"的信息。从适应主义的观点看,这恰恰是因为其个体或种系发生史为羚羊提供了获取饮水的有效路径。帕品纽表示,这种情况并不符合手段-目的推理形式,羚羊找水的行为倾向所包含的信息,是关于对**结果**作出反应的一般性关联(general response-to-outcome connection),结合上一小节的说明,其抽象化的表达是:如果 C 和 D,做 R,就会产生结果 O(C&D, R→O)。它从一开始就只负责操控演化生成的找水倾向。除此之外,别无他用。换言之,"如果有池塘,那么会有水"这个一般性的信息在羚羊的行为倾向中是**隐性地**表征出来的。那么,关于一般信息,其隐性表征和显性表征的区别何在? 有一种观点认为,真正的显性表征需要借助于像语句这样的物理载体(vehicle),因为动物没有语言,所以它们缺乏显性表征。帕品纽否认了语言在显性表征和隐性表征之中可被当作实质性的区分标准。因为一种能从池塘中找水喝的动物,在某种实质性的因果层面上有别于无法掌握这一技能的动物,无论这个区别是什么,我们都能将之作为"找到池塘就能喝水"这个内容的载体。①因此真正的"显性"信息有待于第三个子命题来阐明。

最后帕品纽表示,一般性的信息表征能够以各种各样的方式相互组合,以此产生新的一般信息。这就是"显性"信息的根本要求。比如说,我们可以从"山谷里有池塘"和"池塘里有水"来产生"山谷里有水"这个内容,简单动物就不能达到这个推理水平。它们的行为倾向也许自身包含了一般信息,但是不能产生这种新的一般信息。动物的行为倾向所能做的,最多只能把一个**特定的**信息项("这里有一个池塘")与作为驱动力的需求("要喝水")联系在一起,以此产生一个**特定的**行为。我们可以想象一个简单动物(例如黑猩猩),在其某种行为倾向中隐性地拥有"摇晃那些树会让苹果显现"这一信息,在另一种行为倾向中隐**性地**拥有"扔出苹果大小的物体可以驱赶灰熊"这个信息。但是简单动物无法把这两个信息组合在一起,从而在灰熊出没时想到要去摇晃苹果树。当然,真实的情况也有可能是,黑猩猩会在灰熊出没时摇晃苹果树,但是这个行为倾向本身,不过是在它们的演化史或个体发生史上专门用来驱赶灰熊而出现的。换言

---

① D. Papineau, "The Evolution of Means-End Reasoning", in D. Papineau(ed.), *The Roots of Reason*, Oxford University Press, 2007, pp. 94—96.

之,帕品纽的主旨在这个情况下仍然成立。尽管简单动物会在各种不同的行为倾向中隐性地富含各种不同的一般信息,但是它们的认知架构限制了它们以新的方式将既有的信息组合在一起并使用这些新信息。这就意味着说,简单动物除了表现出它们或它们的祖先(或是因个体发生层面上的心理回报而得以强化,或是因种系演化层面上的自然选择而得以确认)在以往成功行为中所表现出的那些样子之外,它们无法做出新的行为。因此,在此意义上,对手段-目的推理的应用意味着可以表现出创新行为。①至此,帕品纽主张认为,手段-目的推理是由演化所塑造成的人类独有的高阶认知能力。它与以真信念为目标导向的读心能力一并构成了具有理性地位的人类学差异。

回想一下上一章第四节中提到的心灵双系统观。这种观点认为,人类认知心灵是由系统 1 和系统 2 共同构成的,系统 1 由一组模块化的并行分布的子系统所组成,它们被认为是普遍的(物种中所有成员共享的)、在演化史上是自然选择而成的、内在运行是快速且无意识的,并且每个子系统有着信息通达受限的算法规则。相比之下,系统 2 是线性操作的,运行速度较慢且能被我们意识到,最重要的是,它们对其他系统内部信息的提取和使用似乎不受限制,并且可以凌驾于系统 1 之上。在这个理论框架中,系统 2 扮演的就是手段-目的推理功能。即使它是人类独有的,也不能被纳入系统 1 这样的模块范畴中去。然而,鉴于巴雷特的人脑特化演化的层级模型对福多式模块概念的摒弃,帕品纽主张把手段-目的推理适应器当作一种心理模块。②但现在的问题是,凭什么说手段-目的推理是人类独有的并且可单独作为模块的认知机制? 这个问题一分为二为两个子问题:一是,为什么它是人类独有的? 二是,为什么它是模块而非由其他认知机制所产生的副产品?

关于第二个问题,至少我们在上一章第三节中已经看到,卡鲁瑟斯的认知架构理论指出,人类的推理灵活性是思想循环导致的结果,当我们考虑某个潜在的行动时会激活行动图式,便会产生可以全局播放的输出副本。这些输出副本由

① D. Papineau, "The Evolution of Means-End Reasoning", in D. Papineau(ed.), *The Roots of Reason*, Oxford University Press, 2007, pp. 97—98.

② 帕品纽也不赞同福多-卡鲁瑟斯意义上的模块概念,他在"机制"和"系统"的意义上使用"模块"一词,非常贴近巴雷特的模块论。参见 David Papineau, "The Evolution of Means-End Reasoning", in D. Papineau(ed.), *The Roots of Reason*, Oxford University Press, 2007, p. 101, 脚注 3。

信念生成和欲求生成模块所加工,以此获知这些设想的行动将会导致何种后果。所以在卡鲁瑟斯看来,人类的独特性之一在于,我们的行动图式激活不必受当下知觉的限制,这种能力被称为"创造性的心理复述"(creative mental rehearsal)。考虑到思想循环需要语言加工模块的参与,因此推理灵活性必须建立在语言能力之上。换言之,卡鲁瑟斯认为,帕品纽所谓的手段-目的推理不必是一个专门化的心理模块,而是由语言和其他模块互动产生的认知能力。①

因此,手段-目的推理能力的标准既不能设置得太低,否则帕品纽所预设的简单动物因其心灵系统1的内在互动也一样能具备这项复杂能力;这个标准也不能设置得太高,否则手段-目的推理就会成为人类认知架构中的副产品。为了说明手段-目的推理为什么是人类独有的,帕品纽详细考察了五种不同类型的来自动物认知复杂性的挑战,并且对其进行逐一反驳。②

尽管如此,斯塔扎克(T. Starzak)仍然怀疑手段-目的推理并非人类独有。他认为,既然手段-目的推理能力意味着能够使用一般信息指导行为,而"所有的 As 导致 Bs"的因果信息使用就是这项能力的表现之一,因此如果要去判断动物是否能被当作一般信息推理者,有一个办法就是看看它们是否能够理解因果性。③联想到在谈论人类祖先是否能够掌握"真"观念的时候,帕品纽指出,一个有效的判断方式就是用错误信念测试来考察人与其他动物在读心能力上的差别。同样地,斯塔扎克表示,要看看动物能否掌握因果性观念,用"陷阱管道任务"(trap-tube task)测试不啻一个好办法。陷阱管道是一个平放着的透明管子,里头安置了一个可以让食物掉入其中的陷阱。其任务是让受试的动物把一块食物从管子里推出来而不落到陷阱里。然而就理解因果性而言,通过该测试的动物,无法排除它们所具有的仅仅是像联想学习之类的用任意线索来解决特定任务的能力。因此这个原初实验应当加以优化修改。不过,在没有给出详细解释的情况下,斯塔扎克通过援引例举了穆卡希和考尔(M. Mulkahy & J. Call)、希德(Seed)、坦尼尔(Tennie)等心理学家的实验就声称:"对因果性的理解,因而也是

---

①　Cf. P. Carruthers, *The Architecture of the Mind*, Oxford University Press, 2006, pp. 254—263.

②　Cf. D. Papineau, "The Evolution of Means-End Reasoning", in D. Papineau(ed.), *The Roots of Reason*, Oxford University Press, 2007, pp. 104—119.

③　T. Starzak, "Papineau's Theoretical Rationality and the Anthropological Difference", *Philosophia*, 2012, Vol. 40, p. 478.

用一般信息来指导行为的能力,并不是人类特有的。在类人猿和某些鸦科动物之类的物种中也能找到这种能力。"①在斯塔扎克引用的坦尼尔的实验案例中,为了吃到藏在固定管子的底部的花生,有些猩猩能在首次实验中就能用嘴巴含着水,一口一口地灌入管子,从而让花生浮上来,有些猩猩则永远做不到这一点。斯塔扎克因此相信,对这个实验的最佳解释就是,通过测试的猩猩理解了物体是如何互动的,表现在实验情境中,就是水导致花生上浮,因而它们理解了因果性。即使斯塔扎克的这个解释没有问题,他忽视了帕品组对手段-目的推理的附加条件,那就是对一般信息的表征应当是"显性的",也就是能够产生并使用新的一般信息。而在帕品组的论证中,他同样援引了托马赛洛和考尔(M. Tomasello & J. Call)的话指出:没有直接证据能够表明,非人的灵长类能够把某个中间原因 M 导致目标结果 O 的知识,与行为 R 导致 M 的知识联系起来,继而利用这两个信息"想出产生中间原因和目标结果的新方法"②。有鉴于此,我们认为斯塔扎克对手段-目的推理作为"人类学差异"的反驳难以成立。

那么,另一方面,帕品组为何相信手段-目的推理是一个独立的心理模块或心理机制,而不像卡鲁瑟斯那样,将之作为其他高阶认知模块(例如语言模块或读心模块)产生的副产品呢? 帕品组首先把手段-目的推理能力从"理论论"的读心模块中独立出来。在一个典型的读心事例中,我们能把信念和欲求等心理状态归属给他人(例如,曹操相信"吕伯奢要杀曹操"),将之作为初始条件输入到一组已有的信念预设之中(曹操想要"宁可我负天下人,不可天下人负我"),继而在此基础上想出一个应对他人行为的最佳策略(先下手为强,杀掉吕伯奢)。读心能力因而似乎能够产生出一个典型手段-目的推理。但是帕品组表示,该事例实际上融入了读心和手段-目的推理两种能力。我们可以认为前者促进了(facilitate)了后者,但若认为前者蕴涵了后者,无非是在窃取论题。③另一种观点表示,手段-目的推理所附属的不是读心能力而是语言能力,但是这个观点

① T. Starzak, "Papineau's Theoretical Rationality and the Anthropological Difference", *Philosophia*, 2012, Vol. 40, p. 479.

② Cf. M. Tomasello and J. Call, *Primate Cognition*, MIT Press, 1997, p. 390. Cited in D. Papineau, "The Evolution of Means-End Reasoning", in D. Papineau(ed.), *The Roots of Reason*, Oxford University Press, 2007, p. 114.

③ D. Papineau, "The Evolution of Means-End Reasoning", in D. Papineau(ed.), *The Roots of Reason*, Oxford University Press, 2007, p. 121.

同样面临着把待解释项放入解释前提中的窃取论题之危险。帕品组的假设是，语言一开始得以演化出来，或许只是为了向物种中的其他成员报告环境中的**特定信息**。而手段-目的推理所表征的是**一般信息**，它应该是在人类祖先演化出了用以报告特定信息的语言出现之后才涌现出来的，从而让人类现在的语言形式能够报告和处理一般性的陈述。如果演化史的事实是这样的话，意味着手段-目的推理有着不同于语言起源的额外的演化适应压力。帕品组表示，这个能够产生和处理一般信息的额外压力就是对行为的掌控。无论如何，人类更为远古的祖先（例如智人）所具有的认知架构，无法使之产生出有别于由知觉和驱动力所限定的行为倾向，而处理和使用一般信息的能力就为已有的那组行为倾向增添了新的东西。若是不能以这种方式改变我们既有的行为引导程序，手段-目的推理将不会对我们曾经实际能做的行为引发出任何差别。①因此，一旦具有了读心能力和语言能力，人类祖先距离手段-目的推理能力仅有一步之遥，只要再发生少许一点的基因改变，获此能力就水到渠成了。②在这个意义上，我们可以说，手段-目的推理能力是一个独立的心理模块，而非附生在其他模块之上的演化副产品。

在结束本节内容之前，请考虑最后一个问题：如果说手段-目的推理如此有用（产生新的一般信息和行为），为什么不把它列入用来调节系统 1 的系统 2——哪怕这个系统 2 也是模块性的？换言之，为什么不认为手段-目的是一个凌驾于其他认知模块之上并且调节这些模块的元模块（meta module）？要回答这个问题，还需对本节论述再作回顾。

我们在这里讨论的是人类独有的以追求真信念为导向的理论理性，理论理性有别于那些涉及在伦理价值层面上规导行为的实践理性。考虑到人类的认知机制是演化而来的，推理的目标并不总是以获得真信念为导向，理论理性包含各种类型，本节所讲的理论理性只是其中的一种。而这种理论理性由读心能力和手段-目的的推理共同构成。读心能力使得我们获得"真"的观念，它能让我们把

---

① D. Papineau, "The Evolution of Means-End Reasoning", in D. Papineau(ed.), *The Roots of Reason*, Oxford University Press, 2007, pp. 122—123.

② 在此意义上，卡鲁瑟斯关于推理灵活性需要依赖语言的"创造性的心理复述"假说已经非常接近帕品组所断定的事实了。一个关键性的区别在于，卡鲁瑟斯没有认识到心理灵活性要求表征的是"一般信息"。

关于对世界的"为真"的表征设定为推理的目标。手段-目的推理则让人类通过对显性的一般信息的表征来达到这个目标,它让我们的行为变得富有灵活性和创造性。

因此,尽管手段-目的推理对于人类而言意义非凡,然而没有任何先天的(a priori)理由认为它是人类认知架构中最为重要的一个构成。和所谓的简单动物一样,我们也拥有一套远古祖先遗传下来的由知觉和欲望所驱动的行为倾向,例如我们倾向于摄入富含脂肪的食物,倾向于栖居在类似于稀树大草原的地方,倾向于喜欢特定腰臀比值的年轻女性,以及倾向于在没有代价的情形下才打破既有的社会规则,等等。在更多的时候,我们恰恰是按照这些行为倾向"不假思索"地生活在这个世界。在此意义上,把手段-目的推理作为凌驾于其他认知模块之上的恒常性的调节器是没有道理的,因为手段-目的推理是一个审慎思考的过程,它耗时耗能,因此不可能在任何时候都会启用这个机制。①虽然如此,我们仍需明确,人类区别于动物的一个非常重要的地方,在于我们有着用以调节人类原始本能倾向的理性能力,它超越了基因遗传条件的限定。倾向于理性主义一方的哲学家非常珍视这一点,我们将在下一节继续深入这个话题。

第二节　人禽之辨:从"人类学差异"到"范畴差异"

一、物理主义的解答与分歧

上一节提到,当我们讲"人性"时,我们其实是在讲"人禽之辨"。这本是儒学思想中一个重要的道德哲学议题,为的是建立人的道德意识的普遍性和道德实践的主体性。在西方哲学语境下,人禽之辨被表述为"人的独特性",它更像一个开放的认识论议题,讨论范围也从人与动物的区别扩展到人与上帝、人(公民)与奴隶乃至人与机器的异同。

字面意义上的"人禽之辨",也就是人与动物的区别,在达尔文之后备受关

---

① D. Papineau, "The Evolution of Means-End Reasoning", in D. Papineau(ed.), *The Roots of Reason*, Oxford University Press, 2007, p. 125.

注。一方面，我们对人类本性的直觉认识倾向于笛卡尔二元论，诚如哈姆雷特赞叹的那样："人是一件多么了不起的杰作！多么高贵的理性……宇宙的精华！万物的灵长！"另一方面，达尔文根据他的演化论表明，人与高等哺乳动物在心理能力上没有根本差别，这种差别只是程度上的而不是类型上的。我们知道，达尔文正确地发现人在生理结构方面保持着从低级类型演化而来的一些明显的痕迹，如果他承认人与动物在心理能力上有着不可弥合的鸿沟，演化论似乎就缺乏合格的科学理论所要求的一致性和连贯性。他收集了一系列那个时代实验动物心理学的证据，力图说明动物也会使用工具、有理性、有语言、有审美、有社会性、有道德感，只是不及人类这般精微发达而已。

对于这层思想张力，物理主义要比其他哲学流派更加在意。物理主义首先承诺，宇宙的基本事实可由物理学、化学、生物学、演化论和别的科学所描述，人类的心理能力当然是以某种方式建立在这个基本事实之上的，因此他们尊重达尔文的说法。然而与极端的取消论者不同，多数物理主义者并不愿意剑走偏锋地把人与动物"等类齐观"，从人类的生物学起源来推断人的本性或许并不充分，接受演化论也不意味着必须接受达尔文的论断。

克兰指出，我们要小心考察达尔文关于"根本的""程度上"和"类别上"这三个概念的涵义。如果说人与动物有"根本差别"暗含笛卡尔二元论的意思，物理主义当然断不接受；如果这仅仅是指"重要差别"或"哲学上富有意义的差别"，那么达尔文又不对了。这些概念太过模糊，要说蜜蜂的舞蹈语言和人类语言的差异是程度上的，那么这种差异程度之大，堪称在类型上已有区分了。因此，物理主义不再谈论人禽之间是否存在着楚河汉界般的划分标准，转而考察人类拥有哪些一般动物所不具备的认知能力，它们虽不可当作"人之为人"的本体论标志，却也维护了人类独特的尊严。

上一节我们也看到，这种考察进路，要么挑取某些唯独人类才有的认知表现，要么抽象地刻画出人类的认知何以超越一般动物。有人觉得这很平常无奇，譬如亚里士多德在《形而上学》开篇就讲，人是求知的动物，动物凭表象与记忆生活，但人类还凭技艺与理智生活着。而海德格尔关于"此在"与其他存在者的区分，似乎也算挑明了关键所在。但是物理主义的独到之处，不在于得出怎样的答案，而在于依据科学的经验证据和严格的逻辑分析给出他们的解答。

不同于演化心理学观点——达尔文过于抬举动物的认知水准，演化心理学则是反其道而行——克兰论证指出,只有人类才会不顾任何实用目的,纯粹地为了求知而求知。一位业余的天文爱好者可以数十年如一日,不求名不求利地观测星空,他这样做也许是某种演化适应的结果,但这一点并不意味着该行为是一种能够提高子孙后代基因适应性的本能。天文爱好者不只是出于某颗行星的运行轨迹有其真相而去探究那个真相,更是由于他觉得自己受到一种"把事实搞明白"的规范的诱惑和鼓动。这种纯粹的求知能力还跟语言能力密切相关,它要求认知主体掌握"错误"这一概念。这与上一节帕品纽论证指出的"确认真信念"的能力,其实是两种不同的表达而已。

帕品纽这样的物理主义者侧重于把理性看作人类独有的认知技能,考虑到这种能力仅仅在最近的 25 万年随着智人的出现才产生,人类的心灵有很大一部分是与灵长类动物共有的,其研究目标旨在追问,是哪些因素使得人类在如此短的时间里超越其他动物,最终结出了以科学技术为代表的现代文明果实? 由于这项研究的进路可以在理论起点、抽象程度、演变动态等维度上各有偏重,除了上一节帕品纽的理论,这里我们再简要地援引托马塞洛和丹尼特两人的方案来窥探"人类学差异"究竟如何实现。

心理学家托马塞洛虽然没有对理性给出明确的界定,但事实上现代人所显示出的各种令人惊异的认知技能,是人类以自己的物种独有的方式进行培养传播或者说文化传播的结果。[1]对于许多物种来说,困难不在于创造,而在于对以往的工具制造、符号交流和社会行为进行学习、改进和传播,从而沉淀出累积性文化的"棘轮效应"。这意味着人类具有一些认知能力使之共享过去以及当前世代的认知资源,而其他动物则不能做到。[2]这些认知能力包括:把他人理解为其自身拥有意图的个体,与其他人共享注意的联合注意能力(joint attention),以及模仿他人的能力。一旦发展出了这套认知技能,它们便作为结果反过来构成了人类自身的社会-文化环境的生态位,进而有效推动了文化传播的持续进行。[3]

在这个回路中,从调解因果性和意向性的力的角度来理解外部事物的能力,

① 托马塞洛:《人类认知的文化起源》,张敦敏译,中国社会科学出版社,2011 年,第 4 页。
② 同上书,第 5 页。
③ Cf. M. Tomasello etc., "Understanding and Sharing Intentions: The Origins of Cultural Cognition", *Behavioral and Brain Sciences*, 2005, Vol. 28, pp. 675—735.

构成了"人类学差异"的关键要点。托马塞洛相信，一些灵长类动物可以初步理解外部事件的因果关系，不过，他继续说道：

> 对意向性和因果性的［完备］理解要求个体理解外部事件的调解力，这些调解力解释了"为什么"某个具体的先后次序会如此发生，而这些调解力一般不容易被观察到。这种理解似乎为人类所独有，因此对于人类来说，坠落岩石的重量"迫使"木材破裂；获取食物的目标"迫使"生命体在木头下面寻找食物。重要的是，在这两例个案中，都可以存在其他一些先行的事件，只要有相同的调解"力"参与，它们就能产生相同的结果。

这种认知新技能使得个体能够预见和解释同类的行为，并且也被转移用来处理惰性物体的行为，于是我们能以创造性、灵活性和前瞻性的方式解决各种难题。①尽管托马塞洛的研究焦点不是理性问题，但我们可以从中看出，对因果性和意向性的"调解力"是人类理性的必要条件。他继续指出："显然，在无生命的因果性和生命体的意向性中，这些力发生作用的方式是非常不同的，但推理过程的总体结构具有相同的一般性本质：先行事件>调解力>结果事件。"②例如，在"先行事件"风吹、同类攀爬、自己操控与"结果事件"果实坠落之间，唯有人类可以理解是树枝摇动这个"物理力"连结了二者。同样地，在"先行事件"岩石坠落、捕食者出现、噪音与"结果事件"受试主体逃跑之间，我们知道是因为受试主体的恐惧这个"心理力"导致整个事件发生。然而，托马塞洛并没有进一步阐释"调解力"这个隐喻意味的概念，最多只是用发展心理学的证据去解释，以"联合注意"为要点的社会认知如何在人类婴儿 9 个月的时候开始出现。另一方面，在托马塞洛的研究中，被解释项仅仅是人类的文化社会现象，但人类之所以能够超越其他动物，正是由于我们在面对各种问题时，能够以符合逻辑和概率演算的思维方式，形成精确的判断和信念。换言之，托马塞洛的理论可以说明文化何以累积、传播和改进，却不能说明诸如发现 DNA 或发明人造卫星这样的科学技术为何能够出现。而上一节我们看到，帕品纽关于理性演化的研究目标，则直指这个

---

① 托马塞洛：《人类认知的文化起源》，张敦敏译，中国社会科学出版社，2011 年，第 22 页。

② 同上书，第 22—23 页。

问题。

　　另有一些物理主义者相信,人类的独特性表现在工具使用方面,它的背后关系到多项认知能力的综合,没有哪种认知特征能够单独挑选出来作为人与动物的区分性标志。众所周知,珍妮·古道尔在半个世纪之前就发现黑猩猩能够选择和加工工具,用来从蚁巢中钓取蚂蚁,这一发现似乎打破了长久以来只有人类才会制造工具的观点。但是维森(K. Vaesen)根据大量的动物心理学证据表明,动物使用工具的水准,远远无法与人类相提并论。要制造出像无线通讯网络和卫星导航系统这种复杂程度的技术工具,唯有具备手眼协调能力、身体图式的可塑性能力、因果推理能力、功能表征能力、自主的行为控制、社会学习能力、语言能力、主动教导能力以及社会智能这九项认知技能才会实现。①

　　我们知道,帕品纽为生物的手段目的推理能力区分了不同的等级,丹尼特也采纳了这种区分认知能力等级的方式,以此强调演化的连续性而非断裂性。在他看来,认知能力的演化进阶有四个阶段。

　　首先,大自然设计出了"达尔文式生物"。这种生物几乎没有智能,它们的表现型完全由基因型决定。它们生活在危机四伏的环境中,不断繁衍后代。那些表现得稍微能适应环境的生物,就更可能生存下来,繁衍更多的后代。但这一切全凭随机的基因变异。

　　其次,有些达尔文式生物随机变异成了"斯金纳式生物"。斯金纳式生物的表现型不完全由基因型决定,它还有一定程度的后天可塑性,可以通过在环境中接受正负强化或惩罚,来改变自己的身体结构和行为模式。斯金纳式生物可以通过试错来学习。斯金纳式的生物会问自己:"接下来我该做什么?"

　　再次,有些斯金纳式生物变异成了"波普尔式生物"。波普尔式生物比斯金纳式生物更强,它们除了可以通过试错来学习,还可以通过想象试错来学习。换句话说,波普尔式生物可以在实际采取行动之前,对不同的行动方案进行预先选择。有一些行动方案会造成糟糕的后果,他们就会排除这些假设方案,采用剩下来的更好的行动方案。波普尔式生物具备更强的表征环境的能力,它会问自己:"接下来我该怎么想?"

---

① Cf. K. Vaesen, "The cognitive bases of human tool use", *Behavioral and Brain Sciences*, 2012, Vol. 35(4), pp. 203—218.

最后，波普尔式生物变异成了"格里高列式生物"（Gregorian creatures）。这种生物有各种各样丰富的思想工具，这些思想工具在物种内部可以广泛分享，这样的思想工具既包括头脑内的观念和文化，也包括头脑外的技术制品。目前来说，只有人类是格里高列式生物。因为只有人类能够思考自己的思想和意识经验。换言之，其他动物会思考如何行动，但只有人类会思考如何思考。因为人类有符号化的语言体系，可以表征自己的思维，往自己的头脑里安装更多的思维工具，从而增强自己的思维能力。格里高列式生物可以问自己："接下来我该如何更好地学习思考'我该怎么想'这件事呢？"[①]

不难发现，以上种种关于人禽之辨的论述，都是基于各自的理论视角和学术专长展开的。他们对人类独特性的看法各有侧重，得出的理论解释也是开放的。这样一来，不同的研究者对人类的演化图景、大脑的发育过程、心灵的架构及其运行模式可以采纳不同的理论预设，因此用科学哲学的术语讲，人禽之辨的物理主义解答会出现非充分决定的结果——给定人类认知有别于其他物种的现象，可以有多种不同的理论来回答。尽管如此，物理主义者大致试图把人禽之辨当作一个事实问题来研究，但是人类在演化过程中越是不可逆转地依赖于后天习得的行为和文化，越是能够逃脱自然选择所设定的那套演化规则的束缚——虽说帕品纽和丹尼特都已尽力试图将之纳入演化论的框架，因而在一些理性主义哲学家看来，人禽之辨原则上不能被自然科学彻底解释。

二、作为人类"本质"的理性

在这个问题上，无论物理主义者内部的分歧有多大，但多数人都认可理论理性才是"人禽之辨"的根本所在。然而在什么意义上理性使得人类区别于动物，则有两种截然对立的解释方式。物理主义者延续了演化心理学的进路，试图寻找理性能力背后的某种或多种认知机制。斯塔扎克把这套认知机制叫做"人类学差异"，它们是人类额外拥有的，任何其他物种所不具备的。[②]博伊尔（M.

---

① 原著参见 D. Dennett, *From Bacteria to Bach and Back*：*The Evolution of Minds*, W. W. Norton & Company, 2017。上文部分内容亦参考 Mbnehaddou, "From Darwinian to Gregorian creatures：the Evolution of Minds", http://mbenhaddou.com/2020/01/15/from-darwinian-to-gregorian-creatures-the-evolution-of-mind/；Andy Lee,《丹尼特的〈心灵的演化〉：理解的演化》, https://zhuanlan.zhihu.com/p/33780637。

② T. Starzak, "Papineau's Theoretical Rationality and the Anthropological Difference", *Philosophia*, 2012, Vol. 40(3), pp. 473—482.

Boyle)根据亚里士多德范畴学说及其形而上学思想,秉承了康德看待理性的态度,指出理性不是人类这种动物所具备的某种额外的特征,而是让我们拥有了心灵的特殊方式。换言之,理性能够转变(transform)我们一切已有的基本心理能力,使得人类的心灵在范畴上不同于无理性的动物。博伊尔把这个意义上的理性称为范畴差异(Categorial Difference)。①相对于帕品纽和丹尼特,对于任何可能的"人类学差异"解答,博伊尔提出了一个更严峻的质疑。

诚如演化物理主义者所言,人与动物都在"演化树"(更准确地说"演化灌木")上各居其位,在生物学的意义上并无本体论上的区别——除非你是笛卡尔那样的二元论者。但问题在于,一旦接受"人是理性的动物"这个论题,他们就不得不承认,人与动物——哪怕是黑猩猩这样的灵长类动物——不仅是有认知技能或认知架构上的差异,这个区别更是在类型意义上(in kind)来谈论的,好比植物与动物在类型上是两种不同的存在者。因此物理主义即使给出了各种"人类学差异"的细致描绘,仍然亏欠我们一个理由:为什么这些差异能够被当作人类的心灵从根本上区别于动物心灵的原则?②博伊尔把这种提问方式叫做"经典观点",它由亚里士多德提出并被托马斯·阿奎那精心阐述。根据经典观点,"人是理性的动物"意味着:1)"理性动物"用以说明人类的本质(essence);2)"理性动物"刻画了我们的形式(form);3)"理性"这个概念指称了我们区分于"动物"这个类属的特征(genus)。③博伊尔相信,经典观点即不过时也绝非可有可无,它能为心灵哲学带来不少理论红利。

顺着亚里士多德的形而上学思想,博伊尔认为,"理性"是人类的"本质"。就"本质"而言,只有那个刻画了一个事物作为某个特定"实体"的谓词,才能属于该事物的本质。一个事物作为某种实体,意思是说,如果某个事物存在,它根本上必须是这个事物(what it must be if it is to be at all)。我是中国人,但你不能用"中国人"这个概念作为我这个个体的谓词去解释我之所是(我的实体)。你可以对什么叫"中国人"给出说法,比如"中国人就是一个出生且生长在中国的人"。只要某个个体实现了"出生且生长在中国"这个属性,他就是中国人。但

---

① M. Boyle, "Essentially Rational Animals", in G. Abel and J. Conant(eds.), *Rethinking Epistemology*, Walter de Grutyer, 2012. http://nrs.harvard.edu/urn-3:HUL.InstRepos:8641838.

② Ibid., p. 4.

③ Ibid., p. 6.

是你不能站在个体的角度上,以同样的方式去说明"人类"或"哺乳动物"。某个花园里有三只哺乳动物,但只有因为这三个个体都从属于具体的哺乳动物物种你才能这样说。在亚里士多德看来,任何一个人类个体都是"两足无毛"的动物,但由人类个体展现出来的两足无毛这个属性不能作为人类的本质。"人类"是我所是的那个类型的基本概念:我只有成为这个类型的东西才能存在。我作为个体,是一个中国人或者是一位学者,这些都得基于我是人类才得以可能,所以在经典观点看来,"人类"是一个不可还原的基础概念。[①]承认这一点不是说我们就不能定义"人类"。说某个事物是人类,不是去描述那些使得一个个体被当作是人类的那些属性——这正是演化论物理主义所做的事,而是去刻画人类自身作为一个类别的实质。在给"人类"下定义时用到的那些谓词(例如"理性"),首先应用于人类这个整体而非具体的人类个体。[②]

有了上述铺垫,博伊尔对比了当代物理主义者与亚里士多德对本质观念的理解。在物理主义者眼里,某个个体 x 本质上是 F,在这个意义上成立:必然地,当 x 存在,x 是 F。其形式化的表达是:$\Box[\exists y(y=x) \rightarrow Fx]$

相反,亚里士多德的本质学说则要求回答两个问题:a)某个个体从属于什么实体类型? b)这个类型的实质是什么? a 是一个指派问题,而 b 是关于这个实体种类的定义问题。据此我们可以说:x 本质上属于 S,并且,S 本质上是 F。其形式化的表达可以是:$\Box(x)(Sx \rightarrow Fx)$,读作:必然地,如果某个个体 x 是 S, x 本质上是 F。[③]

我们可以从正反两个方面展示亚里士多德本质学说的优势。设想在某个可能世界中,我不幸失去了双腿,从而不具有两足无毛这个属性。但我仍然属于人类,我有理性这个本质没有因此改变,只要是我作为人存在着,这个本质一直伴随着我。两足无毛的属性即便是人类独有的,也不能充当人的本质。另一方面,正如物理主义者强调的那样,尽管多数人类个体在多数情况下或许是通过"捷思回路"的心灵系统 1 来思考和判断的,但他们本质上还是理性的存在者。我们也不会把一个缺乏基本推理能力的成人说成是一个普遍动物,只要他是人,实质

① M. Boyle, "Essentially Rational Animals", in G. Abel and J. Conant(eds.), *Rethinking Epistemology*, Walter de Grutyer, 2012, pp. 8—9.

② Ibid., p. 10.

③ Ibid., pp. 13—14.

上就拥有(潜在的)理性。无论如何,人类作为"理性"动物拥有一种本质形式,它使我们成为一种独特的存在类别。理性不仅仅是由于它碰巧涉及某些特征才把我们与动物区分开来,它牵涉到了我们以独特的方式拥有这些特征。①

为了凸显人与动物在形式上的本质区分,博伊尔举了植物与动物的例子来说明二者在什么意义上是不同的。大家承认植物不具有行动能力,至少不能在动物表现出行动能力的意义上说这话。但是,在某种层面上你也可以说一棵树是一个能动者:一棵老树被伐倒了,到了春天它又长出新的枝叶,它的确是主动在"做"生长枝叶这件事,而不是说这件事被动地在它身上发生——虽然老树发新枝需要各种环境条件,但只有诉诸这棵树自身的性质才算真正解释这件事。我们甚至可以说,即使就一棵树而言,它也是具有目标导向的,但是这种目标导向的行为截然有别于动物。我们是在完全不同的意义上说动物是作为能动者拥有目标导向。这不仅仅意味着动物能够做一些植物所不能做的事,而是说,我们是以全新的方式来谈论动物的"做事"。你可以说植物的根系把石头缠住,但是更贴切的说法是,它的根系是以缠住石头的方式生长着。一块石头此刻出现在这里,并没有为植物的根系生长添入新的内容。但是动物的行为则与此时此刻的环境紧密关联,对当下环境的描述,能够构成动物行为的内容。②同样地,无理性的动物和有理性的人类都是能动者和认知者,但动物却是在一种不完善的意义上作为能动者和认知者,我们是唯一能够按照意图去行动的物种,当我们在行动时,可以自主决定哪个目标值得追求以及如何追求,我们以知道自己在做什么的方式来行事。因此,理性意味着"所有人类能力的全部配置",这个配置决定了"我们所有的能力以一种极其不同方式去规导和展现"。③这就是人类的理性作为区别于动物的"范畴差异"。

三、一种理性主义的人性观

既然理性是一种范畴差异的配置,那么博伊尔所说的理性的配置又是什么呢?这就需要引入康德的一个关键论题:"'我思'必须能够伴随着我的一切表

---

① M. Boyle, "Essentially Rational Animals", in G. Abel and J. Conant(eds.), *Rethinking Epistemology*, Walter de Grutyer, 2012, p. 17.

② Ibid., pp. 18—19.

③ Ibid., pp. 20—22.

象。因为否则的话，某种完全不能被思考的东西就会在我这里被表征出来，而这就等于说，这表象要么就是不可能，要么至少对于我来说就是无。"①

博伊尔花了大量篇幅精心阐释了康德这段话的要义。根据他的理解，一个能够自身有意识地（self-consciously）反思自己信念的造物，能将自身置于这个问题之中："我为什么认为是 p？"而他是否持续相信 p，取决于他能否为自己辩护这个信念。唯有当这个生物个体拥有觉知（aware）——也就是"我思"伴随着这个信念时——他才能为之作辩护。②根据一种隐喻的说法，康德不仅要"驱使"感性和知性充当"证人"，理性作为"自我指定的法官"，不是坐在一边旁观眼前发生的一切，它要站在"法庭"前面，对它所调查的现象积极提出原则性的解释。③没有这种"我思"的自我意识——这种自我意识当然不同于"内在感知"，人类特有的知性能力、判断和理由就无从谈起。相比之下，动物当然可以感知到一个物体具有某些属性，可以根据自己的欲求和目的对这种感知做出恰当的反应，也可以把过去的感知保留在记忆中，甚至还能在某些情形下"表达"它的感知（例如被训练成会说话的鹦鹉），但是动物在表达自己的表象时并不伴随着理解性的陈述，它们形成的表象不足以被称为"判断"（judging）。④因为判断一个命题 p，就像陈述命题 p 那样，是一种特别的行动，这种行动是在批判性地反思自身信念的基础，绝非简单地任由自身的信念得以形成或改变。⑤正如先前提到的动物与植物的本质区分一样，由于人类对自己的信念有着"我思"或自我意识的理性介入，我们可以"编织"（make up）自己的心灵，因而我们是具有健全自治能力的理性动物。⑥

至此，对比把理性作为人之为人的"人类学差异"和"范畴差异"，我们可以总结出三个结论。

---

① I. Kant, *Critique of Pure Reason*, Norman Kemp Smith(Trans.), St. Martin's Press, 1929, B. 131.

② M. Boyle, *Kant and the Significance of Self-Consciousness*, Doctoral Dissertation, University of Pittsburgh, 2006, pp. 82—85. http://d-scholarship.pitt.edu/9302/.

③ G. Williams, "Kant's Account of Reason", *Stanford Encyclopedia of Philosophy*, 2014, http://plato.stanford.edu/entries/kant-reason/#ReaSelKno.

④ M. Boyle, *Kant and the Significance of Self-Consciousness*, Doctoral Dissertation, University of Pittsburgh, 2006, pp. 105—106. http://d-scholarship.pitt.edu/9302/.

⑤ Cf. M. Boyle, "Active Belief", *Canadian Journal of Philosophy*, 2009, 39(sup1), pp. 119—147.

⑥ Cf. M. Boyle, "'Making up Your Mind' and the Activity of Reason", *Philosophers' Imprint*, 2011, Vol. 11(17), pp. 1—24.

第一，无论是托马塞洛说的"调解力"，还是帕品纽说的读心机制外加手段-目的推理能力，抑或丹尼特的认知能力分级学说，人类学差异解释的确找到了人类拥有动物所缺乏的心理机制，但是这些只是理性的表现或"症状"（symptom），而范畴差异解释则刻画了"症状"背后的"病理"（pathology）。

第二，人类学差异试图寻找和解释人比动物"多出来的"额外特征，范畴差异则要说明人类在本质、形式和类别上区别于动物的理由。前者始于对人类个体"理性表现"的经验观察，这种观察可以千差万别，得出的理论解释将是开放的。即使面对同一个经验证据，不同的研究者对人类的演化图景、大脑的发育过程、心灵的架构及其运行模式可以采纳多种不同的理论承诺。范畴差异解释基于亚里士多德对"本质"和"形式"等关键概念的理解，自上而下地说明了理性何以能够承担起人类排他性的、判决性的本质。

最后，无论是社会生物学、演化心理学或是其他把认知科学奉为圭臬的哲学学说，这些演化论物理主义阵营下的种种理论，都是在亚人（sub-person）的微观层面上解释理性的起源。这条进路无非是说，人类这个物种作为一个整体，是遗传物质、自然环境、社会文化情境、脑神经回路等内在外在要素协同作用的产物。所谓理性，仍然是这个结果名下的某种属性或特殊表现。如此一来，人类个体作为自治的能动者在这个解释框架下就被彻底遗忘了。

演化心理学号称是一门研究人性的科学，但在理性主义者看来，最终实现抽象人性的个体的人格（person）却消失了。"人是理性的动物"，根据演化论物理主义的解读，人首先是动物然后因为有了独特的认知机制才表现出符合逻辑推理的理性能力。但在博伊尔这样的理性主义者看来，恰恰是"'我思'必须能够伴随着我的一切表象"的理性能力，把人类心灵配置中既有的、被动的、动物性的表征和行为模式，彻底转换成积极的、可反思的、可辩护的全新状态，人的能动性以及由之蕴含的人之为人的尊严和人生的意义据此得以保障。不过，在我们看来，这样的理性主义解读即便是对的，也是在"自然态度"的层面上为真，无法为"自我"或"我思"在本体论上承诺任何实质性的地位。结合本书上篇的论证，我们的"自然主义态度"与"自然态度"可以并行不悖，本体论上的物理主义无力在世界观的问题上作出裁决。

也许有人会质疑，既然如此，物理主义能否对"'我思'必须能够伴随着我的一切表象"这个人格层面的现象经验给出解释？我们当然可以通过援引弗拉纳根（O. Flanagan）、侯世达、丹尼特以及叶峰等人主张的"无我的物理主义"，指出自我如何是由大脑"无中生有"构想而出的。①但在这里，不妨用本书上篇有关现象概念的理解简单说明这个问题。根据我们在第二章第三节的一个区分，现象概念可以分为基本应用和非基本应用。当我思考"我期待这个（品尝榴莲的感觉）"时，在当下我并不拥有品尝榴莲的感知经验，但是其中的现象概念［这个_{品尝榴莲的感觉}］，仍然可以指称它所引用的对象经验，虽说这个经验是我曾经拥有过的"想象的经验"，是一个"模糊的拷贝"，这便是现象概念的非基本应用。类似地，当我形成一个有意识的判断时，尽管在判断的形成过程中，思考主体并未有意图地去内省这个形成过程，但是我们讲过，现象概念会在前理论的意义上与其他一些概念有着先验联系，特别是诸如"内省""思考""判断"这些关于命题态度的概念。因此，早在一个判断的形成过程中，大脑就可以生成现象概念的非基本应用。这时候，现象概念把有意识的经验（在这里是判断）作为自身的语义内容，一个能动性的"自我"作为这种把自身经验当作语义内容的"能指"，因此就被构造出来了。所以在这个意义上讲，有着现象概念参与其中的"内省"实则催生了能动性的"自我"，而不是能动性的"自我"主动"内省"了自身经验。相比之下，绝大多数动物以及人类婴儿拥有现象意识却不具备内省自身经验的能力，由于缺乏内省能力，动物和婴儿无法获得现象概念，从而也就缺乏"伴随我的所有表象的"那个"我思"。②康德的"法庭"隐喻，因此在认知层面上是恰如其分的，但在本体论上却是不合法的。当然，这里我们只是试探性地提出一种假设来简单解释为何"我的一切表象"会有"我思"的伴随，没有提供详细的辩护，该问题也与自我知识问题相关，下一章我们还会谈到。

---

①　近年来，国内学者也发起了"无我的物理主义"与"有我的物理主义"的争论。前者认为"自我"在本体论的维度不存在，是大脑所作的虚幻构造。后者认为，物理主义不可将"自我"这样的宏观事物彻底还原，因而主张非还原论的物理主义。本书的立场是，一方面主张还原论物理主义，一方面也通过区分"自然主义态度"与"自然态度"，或"作为本体论的物理主义"与"作为世界观的物理主义（之不可能性）"，以此维系"自我"的常识性价值。参见梅剑华：《论有我的非还原物理主义》，《中国社会科学》2021年第3期，第161—179页。

②　与我们在这里对"能动性的自我"所做的一般性处理不同，拜恩（T. Bayne）和帕切尼（E. Pacherie）详细区分了"稀薄的"能动性自我意识与"厚实的"能动性自我意识，以及能动性的经验与能动性的判断。参见 T. Bayne & E. Pacherie, "Narrators and comparators: the architecture of agentive self-awareness", *Synthese*, 2007, Vol. 159, pp. 475—491。

第三节　信念、隐念与行动

本章的标题是"理性的限度",前两节展示了演化而来的认知能力,即便可以作为"人类学差异",也无法胜任承担"人之为人"的"范畴差异"。人与其他动物的根本区别,还得是从承诺了"自然态度"的亚里士多德-康德式的理性主义者提供的洞见来入手,这种洞见暴露了认知理性的解释限度,也彰显了"人性"的超越性面向。不过,在日常生活中,人们并不总是理性的,我们常常会做出与自己的信念不一致的行为,会"信一套,做一套"。为了合理解释这种人与其他动物共有的日常行为现象,同时又为捍卫信念的理性能动性,美国哲学家詹德勒(T. Gendler)认为,我们应当在常识心理学的范畴里增设"隐念"(alief)这个概念。一个典型的隐念是由表征、情感和行为内容共同构成的心理状态,它可以与一个对应的信念相符或相斥。

我们在这一节讨论隐念这个话题有三个意义:第一,隐念理论展示了人类在思想和行动上与其他动物有连续性的一面,这是演化心理学家喜闻乐见的;第二,该理论揭示了人类一般情况下的认知状态,并非如演化论物理主义者所说的那样,总是处于显赫的额外层级当中;第三,要把"隐念"从原有的"信念"这块"大蛋糕"当中切割分离出来,意味着"信念"的理性能动性要求,比我们设想的还要高,这也契合了本章和下一章讨论议题的主旨——对认知理性解释范围的批判性限制,实则是为"人性学说"的超越性一面保留地盘。

本节首先介绍詹德勒提出的隐念理论,继而澄清了批评者针对隐念理论所持有的一般性的误解,指出隐念实在论的真正困难,在于难以为它配置一种恰当的信念理论。然而即便如此,从工具主义的视角看,隐念理论仍然有着广泛的解释效力和实践价值。

一、隐念与信念

绝大多数哲学家和心理学家认为,我们可以不借助科学心理学专业术语,只需使用"信念""欲求""意图""希望"之类的常识心理学概念,即可在日常生活中很好地解释和预测我们的心理活动与行为表现。但在詹德勒看来,这套信念-欲求-意图模型是有缺陷的。她的本意不是去质疑常识心理学因为不够"科学实在"而采纳取消主义立场,她试图表明,人们常常做出各种各样与自己的信念不一致的行为,为了合理解释这类现象,更是为了捍卫信念的理性特征,我们应当在常识心理学的概念框架里增设一种叫"隐念"的心理状态类型。

要领会这个新概念,我们不妨从一些日常事例入手。根据哈布斯(G. Hubbs)的理解,这些事例大致分为三类:第一、视觉外观(appearances)迫使人们在行动时忽视真实证据的存在;第二、个人习惯(habit)迫使人们在行动时抑制了相关记忆;第三、先入为主的启动效应(priming)产生了可预测的行为。①

第一类:当你登上东方明珠塔的悬空走廊时,看见游客在上面嬉闹,你有充分的证据相信悬空走廊的玻璃板足以支撑你的体重,但你仍然感到惊恐,止步不前甚至远离它。你真心相信(believe)悬空走廊很安全,但你仍然隐信(alieve)这地方不安全。此时你的隐念(alief)内容是:"太高了! 不安全! 赶紧撤!"②类似地,一位创意糕点师把软糖做成污秽物的形状请你品尝时,你有充分的证据相信这是安全可食用的,但你仍然感到恶心不敢触碰。此时你的隐念内容是:"脏东西! 恶心! 快拿走!"③

第二类:设想你不爱用手机电子支付或信用卡,仍然喜欢像你奶奶那样用现金,你出差来上海,到了机场才发现没带钱包。你同行的朋友慷慨地借你五千块钱,你道了谢,一边接过钱一边做出掏钱包的动作。你有充分的证据相信自己的钱包遗落在千里之外的家中,毕竟此刻借钱正是因为钱包不在身上,但你同时隐信了相反的情况。你的隐念内容是:"好多现金,找个安全的地方保管好,快拿钱包。"④

第三类:心理学家巴尔(J. Bargh)做了这样一个实验。让被试在给定的词库里完成填句任务,A 词库只包含中性的词汇,B 词库包含中性词汇和礼貌性词汇,C 词库包含中性词汇和粗鲁的词汇。完成填句任务后,让被试跟一位实验员谈话,实验员滔滔不绝说了十分钟。那些做了 C 词库填句任务的被试很快就频繁打断实验员,A 组被试则表现稍好,B 组被试几乎都能耐心听完。实验发现,

---

① G. Hubbs, "Alief and Explanation", *Metaphilosophy*, Vol. 44, 2013, p. 608.

② T. Gendler, "Alief and Belief", *The Journal of Philosophy*, Vol. 105, 2008a, pp. 634—635.

③ Ibid., p. 635.

④ Ibid., pp. 636—637.

不同的启动训练产生了不同的可预测的行为。①这个案例与前两类不同,被试没有表现出与其信念不相符的行为。但是詹德勒认为,我们应该把"与粗鲁语词相关的一连串的情绪倾向和行为方式"归属给 C 组被试,他们在那个场景下表征的是隐念而非信念。②

针对这个说法,有人立即反驳,我们无需引入所谓的隐念,不同的事例能用不同的解释资源讲清楚:有些用本能去说明,有些用习惯去说明;有些用遵从捷思法的认知系统1(相对于遵从逻辑规则的认知系统2)去说明,另一些用遗忘去说明;有些用想象去说明,有些可用自我欺骗或错误信念去说明。③一方面,詹德勒对此给出了具体的澄清和反驳。④另一方面她强调,这种经典的认知主义图景忽略了不同类型事例背后重要的相似性特征,该特征必须用不可还原的"隐念"才能充分刻画。⑤总之,"如果你想认真弄清楚人类的心灵是怎样运作的,就必须为隐念这一观念腾出概念空间"。⑥那么隐念究竟是什么呢?

詹德勒其实并没有给"隐念"下过明确定义。考虑到这是一个生造的概念,她在不同的文章中多次谨慎地承认,对隐念的刻画是试探性的和可修正的。⑦大致而言,我们用信念和欲求去解释有意图的、归属于理性领域的行为;我们用反射(reflex,例如膝跳反射)去解释缺乏表征中介的刺激反应;隐念作为一种居于二者之间的心理状态,是一种本能的或习惯性的倾向,它触发了我们以特定的方式对外显的刺激(apparent stimulus)做出反应。⑧一个典型的隐念是这样一种心理状态:它由表征(representational)、情感(affective)和行为(behavioral)内容所构成,三者以关联的方式紧密结合;受主体内在或外在的环境特征影响,隐念被有意识或无意识地激活,它可以是当下发生的(occurrent)也可以是倾向性的(dispositional)。⑨关于隐念的具体特征,詹德勒使用了一组以字母"a"为前缀的概念来刻画。隐念是内容关联的(associative,例如我看到 A 立即产生情感 B 并

---

① T. Gendler, "Alief and Belief", *The Journal of Philosophy*, Vol. 105, 2008a, pp. 655—656.

② Ibid., p. 656.

③ T. Gendler, "Alief in Action(and Reaction)", *Mind and Language*, Vol. 23, 2008b, p. 556.

④ T. Gendler, "Alief and Belief", 2008a, pp. 638—641.

⑤ T. Gendler, "Alief in Action(and Reaction)", 2008b, pp. 556—557.

⑥⑨ T. Gendler, "Alief and Belief", 2008a, p. 642.

⑦ See T. Gendler, 2008a, p. 641; T. Gendler, 2008b, p. 555; T. Gendler, "Between Reason and Reflex: Response to Commentators", *Analysis*, Vol. 72, 2012, p. 803.

⑧ T. Gendler, "Alief in Action(and Reaction)", 2008b, p. 553.

做出行动 C），不由自主的（automatic，哪怕意识到了也不受意志的控制），无关理性的（arational，既不是理性的也不是非理性），是人类与非人类的动物（animal）所共有的，它在概念上先行于（antecedent）其他认知态度（比信念和欲求更为原始），它有情感负荷（affect-laden），并且可以直接产生行动（action-generating，无需欲求作为中介）。①

除此之外，另有两点需要强调。首先，以上所述涉及隐念的事例，几乎都是与主体的信念不一致的行为，但是隐念涵盖的范围不止这一类。既然隐念和信念都会激活行为倾向，二者有时是相反的，有时是一致的。当隐念与信念相反时，行为主体受到"不合规范的隐念"的支配；当隐念与信念一致时，行为主体也会受"符合规范的隐念"的支配。②举个例子，当一条蛇迎面袭击你时，基于某些理由，你的信念表征了蛇是危险的动物，从而激活了你立即做出躲避的行为。不仅如此，这时你的隐念也在起作用，该隐念与具有规范性的信念（对蛇的恐惧）一致。如果你质疑这个案例与隐念无关，请设想这样一个反事实场景：假设你有充分的证据和理由相信，被这条蛇咬一口不仅不会受伤，反而能治愈你的风湿病。按照经典的认知主义图景，既然你有一个信念，相信被蛇咬能治病，又有治病的意愿，于是你应该会坦然不动任由蛇咬，然而真要这么干，你肯定还会惊恐地试图躲避面前这条蛇，因为此时你还受到隐念的支配，在这种情况下，你的隐念与规范性的信念（让蛇咬）是不符合的。③从中可以引出第二要点：虽然詹德勒没有对隐念作出具体定义，但她认为信念与知识和理性密切相关，从属于"理由空间"。信念旨在探求真相（tracking truth），从而能够随着世界的事实证据发生改变立即作出修正；与之相反，隐念对事实证据并不敏感，只会随着习惯的改变而改变。④因此信念和欲求是命题态度，隐念只是一类在本体论上与信念和欲求享有同等地位的心理状态。

二、批评与辩护

隐念理论一经问世就引发了哲学界的广泛关注。例如《隐念与信念》入选

---

① See T. Gendler, 2008a, p. 641; T. Gendler, 2008b, pp. 557—558.

② T. Gendler, "Alief in Action(and Reaction)", 2008b, p. 570.

③ T. Gendler, "Between Reason and Reflex: Response to Commentators", 2012, p. 806.

④ T. Gendler, "Alief in Action(and Reaction)", 2008b, pp. 565—566.

了《哲学家年刊》(*Philosopher's Annual*)评选的年度十佳论文(2008),此文连同姊妹篇《行动(与反应)中的隐念》随后被詹德勒收录到了《直觉、想象与哲学方法论》(2010)一书中。2012年第4期的《分析》杂志为这本书开辟了专栏讨论,批评与回应多是围绕隐念理论展开的。散见于其他哲学刊物的专文评论亦不胜枚举。本节通过评估几种主要的批评,指出这些批评对隐念理论不构成实质性的挑战。如果隐念理论有什么问题,那就是詹德勒预设了一种极具理性主义色彩的信念理论。尽管这种信念理论在当下是稀缺的,[①]博伊尔的"主动信念论题"(active belief thesis)能够充当隐念理论的配置要求(desiderata)。然而如果采纳博伊尔的信念理论,詹德勒又会偏离她的哲学自然主义立场。

首先,让批评者感到困惑的是,既然一个隐念内容包含了表征、情感和行动要素,它还是一个基本的心理范畴吗?这难道不是一组由更为基本的心理状态构成的大杂烩?[②]当你站在悬空走廊前,你的隐念内容是:"太高了! 不安全! 赶紧撤!"这里既有视觉表征R,又有情绪反应A,还有行为反应B。正如道吉特(T. Doggett)指出的那样:隐念的R-A-B内容组合可被当作一个原子式的心理范畴,而一个有意图的行动也有信念-意图-行动的内容组合,但是我们不会把后者当作一个原子式的心理范畴,所以隐念理论难以让人信服。[③]

针对这个质疑,詹德勒一方面认为,"受限于我们的词库,目前不得不用这三类语词描述一个隐念的内容,这样做并不意味着它是一个三合一的混合状态"[④];另一方面她又保守地表示,"我只是做了一个等价论证:任何诉诸信念、欲求和假装(pretending)等概念去解释行动的理论,同样需要诉诸于隐念,以便我们去理解各种各样复杂的现象"[⑤]。在詹德勒看来,道吉特的反驳并不成立。信念-欲求-行动通常是可分离的,但一个典型的隐念内容总是由R-A-B紧密结合而成的(把它说成是"结合",只为方便描述隐念的内容),它可以是先天的本能(例如恐高),也可以是经由习惯获得的(例如伸手掏钱包的动作)。刚

---

① T. Gendler, "Between Reason and Reflex: Response to Commentators", 2012, p. 809.

② Ibid., p. 805.

③ See T. Doggett, "Some Questions for Tamar Szabó Gendler", *Analysis*, Vol. 72, 2012, pp. 770—772.

④ T. Gendler, "Alief and Belief", 2008a, p. 643.

⑤ T. Gendler, "Alief in Action(and Reaction)", 2008b, p. 555.

才所述被蛇袭击的反事实例子可以解释隐念的不可拆分性：即使你相信被蛇咬能治病，同时也有治病的意愿，你还有一个原子式的隐念在那里。①你看到蛇（视觉表征 R）就会不由自主地心生恐惧（情感加载 A）继而躲避它（触发行为 B）。

与之类似，曼德鲍姆（E. Mandelbaum）为詹德勒设置了一个两难困境。他要追问，隐念是一个健全（robust）的概念还是一个紧缩（deflated）的概念？前者把隐念视为过去未曾发现的心理学的基本范畴，后者指像道吉特那样，把它理解为一组现有的心理状态的大杂烩。如果隐念含有表征内容，它就无法使得自身成为一个区别于其他心理状态的独立范畴，因此就不是健全的；如果隐念仅仅是关联式的 R-A-B 结构，我们就没必要设定这样一个奇怪的心理学概念。②很显然，这个质疑的要害直指隐念的表征内容。如果隐念带有语义的或概念化的表征内容，正如道吉特所批评的，它不足为奇，只是信念加情感加行动的一簇组合。如果隐念不具有表征内容，那么它又是什么呢？

詹德勒表示，"归属给隐念的表征内容，相比信念的表征内容，它是浅加工的，这一点尤其表现在它无法与（同时被主体的内在或外在环境特征所激活的）其他表征内容完全相容"。③她把隐念放在表征内容的示例谱系里进行比较。不妨设想，你的膝盖被小锤子敲了一下产生膝跳反射，从而踢到了脚边的一只足球，这是无意图的行为，该行为不是由任何表征内容促成。如果你嫌足球碍事，有意识地踢了一脚，你需要有一个信念"这只足球碍事"，这个信念有完备的表征内容，它充当了产生这个行为的中介。设想你最近学踢球学得起劲，看到脚边有只足球忍不住踢了一脚，不妨说这是一个由隐念导致的行为。④然而该隐念的表征内容却不能融入其他语义性的表征内容中去，因而也就无法进入到信念图式（dogmatic schema）进行推理反思。遗憾的是，无论这组示例对比多么生动，詹德勒并没有对隐念表征内容的"浅加工"机制进行说明，这层辩护仍然是不完整的。

---

① T. Gendler, "Between Reason and Reflex：Response to Commentators", 2012, pp. 805—806.

② E. Mandelbaum, "Against Alief", *Philosophical Studies*, Vol. 165, 2013, pp. 197—198.

③ T. Gendler, "Between Reason and Reflex：Response to Commentators", 2012, p. 800.

④ 这个例子改编自詹德勒，参见 T. Gendler, "Between Reason and Reflex：Response to Commentators", 2012, pp. 801—803.

第二类批评祭出了"奥卡姆剃刀"原则：虽然隐念表面上能够解释那些信念与行为不一致的事例，然而通过详尽的分析，一旦刻画出行为主体缺省配置的信念（以及其他相关的命题态度），就没有必要引入隐念这个概念。上一小节已经提到，哈布斯区分了三种类型的隐念事例，尔后他对其中每一种类型的事例都给出了具体的反驳。杰克·邝（Jack Kwong）也采取了类似的批评策略。以污秽物形状的软糖为例，张三相信：

（a）我面前的这块软糖是由健康味美的食材做成的。

可是张三又因为软糖恶心的外观而拒绝食用，因此张三隐信了一个与（a）相反的情形。邝认为，詹德勒在刻画这个事例时遗漏了张三的缺省信念：

（b）我面前的这块软糖像一坨狗屎。
（c）任何像狗屎的食物都使我（tend to be）毫无食欲。
（d）任何使我毫无食欲的食物通常都应该避免食用。

根据这三个缺省信念，我们可以把信念（e）归属给张三：

（e）我应该避免食用面前的这块软糖。

于是张三既有信念（a）又有与之相反的信念（e）。基于张三当下对软糖欲求的强度，在行为表现上他可以拒绝吃这块软糖，也可以吃这块软糖——如果饿急眼的话。无论如何，通过分析展现行动主体在该情景中完整的信念条目，不诉诸隐念理论仍能很好地解释这个事例。①

站在詹德勒的立场看，这类批评貌似合理，但别忘记，詹德勒为信念和行动设置的理性能动性门槛比批评者设想的要高。在她心目中，（b）（c）（d）以及相应的（e）都不能在严格意义上被视作信念。"信念是针对事物是怎样的一种

---

① J. Kwong, "Resisting Aliefs: Gendler on Belief-Discordant Behaviors", *Philosophical Psychology*, Vol. 25, 2012, pp. 81—82.

回应:而不仅仅是针对事物**使我怎样**(tend to be)或**显得怎样**(seem to be)。由信念产生的行动,是基于思考了整个事情的所有证据,并经由理性和规范性的修正的心理状态而产生的。"①

如果坚守这一准则,那么类似地,当施维茨格贝尔(E. Schwitzgebel)在解释信念与行为不一致的现象时提出了"中间信念"的说法(in-between belief),这只是因为施维茨格贝尔采纳了那种把信念视为行动倾向的信念倾向论(dispositionalism);②当阿巴哈里(M. Albahari)用语境主义进路为詹德勒所作的信念与隐念的区分打圆场时,也不意味着她完全支持隐念理论,这只是因为她从生物进化功能的角度把信念理解为用以"求准"(tracking accuracy)而非"求真"(tracking truth)的心理状态。③因此,面对上述批评,詹德勒大概会认为,她的隐念理论不成问题,问题只是与之匹配的信念理论不明确。

詹德勒这一点说得很清楚:"我没能在概念市场中找到合适的信念理论,这只会让我愈发觉得,为修补隐念理论所做的技术化努力实在有点捉襟见肘"。④因此,刻画一种与隐念理论配套的信念理论是必要的——尽管詹德勒自己没有做出这项工作——这种必要性不仅是一个技术性要求,更有"由小学而入经学"的学术旨趣。把习而不察的隐念从人们通常认为的虚假的信念中剥离出来,以此彰显信念的规范性和理性能动性。

根据当代主流心灵哲学家的观点,"'信念'这个概念通常指称人们把某个东西当作事实或视之为真的那种态度。在此意义上,相信某个东西不需要主动去反思它"。⑤由于信念内容可以命题化,因此信念是一种(视其内容为真的)命题态度。然而詹德勒并不同意这种流俗见解,她一方面沿袭了把信念称为"命题态度"的用法,另一方面,"命题态度"只是信念的必要非充分条件,此外还得加上反思性的、对证据负责、与知识和理论等概念密切相关、从属于"理由空

---

① T. Gendler, "Alief in Action(and Reaction)", 2008b, p. 570.

② E. Schwitzgebel, "Acting Contrary to Our Professed Beliefs or the Gulf between Occurrent Judgment and Dispositional Belief", *Pacific Philosophical Quarterly*, Vol. 91, 2010, p. 533.

③ M. Albahari, "Alief or Belief? A Contextual Approach to Belief Ascription", *Philosophical Studies*, Vol. 167, 2014, p. 714.

④ T. Gendler, "Between Reason and Reflex:Response to Commentators", 2012, p. 809.

⑤ See Eric Schwitzgebel, "Belief", *Stanford Encyclopedia of Philosophy*, 2015, http://plato. stanford. edu/archives/sum2015/entries/belief/.

间"、与信念主体有着能动性关联等诸多约束条件。①这些约束性条件有一个共同要求,那就是信念应该不受主体内在的其他心理状态或外部环境的非证据因素的干扰,它仅由单纯的理性能动性直接产生和把握。这种信念理论的确罕见,即便是詹德勒在引述中较为认同的威廉姆森(Williamson)和麦克道威尔(Mc-Dowell)的信念理论也难担其职。倒是博伊尔在一篇题为《主动信念》(Active Belief)的论文里,指出了这一问题并提供了他的解决方案。

当代信念理论中存在着一个问题:一方面,理性主义者表示,当我们相信什么时,我们是在施以某种理性能动性;另一方面,绝大多数当代哲学家认为,相信什么并不取决于我们自己,我们无法随心所欲地去相信某事,人之所愿或许可以影响到人之所信,然而这种影响算不上是某种形式的控制或能动性。②博伊尔表示,大多数理性主义的信念理论,承诺了一个人对自己的信念负有认知责任,但这种责任类似于"看护"。我对我的某个信念担负责任,因为我可以通达和作用于(access and act upon)该信念。好比我购买了一台相机,我可以保养它改造它。这里的通达和作用,相比我对我的有意图的行动而言有很大的不同。我的行动与我本人有着更为密切的关联,我并不"作用于"自己的行动,我的行动是我"做出"的,而我对我的信念或我手头的这台相机,却不能施加这种直接内在的能动作用。③博伊尔表示,理性主义者在信念主体与自身信念的关系问题上还不够强硬,作为认知主体的能动者对其自身的信念只能施加"外在控制"。他自己的"主动信念论题"旨在内化和强化这层关联:"认知主体之于自己的信念,在某些重要的方面类似于行动主体之于自己的行动。这不是说我可以随心所欲地去相信,而是因为相信与意愿(willing)都在借助于一种通用的能力去施行更加理性的自我决定,这种能力建立在(包括理论的和实践的)自我控制的基础之上。"④事实上,博伊尔对信念的理解有浓厚的康德哲学色彩,这在我们上一节的论述中也能看到。他认为,一个能够自觉(self-consciously)反思自己信念的认知主体,能将自身置于这个问题:"我为什么相信 p?"而他是否持续相信 p,取决于他能否为自己辩护这个信念。唯有当他觉知(aware)自己的信念——也就是"我思"

---

① T. Gendler, "Alief in Action(and Reaction)", 2008b, p. 565.

② M. Boyle, "Active Belief", *Canadian Journal of Philosophy*, Vol. 39, 2009, p. 119.

③ Ibid., p. 121.

④ Ibid., pp. 121—122.

伴随着该信念——才能为之辩护。①

　　详述博伊尔的观点和论证并非这里的目标，回到詹德勒的隐念理论上来，如果信念的本质如博伊尔所理解的那样是"积极主动的"（active），那么隐念就可以作为独立的范畴从中划分出来，而信念就不会受事物的表观（appearance）、信念主体的生物本能和日常习惯的影响，不夹杂情感要素，也不会直接引发主体的行为。但是我们发现，这个修补貌似合理，问题在于即使博伊尔的主动信念论题能够成立，即使该论题作为配置项从而为隐念理论开辟了可辩护的空间，新的问题又会随之出现。由于博伊尔对信念的理解，有着不可还原的规范性要求，同时也预设了和康德式的能动主义自我理论，如此一来，虽然詹德勒自诩在隐念问题上持自然主义立场（且不说她的自然化说明并不成功），如果她对信念的态度不得不采纳类似博伊尔的理解，那么这种信念理论的反倒成了隐念理论的绊脚石。但在我们这里，如果态度二元论是对的，这个绊脚石可以成功得到化解。

三、应用与价值

　　需要说明的是，上一节我们对詹德勒的隐念理论及其批评作出了澄清、修补和诊断，但本节宗旨不是为隐念实在论成功与否下一个确切的定论。人们常常抱怨分析哲学家只会玩弄概念分析而无实质性的理论贡献，然而从实用主义的眼光看，隐念理论的重要意义，诚如詹德勒之所见，它不仅可以统一解释各种信念与行为不一致的现象，还蕴含了广泛的解释效力和丰富的实践价值。我们人类既是具身性的进化产物也是理性的能动者。在日常生活中，我们的行为经常不符合自己的信念（当然有时我们会享受这种不一致，比如看恐怖电影或者玩过山车），如何调解二者就是一个实践性的论题。詹德勒指出，类似的探索古已有之。"柏拉图、亚里士多德和荀子思考过如何让灵魂的各个部分相互协调；近现代哲学家讨论过理性与激情的关系；当代认知心理学和社会心理学对此亦有细致的实证性研究。调解规导我们的隐念大致有两种办法：一种是亚里士多德在《尼各马可伦理学》里所强调的，通过有意的练习培养出与信念保持一致的行为习惯；另一种是笛卡尔在《论灵魂的激情》里提到的，用定向想象（directed

---

① M. Boyle, *Kant and the Significance of Self-Consciousness*, Doctoral Dissertation, University of Pittsburgh, 2006, pp. 105—106.

imagination)来转移注意力也可以抑制隐念。"①

詹德勒举了一个种族主义隐念的例子。心理学家发现,即使在那些真诚提倡反对种族歧视的人群中间,很多人还会不由自主地隐信种族主义。在实验中,不少白人看到一张黑人面孔就会迅速地把某个不明物体误认为是一把枪。上文提到的两种调节办法都可以用于针对种族主义隐念的"认知治疗"。②另一个应用案例由拜里(J. Baillie)提出,他讨论的是我们面对生死大限的态度。人免不了有一死,这是我们都知道的,然而我们纵使不会怀疑自己终有一死,却在另一种意义上,也不会完全相信这一点。正如海德格尔所说的那样,很少有人能够"先行到死中去"。当一个人拿到病危通知单时,他会感到震惊甚至愤怒,并且表现出断然不肯接受事实的行为。拜里表示,引入隐念与信念的区分外加其他理论资源,不仅能够解释这个现象,还能在实践中帮助我们以恰当的态度直面死亡。③

以上两个案例试图调解或抑制我们的隐念,对于另一些情况,在理论上强调隐念,或在实践上强化隐念,则使我们大受裨益。豪格(M. Haug)指出,心理学家对安慰剂效应有许多竞争性的解释,这些说法都在强调典型的条件反射以及有意识的信念的重要性,但是无法对安慰剂效应提供统一性的心理学解释。相比之下,诉诸和强调隐念概念则能克服这个理论困难。④类似地,舍巴特(R. Scherbart)表示,虽然哲学家对于人类在这个决定论的世界中缺乏自由意志感到担忧,心理学家发现,相信强决定论的人对自己的行为过错不那么内疚,并且比起相信自由意志的人,他们对自己的工作不太满意同时也缺乏创造性。因此,哪怕强决定论是对的,接受作为隐念的自由意志并在实践中强化它,不仅可以缓解此类心理问题,在法理学上也富有价值。⑤

不仅如此,我们或许还能设想用隐念去解释为什么一个坚定的科学主义者在某些宗教场合会心生虔敬、顶礼膜拜;可以用隐念去解释为什么科学家即使发

---

① T. Gendler, "Alief in Action(and Reaction)", 2008b, p. 554.

② Ibid., pp. 572—578.

③ J. Baillie, "The Expectation of Nothingness", *Philosophical Studies*, Vol. 166, 2013, pp. 185—203.

④ M. Haug, "Explaining the Placebo Effect: Aliefs, Beliefs, and Conditioning", *Philosophical Psychology*, Vol. 24, 2011, pp. 679—698.

⑤ R. Scherbart, *Determinism, Alief, and Observer-Dependent Freedom: How to Mitigate the Consequences of Deterministic Thinking*, Doctoral Dissertation, UC Santa Cruz, 2013.

现了重大的科学反例也不会急于拥抱新的科学范式；可以用隐念去解释为什么在"抽彩悖论"中基于概率的信念表达方式与信念推理规则之间会出现不一致。不难看出，如果我们放宽要求，汲取詹德勒的部分洞见，接受一种实用主义或工具主义意义上的隐念理论，能在一系列纷繁复杂的人类思想与行为现象中，整合出一套新的解释视角，这是"自然态度"再次发挥解释效用的又一例证。

第九章
人性的超越：自我、永生与意义

第一节　人机之辨：人工智能的自我知识

上一章我们讨论了人与动物的本质区别，还发现，平常所说的信念和行动，实则有着非理性的特征。这些议题暴露了认知理性的限度，也彰显了人性的超越性面向。本书最后一章，我们将从人机之辨、意识永生和人生意义三个议题入手，多角度展示在物理主义的本体论框架内，自然态度如何在"人性学说"的维度提出超越性的要求。

人禽之辨由来已久，而人工智能的兴起，激发了哲学家拿人工智能与人类心灵进行全方位比较。在人禽之辨这个问题上，我们的讨论凸显了人之为人的独特性。这种独特性集中体现在人们对自身心灵有着能动性的反思能力。古希腊德尔菲神庙的"认识你自己"这句箴言，便是一个绝佳佐证。不过研究人工智能的学者，很少有人思考过一个人工智能系统，哪怕再成熟，是否能够"认识它自己"。诊断这项阙漏的根源，为此提供正当性理由是必要的。在这一节里，我们基于当下人工智能的发展水平和技术前景，表明人工智能原则上可以拥有关于自身信念、欲望和意图之类的命题态度的自我知识。从既有的关于人类自我知识的主流理论中，筛选出一个与人工智能相匹配的理论模型。该模型类似于卡鲁瑟斯的阐释性感觉理论，它也体现了卡萨姆（Q. Cassam）所说的"实质性自我知识"的优势，但也要求这样的人工智能系统，需要设定一个认识论上不可还原的"阐释者"。

如今人工智能（AI）不仅成了科技创新的制高点、经济转型的驱动力和大国博弈的竞技场，它更是建构了我们的时代精神，自然也成了当前哲学研究的热点议题。随着计算机智能化程度越来越惊世骇俗，尽管研究者对于 AI 原则上能否拥有知觉、意识、情感、语义表征、自由意志等人类意义上的心理能力有过许多讨论，却鲜见有人思考 AI 是否拥有自我知识。无论是古希腊箴言"认识你自己"，还是中国老子说的"自知者明"，都体现出自我知识有着重要的认知价值和生存论价值。说起我们是怎样认识到自己的内心世界，就会牵扯出复杂的哲学问题。例如，你如何识别当下的感觉与思想？如何确认自己的信念与愿望？毫无疑问，我们的确知道自身的某些心理状态，就像"我觉得牙疼""我想喝水""我相信今天是周六"之类的判断，通常就在表达知识。自我知识是独特的，我似乎无需观察就能直接知道，并且我对自身心理状态的识别，似乎相当可靠。有鉴于此，本节追问三个问题：第一，我们能否恰当地说，AI 在某种意义上拥有自我知识？第二，当前有哪些关于人类的自我知识理论？哪个理论能为第一个问题的回答做参考？第三，如果 AI 有自我知识，那会是何种类型的自我知识？以下三个小节，将分别阐述这些问题。

一、追问的意义

面对 AI 这个异军突起的"他者"时，AI 威胁论一时尘嚣甚上。然而多数 AI 工程师、认知科学家和心灵哲学家相信，当下亟待解决的问题，要么是研究人类各项心理能力及其结构关联，以求为任何一种智能体所必需的知识表征系统，提供有章可循的理论基础和工程学思路，要么就得在提高计算机硬件的计算速度和革新算法上下功夫。这种态度有两个前提预设：第一，从工程学上讲，我们目前正处于且将长期处于弱 AI 阶段，专家系统、人脸识别、自动驾驶、自然语言处理等应用领域的性能提升，很长时间内仍然是 AI 研究的重头戏；第二，多数有科学素养的学者乐意接受"人是机器"的断言，人类认知系统本质上是可计算的，但是机器不能以任意方式达到人类智能水准，秉承"人是万物的尺度"信条，打开人类认知黑箱是实现强 AI 的必要途径（如果不是唯一途径的话）。[①]

在此背景下，AI 工程学家错失自我知识的问题似乎情有可原。由于自我知识是主体关于自身的感知、知觉、信念、欲望、情绪、想象等内在心理状态的自我

[①] 翟振明、彭晓芸：《"强人工智能"将如何改变世界》，《人民论坛·学术前沿》2016 年 4 月上，第 30 页。

归因,而 AI 在可见的将来,仍然不太可能拥有主观性的意识体验和语义表征能力的意向性,AI 连真正的"知识"都不具备,谈论 AI 能否拥有自我知识像是空中楼阁。不过,对哲学家来说,错失人工智能的自我知识问题则是令人遗憾的。我们并不指望对该问题给出一个全有或全无的回答,然而有鉴于像查默斯这样有影响力的哲学家,竟然也在抽象地论证人工智能超越人类智能的"技术奇点"原则上是可实现的,审视自我知识这一人类独特的认知能力,是否能够以及怎样能够在 AI 上实现,绝不是一个无足轻重的问题。①

事实上,古希腊之后,西方思想史在几个不同阶段偏离了"认识你自己"原本应有的丰富意蕴。这句箴言被苏格拉底诠释为"未经反思的生活是不值得过的"。"认识你自己"不只是在知识论的意义上对自身内在心理状态的把握,更是为了追求有意义、本真性和至善的生活,对自己的人格特征、道德品性和道路选择进行一般性的实践探索。进入基督教中世纪后,"认识你自己"的方式、意义和价值被"认识上帝"所取代。到了近代笛卡尔那里,尽管作为主体的"我思"重新担负起了"认识你自己"的功能,但他所刻画的"我思"与"所思"之间,由于有了第一人称权威的直接性和确定性作为保障,自我知识就不再是个特别重要的话题。

20 世纪以来,英美哲坛重新燃起了探究自我知识的热情,但学术旨趣与过去相比有所不同。他们更关心的是:自我知识是否具有认识论上的特殊性? 获取自我知识的方式是怎样的? 自我知识究竟是内省的还是指向外部世界的? 如果自我知识有助于确保其他类型的知识,那么这种作用究竟是什么? 以及自我知识如何揭示自我或心灵的本性? 这些问题也关涉到一系列哲学争论,例如知识辩护的内在论与外在论之争、认识论的理性主义与经验主义之争、语义的宽内容与窄内容之争、自然主义与反自然主义之争等等。这种极具学究气的问题意识和研究进路固然有其不可否认的内在价值,然而当我们遭遇到有可能被认为是一种有别于人类的智能主体时,如果不将这些理论资源引入到人工智能哲学的考察视野,无疑将是再一次的错失。

为了使这个问题在 AI 工程师那里同样富有意义,我们需要表明,AI 在某种

---

① Cf. D. Chalmers, "The Singularity: A Philosophical Analysis", *Journal of Consciousness Studies*, 2010, Vol. 17, pp. 7—65.

意义上也具有获取和调用自我知识能力的可能性。当代自我知识理论普遍认为,主体对于自身心理状态的内省内容,大致分为现象性的感知和情绪,以及作为命题态度的信念和欲望。譬如关于符号 AI 是否拥有信念和欲望,塞尔的"中文屋论证"的目标之一就是证明,一个外在行为表现通过了图灵测试的计算机看似理解汉语,实际上它只能根据程序进行句法操作,并没有真正理解汉语。①塞尔认为,计算机原则上不具备语义内容和意向性,于是就不会拥有人类意义上的信念和欲望。众所周知,哲学家对中文屋论证的反驳方式很多。我们现在谈论的是一个基于现有工程水平的未来 AI 系统是否拥有信念和欲望,因而"系统应答"、"机器人应答"和"类脑应答"都倾向于支持我们的立场。退一步讲,就算关于计算机是否懂中文这个问题尚无判决性结论,我们不妨简单思考一个自我知识版本的"中文屋论证"思想实验。

假定一切场景都如原初版本设置的那样,不懂汉语的塞尔坐在中文屋里,屋外的测试者递入一张写着汉语的字条,塞尔根据手头的符号规则转换表"照猫画虎"地取出一张卡片递出去,屋外的测试者收到回应字条并认为屋里的人是懂汉语的。现在我们不再追问塞尔是否真的懂汉语,而是把问题换成:中文屋里的塞尔知道他自己在做什么吗? 一个快捷而符合直觉的答案是,由于塞尔亲历了整个操作过程,所以他知道自己在做什么,但是他只是执行了符号规则转换表的操作要求,他并不知道符号规则表为什么要设定这样的操作要求。这个升级版的思想实验给我们的初步启示是,我们甚至可以先不考虑计算机是否拥有语义理解和意向性,就一个符号 AI 系统在对自身的符号句法操作过程进行程序性监测的意义上而言,它可能具有程序性的自我知识。当然,这种意义上的自我知识和通常理解的自我知识似乎不同。我知道我相信外面在下雨,但我并不知道实现这个信念的大脑神经元活动是怎样的。即使我知道这一切,那又很可能不是原本意义上的自我知识了。无论如何,我们现在能够得出的结论是条件性的:如果中文屋论证是错的,符号 AI 系统也就拥有语义表征意义上的信念和欲望,AI 拥有某种意义上的自我知识是可能的。

那么"新派 AI"呢? 以信念为例,有趣的是,新派人工智能专家倒是常常乐

---

① J. Searle, "Minds, Brains and Programs", *Behavioral and Brain Sciences*, 1980, Vol. 3, pp. 417—457.

意使用"信念"(belief)和"可信度"(credence)这样的概念。信念的强度可通过统计学的概率定量表示,信念可在贝叶斯信念网络中进行计算,该网络中每个信念的可信度都会影响其他信念的可信度。斯坦福大学人工智能实验室的奠基人之一尼尔森(N. Nilsson)甚至呼吁我们放弃关于信念的人类中心主义,他认为所有储存在一个计算机系统中的陈述性信息就构成了该系统的信念,因此机器人也有信念,比如谷歌的无人驾驶汽车和 IBM 的沃森。而且在形成有用信念的能力上,机器人与人类处于同一水平。①虽然他是这样讲的,但我们需要警惕语词使用的混乱。哈德雷(R. Hadley)区分了 AI 专家在使用"信念"这个概念时的三种涵义。他们谈论的,有时候指的是大家通常所理解的基于命题与意义的信念;有时是指作为信息存贮在"信念箱"中,有待存取使用的基于逻辑学进路的信念;而当他们谈论作为可信度的信念时,又把信念理解为判断命题为真的主观概率。②如此看来,有鉴于作为 AI 自我归因的一阶内容(例如信念、欲望等)在涵义上的多样性,当我们有条件地断言 AI 原则上拥有自我知识时,应该弄清楚 AI 的自我知识与哲学家讨论的自我知识是否一致。

除此之外,另一个有待回应的疑惑是,如果 AI 没有"自我意识"或"自我",我们还能谈论它的自我知识吗? 首先,自我知识与自我意识是两个既有关联又有区分的问题。虽然前者包含了对自我或"我"的指称,研究重点则是我们如何发现那些事实上是我们自己的心理状态;后者关心的是,这种指称是如何做到的,如何把那些心理状态确认为是"我"的。其次,某一特定的自我知识理论,可以与不同的自我意识观点相兼容。例如接下来马上谈及的亲知理论和内感觉理论,在自我意识问题上就没有特定的预设。③最后,持有这种疑虑的,或多或少对"自我"抱有实在论的设定,然而至少对于 AI 来说,关于"自我"的本体论承诺是一个没有必要的、工程学上无法实现的理论负担。我们不妨采纳丹尼特的观点(尽管他探讨的是人类的自我),把 AI 的"自我"当作一个物体"重心"这样的理论虚构,这类疑问就会自行消解。无论如何,研究 AI 是否拥有自我知识,并非无根据无意义的空洞问题。

---

① 尼尔斯·尼尔森:《理解信念:人工智能的科学理解》,机械工业出版社,2016 年,第 8 页。

② R. Hadley, "The Many Uses of 'belief' in AI", *Minds and Machines*, 1991, Vol. 1, pp. 55—73.

③ 布瑞·格特勒:《自我知识》,徐竹译,华夏出版社,2013 年,第 9—11 页。

二、自我知识诸理论

当代英美哲学家对自我知识的研究兴趣,主要集中在对这类知识的特殊性方面作出刻画和解释。伯恩(A. Byrne)指出,自我知识特殊性主要包括优先通达(privileged access)和专有通达(peculiar access)。优先通达的意思是:若 S 相信他处于心理状态 M 中,则 S 就处于 M 中。相比我对别人心理状态的判断,我对自己当下心理状态的判断,在认识论上更接近于知识。但反过来说,我对自己当下心理状态的判断不会总是等同于知识。我可能会错误地相信我心情沮丧(其实我只是对明天的考试感到不安),我也会错误地相信我想要一台禄莱相机(其实我只是想要拍出好照片)。因此我对自己心理状态拥有优先通达权的逆反命题不成立。这个逆反命题有时被称为"自我告知性"(self-intimation):必然地,若 S 处于心理状态 M 中,则 S 知道他自己处于 M 中。"自我告知性"承诺了自我知识不可怀疑、不可纠正甚至是不可错的。但在弗洛伊德之后,很少有人接受自我告知性论题,通常认为我们有很多信念、欲望、情绪是自己不知道的。除了优先通达,多数哲学家也认为,我可以知道我自己在想什么,但我不能以同样的方式知道你在想什么,认知主体归因自己当下心理状态的方式是特殊的。自我知识的这种特殊性叫做专有通达。优先通达和专有通达在逻辑上相互独立。正因如此,并非所有人都接受自我知识兼备优先通达和专有通达。例如行为主义者赖尔就同意前者而否认后者。他认为,我们也是以观察自身行为的方式获得自我知识的,区别在于我们对自己行为的证据把握更到位。[1]澄清了自我知识的两种特殊性,我们就来展示几类不同的自我知识理论,然后按照我们的要求对它们进行简单评估,看看哪种理论所刻画的自我知识,有希望被 AI 实现。

第一,亲知理论(acquaintance theory)。我们有时是以专有通达的方式直接亲知到自己的心理状态,这种直接性既是认识论的,也是形而上学的。认识论上的直接性是指,我不需要通过推理反思或者意识到其他事物即可获知自己的心理状态。形而上学的直接性是说,在我的某个心理状态与对该心理状态的觉知之间,没有任何事件或过程(包括因果性)作为中介。说起亲知理论,哲学家通

---

① A. Byrne, "Introspection", *Philosophical Topics*, 2005, Vol. 33, pp. 80—82.

常会想到罗素,但这条脉络至少可以追溯到笛卡尔。①该理论或许可以较好地解释感知和知觉的自我知识,例如克里普克就认为,疼痛就是对疼痛的觉知。然而除非有很强的理由支持信念和愿望也有可被直接亲知到的现象学特征,否则难以解释我们对意向性状态的自我知识在形而上学上也是直接的。考虑到之前论述过,AI 在可预见的未来很难实现有主观体验的意识状态,因此亲知理论难以给 AI 实现自我知识提供有益的思路。

第二,内感觉理论(inner sense theory)与阐释性感觉理论(interpretive-sensory access theory)。以洛克为源头的内感觉理论主张,自我知识乃是“内在之眼”对自身心理内容进行观察的结果,跟知觉或感觉过程类似,它无非是一种因果发生机制。这种内省机制被描述为“自我扫描”或“转换”过程,它对一个输入进来的心理状态 M 进行“扫描”或“转换”,继而输出了对该心理状态的觉知或自我归因,即“我知道 M”。由于内感觉理论把自我知识的获取,视为一种基于因果机制的可靠过程,它在知识论上是外在论的,在形而上学的倾向上是自然主义的。又由于它把内省知识与知觉知识同类化,避免了像亲知理论那样需要为内省知识提供单独的说明,因而它是经验论的,而且是俭省的(economical)。此外,它还支持了意识的“高阶知觉理论”(HOP)。HOP 主张,一个状态是有意识的,仅当主体通过内感觉把握到它。②不过,内感觉理论的困难是,一方面,认知心理学通常会认为我们拥有获取他人心理状态的读心机制或认知模块,却没有很好的理由和经验证据确定我们还有一套对自己的心理状态进行“扫描”或“转换”的认知机制。另一方面,休梅克(S. Shoemaker)指出,既然内感知理论把自我知识的获取视作因果性的探测机制,那么这种机制就有可能失灵。如此一来,“自我蒙蔽”(self-blindness)就是可能的。在休梅克这样的理性主义哲学家看来,作为理性的人类,自我蒙蔽是被先天排除的:我不可能感到疼痛的同时却不知道自己感到疼痛;当我看到此刻在下雨,从而拥有一个此刻正在下雨的信念时,我不会不知道我相信此刻正在下雨。③

与内感觉理论相似,阐释性感觉理论也把自我知识的产生,当作一种亚人的

① B. Gertler, "Self-Knowledge", *Stanford Encyclopedia of Philosophy*, 2021, https://plato. stanford. edu/entries/self-knowledge/.

② 布瑞·格特勒:《自我知识》,徐竹译,华夏出版社,2013 年,第 154—158 页。

③ 同上书,第 173—175 页。

心理机制,这个机制是可靠的,却又是可容错的。卡鲁瑟斯是该理论的提出者。他认为,获取自我知识与获知他人的心理状态,共享了同一套读心机制。甚至在进化史上,人类先有他心知识再有自我知识。在亚人层面上,我们把自己某个心理状态 M 当作输入,然后纳入一些相关的情景事实和背景信息,通过对 M 作出阐释性解读才得以知晓 M。这样的话,该机制输出的自我知识一阶内容,不必是原初的 M,它可以是一个经由认知主体无意识阐释过的 M*。①阐释性感觉理论很大程度上继承了赖尔关于自我知识的思考,它虽然可以化解内感觉理论面临的两个批评,然而也大大弱化了对自我知识所具有的两类特殊性的强调。许多哲学家相信,这两类特殊性,构成了人类作为能动者的理性主体的实质性反映。卡鲁瑟斯的自我知识理论所遭致的批评主要来自理性主义者,在理性主义者眼里,该理论太过于经验主义并且太不讲究规范性条件的约束了。有趣的是,就我们关心的议题来说,这些批评或许是个好消息。作为一套如此自然主义、经验主义、可靠主义并且又被批评为缺乏理性规范性要求的自我知识理论,或许与我们对 AI 自我知识的实现条件和刻画方式正好匹配。在深入讨论这个问题之前,且让我们看看最后一类当前占据主流地位的自我知识理论。

第三,理性主义与经验主义的透明性理论(transparency theories)。近年来,关于自我知识的获取方式,大致有两种争锋相对的观点:把注意力指向自己内心世界的"内省"理论,以及把注意力指向外部世界的"透明性"理论。关于"内省"这个概念的用法很多,就其字面意思讲它指的是,如果你问我是否感到高兴,我只需向内观察自己的心理感受就行。刚才讨论的两种理论都属于这一大类。与内省理论对立,透明性理论认为,要获得自我知识,主体只需"透过"自己的心理状态,排除一切无关因素,直接对外部世界作出判断就行。你问我是否处于心理状态 M,我可以通过思考 M 所表征的世界的事态本身来获得关于 M 的信念。埃文斯有个著名的段落表达了这一点:可以这么说,在对信念作自我归因时,我们的目光偶尔会实际地指向外部世界。如果有人问我"你认为将会发生第三次世界大战吗?",那么我的回答与我对另一个问题"将会发生第三次世界大战吗?"的回答,都将确切地指向同一个外部现象。②然而透明性理论不是铁板一块,理

---

① Cf. P. Carruthers, *The Opacity of Mind*: *An Integrative Theory of Self-Knowledge*, Oxford University Press, 2011.

② G. Evans, *The Varieties of Reference*, Oxford University Press, 1982, p. 225.

性主义门类下的能动主义,和经验主义门类下的推理主义,是两种针锋相对的观点。

以伯奇、莫兰(R. Moran)和博伊尔等人为代表的理性主义者认为,透明性方法不是一种心理学的因果机制,而是我们作为理性能动者对理性能力的施行和展现。正如上一章讲过的那样,我在获得一个关于"我相信 p"的自我知识时,"p为真"这个信念,并非首先被动地发生在我身上,然后通过某种特定的心理机制被我发现。而是说我作为我自己思想的生产者,我慎思相关的理由,能动地形成"p 为真"这个信念。既然我的理性能动性,对我自己的思想是负责的、作出承诺的,那就保证了我能够获得和持有"我相信 p"的自我知识。①然而能动主义的应用范围是有限的,它能解释具有自发性的(spontaneous)命题态度的自我归因,关于知觉、感知、情绪这类被动性的(passive)意识状态的自我知识却爱莫能助。透明性理论还可以是经验主义的。例如费尔南德斯(J. Fernández)和伯恩等人认为,自我知识并不是理性能动者实践慎思的结果。他们提出一套经验机制来详述透明性方法,然后论证表明,根据这种机制作出的自我归因,既有资格被视为是知识,又满足了自我知识特殊性的两个方面。这种经济机制可以是某种亚人的推理过程[伯恩的"信念图式模型"(doxastic schema)],也可以是无凭据的[费尔南德斯的"绕行模型"(bypass model)],他们共同的出发点都是避免引入像"理由""能动者"这类不符合自然主义哲学立场的概念。②

三、人工智能的自我知识

以上讨论的三种自我知识理论,是哲学家为了理解人类自我知识在认识论上表现出的特殊性各自所作的努力。然而它们之间差异的背后,有不同的形而上学和知识论立场作支撑。当我们思考 AI 是否拥有自我知识时,这些理论在相互交锋中所暴露出的利弊得失,不一定要全盘照搬套用在 AI 情境中。通过之前的论述,我们需要明确两点:第一,即使未来的 AI 有可能不会在所有方面都被人类所理解或是受到人类的控制,它本质上还是一个人造的工程系统,任何超越论

---

① M. Boyle, "Transparent Self-Knowledge", *Proceedings of the Aristotelian Society*, 2011, Vol. 85, p. 224.

② B. Gertler, "Self-Knowledge", *Stanford Encyclopedia of Philosophy*, 2021, https://plato.stanford.edu/entries/self-knowledge/.

（transcendental）意义上的"自我"或"理性"能力都与 AI 的属性预设不相容。第二，我们假定塞尔的中文屋论证原则上是可被挫败的，因而一个理想的 AI 系统能够拥有语义理解和意向性能力。但在另一方面，根据现有的哲学探索和认知科学经验研究，没有充分的理据表明 AI 在可见的将来能够实现像疼痛、高兴、看到红色的感觉之类的拥有主观体验性的现象意识。因此一个 AI 系统的自我知识，只能限定在对自身的数据、符号、句法、算法、结构关联以及刚才说的语义表征和意向性方面作出自我归因。

那么一个有着自我归因能力的 AI 系统是否必要呢？换言之，在工程师眼里，制造一台拥有自我知识或元认知能力的计算机的动机是什么？前文已经论述，类似于科幻电影《终结者》所描绘那种场景，至少在严肃的科学家和工程师看来无异于杞人忧天。排除这般令人恐惧的图景，我们当然期待看到一个自主性系统的出现。它能让系统觉知到自身的内在状态、运行过程、行为表现和行为后果，这种自我觉知不仅可以让一个身处复杂的、不确定的和动态环境中的系统更加快捷有效地运行，对于系统自身的安全性以及执行人类写入的伦理学指令也是必要的。[1]

根据之前的分析，AI 的自我知识不可能遵从亲知理论的表述，也不可能是理性主义的透明性理论所刻画的那样。亲知理论要求一阶心理状态与二阶自我归因之间有形而上学的直接性，理性主义的透明性理论强调不可还原的理性能动者在自我归因过程中发挥的批判性和规范性功能，二者都有违自然主义基本预设。因此剩下的考察选项就只有内感觉理论、阐释性感觉理论和经验主义的透明性理论了。

相比经验主义的透明性理论，内感觉理论与阐释性感觉理论之间的思想关联更紧密。前者认为自我知识是"透明的"、指向外部世界的。它允许主体仅通过考察心理状态所表征的外部对象而非该状态本身，来把握这个状态。后两种理论则把自我知识视为内省心理状态的结果。然而我们有充分的理由相信，AI 自我知识的实现途径，只可能通过"内省"用以表征外部世界的符号系统来实现。即使知觉的直接实在论在 AI 那里都难以成立，AI 不能通过直接思考世界

---

[1] P. Lewis, "Self-aware Computing Systems: From Psychology to Engineering", in Lewis, Platzner, Rinner(eds.), *Self-Aware Computing System*, Springer Press, 2016. See also: http://prlewis.com/files/lewis-self-aware-computing-date-2017.pdf.

来思考自身的意向状态。

现在只剩下内感觉理论和阐释性感觉理论了。提醒一下,这里说的"感觉"不是指有着现象特征的感知和知觉的属性。正如阿姆斯特朗强调的那样,内省过程是"大脑的自我扫描过程",它"不过是信息或信念之流"。①刚才讲到,在休梅克看来,内感觉理论的严重错误在于放任了"自我蒙蔽"的可能。然而对于 AI 来说,自我蒙蔽不仅在理论上可能,而且就像你办公室的扫描仪会失灵一样,是现实中的家常便饭。不过,内感觉"扫描仪"只要不失灵,就会忠实地扫描原文件。给定一个由符号系统表达的信念 M,AI 通过自身的"内感觉"装置只会输出"我知道我相信 M"。这样的自我知识输出当然有它的好处。例如随着神经网络和深度学习在科学领域的应用越来越多,AI 的黑箱性质已经愈发引起人们的担心,于是一批 AI 专家开始把研究目标对准了 AI 自己,他们利用各种办法,力图设置"扫描仪"装置来提高 AI 执行的透明度。②

就实然的意义上说,内感觉理论和阐释性感觉理论,两者都可以作为 AI 的自我知识的实现模型,这需要取决于我们根据什么样的目的造出什么样的 AI 系统。但从应然的意义上讲,一个身处复杂环境中具有自主性的 AI 系统,内感觉理论提供的"忠实扫描"模型是不充分的。至少有三条理由支持这一观点。

第一,卡鲁瑟斯援引了大量认知科学的证据表明,我们通过阐释他人的言语和行为来获知他心知识,这套读心系统也是自我知识的来源。他对自我知识的解释最大限度地保持在发生学的描述层面。制造一个足够智能的 AI 系统,在现有的条件下应当尽可能地进行仿生模拟。第二,从延展认知的视角看,一个 AI 系统,其实是由多部件、大环境、云存储、分布式的开发者和用户共同耦合构成的,"忠实扫描"AI 的内在状态难以实现。第三,在卡萨姆看来,当代哲学家对自我知识的研究兴趣太过关注它在知识论上的特殊性,从而忽略了"认识你自己"的古老教诲。由此导致当代自我知识的讨论范例,集中在诸如"我相信外面在下雨""我知道我牙疼"这些无足轻重的问题上。与之相对,他区分出实质性的(substantial)自我知识。类似于"我是否打算生第三胎?""我是不是一个好丈

---

① D. Armstrong, *A Materialist Theory of the Mind*, Routledge, 1968, pp. 324—326.

② P. Voosen, "How AI Detectives Are Cracking Open the Black Box of Deep Learning", *Science*, 2017 (Jul. 6).

夫?"这些与现实生活息息相关的问题,才是俗世常人真正需要关心的。卡萨姆论证指出,只有当你掌握了关于你自己的心理学证据,或是他人对你的看法之类的证据,再通过你的阅历和老练的智识加以辨析,才能获得实质性的自我知识,因而实质性的自我知识是一种以理论为中介的推理过程。[1]

不难看出,相比内感觉理论,卡萨姆的推理主义与卡鲁瑟斯的阐释性感觉理论更加接近。我们无意在此细作比对,重要的是,类似于卡萨姆所说的实质性自我知识,对于 AI 系统用户来说同样至关重要。设想从一台智能家政机器人用户的立场上看,AI 报告自己内在的程序操作步骤和算法执行过程无关紧要。AI 能够通过多方渠道,对自己在以往的任务执行过程中,就它的表现与用户的反馈、偏好、期望之间存在的差异,作一个全局性的判断和动态的自主调整才是要紧的。在这个意义上,AI"认识它自己",不是指单纯地通过内感知机制表达自身的"心理状态",而指向一种面向实践的实质性自我知识。这个意义上的"实质性自我知识",相比其他几类模型,无疑更接近阐释性感觉理论的刻画。

这是一个技术爆炸的智能化时代,也是需要哲学家动用哲学资源回应现实,"回到粗糙的地面上"(维特根斯坦语)的时候。本节首先确立了考察人工智能是否拥有自我知识这个问题的正当性,接着展示了当代哲学家描绘人类的自我知识的三种理论图景,最后基于一些可靠的哲学预设,结合当下人工智能的现实情形,论证指出人工智能能够拥有关于自身信念、欲望和意图之类的命题态度的自我知识。我们在这里并没有为人工智能专家提供一套可操作、可实现的技术架构,但是我们为实现这一技术前景,从既有的关于人类自我知识的理论模型中找到了一个较为可靠的方案。这个方案遵循了物理主义的本体论原则,同时也预设了这种自我知识应当是面向实践的实质性自我知识,作为 AI 自我知识的"阐释性感觉理论",其"阐释者"超越了单纯的 AI 系统本身(如果不采纳延展认知的话),事实上包含了人类这种解读者(或系统操作者),而人类作为这个系统网络的阐释者,却无法还原为该系统本身。我们在这个问题上的"自然态度",再一次突破了"自然主义态度"。

---

[1]　Q. Cassam, *Self-Knowledge for Humans*, Oxford University Press, 2015, p. 171.

第二节　永生与意识上传

如果说每个时代都有它特定的"时代精神"（Zeitgeist），那么在人工智能、纳米生物技术、脑神经科学和认知科学各个分支狂飙猛进的今天，设想和应对未来人类可能面临的人机一体化、去身体化和心灵的数字化，无疑是摆在哲学家面前的紧迫任务。演化心理学大体还是一种归纳，人类未来的演化轨迹，在这些前所未有的新科技面前，将会变得难以捉摸、不可预测。哲学家们于是开始热衷于讨论诸如"后人类"（Posthuman）、"赛博格"（Cyborg）、"奇点"（Singularity）和"超级人工智能"（Super AI）这类新概念，并且忙不迭地以未来主义的眼光审视当下人类的生存论境况和社会文化的精神内核。这并不是说哲学家无权开展一场关于未来主义的想象的冒险。恰恰相反，我们在这里担心的是，如果那样的想象到头来只不过是空中楼阁，它将反过来威胁哲学家对于当下社会、科技、文化、伦理、政治等问题判断的可靠性，想象的冒险容易成为冒险的想象。

在种种未来主义的想象情境当中，关于后人类和赛博格的终极样式，非"心灵上传"（mind uploading）莫属。有鉴于这只是模糊场景勾勒，我们在此无法对心灵上传给出严格的概念界定。大致而言，心灵上传指的是，在计算机和脑神经科学技术高度发达的未来，我们可以做到将人类个体大脑的神经元及其突触联结模式，以极其精确细致的方式，拷贝上传至计算机的硬件设备当中，从而让人类的心灵脱离大脑和肉身，在计算机和网络云端当中得以"永生"。关于心灵上传的实现方式、可能遇到的技术障碍，以及随之而来的种种后果，不少科幻作品提供了富有想象的启发。例如沃利·菲斯特执导的《超验骇客》（Transcendence），讲述了男主角在生命弥留之际，通过非侵入的方式扫描自己的大脑，将心灵数据化上传到计算机，进而不仅成功实现了"活"在虚拟世界当中，更是做到了字面意义上的"呼风唤雨"，与世界万物"天人合一"。类似的场景也出现在吕克·贝松导演的《超体》（Lucy）那里，只不过这一次，女主角露西的心灵上传，是受某种能够激活大脑潜能的神秘化学物质的刺激，阴差阳错地最终实现心灵与万物的融合——当然包括各种计算机设备。不得不说，这两部科幻电影关于世界的本体论预设，无疑都是采纳了信息论立场——无论人类的心灵还是山川日月这样的物质实体，终极本质都是信息。也许这两部电影多少有点

"超纲",但是更多人所熟知的《星际迷航》(Star Trek)里的遥距传输技术,以及《阿凡达》(Avatar)描绘的把意识上传到克隆纳美人(Na'vi)的"替身"当中,堪称心灵上传的典型方式。

大概受到科幻作品的启发,查默斯为我们梳理了心灵上传的三种"套餐":A)毁灭式上传;B)渐进式上传;C)扫描式上传。[①]

A 的实现分为 4 个步骤:S1.冷冻大脑;S2.将冷冻大脑切片处理;S3.记录每一层薄片中的神经元构造、回路分布,以及彼此的联结特征;S4.将这些信息上传至计算机模型,精确模拟神经活动及其动态系统。

B 的实现方式略为复杂:S1.给大脑注入纳米机器人;S2.每个纳米机器人附着在一个神经元上,学习模拟神经元的微观行为及其联结方式;S3.学习完成后,替代原始的神经元进行工作,将信息无线传输到计算机上;S4.一个神经元的信息传送完毕之后,重新附着到下一个神经元上,重复 S2 和S3,最终完成大脑中全部神经元的信息上传。

C 最简单省事:S1.装配类似于 fMRI 的扫描仪;S2.扫描仪精确记录大脑神经元的动态活动,并上传到计算机。[②]

查默斯并没有穷尽心灵上传的全部实现方式——例如《超体》所展示的"弄拙成巧"的心灵上传就不在讨论范围当中——但至少这是我们可驾驭的实现方式。三者之中,A 在技术上似乎最容易实现,但是毁灭原初的大脑却让它变得风险很高。B 虽然比 A 安全,但是耗时漫长,也无法确保渐进上传的过程中不出现意外。C 是科幻作品中最常见的上传方式,听起来最为安全,却也最难实现,而且保留原初大脑的完整性,将会面临人格同一性(personal identity)的困难。

不过,在我们继续这个话题之前,需要再次简单澄清"心灵"与"意识"这两个关键概念。不妨说,意识现象和意识特征,是心灵现象和心灵特征当中最有趣、最棘手的组成部分。如果说心灵上传仅仅是把心灵中的部分内容——例如我刚刚记住的一串电话号码——上传到计算机,这个问题就简单多了,同时也变

① D. Chalmers, "Uploading: A Philosophical Analysis", in R. Blackford & D. Broderick(eds.), *Intelligence Unbound: The Future of Uploaded and Machine Minds*, Wiley Blackwell, 2014, p. 102.

② Ibid., pp. 102—103.

得无趣多了。我们似乎可以谈论阿尔法狗（AlphaGo）是否拥有心灵，但除非有特定的语境，我们似乎不会争论阿尔法狗是不是已经有了意识。正因如此，当人们谈论心灵上传时，真正关心的其实是意识上传。这里所谓的意识，很大程度上是指生物意识，也就是在人类和其他动物那里展现出来的、具有一系列特定属性的心灵能力。这些属性包括：拥有感知（sentience）、是清醒的（wakefulness）、有自我意识（self-consciousness）、有第一人称体验（what it is like）、是意识状态的主体（subject of conscious states），以及意识是关于某个对象的（transitive consciousness）。①这些学术行话概念，倒是非常符合我们关于意识的直观理解——对于意识问题，难以言说的直观理解恰恰是最重要的。有了这些准备，现在我们来看以上三种方式，原则上能否实现意识上传。

一、意识上传的形而上学要求

事实上，我们无需对三种上传方式逐一考察，问题的关键在于，关于意识，它们都采纳了什么样的形而上学预设。正如我们在《超验骇客》和《超体》中所看到的，两部电影的主角都能做到连通宇宙万物（类似于某种版本的自然神论），背后预设了意识和物质的本质特征都是信息。在查默斯看来，上述无论哪种上传方式，对大脑信息的提取是必不可少的，这首先意味着意识与某种物理特征的属性有着必然关联，因此这样的形而上学立场首先排除了笛卡尔式的实体二元论——认为意识与物质是截然不同、毫无交集的两种实体。进一步地，既然意识可以上传到计算机，意味着意识载体可以脱离原初的生物性大脑——例如《阿凡达》需要一个克隆生命的替身作为意识的载体，因此特定类型的意识状态就不必是等同于特定类型的脑神经生理状态，从而心脑类型同一论（type-type identity of mind）也被排除在外了。

心脑同一论除了类型同一论之外，还有个例同一论（token-token identity of mind）。前者认为，疼痛这种类型的意识状态，必然等同于特定类型的（比方说，C-神经纤维激活）脑神经生理状态。或许章鱼也有疼痛体验，但它们没有人类的大脑构造，从而也没有 C-神经纤维激活，所以不能说它们有类似的意识状态。

---

① R. Gulick，"Consciousness"，*Stanford Encyclopedia of Philosophy*，2014，https://plato.stanford.edu/entries/consciousness/.

因此类型同一论在意识问题上，带有过强的人类沙文主义倾向。个例同一论在这一点就表现得更加宽容，它主张在生物个体那里，特定的意识状态个例，等同于它自身特定的脑神经生理状态。我的疼痛等同于我的 C-神经纤维激活。一只章鱼的疼痛，则等同于那只章鱼自身的 B-神经纤维激活。

如果坚持意识即大脑，并且类型同一论无法作为意识上传的本体论基础，似乎就得接受个例同一论。然而在意识上传问题上，个例同一论对大脑这种物质基质（substrate）的依赖性关联比类型同一论还要强。它不仅要求意识等同于某种特定类型的脑神经生理状态，还要求某个特定的（the）意识，等同于某个特定的（the）脑神经生理状态。把意识上传到纳美人克隆体阿凡达上都行之无效，更别提上传到硅片基质的计算机存储空间了。

如此看来，在心-身问题上的逻辑空间里，关于意识上传的主要几个形而上学基础理论，似乎只剩下功能主义和泛心论了。泛心论说的是，心性（mentality）是自然界中最基本和最普遍的存在。大到日月山川，小到夸克和光子，世界上任何物理事物多多少少都具有心灵属性。①尽管查默斯自己的立场倾向于泛心论，但泛心论在这个问题上绝对不是合格的形而上学配置。一方面，泛心论对于意识上传的处理没有显著的可驾驭性（tractable），另一方面，如果复杂程度不一的心性无处不在，我们似乎也没有很好的理由费尽周折，非要把意识上传到计算机上才可以保留意识——没准黄土一抔，亦可永生九泉。

因此，如果意识上传是可能的，最可靠的形而上学基础就是功能主义，而且还是一种强版本的计算主义。计算主义认为，心灵就是数字计算机，而思想和意识也都是某种类型的计算。既然如此，任何反对计算主义的理由，都可以将批评的火力引入到反对意识上传的可能性当中来。

对意识的功能主义批判，一个典型的例子就是布洛克提出的"中国脑论证"（China Brain Argument）。请注意，这与我们熟知的塞尔反对强人工智能的"中文屋论证"不同。后者聚集于计算主义能否"消化"语义理解能力，前者则为我们设置这样一个思想实验场景：既然人脑的每一个神经元都可被视为信息输入输出装置，那么每个中国人都来扮演单个的神经元角色会出现怎样的情况？假

---

① P. Golf, "Panpsychism", *Stanford Encyclopedia of Philosophy*, 2017, https://plato.stanford.edu/entries/panpsychism/.

设我们每个中国人手里都有一部双向无线电通讯设备,按指令对特定的人接受或发送信号。如果全体中国人(假设有15亿人)通过统一命令,完全按照疼痛发生时,神经元集合的电信号状态在线联网,这样一来,整个中国脑作为整体,能否作为新冒出来的第15亿零1人?并且"它"还能感受到疼痛。①

布洛克认为,这样的结论是反直觉的。这个思想实验反对的是常识功能主义,尽管计算主义是一个后验(a posterior)论断,但对于意识上传而言,他的批评同样可以提醒我们,意识的现象特征(例如痛感体验),或许无法从功能同构的特定功能属性中先验推导出来。不过,关于计算主义的另一层担忧,对意识上传的可实现性的杀伤力更大。这种担忧将会导致计算主义沦落为泛计算主义,从而与泛心论联系在一起。既然计算主义试图摆脱意识之于生物性大脑的神经生理的依赖性,只要求在计算功能方面具有同构性即可,那么计算主义在落实(implementation)过程中,或将面临"落实的随意性问题"。根据程炼对塞尔的引述:

> 按照对计算的标准的教科书定义,我们难以看到如何避免以下结论:1.对于任何对象,存在对该对象的某个描述,使得在该描述之下该对象是一台电子计算机;2.对于任何程序并且对于任何足够复杂的对象,存在着对该对象的某种描述,在该描述之下,该对象正在落实该程序。这样的话,例如我背后的这堵墙现在正在落实词星(Wordstar)程序,因为墙体中存在某种分子运动模式,它与词星的形式结构是同构的。但是,如果这堵墙正在落实词星,那么如果它是一堵足够大的墙,它也正在落实任何程序,包括任何落实在大脑中的程序。②

诚如程炼所言,要回应落实的随意性问题,我们可以这样说:

> 大量的物理系统落实了简单的、只有极少量内部状态的图灵机,这些图灵机只能刻画简单的算法。但是计算主义者不承认每一个物理对象落实了

---

① N. Block, "Troubles with Functionalism", *Minnesota Studies in the Philosophy of Science*, 1978, Vol. 9, pp. 261—325.

② 程炼:《何谓计算主义?》,《科学文化评论》2007年第4期,第14页。

每一个计算,这是因为,极其复杂的计算所包含的计算状态数量,可能远远超出我们所知的宇宙体系的物理状态类型的数量。①

但是这样的话,意识上传的可落实性就置身于一个两难困境:如果意识上传在技术上容易落实,那么我们必须接受某种与计算主义可相容版本的泛心论;如果要想避免落实的随意性问题,考虑到意识落实在计算机上的难度,可能远远超出我们所知的宇宙体系的物理状态类型的数量,它在技术层面上就几乎无法实现——更何况我们对未来的计算机算力的预期,只是建立在作为经验性总结的摩尔定律的不可靠的期许上。如此说来,即使关于意识上传的形而上学——计算主义——为真,意识上传要么只是一个遥不可及的技术想象,要么因为泛心论亦可充当意识上传的形而上学选项而变得没有必要。

二、创造智能体还是保留人格同一性?

尽管意识上传在"落实的随意性"维度有其两难困境的隐忧,但是到此为止我们还没有任何形而上学的理由反驳意识上传的可能性。现在的问题在于,哲学家和科幻作家所设想的意识上传,并不是简单地把心灵中的部分内容(例如可被计算编码的记忆)上传到计算机,而是要求对一个有感知、清醒的、现象性的、有第一人称体验的、有自我意识能力的意识主体进行上传,让人格彻底脱离大脑和肉身而存在。并且,进一步地,这种离身性存在(disembodied being)的目标,是能够持续存在甚至永恒存在(只要计算机的运行不出现重大故障)。因此我们有必要去追问,查默斯所刻画的三种上传方式,真的能够让我们的意识连同特定的人格,存活在计算机设备或"云端"当中吗?

对于那些认为意识上传原则上是不可能的脑神经科学家而言,他们大多认为,意识必须依赖于大脑。诺贝尔生理学与医学奖得主坎德尔(E. Kandel)指出:"心灵的新科学建立在这一原则上:我们的心灵和我们的大脑是不可分离的。大脑是复杂的生物器官,它拥有海量的计算能力:它构造我们的感知经验,管理我们的思想和情绪,控制我们的行为。它不仅对类似于吃饭和跑步这些相对简单的运动行为负责,也掌管了诸如思考、说话和艺术创作这些被视为人之根

---

① 程炼:《何谓计算主义?》,《科学文化评论》2007年第4期,第14—15页。

本的领域。从这一角度看,我们的心灵是由我们的大脑来执行的。"①

不过我们可以退一步讲,假设此刻我们已将意识成功上传了,接下来会出现什么情况? 作为心脑个例同一论的支持者,戴维森在他著名的"沼泽人"(Swampman)思想实验中,邀请我们思考如下场景:

> 设想一个闪电劈下来,击中了沼泽中一棵死去的树,而我就站在旁边。我的身体化为灰烬,纯属巧合的是,这棵树(虽然是不同的分子)竟然变成了我的物理复制品。我的复制品——沼泽人——与我的行为完全一样,它离开沼泽,遇见了我的朋友,也似乎认出了他们,而且它也用英语和我的朋友打招呼。它走向了我的住所,看似也在撰写一篇关于彻底解释的论文。没人察觉出有任何异样。②

在这一场景中,戴维森的身体因被闪电击中而瞬间消亡,但是闪电也按照戴维森的身体分子排列方式(包括大脑分子排列),彻底重构了沼泽中的那棵树。这使得新冒出来的沼泽人有着与戴维森一模一样的分子构成和行为模式。这场意外相当于"A 套餐"所描绘的毁灭式上传,唯一的区别在于,这里省去了步骤 S1 和 S2,无需对冷冻大脑进行切片处理,并且步骤 S3 和 S4 的转化是由闪电和沼泽中的物质瞬间实现的。但在沼泽人思想实验中,随之而来的问题包括:沼泽人就是戴维森吗? 或者它算得上是"人"吗? 它有思想吗? 这些思想是戴维森的思想吗? 根据戴维森自己的分析,他对这些疑问都持否定态度:

> 但是(沼泽人和戴维森之间)有所不同。我的复制品无法认出我的朋友;它不能认出(recognize)事物,因为它一开始就从未认知过(cognized)任何事物……在我看来,我的复制品发出声音的时候,并不表达任何含义,它也没有任何思想。③

① E. Kandel, *Principles of Neural Science*(5th edition), McGraw-Hill Education, 2013. Cited in D. Broderick, "Introduction I: Machines of Loving Grace(Let's Hope)", in R. Blackford & D. Broderick(eds.), *Intelligence Unbound: The Future of Uploaded and Machine Minds*, Wiley Blackwell, 2014, p. 1.

②③ D. Davidson, *Subjective*, *Intersubjective*, *Objective*, Oxford University Press, 2001, p. 19.

在戴维森看来,沼泽人虽然在言语行为表现上跟思想实验中被毁灭的戴维森完全一样,然而它却没有思想、没有心灵、没有意识,也没有戴维森的人格,理由是沼泽人不具有戴维森原始心灵的因果历史(casual history)。这意味着,我们所设想的意识上传,很可能仅仅只是创造或拷贝我们的心灵内容,却无从保留人格的同一性,而后者才是意识上传的要义。这类似于我拿到王希孟的《千里江山图》真迹,我用巧妙绝伦的复制技术,造出每个分子都完全一样的赝品,然而赝品仍然是赝品,即使它们的形式完全一样,由于它们的因果历史截然不同,它们的"客观意义"依然无法等同。①

支持意识上传的哲学家或许会指出,戴维森思想实验的结论无法获得辩护,因为那是他所主张的"无律则一元论"(Anomalous Monism)的产物。这种理论认为,心理学无法像物理学那样,在心理和物理之间并不存在无例外的自然定律。计算主义者会声称,就人格同一性问题而言,关于意识与大脑的关系,就好比是软件和硬件的关系。同样的软件,可以在不同的硬件上运行。意识上传后的人格同一性,也因此获得保障。豪斯科勒(M. Hauskeller)改造了这个比喻,我们是否可以说,意识就好比一本书的内容,大脑好比呈现出该书内容的物质实体呢?如此一来,岂不是可以认为,当我的意识(书的内容)上传到计算机中,上传后的意识(书的内容)在形式和内容上都等同于我的大脑(书的物质实体)的意识了吗?豪斯科勒指出,这个比喻遗忘了重要的一点:书的内容依赖于读者,如果没有读者,《红楼梦》并不存在。换一个说法,如果我在读一本《红楼梦》,你也在读同一个版本的《红楼梦》,假设我们在阅读的时候,思想内容完全一样,然而我们仍然可以说,我在读我的书,你在读你的书,我们两人的心灵并不是同一个心灵。②有鉴于此,我们很难相信,即使意识可以上传,我的人格也可以随之上传到计算机上。我们最多只能说,通过所谓意识上传方式(如果可能的话),我们创造了一个虚拟智能体。

三、不能上传,还不能下载吗?

如果说意识上传是后人类的终极梦想,当这个梦想变得不太可能(意识无

---

①　M. Hauskeller, "My Brain, My Mind, and I: Some Philosophical Assumptions of Mind-Uploading", *International Journal of Machine Consciouness*, 2012, Vol. 4, p. 191.

②　Ibid., p. 192.

法"计算可落实")或者并无必要(泛心论的困境以及人格同一性不能得到确保)时,我们还能退而求其次,追求另一种可能性——意识下载吗? 这里所说的意识下载,和上述"意识上传"的定义可以有所不同,它指的是把其他认知系统的心灵内容下载到人脑当中。这种类似于记忆移植的场景想象,倒是可以准确切中赛博格的要义。我们已经见识了现有的科技水平可以用机械替换人体的一部分,甚至将大脑与机械联为一体,例如人工视觉、人工触觉,以及用意念控制机械手臂等等,然而这还只是用义体替代原有的身体,它与我们这里所说的意识下载还差得远。心智健全的人倒是更渴望把一整套《四库全书》或者郎朗的钢琴技能直接"装进"自己的大脑。

很可惜这样的想象,从认知科学原理上看,恐怕也是无法实现的。不过这一次,意识下载遇到的阻碍,与意识上传所面临的形而上学困难不同。一方面,意识下载很大程度上受到人脑神经生物学的限制;另一方面,根据认知科学哲学对心灵加工模式的设想,大脑无法任意接受不加分别的信息。

首先,意识下载受到人脑工作记忆的限制。这个术语指的是我们在有限的一段时间内(通常是几秒钟)记住信息的能力。从控制注意力到言语工作,从逻辑推理到视觉听觉信息处理,大量复杂的任务都是以工作记忆作为最基础的工作平台。[1]工作记忆类似于计算机的"内存",它的"容量"或"带宽"范围,大致只能在短时间记住 7 个随机数字。因此,即使未来能够做到利用纳米生物科技将一部携带《四库全书》信息的微型存储设备直接植入大脑,要想调用提取这些信息,必须过了工作记忆这一关才行——除非另有神奇的办法对人脑的工作记忆进行技术扩容。

其次,人脑的神经元系统是高度可塑的,大脑的功能图谱将会随着存储记忆的改变而发生变化。例如钢琴家在听到钢琴音时,被激活的脑区面积比非音乐家要大 25%,并且传导运动性神经冲动的通路也会有所不同。若这一事实无法改变,很难想象当一个人下载了郎朗的钢琴演奏技能并将之在自己的大脑中激活之后(如果可能的话),此人的其他认知功能仍然可以大致保留原样。

最后,根据霍伊(J. Hohwy)和克拉克(A. Clark)等认知科学哲学家近年来提

---

① 托克尔·克林贝里:《超负荷的大脑:信息过载与工作记忆的极限》,周建国、周东译,上海科技教育出版社,2016 年,第 26 页。

出的"大脑的预测加工模型"（Predictive Processing of Brain），生物性的大脑不仅仅是一台被动接受外部信号的信息加工装置，大脑更类似于一台预测误差最小化的贝叶斯推理机。它一方面对即将接受到的外部刺激作出主动预测，另一方面在层级化的功能模型中，将这样的预测与实际采样到的信号进行误差比对和相互修正，从而以一种康德式的认知模型进行工作。①如此说来，我们能够经验怎样的意识体验，以及拥有什么样的心理内容，并不完全取决于接收到怎样的信息刺激，更取决于每一个特定的生物性大脑的具体构造及其发育学习历史。强行植入的信息，在这个意义上也将成为无效的噪音。

科幻场景的可设想性，并不顺理成章地等同于现实的可能性。关于意识上传和意识下载，既牵涉到意识的形而上学基础问题，又受到脑与认知科学相关的经验事实的约束。基于查默斯为心灵上传话题设置的讨论框架，这一节已经论证指出了以下三点：第一，意识上传的形而上学基础是计算功能主义，但是在这个问题上，意识上传将会陷入一个两难困境；第二，心灵上传并不等同于意识上传，更不能保证人格同一性的维系；第三，不仅人类的意识无法上传，受制于我们生物性大脑的工作模式，意识下载也难以实现。再一次地，从中得出的教诲是，人性问题只可被"学说化"而难以彻底"科学化"。在世界观的问题上，"自然主义态度"不得不让位于"自然态度"。

第三节　演化心理学与人生意义

早在本书引言里我已提醒过，这是一本有着浓厚"学究气"的专业哲学著作。虽然本书标题听着让人跃跃欲试，但我不指望这本书能够广泛惠及所有的读者。有趣的是，一旦聊起哲学，"业外"人士就会把这门学科与人生意义问题联想到一块了，而学院派的哲学家，却对人生意义问题多少有些发怵。探索人生意义向来都是公众对哲学的流俗想象，人们普遍相信，哲学研究无论多么艰深复杂，无非关乎人生意义，而职业哲学家为了与这种被误解的专业形象保持距离，

①　参见王球：《预测心智的"预测"概念》，《福建论坛（人文社会科学版）》2021年第9期，第15—24页。

常常自觉不自觉地回避这一问题。库帕(D. Cooper)讲过一个传言:"牛津大学把形式逻辑作为大一新生的必修课,主要目的就是让学生别把哲学等同于探索人生意义。"①

普罗大众对哲学的浪漫想象,有时候也会延伸到其他研究领域。例如一种关于演化心理学的流俗观念就认为,它在人生意义问题上,要么蕴含享乐主义,要么蕴含虚无主义。我希望在这本书的最后一节谈谈这个问题,我将论证指出:第一,演化心理学并不蕴含享乐主义;第二,面对本体论的虚无主义,演化心理学在理性辩护层面上仍然可以发掘出积极的实践蕴含来为人生意义问题作辩护;第三,演化心理学虽然部分地解释了关于人生意义问题的一般性回答何以具有特定的家族相似性,它却无力回应内格尔关于意义荒诞感的洞见,这一点暴露了演化心理学所蕴含的人性科学的根本性困难。

一、否定享乐主义

许多人相信,演化心理学要么蕴含了虚无主义,因为人类无非是基因的傀儡;要么蕴含了享乐主义,活着就应顺"基因"之"天命",尽享欢愉、传宗接代,因为基因无非是自私的。

造成这种解读结果的原因,部分归咎于当下演化心理学的傲慢自大和理论上的不成熟。正如我们在第六章看到的那样,说它傲慢自大,是因为早期的演化心理学常常自诩这是一门关于人性的新科学,这就容易使得本来仅仅是作为一种关于人类心理机制和人类"共有属性"(species-specific nature)的研究进路,在价值论和实践论上表现出科学主义倾向。说它理论上不成熟,是因为经典的演化心理学在方法论上有局限,注意力过多地放在采集-狩猎时期的人类心理机制起源上。

然而不得不承认,这种看法的前提似乎是合理的。这当然与关于人性的超自然主义设想崩塌有关。在物理学领域,16、17世纪的哥白尼-牛顿革命破除了天与地的人为区分,它对当时的欧洲人所受到的中世纪影响下的宗教信念破坏巨大,却尚未波及与人类自身密切相关的问题上。然而这场革命顶多只能宣称"上帝已死",但人仍然是人。在达尔文之后,演化生物学的视角对传统的世界

---

① D. Cooper, *Meaning*, Acumen, 2003, p. 127.

观造成了更严重的破坏。斯特华特－威廉姆斯（S. Stewart-Williams）指出，演化论所蕴含的东西，甚至远远超出我们的预期。[1]首先，人类的心灵与物质世界之间的界限在达尔文革命中也被摧毁了。心灵本质上不过是演化而来的大脑活动，这一点反过来意味着生与死的分界，无非就是大脑功能正常运行与不再运行的区别。其次，演化论表明，人类与动物之间的区别似乎也已不复存在。按照林奈分类系统，个体有机生物属于一个种，每个物种属于一个属，每个属又属于一个科，科属于目，目属于纲，纲属于门，门又属于界。多种中间等级，如亚种、亚科和总科也得以识别。在这个谱系中，你我都属于智人，这是人属中唯一存活的物种。人属又属于人科，人科属于类人猿总科，类人猿总科又属于灵长目，灵长目又属于哺乳动物纲，等等。[2]正如我们必须接受地球是行星类别之一，太阳是恒星类别之一，我们也不得不接受，人类是众多动物物种中的一个类别。第三，20世纪之后的演化生物学还主张，与原子、亚原子作为世界的基本组分不同，物种本身也不是世界的基本构成。一个物种与另一个物种之间的 DNA 具有延续性，在演化史上，物种之间没有泾渭分明的界限，正如你很难在儿童与成人之间、春天与夏天之间，或是中国的南方与北方之间找到一条鲜明的划分线。最后，按照同样的逻辑，考虑到存在着像病毒这样的东西，即使生命与非生命的划分恐怕也只是概念性的而非事实性的。

如果以上四条演化生物学所蕴含的原则为真，那么刚才提及的关于人生意义的两大解读，其中有一条是错误。我们不妨设想，在人类生命意义的问题上，如果有人相信演化心理学所能给予他的启发，正如道金斯《自私的基因》这个标题宣称的那样，旨在让自身携带的等位基因在基因库中最大化地传播，那么追求欲望的满足、生命的延存和子嗣的繁衍这种世俗性的享乐主义人生观在两个层面上是无法成立的。

第一，在道金斯那里，所谓"自私"的基因，并不是说基因具有意志或者由自私的动机所控制，而是说基因的行为"看上去"是自私的。换言之，在生物体中的基因总是有利于基因自身的传播，然而这一点并不意味着基因要求有利于生物体自身。我们知道，演化心理学在关于互惠利他、亲本投资和亲子冲突等问题

---

[1] S. Stewart-Williams, *Darwin*, *God and the Meaning of Life*, Cambridge University Press, 2010, p. 161.

[2] S. Okasha, *Philosophy of Science*: *A Very Short Introduction*, Oxford University Press, 2002, p. 104.

的说明上,极大地依赖于汉密尔顿的内含适应性理论。根据这个理论,当一个生物体为了保护其他有着亲缘关系的个体的安全而奋勇战斗时,哪怕最终不幸牺牲生命,但是只要牺牲掉的代价低于这些亲缘个体的体内所携带着的等位基因的收益,自然选择就会鼓励这类行为。因此,如果不考虑任何其他因素,演化心理学不但不会蕴含着个人享乐主义观念,反倒要求人类生命个体为了物种的生存繁衍在必要的时候做出有价值的(种群适应性收益大于个体适应性的损耗)牺牲。

第二,即使通过最大化地追求个体欲求的满足能够提升整个物种的适应性,但是从演化生物学所蕴含的上述四条原则来看,考虑到一个物种与另一个物种的区分,甚至生命与非生命之间的区分在本体论上都是虚假的,那么为整个人类物种,甚至为自然界中的所有生物所做的任何努力,终将都会化为宇宙中毫无波澜的尘埃。享乐主义的人生意义观(更准确地说,这里的"享乐"意味着"基因扩散"),在更宏大的外在化的视阈中无法成立。

第三,道金斯原本意义上的"自私的基因"说法也是有失偏颇的,尤其对人类而言,演化论解释不能遗漏发育过程中的表观遗传影响以及自然和社会的环境耦合作用。排除了通往享乐主义的可能,如果人们接受演化心理学,是否意味着人生意义问题必将走向虚无主义呢?

二、否定虚无主义

虚无主义是一个宽广的哲学概念,大致主张不存在任何可信的东西,或者任何区分都没有意义。它可以细分为形而上学的虚无主义、认识论的虚无主义和伦理学的虚无主义等等。形而上学的虚无主义认为,世界和人生不像我们假定的那样拥有价值和意义;认识论的虚无主义声称没有任何知识是可能的;伦理上的虚无主义则相信,不存在任何能为绝对的道德价值辩护的基础。显而易见,演化心理学最多只能蕴含着形而上学的虚无主义,从中不见得能够推出虚无主义的另外两种形态。这个提醒是有必要的。因为人们常常容易把"生活的终极目的"与"生活是否值得一过"这两个不同的问题混淆在一起。即使形而上学的虚无主义为真,即便演化心理学表明生命终究是无意义的(抽象的哲学结论),它与某人感到自己活得没意义完全是不相干的两回事。正如宇宙是让人敬畏的,与宇宙本身是毫无目的的,这两个观念完全可以相容。同样的道理,生活是善的但是生活终究是无意义的，二者之间没有逻辑矛盾。事实上，许多人即使理智上接受生命没有终极意义，他们也能过上幸福生活。①

然而问题在于，否认人生有意义，与肯定生活的确值得一过，二者的可相容性不是在同一个层面上的。演化心理学愿意承认，在生活实践中，支撑我们日常活动的主要不是理性或者理由辩护，而是某种自然倾向。正如休谟在《人性论》里那个著名段落所说的那样："最幸运的是，理性虽然不能驱散这些疑云，可是自然本身却足以达到那个目的，把我的哲学忧郁症和迷狂治愈了。或者是通过松散这种心理倾向，或者是通过某种事务和我的感官的生动印象，消除所有这些幻想。我就餐，我玩双六游戏，我聊天，和我的朋友们说笑，在经过三四个钟头的娱乐以后，我再返回来看这一类的思辨时，就觉得这些思辨是那样的冷酷、牵强、可笑，因而发现自己无心再继续进行这类思辨了。"②但从学理上讲，我们的自然倾向适时地把我们从这个沉重的问题中抽身回来，并不意味着这个问题得到了一个智识上的裁决。如果暂不考虑像自杀这类极端选择，在演化心理学可能蕴含的虚无主义面前，我们终究还需理性地追问人们应当如何生活，或者至少应当为人类或人类个体的继续存在提供一种与虚无主义相容的理由。我们把这个要求叫做**虚无主义的积极实践蕴含**。

满足这个要求似乎不困难。一方面我们可以搜寻现成的参考答案，另一方面，还可以通过对前提条件给出进一步的解释来获取潜在的回答。结合这两种方式，我们能为虚无主义的积极实践蕴含找到三种可能性。

第一，20世纪像萨特和加缪这样的存在主义哲学家也接受本体论的虚无主义：人类自身和人类的生活在终极层面上无意义的。③例如在萨特那里，通过对诸如"存在""虚无""自在"等关键概念的界定，他认为存在就是自在。"自在的存在就是惰性的、机械的物质世界。对于人来说，自在的存在让人恶心，但却无法避开它。"④即使事实如此，存在主义哲学家要表明，虽然从自在的存在来看，人类生活没有意义和目的，这却把我们摆在了一个积极的处境当中，无论是作为

---

①　S. Stewart-Williams, *Darwin, God and the Meaning of Life*, Cambridge University Press, 2010, p. 195.

②　休谟：《人性论》，关文运译，商务印书馆，1983年，第300页。

③　当然，加缪拒绝人们给他贴上"存在主义者"的标签，其理由据说是为了使自己与萨特在关于如何看待马克思的问题上划清界限。参见罗纳德·阿隆森：《加缪和萨特：一段传奇友谊及其崩解》，章乐天译，华东师范大学出版社，2005年。

④　张汝伦：《现代西方哲学十五讲》，北京大学出版社，2003年，第316页。

个体还是作为整个物种,人类在其中能够创造目的。人类可以通过作为存在结构的自由选择,使自身与自在的存在拉开了距离,从而创造出逃离虚无的可能性。"人的自由限于人的本质并使之可能;人的本质悬置在人的自由中。"①这就是萨特存在主义和自由学说的核心命题。在加缪那里,与萨特不同,他提倡的是对生命的无意义或荒谬感的挑战和嘲讽。他似乎认为,朝一个对我们的呼吁听而不闻的世界挥舞拳头,而且尽管如此,仍然继续生活,便能挽救我们的尊严。这样做虽然不能使我们的生活变得不那么荒诞,但会使之变得高尚些。②

第二,无论其内部流派多么复杂,在佛教中,对人生和宇宙的探求大致可以归结为"缘起说":人生和宇宙的一切现象都是由多种原因和条件的汇聚而产生,从中推出一切现象都是永远变化的"无常"。既然一切事物都是因缘和合而起,也就没有永恒不变的实体。人生和宇宙都是"无我"的,这便是所谓的"人无我"和"法无我"理论。继而通过主张一套体认和修行法则,达到一种心灵寂静的涅槃状态。③可以说,佛教的"无我"同样类似于演化心理学可能蕴含的本体论虚无主义,但这并不妨碍虚无主义有积极的实践蕴含。

不过,以上两种思想资源虽然都认同形而上学的虚无主义,但是这个结论本身,需要依赖于特定的概念设定和理论框架,若是深究下去,很有可能与演化心理学的基本理论框架不相容。因此,若说存在主义和佛教哲学消解了演化心理学虚无主义的实践危机,这种消解方式也只是表面上的。现在我们看看另外一种解答途径。

演化心理学当然承认,有意识的心灵从根本上说是物理宇宙的一部分,既然如此,认为宇宙是没有目的而人类是有目的,便算不上是完全正确的。这是因为,如果作为人类个体的你拥有目的——即你生命的目标或努力的方向——那么,宇宙中的一个微小部分就因而拥有目的了,我们的目的转而成了宇宙的目的。严格说来,这就意味着宇宙并不存在一个宏观的目的,而是拥有很多极其微小的、掌握在被称为"人类"这个物种(以及可能存在的其他高智能的物种)手中的目的。请注意,这不是我们一开始试图寻求的那种宏观的终极目的或终极意义:一方面,在这些微小的目的和意义背后不存在更高的目的,因而宇宙的宏观

---

① 张汝伦:《现代西方哲学十五讲》,北京大学出版社,2003 年,第 317 页。
② 托马斯·内格尔:《荒诞》,载《人的问题》,万以译,上海译文出版社,2004 年,第 25 页。
③ 方立天:《佛教哲学》,中国人民大学出版社,1997 年,第 7 页。

目的可谓是一种无目的的目的;另一方面,演化本身也没有什么目的,这就是本书一直使用"演化"而非"进化"这个中文译名的意图。

然而这个判断不完全正确,一旦生命开始形成并演化成我们现在的样子,人类作为地球上唯一能够思考生命意义的物种,就不能说宇宙没有目的或意义。宇宙唯一拥有的目的,从"上帝之眼"来看,只存在于那些构造复杂的、被各种心理行为机制所驱动的人类物种中,尽管这些带有目的性的构成部分在整个宇宙时空尺度中显得微不足道,尽管宇宙的大部分时间和大部分构成部分,完全不具有任何目的,但是没关系,因为是我们为自己各自的生活选择了意义和目的,这些意义和目的本身,并不由任何别的外在来源加诸人类自身。①换言之,人类个体的生命意义就体现在当下所做的每件事上。"挑水砍柴,无非妙道",似乎也是这个道理。

不过以上种种说法,均未真正揭示出演化心理学与人生意义问题的要害。我们认为,一方面,演化心理学所能做到的,只是部分地解释了人生意义问题一般性的回答何以具有特定的家族相似性样态;另一方面,人生意义问题之所以能被合理地提出,恰恰暴露出演化心理学人性学说的根本性困难。

三、荒诞感与理性能动者

以上两个小节我们论证了两个论题:第一,演化心理学并不蕴含享乐主义;第二,即使演化心理学蕴含了本体论的虚无主义,在理性辩护层面上,也需要积极的实践蕴含为人生意义做奠基。在这一节里,我们即将看到,第二个论题仍然遗漏了某些关键要点。

若使得本体论的虚无主义与生活实践相关联,它必须在我们的生命体验中要求,这种虚无主义导致主观上的虚无感。虚无感和荒诞感类似,这种荒诞感是哲学意义上的,它意味着终极目的或终极意义的缺失,从而不同于"荒诞"这个词语的日常用法。②人们认识到,个体生命终将会在当下维度某个不可预知的节点上悄然结束。比起永恒的上帝或者头顶上浩繁的星空,个体的存在显得毫不起眼。内格尔认为,这种哲学的荒诞感必定产生于对某种普遍的东西的觉知,从

---

① S. Stewart-Williams, *Darwin*, *God and the Meaning of Life*, Cambridge University Press, 2010, pp. 194—198.
② 托马斯·内格尔:《荒诞》,载《人的问题》,万以译,上海译文出版社,2004年,第14页。

而使得我们感受到，自我要求与现实之间，存在着某种不可避免的冲突。这种冲突来自两种力量：我们对生活持有严肃的态度，但总是可以把一切我们认为严肃的东西看作是任意的、可以怀疑的。一方面，我们严肃地对待自己，不管是否过着严肃的生活，不管主要关心的是名望、快乐、德行、奢华、胜利、美貌、公正、知识、拯救，还是仅仅活着。人的生活充满了努力、规划、计算、成功和失败，我们无不追求自己的生活。①另一方面，人类具有特殊的反思能力，我们会后退一步观察自己以及投身其中的生活。在这个反思过程中，我们所用的态度，如同我们注视着一只蚂蚁奋力向沙堆上爬行时所用的那种超然的态度。我们并不幻想能够逃离自己特殊的处境，但是却能以永恒的形式看待它，这种看待自身以及自身生活的场景既庄重又可笑。一旦我们从外部看自己，我们所有的目标和追求的偶然性和特殊性就变得一目了然。②

为了摆脱这种荒诞感，人们就会试图寻找更广泛的终极关怀。因此，我们就会追求为社会服务、为国家服务、为革命服务、为历史进步服务、为科学发展服务或者为宗教和上帝的荣耀服务，从而在这些服务中实现自己的抱负。③事实上，我们所想象的比自身更大的事业或更宏观的存在系统，是一个目的论系统。然而，大多数想象中的目的论系统，并不能赋予个体以重大的意义，除非这个系统本身就是意义重大的——因为我们总是可以进一步怀疑这个更大的存在系统究竟有着什么样的目的和意义。④就此而言，也许当这个目的论指向的终点是宗教信仰中的上帝时，我们对自身意义感的辩护之链在这里达到一个终点，或者更准确地说，触及了意义感的基石。一旦这个基石坍塌，在人生意义问题上，就如同无源之水、无本之木。所以我们的处境犹如一个认识论上的怀疑论者，如果有人暂时找到一个证明外部世界存在的理据时，总会进一步去质疑：为什么这是不可怀疑的？这个基石的坍塌，导致现代人对人生意义的理解，大多数都是自然主义（或物理主义）的。

根据梅茨（T. Metz）的经典划分，回答人生意义的进路，可从几个不同的提问维度，大致分为三种类型：A）超自然主义理解；B）自然主义理解；C）虚无主义理解。

---

① 托马斯·内格尔：《荒诞》，载《人的问题》，万以译，上海译文出版社，2004年，第15—16页。
② 同上书，第17页。
③④ 同上书，第18页。

首先，人生有意义吗？A 和 B 认为是这是可能的，C 当然否认意义的存在。其次，人生意义的必要条件是什么？B 的情况比较复杂，A 则区分了上帝中心观和灵魂中心观。前者认为，人的一生若能认识到上帝赋予自身的能力，以此实现上帝的宏观安排，则是意义之所在；后者认为，人生意义源于跟不朽的灵魂产生特定的关联，没有灵魂或与灵魂缺乏相应的那种关联，人生便无意义。最后，人生意义有确定的标准吗？A 对此持肯定的回答；B 的答案分两派——主观主义和客观主义。主观主义有个体论的倾向，相信人生意义因人而异，越是实现或满足一个人所期待的欲求、目标以及他认为重要的东西，他的人生越有意义。客观主义认为，意义至少部分地由独立于心灵的事物所构成，人们关于它的认识，其有正确或不正确的信念。只有那些具有某种固有的应然性或终极价值的事物才能赋予我们以意义。人生意义既非随心所欲，也不源于上帝。①

演化心理学当然不考虑 C，超自然主义与演化心理学基础预设格格不入。并且我们在第一小节里，也排除了虚无主义。因此自然主义人生意义观，便是我们的答案之所在。然而上述区分仅仅讨论了人生意义的奠基问题，即意义是否可能，以及可能性的来源是什么，却没有给出人生意义的确切答案。事实上，在自然主义的人生意义观的阵营下，无论主观主义还是客观主义，哲学家所提供的各种答案都含有规范性要求。例如在 20 世纪，尽管主观主义占据主导性地位，实用主义、存在主义、非认知主义和休谟主义都统领在其名下，但在 20 世纪最后的十五年里，"反思平衡"的论证程序使得它愈发收敛为受到一系列特定的规范性条件的约束，它也承诺一些具有普遍性的意义价值。假如一个人以伤害他人为乐，或者把每天做清点自己头发根数之类的无聊之事作为其人生目标，便不能说他的人生是有意义的。主观主义否认的只是这些普遍价值在本体论上依赖于非心灵的物理事项，这就牵涉到元伦理学的那些争论。类似地，在客观主义那里，当一个人在行为中展现出道德与创造性，则被广为认可是有意义的。②如果仅看关于人生意义的答案，而不是去分析提供答案的理由，自然主义人生意义范畴下的主观主义和客观主义，没有太大差别，倒是呈现出了家族相似的样态。管窥几位当代著名学者的结论性观点便可知其一二。

---

①② T. Metz, "The Meaning of Life", *Stanford Encylopedia of Philosophy*, 2021, https://plato.stanford.edu/entries/life-meaning/.

梅茨指出,主观主义者马库斯(A. Markus)认为,仅凭个人偏好并不能充分判断他的人生是否有意义。当一个人把收集爱马仕名包视为奋斗目标,其意义远不如特蕾莎修女的奉献。①而在法兰克福(H. Frankfurt)看来,对于一个人的人生意义来说,他所关心之事或所爱之人是至关重要的。②对于客观主义者来说,他们或者强调道德利他对于人生意义的重要性(Baggini),或者讨论一个人取得怎样的成就从而提升了人生意义(James),或者阐释一个人的道德特质如何使得人生变得有意义(Thomas),或者指出通过增进自我理解去建设家庭关系会让人生富有意义(Velleman)。③例举更多的观点并无必要,抛开其中的内在分歧,不难看出,道德或后果上的利他主义,构成了当代自然主义人生意义观的理论基调。关于这些人生意义的答案具有共通性的原因(而非理由),甚至为什么人们对人生意义问题孜孜以求,南奈(B. Nanay)分析指出,演化心理学大致可以作出解释。

南奈倒不觉得,生物学能够为我们提供了不起的人生意义指南。理想化的演化心理学需要在自然选择的单元问题上作出综合权衡。基因中心论固然忽视了自然和文化社会环境要素在表观遗传中发挥的因果效力,而作为实践科学的演化心理学也无不考虑种群选择的重要意义。南奈强调,虽然纯粹的种群选择理论已不再适用于文明社会之后的人类演化形态,因为彻底与世隔绝的人类种群几乎已经不复存在,但是演化心理学所强调的"适应时差"还在那里。我们内在的心理模式,还是会自我认定为是一个独立种群中的一分子,任何脱离种群长远利益的个体主义观念,在演化适应的自然设计程序中都是危险的。因此,人生意义不可能仅仅事关原子式的个体利害,人生意义的答案指向,也必将把我们"导航"至每个个体属于其中并且对自身生存繁衍至关重要的种群利益那里。④这个解释也印证了刚才提到的内格尔的那个判断:"为了力图给自己的生活提供意义的人们,通常会想象出一些比自身更大的事业,以此确认我们的生活在其

---

① A. Markus, "Assessing Views of Life, A Subjective Affair?", *Religious Studies*, 2003, Vol. 39, pp. 125—143.

② H. Frankfurt, "Reply to Susan Wolf", in S. Buss and L. Overton(eds.), *The Contours of Agency*: *Essays on Themes from Harry Frankfurt*, MIT Press, 2002, pp. 245—252.

③ T. Metz, "New Developments in the Meaning of Life", *Philosophy Compass*, 2007, Vol. 2, p. 206.

④ B. Nanay, "Group Selection and Our Obsession with the Meaning of Life", *The Moinst*, 2010, Vol. 90, pp. 76—95.

中可以发挥一些作用和职责。"①

然而这个说法并没有触碰到人生意义问题的根本问题。正如内格尔在这句话之后接着说道：

> 然而，想象中的大多数的目的论系统，并不能赋予个体以重大的意义，除非这个系统本身就是意义重大的，因为我们总是可以进一步怀疑这个更大的存在系统究竟有着什么样的目的和意义。②

换言之，如果不是自然主义的框架限定，我们对意义的追寻，必将超越与自身相关联的亲人、家族、种群甚至整个人类物种，直抵宇宙论和宗教的想象领域。内格尔所刻画出的那种存在论的荒诞感，正是这种理性超越性的症状之所在。我们甚至可以考虑，这样的超越性与康德所说的理性的"超验运用"存在某种内在关联。刚才已经谈到，超自然主义的意义观内在地指向上帝或不朽的灵魂（当然也包括由上帝来担保的意志自由），这些都构成了康德所谓的"先验幻相"（亦作"超越论的幻相"），但我们不能由此判断说，康德哲学蕴含了超自然主义的人生意义观。因为他明确指出，先验理念被误解为针对一切可能经验之外的某个超验对象的一种"知识"，这种"超验的运用"导致了"先验的幻相"。不过与自然主义不同的是，"先验幻相"在实践领域又是必要的。"如果什么地方有纯粹理性的一种正确的运用，并在这种情况下也必定有理性的一种法规的话，则这种法规将不涉及思辨的运用，而是关系到理性的实践的运用。"③

我们无法否认，在理想的状况下，一个理性的成年人之所以能被称为理性的，除了在每一个具体的行动中施行工具性理性的能力之外，他还应当有全局性的预判和反思能力。他能把某个特定的行动当作一个拼图，纳入到整体性的人生规划或人生意义图景之中去。一个健全的理性能动者只有当他具备这种整体性的实践和评估能力，人生意义之思才能真正得以揭示。设想一下，如果一个人的一生中，有美好的经历也有糟糕的经历，在其一生的时间序列中，如果先经历了成就与荣耀，再经历苦难与落魄，那会是遗憾的一生。其意义性（meaningful-

①②　托马斯·内格尔：《荒诞》，载《人的问题》，万以译，上海译文出版社，2004年，第18页。
③　参见邓晓芒：《康德的"先验"与"超验"之辨》，《同济大学学报（社会科学版）》2005年10月，第1—12页。

ness)不及苦尽甘来、先苦后甜。进一步讲,如果以往的糟糕经历是导致他此后拥有美好生活的原因,并且触发这个因果效力的,不是凭借偶然的运气,而是个人自身的人格成长或自我实现,我们会认为这样的一生是更有意义的。①"朝为田舍郎,暮登天子堂",堪称中国古代文人的理想追求。因十年寒窗而终成大器,当然比起王安石笔下的方仲永从"指物作诗"沦落到"泯然众人"更加富有意义感。我们能够对这种意义感作出整体性的把握,恐怕难以归因于可由演化心理学或其他自然主义进路刻画的特定的认知机制和自然秉性。

四、结语

回到这里的问题上来。我们指出自然主义的人生意义观的问题在于,一方面,那些结论的合理性可以通过演化心理学的种群选择理论被解释掉。另一方面,那些结论的合法性又可被内格尔关于荒诞性的说法质疑。而内格尔的人生意义荒诞说,又可经由康德关于"先验幻相"的实践运用的阐释得以印证。我们由此断定,包括演化心理学在内的无论何种自然主义人生意义学说都是不完备的。这种不完备不是因为缺失了上帝或灵魂这样的超自然主义辩护基石,而是遗漏了把人类的人心与人性视为一个理性能动性整体的思考维度,这种思考维度有别于把人类个体当作是由因果机制调节的层级化的部件组合的自然有机体。

最后,关于人生意义这件事,很抱歉,这本书没有提供任何你可能期待的终极结论。作为总结,这里只是试探性地指出,事情正如内格尔所说的那样,在追寻人生意义问题上所产生的荒诞感,"乃是我们最具人性的事情之一"。②

---

① T. Metz, "New Developments in the Meaning of Life", *Philosophy Compass*, 2007, Vol. 2, p. 210.

② 托马斯·内格尔:《荒诞》,载《人的问题》,万以译,上海译文出版社,2004 年,第 26 页。

参 考 文 献

Albahari, M. "Alief or Belief? A Contextual Approach to Belief Ascription", in *Philosophical Studies*, Vol. 167, 2014, pp. 701—720.

Alston, P. "Review: Fred I. Dretske, *Knowledge and the Flow of Information*", *The Philosophical Review*, Vol. 92, 1983, pp. 452—454.

Armstrong, D. *A Materialist Theory of the Mind*, New York: Routledge, 1968.

Andrews, K. *The Animal Mind*, London: Routledge, 2020.

Ariew, A. "Innateness is canalization: In defense of a developmental account of innateness", in V. G. Hardcastle (ed.), *Where Biology Meets Psychology: Philosophical Essays*, Cambridge, MA: MIT Press, 1999, pp. 117—138.

Aydede, M. "Is Feeling Pain the Perception of Something?", *The Journal of Philosophy*, Vol. 106, 2009, pp. 531—567.

——"Are Phenomenal Zombie Conceivable?", unpublished, https://philpapers.org/archive/AYDAPZ.pdf.

Aydede, M. and Güzeldere, G. "Cognitive Architecture, Concepts, and Introspection: An Information-theoretic Solution to the Problem of Phenomenal Consciousness", *Noûs*, Vol. 39, 2005, pp. 197—255.

Baillie, J. "The Expectation of Nothingness", *Philosophical Studies*, Vol. 166, 2013, pp. 185—203.

Ball, D. "There Are No Phenomenal Concepts", *Mind*, Vol. 118, 2009, pp. 935—962.

Balog, K. "Conceivability, Possibility and the Mind-Body Problem", *The Philosophical Review*, Vol. 108, 1999, pp. 497—528.

——"Phenomenal Concepts", in B. R. McLaughlin, A. Beckermann and S. Walter(eds.), *The Oxford Handbook of Philosophy of Mind*, New York: Oxford University Press, 2009.

——"In Defense of the Phenomenal Concept Strategy", *Philosophy and Phenomenological Research*, Vol. 84, 2012, pp. 1—23.

——"Acquaintance and the Mind-Body Problem", in C. Hill and S. Gozzano(eds.), *New Perspectives on Type Identity: The Mental and the Physical*, Cambridge: Cambridge University Press, 2013, pp. 16—42.

——"Illuminati, Zombies and Metaphysical Gridlock", forthcoming.

Barrett, H. "A Hierarchical Model of the Evolution of Human Brain Specializations", *PNAS*, Vol. 109, 2012, pp. 10733—10740.

Barrett, H. and Kurzban, R. "Modularity in Cognition: Framing the Debate", *Psychological Review*, Vol. 113, 2006, pp. 628—647.

"Modularity in Cognition: Framing the Debate", *Psychological Review*, Vol. 113, 2006, pp. 628—647.

"What are the Functions of System 2 Modules? A Reply to Chiappe and Gardner", *Theory and Psychology*, Vol. 22, 2012, pp. 683—688.

Barrett, H. and Machery, E. "Essay Review: Debunking *Adapting Minds*", *Philosophy of Science*, Vol. 73, 2006, pp. 232—246.

Bartels, A. and Newen, A. "Animal Minds and the Possession of Concepts", *Philosophical Psychology*, Vol. 20, 2007, pp. 283—308.

Bayne, R. "Kripke's Cartesian Argument", *Philosophia*, Vol. 18, 1988, pp. 265—269.

"On the Appearance of Contingency: A Rejoinder to Blum", *Philosophia*, Vol. 19, 1989, pp. 457—460.

Bayne, T. and Pacherie, E. "Narrators and comparators: the architecture of agentive self-awareness", *Synthese*, Vol. 159, 2007, pp. 475—491.

BBC. "Is Language Unique to Humans?", 17 October 2012, http://www.bbc.com/future/story/20121016-is-language-unique-to-humans.

Bell, K., Garcia, M., and McAndrew, T. "Who do We Tell and Whom do We Tell on? Gossip As a Strategy for Status Enhancement", *Journal of Applied Social Psychology*, 2007, 37, pp. 1562—1577.

Bermúdez, L. "Vagueness, Phenomenal Concepts and Mind-Brain Identity", *Analysis*, Vol. 64, 2004, pp. 134—139.

Blackmore, S. *Consciousness: A Very Short Introduction*, Oxford: Oxford University Press, 2005.

Block, N. "Troubles with Functionalism", *Minnesota Studies in the Philosophy of Science*, Vol. 9, 1978, pp. 261—325.

"Troubles with Functionalism", in N. Block(ed.), *Readings in the Philosophy of Psychology*, Cambridge, MA: Harvard University Press, 1980, pp. 268—305.

"Inverted Earth", *Philosophical perspectives*, Vol. 4, 1990, pp. 53—79.

"Harder Problem of Consciousness", *The Journal of Philosophy*, Vol. 99, 2002. pp. 391—426.

"Comparing the Major Theories of Consciousness", in Michael Gazzaniga(ed.), *The Cognitive Neurosciences IV*, 2009, pp. 1111—1123.

Block, N. and Stalnaker, R. "Conceptual Analysis, Dualism, and the Explanatory Gap", *The Philosophical Review*, Vol. 108, 1999, pp. 1—46.

Bloom, P. *Descartes' Baby*, New York: Basic books, 2004.

Bolhuis, J., etc. "Darwin in Mind: New Opportunities for Evolutionary Psychology", *PLoS Biol*, Vol. 9, 2011.

Boyle, M. *Kant and the Significance of Self-Consciousness*, Doctoral Dissertation, University of Pittsburgh, 2006, http://d-scholarship.pitt.edu/9302/.

"Active Belief", *Canadian Journal of Philosophy*, Vol. 39, 2009, pp. 119—147.

"'Making up Your Mind' and the Activity of Reason", *Philosophers' Imprint*, Vol. 11, 2011, pp. 1—24.

"Transparent Self-Knowledge", *Proceedings of the Aristotelian Society*, Vol. 85, 2011, pp. 223—241.

"Essentially Rational Animals", in G. Abel and J. Conant(eds.), *Rethinking Epistemology*, Berlin, Germany: Walter de Gruyter, 2012, http://nrs.harvard.edu/urn-3:HUL.InstRepos: 8641838.

Brentano, F. "The Distinction between Mental and Physical Phenomena", in D. Terrell, A. Rancurello, and L. McAlister (trans.), L. McAlister (ed.), *Psychology from an Empirical Standpoint*, London: Routledge, 1995; also in D. Chlamers(ed.), *Philosophy of Mind: Classical and Contemporary Readings*, New York: Oxford University Press, 2002, pp. 479—483.

Broderick, D. "Introduction I: Machines of Loving Grace(Let's Hope)", in R. Blackford & D. Broderick (eds.), *Intelligence Unbound: The Future of Uploaded and Machine Minds*, New York: Wiley Blackwell, 2014.

Brown, G. R. & Laland, K. N. *Sense and Nonsense: Evolutionary Perspectives on Human Behaviour*, New York: Oxford University Press, 2011.

Buller, D. *Adapting Minds: Evolutionary Psychology and the Persistent Quest for Human Nature*, Cambridge, MA: MIT Press, 2005.

Burge, T. "Individualism and the Mental", *Midwest Studies in Philosophy*, Vol. 4, 1979, pp. 73—122.

Buss, M. and Gangestad, W. "Pathogen Prevalence and Human Mate Preferences", *Ethology and Sociobiology*, 1993, Vol. 14, pp. 89—96.

Byrne, A. "Introspection", *Philosophical Topics*, Vol. 33, 2005, pp. 79—104.

Call, J. and Tomasello, M. *Primate Cognition*, Cambridge, MA: MIT Press, 1997.

Cassam, Q. *Self-Knowledge for Humans*, New York: Oxford University Press, 2015.

Carnap, R. "Psychology in Physical Language", in A. J. Ayer(ed.), *Logical Positivism*, Glencoe, Ill.: The Free Press, 1959.

Carruthers, P. "Reductive Explanation and the 'Explanatory Gap'", *Canadian Journal of Philosophy*, Vol. 34, 2004, pp. 153—173.

The Architecture of the Mind, Oxford: Oxford University Press, 2006.

"On Fodor-Fixation, Flexibility, and Human Uniqueness: A Reply to Cowie, Machery, and Wilson", *Mind and Language*, Vol. 23, 2008, pp. 293—303.

The Opacity of Mind: An Integrative Theory of Self-Knowledge, Oxford: Oxford University Press, 2011.

"On Central Cognition", *Philosophical Studies*, Vol. 170, 2014, pp. 143—162.

Carruthers, P. and Veillet, B. "The Phenomenal Concept Strategy", *Journal of Consciousness Studies*, Vol. 14, 2007, pp. 212—236.

Caygill, H. (ed.) *A Kant Dictionary*, Oxford: Blackwell, 1995.

Chalmers, D. "Facing up to the Problem of Consciousness", *Journal of Consciousness Studies*, Vol. 2, 1995, pp. 200—219.

The Conscious Mind: In Search of A Fundamental Theory, New York: Oxford University Press, 1996.

"Materialism and the Metaphysics of Modality", *Philosophy and Phenomenological Research*, Vol. 59, 1999, pp. 473—496.

"Does Conceivability Entail Possibility?", in T. S. Gendler and J. Hawthorne (eds.), *Conceivability and Possibility*, Oxford: Oxford University Press, 2002, pp. 145—200.

"Consciousness and Its Place in Nature", in Chalmers (ed.), *Philosophy of Mind: Classic and Contemporary Readings*, New York: Oxford University Press, 2002, pp. 249—250.

"The Content and Epistemology of Phenomenal Belief", in Q. Smith and A. Jokic (eds.), *Consciousness: New Philosophical Perspectives*, New York: Oxford University Press, 2003, pp. 220—271.

"The Foundations of Two-Dimensional Semantics", in M. Garcia-Carpintero and J. Macia (eds.), *Two-Dimensional Semantics: Foundations and Applications*, New York: Oxford University Press, 2006, pp. 55—140.

"Phenomenal Concepts and the Explanatory Gap", in T. Alter and S. Walter (eds.), *Phenomenal Concepts and Phenomenal Knowledge: New Essays on Consciousness and Physicalism*, New York: Oxford University Press, 2007, pp. 167—194.

"The Two-Dimensional Argument Against Materialism", in B. P. McLaughlin, A. Beckemann and S. Walter (eds.), *The Oxford Handbook of Philosophy of Mind*, New York: Oxford University Press, 2009, pp. 313—336.

"The Singularity: A Philosophical Analysis", *Journal of Consciousness Studies*, Vol. 17, 2010, pp. 7—65.

"Uploading: A Philosophical Analysis", in R. Blackford & D. Broderick (eds.), *Intelligence Unbound: The Future of Uploaded and Machine Minds*, New York: Wiley Blackwell, 2014.

Chalmers, D. and Jackson, F. "Conceptual Analysis and Reductive Explanation", *The Philosophical Review*, Vol. 110, 2001, pp. 315—360.

Churchland, M. "Eliminative Materialism and the Propositional Attitudes", *Journal of Philosophy*, Vol. 78, 1981, pp. 67—90.

Confer, C., Easton, A., Fleischman, S., Goetz, D., Lewis, M., Perilloux, C., and Buss, D. M. "Evolutionary Psychology: Controversies, Questions, Prospects, and Limitations", *American Psychologist*, 2010, Vol. 65, pp. 110—126.

Cooper, D. *Meaning*, Chesham: Acumen, 2003.

Cosmides, L. "The Logic of Social Exchange: Has Natural Selection Shaped How Humans Reason? Studies with the Wason Selection Task", *Cognition*, Vol. 31, 1989, pp. 187—276.

Cosmides, L. and Tooby, J. "Evolutionary Psychology and the Generation of Culture, part I: Theoretical considerations." *Theoretical Considerations. Ethology and Sociobiology*, Vol. 10, 1989, pp. 29—49.

"The Psychological Foundations of Culture", in J. H. Barkow, J. Tooby & L. Cosmides (eds.), *The Adapted Mind: Evolutionary Psychology and the Generation of Culture*, New York: Oxford University Press, 1992, pp. 83—84.

"Origins of Domain Specificity: The Evolution of Functional Organization", in L. Hirschfeld & S. Gelman (eds.), *Mapping the Mind: Domain Specificity in Cognition and Culture*, 1994, Cambridge, UK: Cambridge University Press.

"Evolutionary Psychology: A Primer", Center for Evolutionary Psychology, 1997, http://www.cep.ucsb.edu/primer.html.

"Toward Mapping the Evolved Functional Organization of Mind and Brain", in Michael Gazzaniga(ed.), *The New Cognitive Neurosciences*(2nd), Cambridge, MA: MIT Press, 2000.

"Conceptual Foundations of Evolutionary Psychology", in D. Buss(ed.), *The Handbook of Evolutionary Psychology*, Hoboken, NJ: Wiley, 2005.

Cosmides, L., Lieberman, D., and Tooby, J. "The Architecture of Human Kin Detection", *Nature*, Vol. 445, 2007, pp. 727—731.

Crane, T. "The Origins of Qualia", in Crane and Patterson(eds.), *History of the Mind-Body Problem*, London: Routledge, 2000, pp. 169—194.

Crane, T. and Mellor, D. "There is No Question of Physicalism", *Mind*, Vol. 99, 1990, pp. 185—206.

Crane, T. and Patterson, S. "Introduction", in T. Crane and S. Patterson(eds.), *History of the Mind-Body Problem*, London: Routledge, 2000, pp. 1—13.

Davidson, D. "Mental Events", in L. Foster and J. Swanson(eds.), *Experience and Theory*, Amherst: University of Massachusetts Press, 1970, pp. 79—101.

Subjective, Intersubjective, Objective, Oxford: Oxford University Press, 2001.

Dennett, D. *The Intentional Stance*, Cambridge, MA: MIT Press, 1987.

Darwin's Dangerous Idea: Evolution and the Meaning of Life, New York: Simon & Schuster, 1996.

"Animal Consciousness: What Matters and Why", in D. C. Dennett(ed.), *Brainchildren, Essays on Designing Minds*, Cambridge, MA: MIT Press, 1998.

From Bacteria to Bach and Back: The Evolution of Minds, New York: W. W. Norton & Company, 2017.

Diáz-Léon, E. "Can Phenomenal Concepts Explain the Explanatory Gap?" *Mind*, Vol. 119, 2010, pp. 933—951.

Doggett, T. "Some Questions for Tamar Szabó Gendler", *Analysis*, Vol. 72, 2012, pp. 764—774.

Dretske, F. *Knowledge and the Flow of Information*, Cambridge, MA: MIT Press, 1981.

Dupré, J. *Human Nature and the Limits of Science*, Oxford: Oxford University Press, 2001.

Evans, G. *The Varieties of Reference*, Oxford: Oxford University Press, 1982.

Fegil, H. "The 'Mental' and the 'Physical'", in Feigl, H. Scriven, M. and Maxewll, G. (eds.), *Concepts, Theories, and the Mind-Body Problem*, Minnesota: University of Minnesota Press, 1958, pp. 371—498.

Fodor, J. *Modularity of Mind*, Cambridge, MA: MIT Press, 1983.

The Mind Doesn't Work That Way, Cambridge, MA: MIT Press, 2000.

"It Ain't In the Head", *The Times Literary Supplement*, October 16, 2009, http://entertainment.timesonline.co.uk/tol/arts_and_entertainment/the_tls/article6878087.ece.

Fodor, J. and Piattelli-Palmarini, M. *What Darwin Got Wrong*, New York: Farrar, Straus and Giroux, 2010.

Fodor, J. and Pylyshyn, Z. "Connectionism and Cognitive Architecture", *Cognition*, Vol. 28, 1988, pp. 3—71.

Frankenhuis, W. and Ploeger, A. "Evolutionary Psychology Versus Fodor: Arguments For and Against the Massive Modularity Hypothesis", *Philosophical Psychology*, Vol. 20, 2007, pp. 687—710.

Frankfurt, H. "Reply to Susan Wolf", in S. Buss and L. Overton (eds.), *The Contours of Agency: Essays on Themes from Harry Frankfurt*, Cambridge, MA: The MIT Press, 2002, pp. 245—252.

Gander, E. *On Our Minds: How Evolutionary Psychology Is Reshaping the Nature-Versus-Nurture Debate*, Baltimore: The Johns Hopkins University Press, 2003.

Gettier, E. "Is Justified True Belief Knowledge?", *Analysis*, Vol. 23, 1963, pp. 121—123.

Goff, P. "A Posteriori Physicalists Get Our Phenomenal Concepts Wrong", *Australasian Journal of Philosophy*, Vol. 89, 2011, pp. 191—209.

Gangestad, G. "Biological Adaptations and Human Behavior", C. Crawford & D. Kerbs (eds.), *Foundations of Evolutionary Psychology*, New York: Talor & Francis Group, 2008.

Garvey, B. "Nature, Nurture and Why the Pendulum Still Swings", *Canadian Journal of Philosophy*, Vol. 35, 2005, pp. 309—330.

Gendler, T. "Alief and Belief", *The Journal of Philosophy*, Vol. 105, 2008a, pp. 634—663.

"Alief in Action (and Reaction)", *Mind and Language*, Vol. 23, 2008b, pp. 552—585.

"Between Reason and Reflex: Response to Commentators", *Analysis*, Vol. 72, 2012, pp. 799—811.

Gertler, B. "Self-Knowledge", *Stanford Encyclopedia of Philosophy*, 2021, https://plato.stanford.edu/entries/self-knowledge/.

Godfrey-Smith, P. and Wilkins, J. "Adaptationism and the Adaptive Landscape", *Biology and Philosophy*, Vol. 24, 2009, pp. 199—214.

Golf, R. "Panpsychism", *Stanford Encyclopedia of Philosophy*, 2017, https://plato.stanford.edu/entries/panpsychism/.

Gould, S. and Lewontin, R. "The Spandrels of San Marco and the Panglossian Paradigm: A Critique of the Adaptationist Programme", *Proceedings of the Royal Society*, Vol. 205, 1979, pp. 581—598.

Gould, S. and Vrba, E. "Exaptation: A Missing Term in the Science of Form", *Paleobiology*, Vol. 8, 1982, pp. 4—15.

Graham, G. Horgan, T. and Tienson, J. "Phenomenology, Intentionality, and the Unity of the Mind", in B. R. McLaughlin, A. Beckermann and S. Walter(eds.), *The Oxford Handbook of Philosophy of Mind*, New York: Oxford University Press, 2009, pp. 512—538.

Griffiths, P. "What is Innateness?", *The Monist*, Vol. 85, 2002, pp. 75—80.

Griffiths, P. & Machery, E. "Innateness, Canalization, and Biologicizing the Mind", *Philosophical Psychology*, Vol. 21, 2008, pp. 395—412.

Griffths, P. and Sterelny, K. *Sex and Death: An Introduction to Philosophy of Biology*, Chicago: The University of Chicago Press, 1999.

Gulick, R. "Functionalism", in B. R. McLaughlin, A. Beckermann and S. Walter(eds.), *The Oxford Handbook of Philosophy of Mind*, New York: Oxford University Press, 2009.

Gulick, R. "Consciousness", *Stanford Encyclopedia of Philosophy*, 2014, https://plato.stanford.edu/entries/consciousness/.

Hadley, R. "The Many Uses of 'belief' in AI", *Minds and Machines*, Vol. 1, 1991, pp. 55—73.

HAGEN, E. *The Evolutionary Psychology FAQ*, 2004, http://www.anth.ucsb.edu/projects/human/epfaq/everything.html.

Hauskeller, M. "My Brain, My Mind, and I: Some Philosophical Assumptions of Mind-Uploading", *International Journal of Machine Consciouness*, Vol. 04, 2012, pp. 187—200.

Hempel, C. "The Logical Analysis of Psychology", in Feigl, H. and Sellars, W. (eds.), *Readings in Philosophical Analysis*, New York: Appleton-Century-Crofts, 1949, pp. 373—384.

Hermer, L. and Spelke, E. "A Geometric Process for Spatial Reorientation in Young Children", *Nature*, Vol. 370, 1994, pp. 57—59.

Hermer, L., Spelke, E., and Katsnelson, A. "Sources of Flexibility in Human Cognition: Dual-Task Studies of Space and Language", *Cognitive Psychology*, Vol. 39, 1999, pp. 3—36.

Hill, C. S. and McLaughlin, B. P. "There are Fewer Things in Reality Than are Dreamt of in Chalmers's Philosophy", *Philosophy and Phenomenological Research*, Vol. 59, 1999, pp. 445—454.

Hohwy, J. *The Predictive Mind*, Oxford: Oxford University Press, 2013.

Horsey, R. "Meaning Postulates and Deference", 2000, http://cogprints.org/3257/.

Haug, M. "Explaining the Placebo Effect: Aliefs, Beliefs, and Conditioning", *Philosophical Psychology*, Vol. 24, 2011, pp. 679—698.

Hubbs, G. "Alief and Explanation", *Metaphilosophy*, Vol. 44, 2013, pp. 604—620.

Kant, I. *Critique of Pure Reason*, Norman Kemp Smith (Trans.), New York: St. Martin's Press, 1929.

Ismeal, J. "Science and the Phenomenal", *Philosophy of Science*, Vol. 66, 1999, pp. 351—369.

Jackson, F. "Epiphenomenal Qualia", *Philosophical Quarterly*, Vol. 32, 1982, pp. 127—136.

From Metaphysics to Ethics, Oxford: Oxford University Press, 1998.

Kahneman, D. and Tversky, A. "Extension Versus Intuitive Reasoning: The Conjunction Fallacy in Probability Judgment", *Psychological Review*, Vol. 90, 1983, pp. 293—315.

Kandel, E. *Principles of Neural Science* (5th edition), New York: McGraw-Hill Education, 2013.

Kaplan, D. "Afterthoughts", in J. Almog, J. Perry and H. Wettstein (eds.), *Themes from Kaplan*, New York: Oxford University Press, 1986, pp. 565—614.

Keller, E. *The Mirage of a Space between Nature and Nurture*, North California: Duke University Press, 2010.

Kim, J. "Multiple Realization and the Metaphysics of Reduction", *Philosophy and Phenomenal Research*, Vol. 52, 1992, pp. 1—26.

Mind in a Physical World: An Essay on the Mind-Body Problem and Mental Causation, Cambridge, MA: MIT Press, 1998.

Physicalism, or Something Near Enough, Cambridge, MA: MIT Press, 2005.

Knobe, J. and Prinz, J. "Intuitions about Consciousness: Experimental Studies", *Phenomenology and Cognitive Sciences*, Vol. 7, 2008, pp. 67—83.

Kripke, S. *Naming and Necessity*, Oxford: Blackwell, 1980.

Kwong, J. "Resisting Aliefs: Gendler on Belief-Discordant Behaviors", *Philosophical Psychology*, Vol. 25, 2012, pp. 77—91.

Laurence, S. and Margolis, E. "Concepts and Conceptual Analysis", *Philosophy and Phenomenological Research*, Vol. 67, pp. 253—282.

Lehrman, D. "A Critique of Konrad Lorenz's Theory of Instinctive Behaviour", *Quarterly Reivew of Biology*, Vol. 28, 1953, pp. 337—363.

Levine, J. "Materialism and Qualia: the Explanatory Gap", *Pacific Philosophical Quarterly*, Vol. 64, 1983, pp. 354—361.

"What is a Phenomenal Concept?" in T. Alter and S. Walter(eds.), *Phenomenal Concepts and Phenomenal Knowledge: New Essays on Consciousness and Physicalism*, New York: Oxford University Press, 2007, pp. 87—110.

"Phenomenal Concepts and the Materialist Constraint", in T. Alter and S. Walter(eds.), *Phenomenal Concepts and Phenomenal Knowledge: New Essays on Consciousness and Physicalism*, New York: Oxford University Press, 2007, pp. 145—166.

"Demonstrative Thought", *Mind & Language*, Vol. 25. 2010, pp. 169—195.

Lewis, P. "Self-aware Computing Systems: From Psychology to Engineering", in Lewis, Platzner, Rinner(eds.), *Self-Aware Computing System*, Cham, Switzerland: Springer Press, 2016.

Loar, B. "Phenomenal States", *Philosophical Perspectives*, Vol. 4, 1990, pp. 81—108.

Ludwig, P. "A Descriptivist Theory of Phenomenal Concepts", forthcoming, pp. 1—23.

Machery, E. "Massive Modularity and the Flexibility of Human Cognition", *Mind & Language*, Vol. 23, 2008, pp. 263—272.

"Discovery and Confirmation in Evolutionary Psychology", in J. Prinz(ed.), *Oxford Handbook of Philosophy of Psychology*, Oxford: Oxford University Press. 2018.

Maloney, J. C. "Review: Fred I. Dretske, *Knowledge and the Flow of Information*", *Nous*, Vol. 19, 1985, pp. 299—306.

Mandelbaum, E. "Against Alief", *Philosophical Studies*, Vol. 165, 2013, pp. 197—211.

Markus, A. "Assessing Views of Life, A Subjective Affair?" *Religious Studies*, Vol. 39, 2003, pp. 125—143.

Mbnehaddou. "From Darwinian to Gregorian creatures: the Evolution of Minds", http://mbenhaddou.com/2020/01/15/from-darwinian-to-gregorian-creatures-the-evolution-of-mind/.

McGinn, C. "Can We Solve the Mind-Body Problem?", in *The Problem of Consciousness*, Oxford: Blackwell, 1991.

"Consciousness and the Natural Order", in *The Problem of Consciousness*, Oxford: Blackwell, 1991.

Mellor, D. *The Facts of Causation*, London: Routledge, 1995.

Melnyk, A. "Papineau on the Intuition of Distinctness", *SWIF Philosophy of Mind*, Vol. 4, 2003, http://lgxserver.uniba.it/lei/mind/forums/004_0003.htm.

Metz, T. "The Meaning of Life", *Stanford Encylopedia of Philosophy*, 2021, https://plato.stanford.edu/entries/life-meaning/.

"New Developments in the Meaning of Life", *Philosophy Compass*, Vol. 2, 2007, pp. 196—217.

Millikan, R. "Biosemantics", *Journal of Philosophy*, Vol. 86, 1989, pp. 281—297.

Mithen, S. *The Prehistory of the Mind*, London: Thames and Hudson, 1996.

Mole, C. "Supervaluation for Papineau's Phenomenal Concepts", 2009, http://philpapers. org/archive/MOLSFP.1.pdf.

Moore, G. E. "Proof of an External World", *Proceedings of the British Academy*, Vol. 25, 1939, pp. 273—300.

Mucciolo, L. F. "On Kripke's Argument Against the Identity Thesis", *Philosophia*, Vol. 5, 1975, pp. 499—506.

Nagel, E. *The Structure of Science*, New York: Harcourt, Brace & World, 1961.

Nagel, T. "What Is It Like to Be a Bat?", *Philosophical Review*, Vol. 83, 1974, pp. 435—450.

The View From Nowhere, New York: Oxford University Press, 1986.

"The Psychophysical Nexus", in P. Boghossian and C. Peacocke(eds.), *New Essays on The A Priori*, Oxford: Oxford University Press, 2000, pp. 433—471.

"Conceiving the Impossible and the Mind-Body Problem", *Philosophy*, Vol. 73, 1998, pp. 373—452.

Nettle, D. "Using Social Impact Theory to Simulate Language Change", *Lingua*, Vol. 108, 1999, pp. 95—117.

Nanay, B. "Group Selection and Our Obsession with the Meaning of Life", *The Moinst*, Vol. 90, 2010, pp. 76—95.

Neurath, O. "Physicalism: the Philosophy of the Vienna Circle", in R. S. Cohen and M. Neurath(eds.), *Philosophical Papers 1913—1946*, Dordrecht: D. Reidel, 1983.

Nida-Rümelin, M. "Qualia: The Knowledge Argument", *The Stanford Encyclopedia of Philosophy*, 2021, http://plato.stanford.edu/archives/fall2002/entries/qualiaknowledge/.

"What Mary Couldn't Know", in Thomas Metzinger(ed.), *Conscious Experience*. Paderborn: Ferdinand Schoningh, 1995, pp. 219—241.

"On Belief about Experiences: An Epistemological Distinction Applied to the Knowledge Argument", *Philosophy and Phenomenological Research*, Vol. 58, 1998, pp. 51—73.

Okasha, S. *Philosophy of Science: A Very Short Introduction*, New York: Oxford University Press, 2002.

"Fodor on Cognition, Modularity, and Adaptationism", *Philosophy of Science*, Vol. 70, 2003, pp. 68—88.

Orzack, S. "Adaptationism", *Stanford Encyclopedia of Philosophy*, 2010, http://plato.stanford.edu/entries/adaptationism/.

Papineau, D. "The Rise of Physicalism", in G. Gillett and B. Loewer(eds.), *Physicalism and Its Discontents*, Cambridge, UK: Cambridge University Press, 2001.

Thinking about Consciousness, Oxford: Oxford University Press, 2002.

"Could There be A Science of Consciousness?", *Philosophical Issues*, Vol. 13, 2003, pp. 205—220.

"The Tyranny of Common Sense", *The Philosophers' Magazine*, 2nd quarter, 2006, pp. 19—27.

The Roots of Reason, Oxford: Oxford University Press, 2006.

"Kripke's Proof is Ad Hominem Not Two-Dimensional", *Philosophical Perspective*, Vol. 21, 2007, pp. 475—494.

"Phenomenal and Perceptual Concepts", in T. Alter and S. Walter(eds.), *Phenomenal Concepts and Phenomenal Knowledge: New Essays on Consciousness and Physicalism*, New York: Oxford University Press, 2007, pp. 111—144.

"The Evolution of Knowledge", in D. Papineau(ed.), *The Roots of Reason*, Oxford: Oxford University Press, 2007, pp. 39—82.

"The Evolution of Means-End Reasoning", in D. Papineau(ed.), *The Roots of Reason*, Oxford: Oxford University Press, 2007, pp. 83—129.

"What Exactly is the Explanatory Gap?"*Philosophia*, Vol. 39, 2010, pp. 5—19.

"Naturalism", *Stanford Encyclopedia of Philosophy*, 2021, http://plato.stanford.edu/entries/naturalism/.

Peacocke, C. "No Resting Place: A Critical Notice of the View from Nowhere", *The Philosophical Review*, Vol. 98, 1989, pp. 435—450.

Perner, J. and Wimmer, B. "Beliefs about Beliefs: Representation and Constraining Function of Wrong Beliefs in Young Children's Understanding of Deception", *Cognition*, Vol. 13, 1983, pp. 103—128.

Perry, J. *Knowledge, Possibility and Consciousness*, Cambridge, MA: MIT Press, 2001.

Pettit, P. "A Definition of Physicalism", *Analysis*, Vol. 53, 1993, pp. 213—223.

Pinker, S. *The Language Instinct: How the Mind Creates Language*, New York: William Morrow and Company, 1994.

How the Mind Works, New York: Norton, 1997.

"Foreword", in David M. Buss(ed.), *The Handbook of Evolutionary Psychology*, New York: John Wiley& Sons, Inc, 2005.

Prinz, J. "Is the Mind Really Modular?", in R. Stainton, (ed.), *Contemporary Debates in Cognitive Science*, Chicester, UK: Blackwell, 2006, pp. 22—36.

"Mental Pointing: Phenomenal Knowledge Without Concepts", *Journal of Consciousness Studies*, Vol. 14, 2007, pp. 184—211.

"A Neurofunctional Theory of Consciousness", in A. Brook and K. Akins(eds.), *Cognition and the Brain: The Philosophy and Neuroscience Movement*, New York: Cambridge University Press, 2005, pp. 381—396.

Beyond Human Nature: How Culture and Experience Shape Our Lives, London: Penguin Books, 2012.

Putnam, H. "The Meaning of 'Meaning'", in K. Gunderson(ed.), *Language, Mind, and*

Knowledge, Minnesota: University of Minnesota Press, 1975, pp. 131—193.

Ren, H. "On 'Defending the Phenomenal Concept Strategy'", *Australasian Journal of Philosophy*, Vol. 88, 2010, pp. 347—351.

Rice, C. "Massive Modularity, Content Integration, and Language", *Philosophy of Science*, Vol. 78, 2011, pp. 800—812.

Robbins, P. "Modularity of Mind", *Stanford Encyclopedia of Philosophy*, 2017, http://plato. stanford.edu/entries/modularity-mind/.

Rorty, R. *Philosophy and the Mirror of Nature*, New Jersey: Princeton university press, 1990.

Scherbart, R. *Determinism, Alief, and Observer-Dependent Freedom: How to Mitigate the Consequences of Deterministic Thinking*, Doctoral Dissertation, UC Santa Cruz, 2013.

Schwitzgebel, E. "Acting Contrary to Our Professed Beliefs or the Gulf between Occurrent Judgment and Dispositional Belief", *Pacific Philosophical Quarterly*, Vol. 91, 2010, pp. 531—553.

"Belief", *Stanford Encyclopedia of Philosophy*, 2015, http://plato. stanford. edu/archives/sum2015/entries/belief/.

Searle, J. "Minds, Brains and Programs", *Behavioral and Brain Sciences*, Vol. 3, 1980, pp. 417—457.

Sloman, S. "The Empirical Case for Two Systems of Reasoning", *Psychological Bulletin*, Vol. 119, 1996, pp. 3—22.

Samuels, R. "Is the Human Mind Massively Modular?", in R. Stainton(ed.), *Contemporary Debates in Cognitive Science*, Chicester: Blackwell, 2006.

Smart, J. J. "Sensations and Brain Processes", in J O'Connor(ed.), *Modern Materialism: Readings on Mind-Body Identity*, New York: Harcourt, Brace & World, 1969, pp. 32—47.

Simon, H. "The Architecture of Complexity", *Proceedings of the American Philosophical Society*, Vol. 106, 1991, pp. 467—482.

Smith, J. M. "The Concept of Information in Biology", *Philosophy of Science*, Vol. 67, 2000, pp. 177—194.

Sperber, D. "Intuitive and Reflective Beliefs", *Mind and Language*, Vol. 12, 1997, pp. 67—83.

Stanovich, K. *Who is Rational?*, Mahwah, N. J.: Erlbaum, 1999.

Starzak, T. "Papineau's Theoretical Rationality and the Anthropological Difference", *Philosophia*, Vol. 40, 2012, pp. 473—482.

Stewart-Williams, S. *Darwin, God and the Meaning of Life*, New York: Cambridge University Press, 2010.

Stoljar, D. "Two Conceptions of the Physical", in D. Chalmers(ed.), *Philosophy of Mind: Classical and Contemporary Readings*, New York: Oxford University Press, 2002, pp. 311—328.

"Physicalism and Phenomenal Concepts", *Mind and Language*, Vol. 20, 2005, pp. 469—494.

"Hempel's Dilemma", in H. Dyke(ed.), *From Truth to Reality: New Essays in Logical and Metaphysics*, London: Routledge, 2009, pp. 181—197.

　　Physicalism, London: Routledge, 2010.

　　"Physicalism", *Stanford Encyclopedia of Philosophy*, 2021, http://plato.stanford.edu/entries/physicalism/.

Sturgeon, S. "Physicalism and Overdetermination", *Mind*, Vol. 107, pp. 411—432.

Tang, S. "Foundational Paradigms of Social Sciences", *Philosophy of the Social Sciences*, Vol. 22, 2011, pp. 211—249.

Tinbergen, N. "On Aims and Methods in Ethology", *Zeitschrift für Tierpsychologie*, Vol. 20, 1963, pp. 410—433.

Tomasello, M. *The Cultural Origins of Human Cognition*, Cambridge, MA: Harvard University Press, 1999.

Tomasello, M. et al. "Understanding and Sharing Intentions: The Origins of Cultural Cognition", *Behavioral and Brain Sciences*, Vol. 28, 2005, pp. 675—735.

Tye, M. *Consciousness, Color and Content*, Cambridge, MA: MIT Press, 2000.

　　"A Theory of Phenomenal Concepts", *Philosophy*, Vol. 53, 2003, pp. 91—105.

　　"Representationalist Theories of Consciousness", in B. R. McLaughlin, A. Beckermann and S. Walter (eds.), *The Oxford Handbook of Philosophy of Mind*, Oxford: Oxford University Press, 2009, pp. 253—267.

　　Consciousness Revisited: Materialism without Phenomenal Concepts, Cambridge, MA: MIT Press, 2009.

Vallabha, B. *Agent and The Mind-Body Problem*, Doctoral Dissertation, Harvard University, 2008.

Veillet, B. *Consciousness, Concepts and Content*, Doctoral Dissertation University of Maryland, College Park, 2008.

Voosen, P. "How AI Detectives Are Cracking Open the Black Box of Deep Learning", *Science*, 2017(Jul. 6).

Waddington, C. H. *The Strategy of the Genes*, Crows Nest: Allen and Unwin, 1957.

Walsh, D. "Teleology", in *The Oxford Handbook to the Philosophy of Biology*, Oxford: Oxford University Press, 2008.

Walter, S. "Evolutionary Psychology", *Internet Encyclopedia of Philosophy*, 2009, http://www.iep.utm.edu/evol-psy/#SH2d.

Waston, J. *Behaviourism*, New York: Norton, 1925.

White, S. "Partial Character and the Language of Thought", *Pacific Philosophical Quarterly*, Vol. 63, 1982, pp. 374—365.

　　"Property Dualism, Phenomenal Concepts, and the Semantic Premise", in T. Alter and S. Walter(eds.), *Phenomenal Concepts and Phenomenal Knowledge: New Essays on Consciousness and Physicalism*, New York: Oxford University Press, 2007, pp. 210—248.

Williams, G. "Kant's Account of Reason", *Stanford Encyclopedia of Philosophy*, 2014, http://plato.stanford.edu/entries/kant-reason/#ReaSelKno.

Wilson, R. "The Drink You Have, When You're Not Having a Drink", *Mind & Language*, Vol. 23, 2008, pp. 273—283.

Yablo, S. "Textbook Kripkeanism and the Open Texture of Concepts", *Pacific Philosophical Quarterly*, Vol. 81, 2000, pp. 98—122.

Young, B. D. "I Fear the Phenomenal Concept of Fear Itself". http://www.benjamindaniely-oung.com/Ben_Young/Research_files/B. Young%20-%20I%20Fear%20the%20Phenomenal-Concept%20of%20Fear%20Itself.pdf.

阿隆森:《加缪和萨特:一段传奇友谊及其崩解》,章乐天译,上海:华东师范大学出版社,2005 年。

爱德华·威尔逊:《大自然的猎人——生物学家威尔逊自传》,杨玉龄译,上海:上海科学技术出版社,2006 年。

Andy Lee:"丹尼特的《心灵的演化》:理解的演化",https://zhuanlan.zhihu.com/p/33780637。

巴斯:《进化心理学:心理的新科学》(第二版),熊哲宏、张勇、宴倩译,上海:华东师范大学出版社,2007 年。

程炼:《何谓计算主义?》,《科学文化评论》2007 年第 4 期。

陈嘉映:《哲学·科学·常识》,上海:东方出版社,2007 年。

邓巴等:《进化心理学——从猿到人的心灵演化之路》,万美婷译,北京:中国轻工业出版社,2011 年。

邓晓芒:《康德的"先验"与"超验"之辨》,《同济大学学报(社会科学版)》2005 第 5 期。

方立天:《佛教哲学》,北京:中国人民大学出版社,1997 年。

费耶阿本德:《自由社会中的科学》,兰征译,上海:上海译文出版社,2005 年。

高申春:《进化论心理学思想的人类学哲学批判》,《南京师大学报(社会科学版)》2010 年第 2 期。

高新民、严景阳:《自然主义的意向性难题与信息语义学》,《自然辩证法研究》2007 年第 12 期。

格特勒:《自我知识》,徐竹译,北京:华夏出版社,2015 年。

古德温:《现代心理学史》(第 2 版),郭本禹等译,北京:中国人民大学出版社,2008 年。

吉彻尔:《科学主义之困》,吴万伟译,《国外社会科学前沿》2012 年第 16 辑。

哈尼什:《心智、大脑与计算机:认知科学创历史导论》,王淼等译,杭州:浙江大学出版社,2010 年。

康德:《未来形而上学导论》,庞景仁译,北京:商务印书馆,1997 年。

克里普克:《命名与必然性》,梅文译,上海:上海译文出版社,2001 年。

克林贝里:《超负荷的大脑:信息过载与工作记忆的极限》,周建国译,上海:上海科技教育出版社,2016 年。

蒯因:《从逻辑的观点看》,江天骥等译,上海:上海译文出版社,1987 年。

李侠:《论科学主义概念的内涵与特征》,《中南大学学报(社会科学版)》2005 年第 6 期。

李侠、范毅强:《从思想语言到心的计算理论——J. 福多思想研究述评》,《哲学动态》2009 年第 5 期。

李婉莉:《理论理性与实践理性的中介——论判断力在康德哲学中的地位和作用》,《济南大学学报(哲学社会科学版)》2006 年第 4 期。

卢风:《人之所以异于禽兽者》,《哲学分析》2010 年第 2 期。

陆俏颖:《表观遗传学及其引发的哲学思考》,《自然辩证法研究》2013 年第 7 期。

《获得性遗传有望卷土重来吗》,《自然辩证法通讯》2017 年第 6 期。

马克思:《马克思恩格斯选集》(第一卷),北京:人民出版社,1972 年。

梅剑华:《论有我的非还原物理主义》,《中国社会科学》2021 年第 3 期。

孟强:《从表象到介入:科学实践的哲学研究》,北京:中国社会科学出版社,2008 年。

内格尔:《人的问题》,万以译,上海:上海译文出版社,2004 年。

《本然的观点》,贾克春译,北京:中国人民大学出版社,2010 年。

尼尔森:《理解信念:人工智能的科学理解》,北京:机械工业出版社,2016 年。

任会明:《二维语义学如何重建金三角?》,载《自我知识与窄内容——关于心智外在主义及其影响的反思》,杭州:浙江大学出版社,2009 年。

任军:《胡塞尔现象学的两种自然态度之悬搁》,《西北大学学报(哲学社会科学版)》2009 年第 1 期。

舒尔茨:《现代心理学史》,杨立能等译,北京:人民教育出版社,1982 年。

斯诺:《两种文化》(第一版),陈克艰、秦小虎译,上海:上海科学技术出版社,2003 年。

唐世平:《社会科学的基础范式》,《国际社会科学杂志(中文版)》2010 年第 1 期。

托马塞洛:《人类认知的文化起源》,张敦敏译,北京:中国社会科学出版社,2011 年。

王球:《后验物理主义何以可能?》,《自然辩证法通讯》2015 年第 1 期。

《预测心智的"预测"概念》,《福建论坛(人文社会科学版)》2021 年第 9 期。

魏屹东:《科学主义:我们究竟应该如何理解——评斯特马克对科学主义的分类与界定》,《科学技术与辩证法》2004 年第 6 期。

熊韦锐、于璐、葛鲁嘉:《心理学中的人性论问题》,《心理科学》2010 年第 5 期。

休谟:《人性论》,关文运译,北京:商务印书馆,1983 年。

徐英瑾:《演化、设计、心灵和道德——新达尔文主义哲学基础探微》,上海:复旦大学出版社,2013 年。

许波、钟暗华:《进化心理学和文化心理学的对立》,《心理研究》2009 年第 2 期。

亚里士多德:《政治学》,北京:商务印书馆,1965 年。

翟振明、彭晓芸:《"强人工智能"将如何改变世界》,《人民论坛·学术前研》2016 年第 7 期。

张志伟:《康德哲学的现代意义》,《光明日报》,2004 年 5 月 18 日,https://www.gmw.cn/

01gmrb/2004-05/18/content_29409.htm。

张汝伦:《现代西方哲学十五讲》,北京:北京大学出版社,2003 年。

《什么是"自然"?》,《哲学研究》2011 年第 4 期。

仲长城:《从自然人性到"政治动物"——解读亚里士多德"人是天生的政治动物"》,《四川大学学报(哲学社会科学版)》2009 年第 4 期。

后　记

对于多数哲学学者来说，学术生涯的第一本专著，应当聚焦于研究一本哲学原典、一位著名哲学家、一个影响较大的哲学流派，或者一个有价值的哲学问题。深耕其中再旁通其余，继而成长为该领域的"专家"，几乎成了青年学者职业生涯的规定动作。

这是我的第一本专著，写作时间跨度超过了十年，话题涵盖了对物理主义作为本体论展开辩护、对意识难题给出诊断、对演化心理学作为人性的科学进行反思，以及对物理主义作为世界观展开批评。看起来，这显然不是一本"循规蹈矩"的哲学专著，如今"一剑"似已"磨成"，锋利还是钝拙暂且不谈，但也绝非七拼八凑之杂烩。

本书处理的是这样一个大问题：关于人类心灵的主观意识经验，以及我们关于人性的自我体认，理想的自然科学可以给出完备的解释吗？如果这里所说的"解释"指的是"科学说明"，那么原则上是可以的；如果这里的"解释"指的是认知上不留疑惑的"理解"，答案却是否定的。前者采纳了作为本体论的物理主义，后者是对作为世界观的物理主义的拒斥。本书架起这两个论题的纽带，便是由"概念二元论"发展而来的"态度二元论"。

这个颇有"辩证"意味的观点，乃至于本书的写作动机和写作方式，事实上深受托马斯·内格尔哲学思想的启发和鼓舞。懂得一点心灵哲学的朋友，大概都知道内格尔对本体论物理主义持批评的态度。他相信物理主义是一种受到科学主义感染的特殊形式的唯心论，"因为它用一种类型的人类理解来处理宇宙以及我们在宇宙问题上所能说的东西"。这种人类理解的特点便是"客观化"，也就是最大限度地摆脱人们看待世界的特定视角。在《无源之见》里，内格尔通过考察一系列基础性的哲学问题表明，人的自我具有一种分裂的本性，既能超越自身独特的经验从客观的观点来思考世界，也能从自身所处的主观性的特殊视角看待世界。要恰当地理解世界，不可一味追求客观化，也不必禁止客观化，而是协调二者，把主观性要素纳入客观性当中，承认主观性的事实也是世界"实在"的一部分。我赞同他对物理主义抛弃视角的批评，但他调和客观性和主观性的方式，最终却还是寄托于人们关于世界"实在"的概念图式发生巨大的变革。这是一个让人困惑的未来主义方案，我无法心安理得地采纳一个超出我们理解范围的形而上学图景。

很长一段时间里，我的哲学探索就在致力于如何摆脱这个理智困惑。类似的困惑在另一个场景中也有所体现。本书上篇初稿写作期间，正值国内分析哲学"概（概念文字）帮"最活跃的时期。"概帮"大致分为两派，程炼和叶峰两位老师力挺物理主义，张志林和邢滔滔两位老师，则把柏拉图主义的"三公（莱布尼茨-弗雷格-哥德尔）纲领"视为西方传统哲学的正宗，批评物理主义偷偷地消解意义的形而上学和认识论。当初我还是研究生，竟然感觉这两种截然对立的观点都说得通。起初我自嘲地把这种心理感受叫作"态度二元论"，但在后来的探索过程中，愈发相信保持这个张力也没有特别糟糕。

内格尔在《作为一只蝙蝠是什么样的？》这篇著名论文中有一个长脚注，这个脚注被一些哲学家视为概念二元论的先声。概念二元论解释了为什么即使我们设定物理主义必然为真，它却仍然显得是可错的。内格尔最后的落脚点，是要把概念二元论实体化为"一体两面"的形而上学。我想到的是，如果能对"现象概念"提供自然化的说明，物理主义本体论便是可辩护的，其余的麻烦，源头上皆可归咎于我们的认知态度，因而概念二元论可以作为态度二元论的理论资源。这当然是一种心理主义，虽说心理主义在哲学史上名声不好，但在物理主义本体论框架下，这不仅是融贯的，更可以让我在理智上稍许心安。当然，相比莱布尼茨那种的形而上学，补之以在本体论与形而上学之间作出区分，我也愿意承认物理主义只是"形而中学"，这恰好印证了物理主义不具有作为世界观的资格。

这本书分为上下两篇，总共九章。第一至五章为上篇，第六至九章为下篇。上篇通过考察人心当中的意识难题，以"现象概念策略"捍卫了作为本体论的物理主义，但也因为概念二元论，物理主义无法充当世界观。本书下篇我力图说明，我们质疑人心问题不是一个科学问题，是因为人心看似有其规范性和超越性的一面，也就是我们日常所说的人性。演化心理学号称以科学的方式为人性提供解释，然而这项计划是失败的。失败的原因，既有演化心理学自身的内在困难,更在于我们在认知上表现出的态度二元论。这种态度二元论,我在本书上篇关于现象概念的理论中给出了基本刻画。

本书部分研究成果,曾以其他标题形式,在《哲学研究》《自然辩证法通讯》《自然辩证法研究》《复旦学报》《上海交通大学学报》《现代外国哲学》《科学技术哲学研究》《浙江学刊》等期刊上发表过。这本书的上篇内容,改自于我的博士论文《现象概念与物理主义——打破二元论的谜咒》。我的导师盛晓明,对我的学术成长和个人发展呵护有加。他的学术品位、思想洞见和为师风范,是我一生的榜样。在本书长期研究过程中,David Papineau、Alex Byrne、张继选、刘晓力、吴国盛、张志林、程炼、吴彤、朱菁、黄翔、徐英瑾、刘闯、王巍、段伟文、叶峰、李恒威、孟强、王华平、任会明、颜青山、梅剑华、张子夏、黄侃、于爽、刘小涛、徐竹、郁锋、李主斌、何朝安、谭力扬、陆俏颖、薛少华、代海强、周理乾等诸多师长和学友,在不同的场合提出过一些实质性的批评和建议。在此向他们表示衷心感谢。

本书出版得益于孙向晨、袁新、林晖等几位老师的敦促和关心。我所在的单位不仅有着非常可贵的教学科研环境,学院也为这本著作提供了出版资助。我的硕士研究生尹健朗同学校对了一部分文稿,也整理了书末的参考文献。上海人民出版社的于力平先生和陈依婷女士,以其耐心负责的专业态度和细致入微的编校功夫,使得本书避免了许多错误。没有他们的帮助,本书付梓恐怕要一拖再拖,在此一并致谢。最后,没有哪部哲学著作是完美的,本书必定存留不少含混之处,甚至可能还有硬伤,恳请学界同行多批评多指正,我将感激不尽。

图书在版编目(CIP)数据

人心与人性:从唯物之心到演化之性/王球著.—
上海:上海人民出版社,2024
ISBN 978-7-208-18836-5

Ⅰ.①人…　Ⅱ.①王…　Ⅲ.①哲学-研究-中国
Ⅳ.①B2

中国国家版本馆 CIP 数据核字(2024)第 067441 号

责任编辑　陈依婷　于力平
封扉设计　马淑钦

人心与人性

——从唯物之心到演化之性

王　球　著

出　　版　上海人民出版社
　　　　　(201101　上海市闵行区号景路 159 弄 C 座)
发　　行　上海人民出版社发行中心
印　　刷　上海商务联西印刷有限公司
开　　本　720×1000　1/16
印　　张　24.5
插　　页　4
字　　数　394,000
版　　次　2024 年 6 月第 1 版
印　　次　2024 年 6 月第 1 次印刷
ISBN 978-7-208-18836-5/B·1745
定　　价　98.00 元